中国少数民族设计全集

The Design Collection of Chinese Ethnic Minorities

塔吉克族

中国少数民族设计全集编纂委员会　编

山西人民出版社　人民美术出版社

图书在版编目（CIP）数据

中国少数民族设计全集．塔吉克族／中国少数民族设计全集编纂委员会编；马丽，陈西木，阿力木江·亚森著．—太原：山西人民出版社，2019.9
ISBN 978-7-203-11047-7

Ⅰ．①中… Ⅱ．①中… ②马… ③陈… ④阿… Ⅲ．①塔吉克族－民族文化－研究－中国 Ⅳ．①K28

中国版本图书馆CIP数据核字（2019）第163496号

中国少数民族设计全集．塔吉克族

编　　　者：	中国少数民族设计全集编纂委员会
著　　　者：	马　丽　　陈西木　　阿力木江·亚森
责任编辑：	魏　红
复　　审：	武　静
终　　审：	阎卫斌
装帧设计：	谢　成

出 版 者：	山西人民出版社　人民美术出版社
地　　　址：	太原市建设南路21号
邮　　　编：	030012
发行营销：	0351－4922220　4955996　4956039　4922127（传真）
天猫官网：	https://sxrmcbs.tmall.com　电话：0351－4922159
E — mail：	sxskcb@163.com　发行部 sxskcb@126.com　总编室
网　　　址：	www.sxskcb.com

经 销 者：	山西出版传媒集团·山西人民出版社
承 印 者：	山西出版传媒集团·山西新华印业有限公司

开　　　本：	889mm×1194mm　　1/16
印　　　张：	21
字　　　数：	247千字
印　　　数：	1—1 000册
版　　　次：	2019年9月　第1版
印　　　次：	2019年9月　第1次印刷
书　　　号：	ISBN 978-7-203-11047-7
定　　　价：	290.00元

如有印装质量问题请与本社联系调换

中国少数民族设计全集编纂委员会

总 主 编　（按年龄排序）
　　　　　　张夫也　王立端　戴晋明　廖军　王琥　李豫闽　过伟敏　顾平
　　　　　　王强　李岗
执 行 主 编　王琥
编 务 统 筹　张明山

中国少数民族设计全集编辑工作委员会

主　　任　刘伟冬
编　　委　（排名不分先后）
　　　　　　王琥　王峰　王强　王立端　王浩滢　白波　过伟敏　许星
　　　　　　许边疆　李岗　李丽　李豫闽　成光虎　肖飞　余强　汪传跃
　　　　　　罗力　杨明朗　陈述　陈见东　邱珂　胡万明　顾平　郑静
　　　　　　郭立忠　姬莹　张夫也　张泽国　张明山　张秋平　张耀引　梁盛平
　　　　　　樊进　谢玮　熊伟　熊微　熊建新　蔡克中　葛芳　鞠斐
　　　　　　魏洁　廖军　戴晋明

中国少数民族设计全集出版工作委员会

主　　任　胡彦威　周伟
执 行 主 任　姚军　欧京海
编 务 统 筹　阎卫斌　周小龙
编　　辑　（排名不分先后）
　　　　　　王新斐　史美珍　冯昭　冯灵芝　吉昊　吕绘元　刘小玲　任秀芳
　　　　　　孙琳　孙宇欣　李广洁　李建业　李靖　员荣亮　张小芳　张志杰
　　　　　　张书剑　何赵云　陈俞江　吴春华　武静　周小龙　柳承旭　郝文霞
　　　　　　赵玉　赵晓丽　席青　秦继华　高雷　郭向南　阎卫斌　崔人杰
　　　　　　傅晓红　蔡咏卉　翟丽娟　樊中　薛正存　魏红　魏美荣
整 体 设 计　谢成

中国少数民族设计全集·塔吉克族

本册著者 陈　述　哈尼克·胡西地里（塔吉克族）

参与撰写 马　丽　赵笑天　刘梦娇

　　　　　　刘　涛　陈西木　金　千

　　　　　　阿里木江·亚森（维吾尔族）

求同存异　和合共荣

刘伟冬

中华民族，是一个由56个民族组成的大家庭。在漫长的文明发展史中，汉族和各少数民族都为中华文明的繁荣发展贡献了自己的聪明才智。纵观中华文明史，其实就是一部各族群之间"求同存异，和合共荣"的文化演进史。

从根子上讲，4000年前的"中国"，仅指北方中原地区，居住在这里的相传是上古时期黄帝部落和炎帝部落的后裔，故而自称"炎黄子孙"。其时的"中国"，不过是黄河中下游（西起陇山，东至泰山）区域。在千年发展与民族融合之后，尤其是晋末"衣冠南渡"，南迁的中原汉族与南方百越民族彻底融合，来自北方的鲜卑等民族融入汉族，使汉族前所未有地壮大发展，逐渐形成后来疆域辽阔、人口众多、物产繁盛、文化昌明的中华民族的主体族群。特别值得强调的是，自从作为一个民族整体之后，中华民族就从未中断过自己的民族发展史——这在世界历史上是硕果仅存、独一无二的。

中华民族具备兼容并蓄、虚心好学的民族天性。仅以设计学范畴的事例讲：在数千年文明发展历史中，中华民族在不断向外输出优秀的文明成果（如烧造之陶瓷砖瓦、营造之榫卯斗拱、织造之丝绸刺绣、锻造之"失蜡"分模等），影响全人类的日

常生活与生产方式的同时，也不断地吸纳域外各民族的优秀文明成果，如汉魏之印度佛教和西域音乐、隋唐之西亚服饰和家具、宋元之东洋印染和漆艺、明清之西洋机器与建筑……在中华民族内部，这样的文化交流更是从未停止过，而且是风生水起、枝繁叶茂，愈发流畅、深入，中华民族各族群之间"求同存异，和合共荣"的文化大演进，共同创造了中华民族极为灿烂辉煌的造物文明历史。仍以设计学范畴为例：原本是匈奴人发明的单足绳圈，被晋代的汉族人设计成铁质双镫；最早是鲜卑人原创的毡毯卷边，被晋代的汉族人改造成"高桥马鞍"，这宗中国式马具设计案例，被誉为"13世纪中国传入欧洲的最重要文化成果"（李约瑟语）。再如，西域（今新疆地区）是全世界最早的皮靴生产地，哈尼族为主的红河地区出现了全世界最早的梯田。再如，全世界最早的"干栏式建筑"和全世界最早的稻米人工育种、栽培，均起源于长江中下游的百越地区；全世界最早的竹藤编结器物起源于闽越地区……由中华民族共同创造、发明，后来又影响了全人类文明进程的优秀造物设计案例很多，不胜枚举。几千年中华民族的文明史，就是各种文化多元融合、共同发展的最好例证。不了解中华民族内部各族群的文明交流史，就无法真正理解中国文化史，也不能理解为什么中华民族总是能在逆境中成长强大。甚至可以说，能否完整地理解中华民族的文化史，是检验每一个当代中国知识分子（特别是文史哲专业的学者）文化立场的"试金石"。

随着改革开放的逐渐深入，各民族地区的经济与社会状态已发生了天翻地覆的变化。令人遗憾和担心的是，由于各地区政策执行力度不平衡，保护措施不得力，少数民族的文化特性正在逐步衰退，有些地区的少数民族文化特征甚至已经消失殆尽，仅仅存在于徒具形式，充满口号、标语的民族文化村旅游景点中。有学者预言，再不加快整理抢救工作，中国的少数民族可能在物质形态和文化内涵的特征上，若干年后将不复存在。

从少数民族地区反映古代中国社会某些面貌的文化遗存看，这些少数民族之所以一直与汉族地区差距巨大，存在多方面的原因，其中历代汉族统治者对少数民族的歧视政策是主要原因。此外这些地区本身就处于偏僻荒地，不是沙漠就是山区，自然条件远不及汉族聚集地区，社会发展水平滞后。20世纪50年代，有相当比例的少数民族在当时仍处于原始农耕社会或奴隶制社会，不要说通电、通水、通汽车，不少人一辈子连铁器长什么样都没见过。部分少数民族聚集地的各种自然条件也较差，缺肥少水，基本生活来源，一靠老天爷恩赐的"望天收"农作物；二靠家庭手工作坊制作些竹藤编结物和土织、土陶等土特产来换取粮食；三靠养猪、兔、羊和鸡、鸭、鹅等家禽来换取日用品，如灯油、农具、衣物和油盐酱醋等；四靠为土司、头人和大户们出卖劳力（社会底层奴隶身份），年老即被抛弃。中华人民共和国成立后，党和政府在这些地区实行社会主义改造，打倒以土司、巫师和头人为首的剥削阶级，将土地和生产资料一律收归集体所有，解放了全体少数民族民众，使他们历史上第一次有了自由劳作和生活的权利。

中华人民共和国成立之初，党和政府就高度关注民族事务问题，为如何保护、关心各少数民族制定了一系列方针、政策，也为当代中国社会处理民族问题、保护民族文化树立了光辉典范。中央人民政府政务院于20世纪50年代初发布了《关于民族事务的几项决定》，为新中国民族政策奠定了最初的思想基础，其主要内容是：一、各大行政区军政委员会（人民政府）须指导各有关

省、市、行署人民政府认真推行民族区域自治及民族民主联合政府的政策和制度，并随时向政务院报告推行经验，请示者须事前向政务院请示。二、各大行政区军政委员会（人民政府）须指导各有关省、市、行署人民政府认真并有计划地实行政务院在1950年颁发的《培养少数民族干部试行方案》，并将该项工作进行情况定期加以检查，每半年向政务院报告一次。中央民族学院及西北、西南、中南各军政委员会和新疆省人民政府的民族学院，必须依计划实行，并向政务院报告。三、政务院于1951年下半年适当时间将同时召开有关少数民族的卫生、教育及贸易三个专业会议，责成政务院文教委员会、中财委指导中央卫生部、教育部、贸易部开始筹备，并责成中央民族事务委员会协助进行。有关部门如农业部、文化部也须派人参加。四、责成中央人民政府各委、部、会、院、署、行注意建立有关民族事务的业务。五、在政务院文教委员会内设民族语言文字研究指导委员会，指导和组织少数民族语言文字的研究工作，帮助尚无文字的民族创立文字，帮助文字不完备的民族逐渐充实其文字。六、扩大中央民族事务委员会委员名额，责成中央民族事务委员会提出补充名单的建议，并于1951年下半年召开中央民族事务委员会扩大会议，检查与总结关于推行民族区域自治及民族民主联合政府的经验。

20世纪50年代，中央人民政府和政务院，曾多次组织"中央慰问团""土改工作队"和"普查工作队"等，花费大量人力和物力，深入各少数民族地区，进行了大量较为翔实的社会历史调查。50年代这轮由政府统筹、由中央民委组织行政领导和人类学、社会学专家学者以及民族同志组成工作队与考察队的少数民族大考察活动，1953年正式启动，1956年结束（个别地区延期至1958年才结束）。直接成果之一，就是为1956年国务院公布的55

个少数民族的正式定名和划分，提供了可靠的依据。

从当时考察的资料看，各少数民族的社会发展水平参差不齐，不少民族呈现类似汉族曾经历过的各种历史发展状况，为我们今天考察、了解并研究过去的历史以及各学术分支问题，提供了绝好的活体范本。比如以"设计发生学"研究为例，以山寨（村落）为主的初级社会组织形态，原始手工业在农耕环境中的地位，原始造物的手工技艺与设备、工具等，都是我们极感兴趣的研究对象。

在西北、西南和东北各少数民族聚集地区，有些古时流传下来的本民族手工造物技术，迄今仍保存良好。其吸收了汉族和其他兄弟民族的技术长处之后演变出来的各时段手工造物技术，则印证了各民族互相融合、取长补短的史实。更有些原始手工艺，特别具有艺术和历史研究价值。以维吾尔族人为例，本世纪初，笔者在新疆喀什城艾格孜艾日克老街看到几样手工艺绝活：其一是整条街的维吾尔族乐器店，除了热瓦普、曼陀林和冬不拉等少数维吾尔族知名乐器外，全是些笔者叫不上名来却似曾相识的弹拨乐器和拉弦乐器，于是从心里认可了"西域古乐成就了中国传统民乐"这句话所言不谬。其二是亲眼所见一个拖着鼻涕的不到10岁的维吾尔族小男孩，拿着电砂轮在铜壶上信手飞快地刻着精美细腻的图案，一不要底稿，二没有图纸，真是佩服得五体投地，也相信了"汉族人长于热铸，西域人长于冷锻"这个说法。其三是在喀什近郊著名的大巴扎"金器一条街"上看见近百家金店生意红火，家家门前毡毯上都围坐着一群金店伙计和顾客，正在热烈讨论、共同设计着花样繁多的未来金饰嫁妆，感受到了"中国传统样式的金银首饰工艺，最富有创意的设计和最先进的工艺制作，原来在维吾尔族人手里"这句大实话。还有，笔者

求同存异　和合共荣

在云南景洪县城集市上，曾亲眼见过景颇族老乡用古老的"焖烧法"烧出的红彤彤的土陶——跟笔者一知半解的仰韶彩陶的烧制工艺几乎一模一样。还有，笔者在大西北甘陕宁各省亲眼所见的回族、保安族、裕固族和东乡族老乡巧手做出的那些花样繁多、样式复杂的面塑造型，真是个个精妙绝伦。这方面的事例实在太多了。

50年代的少数民族地区社会大普查，以及半个多世纪以来社会各界对其丰富而珍贵的考察、研究，意义深远，价值极为重大。这些地区客观上保存的较为完整的、与数千年前中国原始社会最初形态近似的许多社会特征，为我们研究社会的最初形态形成和当时的经济、文化、政治的基本状况以及"设计发生学"的相关课题，提供了珍贵的类型学"活化石"范本，价值非凡。改革开放以来，这些少数民族地区也获得了前所未有的巨大发展，人民生活日新月异；但与此同时，少数民族地区的民族性在不可避免地愈发衰减、退化，甚至消失。如果我们再不采取保护措施，若干年后，各少数民族的许多宝贵民族文化遗产将无法挽救地彻底消亡，这部分同属于全人类精神财富和中华民族集体智慧的宝藏，我们将再也看不到了。

在"设计发生学"问题上，我们一向秉持文化多元论的观点，认为人类文明是全世界人民共同创造的，各国家、地区、民族均做出过大小不一、形态各异的贡献；同理，中华民族的灿烂文明是中国的各族人民共同创造的，每个民族都对中华传统文化做出过贡献，也都应当得到尊敬和肯定。中国的各少数民族在中华文明漫长的演化过程中，都曾经以自己独特而充满智慧的文明成果，补充、完善甚至改良着中华文明。比如，古代西域的龟兹古国各民族创造或引自西亚的弹拨乐器和拉弦乐器以及音律、曲

式，彻底改造了中国古代音乐，新创作出代表中国古乐精髓的江南丝竹；南疆的维吾尔族和北疆的哈萨克、塔塔尔、塔吉克等族首创了制革术，并引进古波斯革皮书籍装帧术和制靴术、制毡术、毛衣编结术；海南岛的黎族率先种植棉花并纺织棉布，传入内地后棉织业逐渐形成中国古代手工行业的"天下第一营生"……保护少数民族的民族文化特性，就是保护我们的历史遗产，就是传承我们的文明。我们应进一步发扬文化兼容的优良传统，把振兴中华的百年民族复兴梦，逐步落实为将大中华建设成为中国各民族共同拥有的美好家园。

由上千名来自全国各高等艺术院校的教授、研究生组成的55支团队参与编撰的《中国少数民族设计全集》（55卷），正是有识之士基于对各少数民族的民族文化特性正在快速衰减、消亡的严重现实问题的深切忧虑而进行的抢救、发掘、整理中国少数民族文化遗产的重要文化工程。经过两年精心筹划，六年努力写作，在国家出版基金管理部门的支持下，在山西人民出版社和人民美术出版社的策划和组织下，目前《中国少数民族设计全集》的书稿编撰工作已基本完成，即将付梓。在长达八年的漫长过程中，全国兄弟院校各团队涌现出的各种可歌可泣的事迹经常感动着笔者，并不时鞭策着全体作者克服千难万险，一路向前。有的分卷作者身患绝症仍不眠不休地忘我工作，有的分卷作者遭遇各种意外仍坚持工作。特别是，很多民族同志公而忘私、不计较个人得失，有人不惜将自己赚钱的企业关张歇业，全身心地投入各自所负责分卷的繁重编撰工作中；有人义无反顾地将自己珍藏多年的本民族实物、资料和研究成果无偿提供给相关分卷作者。大家万众一心，克服各种复杂得难以想象的困难，以确保这部凝聚了众人八年心血的巨著，能按计划如期完成。借此机会，笔者谨

代表本丛书编委会全体成员，向领导、编辑和作者们表示衷心的感谢！

作为一项文化创举，笔者深信《中国少数民族设计全集》必将在未来岁月的长期检验中，愈发显现其非凡的、独特的文化价值。

2017年夏季于南京

前言

聚居在帕米尔高原的我国塔吉克族,造物设计活动表现形式源于其特定的生活方式。人类在为获得基本生存需要而出现问题时,须通过造物设计的方式得到逐步解决,而造物设计活动本身也表现为人在特定自然环境中认识、适应改造客观世界的一种能动反映,因而人的造物设计活动与所处特定自然环境始终存在互为依赖的关系。而世代聚居帕米尔高原的塔吉克族因特殊的自然地理环境因素所形成的生产、生活方式,在造物设计中所选用的自然型材也明显体现依赖这一特征。如利用牲畜代步驮运;用羊毛纺线织呢绒,制毛毯;用牲畜皮设计制作靴子、缝制衣帽等。通过畜牧业自然型材的再设计与加工为塔吉克牧民提供必要的衣食住行所需。

帕米尔高原山峰高耸,河谷纵横,气候干燥而寒冷,谷地及河床表面有大量的石块,塔吉克人借助于这些自然型材设计建造自己的房屋居所及用于生产的羊圈等。现存于塔吉克自治县县城北侧山丘上的石头城从汉朝蒲犁国开始就已成为这一带重要的政治、经济、文化和交通枢纽。石头城主要分为内城和外城,内城主要由皇宫、官府、军政要员的宅邸等组成,城垣略呈方形,城内以山丘自然形成的结构为基础进行建造,主要采用石块加泥土进行垒筑。县城北3公里处的香宝宝古墓群,其墓葬表面由圆形石堆构成或呈圆形、方形或长方形的石围砌筑,土葬墓为竖穴土葬,墓口设有专用的盖木,随葬的物品中有木质的盘、钻木取火的火器等,还有用于饰品的自然型材玛瑙、骨头、石头等。塔吉克族利用自然型材进行造物设计活动呈现出不同历史阶段中特有的变化,反映出塔吉克人

在为适应生产、生活的需要过程中所体现出的创造力，以最终的可供生活使用的产品形态呈现，因而也包含有尽可能利用自然型材为生活服务的设计文化。

塔吉克族饮食设计制作中主要以畜牧、农业所提供的奶制品、面食和肉食品为主，并逐步形成了民族传统的饮食习惯及食品的设计加工程序与方法，具有鲜明的民族特点，如"冬巴吉格尔"塔吉克语意为"羊的尾巴和肝子"，这种美食所选用的食材全部来自于高原环境中的畜牧业生产活动，其设计加工过程、口感及效果等都与高原特有的社会及自然环境相适应，利于在寒冷的气候条件下补充人体所需的热量，宜于长时间在野外放牧等。

陶器是人类史上最重要的发明。陶器不仅是用于食物制作加工的主要器具，也是部落民族经济活动中用于储存基本生活资料的重要器物。1983年位于自治县城以南约40公里的古代商路的"吉日尕勒"遗址上（塔吉克语本意为"双厥"，引申为"驿站"或"客站"）就发掘出陶器残片。说明当时生活在帕米尔高原的先民已能使用水、火、土合成材料进行造物设计活动。由于帕米尔地处高原，其特殊的地理位置使其成为历史上"丝绸之路"要道，客观上也使人类早期造物设计中的关于合成型材的认识因商贸活动而波及这一地区。自唐中叶以后，经由塔吉克族聚居区域的中西方"丝绸之路"逐渐衰落并退出历史舞台。塔吉克人在萨曼王朝的统治下的一个世纪中未遭受到大的动乱，社会经济得到了改善与发展，在扩展了种植面积的基础上也促使畜牧业有了明显的提升。开采铁、锡、银、铜、铅及绿松石等丰富矿产为手工业的发展带来契机，他们不仅生产远近闻名的棉布，也生产制造适宜游牧民所用的皮革、铜器及农具等商品。

中华人民共和国成立之前，塔吉克族牧民手工艺大多以家庭的

方式进行，主要满足家庭的生产和生活的需要，很少进行交换与出售。而迁入农业区的塔吉克族在与维吾尔族频繁的交流学习的过程中掌握了手工业技术，出现了铁匠、瓦匠、裁缝等。能利用复合型材设计制作生产、生活用品，主要以自给自足式的自然经济模式存在。当时，在乡村牧区用于农业生产的工具缺乏，技术水平低，而常使用的农具镰刀、铁锹、坎土镘、铁犁头、木犁等大多集中掌握在富户手中，而铁制工具大多由周边城镇制作后运来，主要用羊作为"一般等价物"充当货币来进行交换。中华人民共和国成立后，在人民政府的关心支持下先后新建了综合加工厂、铁皮社、采矿、建材等乡镇企业，从此告别了帕米尔高原区域铁制品加工设计主要依赖于外地的历史，并通过教育、培训等方式使塔吉克族运用复合型材进行设计加工的能力得以提升。

自中华人民共和国成立以来，帕米尔高原塔吉克聚居区的社会经济有了显著改善。牧民们较充分地利用现代繁殖技术，改善、培育了新的良种，再加上牲畜区疫病防治工作及系列的畜牧业建设工作，使牧业生产取得了较大的发展。当地政府依据高原农业生产特点需要改进农业生产工具提高农业生产技术水平，并兴建水利，使农业生产力水平有了很大提高。在手工方面开始有了自己的铁匠、木匠、皮毛匠、靴匠、泥水匠、裁缝擀毡等各种手工业从业人员，一些乡镇还办起制毡、铁木加工、缝纫、采矿等企业，因独特的地理位置及地缘优势，为边境贸易的发展带来契机。边境贸易也带动并促进了自治县境内个体及私营经济的发展，使塔吉克人轻视经商的观念得到改变，促使许多的塔吉克人走出毡房，投身于市场经济的潮流之中，也使传统的以满足家庭需要的手工业向满足市场需求的职业化转变，学习并运用现代技术以扩大手工业生产规模。由于不断完善的商品流通渠道，民族传统手工业制品也借此走出高原，

进入市场。

  延续千年的帕米尔高原社会生产、生活方式，使塔吉克族形成了自己独具特点的生活习俗与观念。在传统大家庭中，塔吉克妇女主要操持家务。因此塔吉克妇女大都是编织、缝纫和刺绣的能手，塔吉克妇女从小就从母亲及姐妹那里学习有关编织与刺绣的手工艺技能，每个家庭都把掌握基本的生产、生活技能视为对子女重要的教育内容。随着社会经济的快速发展及信息化时代来临，便捷的交通使塔吉克人的经济与外界有了更加广泛而紧密的联系。人们更多地了解并感受体验外部的世界，新技术新材料的接触与使用也不断改变着人们的传统观念。但由于传统的生产、生活方式等因素，依然保持并传承着传统的手工艺技法。如利用羊毛纺线编织，在枕巾、被褥、头巾、帽子上刺绣，利用牲畜皮革制作马鞍、马鞭、马靴等，使传统的手工艺技能依然存在于塔吉克族家庭的生活中。只不过随着旅游经济的兴起，使传统的自给自足的经济向市场多元化的方向拓展。延续千年的民族手工艺依然是市场经济价值体现的主要因素，也是获取家庭经济收入的重要渠道之一，使得以操持家务为主的塔吉克妇女也能通过手工劳动融入现代经济生活中。从而使传统手工业技能受到重视并得以传承，使塔吉克族传统编织与刺绣手工艺得以相对完整的保存。

目录

第一章　塔吉克族传统建筑

塔吉克族传统建筑　002
塔吉克族建筑选址　005
塔吉克族建筑围墙　010
塔吉克族建筑围墙大门　016
塔吉克族蓝盖力　022
塔吉克族蓝盖力室内空间布局　029
塔吉克族龛形壁橱　035
蓝盖力室内顶面装饰　042
塔吉克族蓝盖力室内柱体　049
塔吉克族传统陵墓　055
塔吉克族陵墓建筑装饰壁画　062

第二章　塔吉克族传统服饰

塔吉克族阿勒卡　070
塔吉克族玛江　074
塔吉克族头饰　077
塔吉克族女子辫式　082
塔吉克族长筒毛袜　086
塔吉克族头巾　089
塔吉克族面纱　093
塔吉克族拜勒达木齐　096
塔吉克族吐马克帽　100
塔吉克族黑色袷袢　104
塔吉克族夏季背心　108
塔吉克族冬季袷袢　111
塔吉克族套头白衬衫　115

塔吉克族红色牛羊皮靴　119
塔吉克族花色连衣裙　122
塔吉克族夏依达依帽　126

第三章　塔吉克族传统餐饮

塔吉克族开提根哈依　130
塔吉克族布拉马克　133
塔吉克族泼罗　136
塔吉克族烤馕　140
塔吉克族阿热孜克　144
塔吉克族派乃依尔　148

第四章　塔吉克族传统生活用具

塔吉克族达卜　154
塔吉克族巴朗孜阔木　158
塔吉克族库木日依　161
塔吉克族热瓦甫　166
塔吉克族鹰笛　169
塔吉克族马鞍　173
塔吉克族逊其科比　176
塔吉克族秀古　180

第五章　塔吉克族传统生产工具

塔吉克族坎土曼　186
塔吉克族大木　190
塔吉克族牦牛毛掸子　195
塔吉克族羊绒耙　199

　　塔吉克族达尔乌　203
　　塔吉克族塔皮其　208
　　塔吉克族斯普尔　210
　　塔吉克族哈都尔基　213
　　塔吉克族皮尔瓦力　219
　　塔吉克族弩木基格　223

第六章　塔吉克族传统手工艺
　　塔吉克族高保孜　228
　　塔吉克族针线包　234
　　塔吉克族方形靠枕　238
　　塔吉克族垫褥　241
　　塔吉克族刺绣　244
　　塔吉克族绣花手帕　249
　　塔吉克族皮制褡裢　252
　　塔吉克族芨芨草帘　256
　　塔吉克族乌克　261
　　塔吉克族毛毡　264

第七章　塔吉克族传统民俗和宗教
　　塔吉克族婚礼　268
　　塔吉克族祖吾尔节　274
　　塔吉克族古尔邦节　278
　　塔吉克族肖贡巴哈尔节　282
　　塔吉克族播种节　287
　　塔吉克族葬礼　291
　　塔吉克族日常麻扎朝拜　296

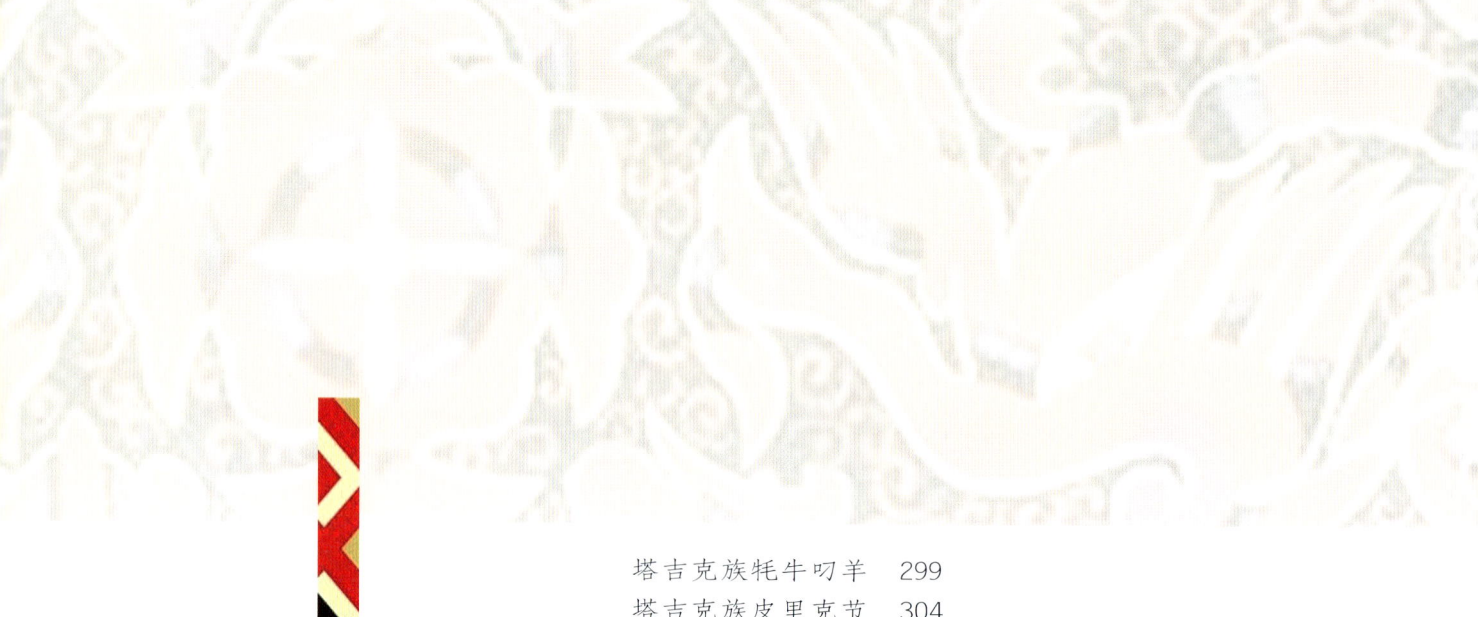

塔吉克族牦牛叼羊　299
塔吉克族皮里克节　304
塔吉克族待客礼仪　308

第一章 塔吉克族传统建筑

塔吉克族传统建筑

图一 塔吉克族传统建筑主图

塔吉克族是生活在中国新疆帕米尔高原的少数民族之一。"帕米尔"为波斯语，意为"世界屋脊"。"帕米尔"在塔吉克语中意为"最高的地方"及"肥沃的草原"。帕米尔高原海拔多在3200~4500米之间，最高处海拔7700多米，终年积雪的山峰为绿洲的溪流及高山湖泊提供了源源不断的水源。塔吉克族传统建筑是在人与自然关系中的实践积累与认识的结果，面对所处的自然环境状况，逐步形成的合乎生存持续性需要的建筑技术与观念，建筑基本材料的选择来自于所处自然环境中，简化而实用的建筑技术在塔吉克族民众中广泛地普及与传播，在适应自然环境过程中体现出塔吉克族独有的创造力与智慧，并在长期的实践探索中逐渐形成为一种民族特有的建筑营造观念，进而成为塔吉克民族传统的建筑形制。

新疆自古以来就是一个多民族聚居的区域，各民族在长期的相互往来及交流中逐渐形成了相互依存的社会生态环境，反映在生活的各个方面，塔吉克族在秉承民族传统建筑文化的同时也不断吸收其他民族的建筑技术，积极在材料、工艺及装饰等方面借鉴并吸收新的养分以充实到民族传统建筑当中。这种借鉴与吸收也源于对摆脱自然束缚的期望，也正是由于对新技术的学习和掌握，增强了适应环境的能力。

塔吉克族依据帕米尔山谷、河流的自然地理分布状况来从事并开展生产活动，形成在高山放牧、低谷开垦农田耕种的以畜牧业为主、兼营农业的生产格局。在相对稳定的农业区域建造土木结构的正方形平顶屋，塔吉克人称这种房子为"蓝盖力"。而在短暂的夏季牧场，为满足居住的需要，他们通常以草皮、石头及木料为主砌筑的正方形房屋，造型及工艺上显得粗放而简陋，塔吉克族称之为"卡帕"，为放牧人看护庄稼或放牧的暂时居住处。

塔吉克族传统建筑主要以土木结构为主，建筑顶面的处理基本以木结构为主，运用圆木的横竖支撑及相互叠加进行设计，屋顶的天窗确保了建筑的采光、通风、透气及保暖，在有限自然环境中充分运用人的智慧来实现家居生活对室内空间的基本需要。

塔吉克传统建筑材料中需要的大量石块主要靠人工收集与搬运，因此建筑选址中也考虑是否利于建筑主材的收集与搬运，尽可能降低建筑成本。

图片来源
图一至图四　陈述、赵笑天　制图

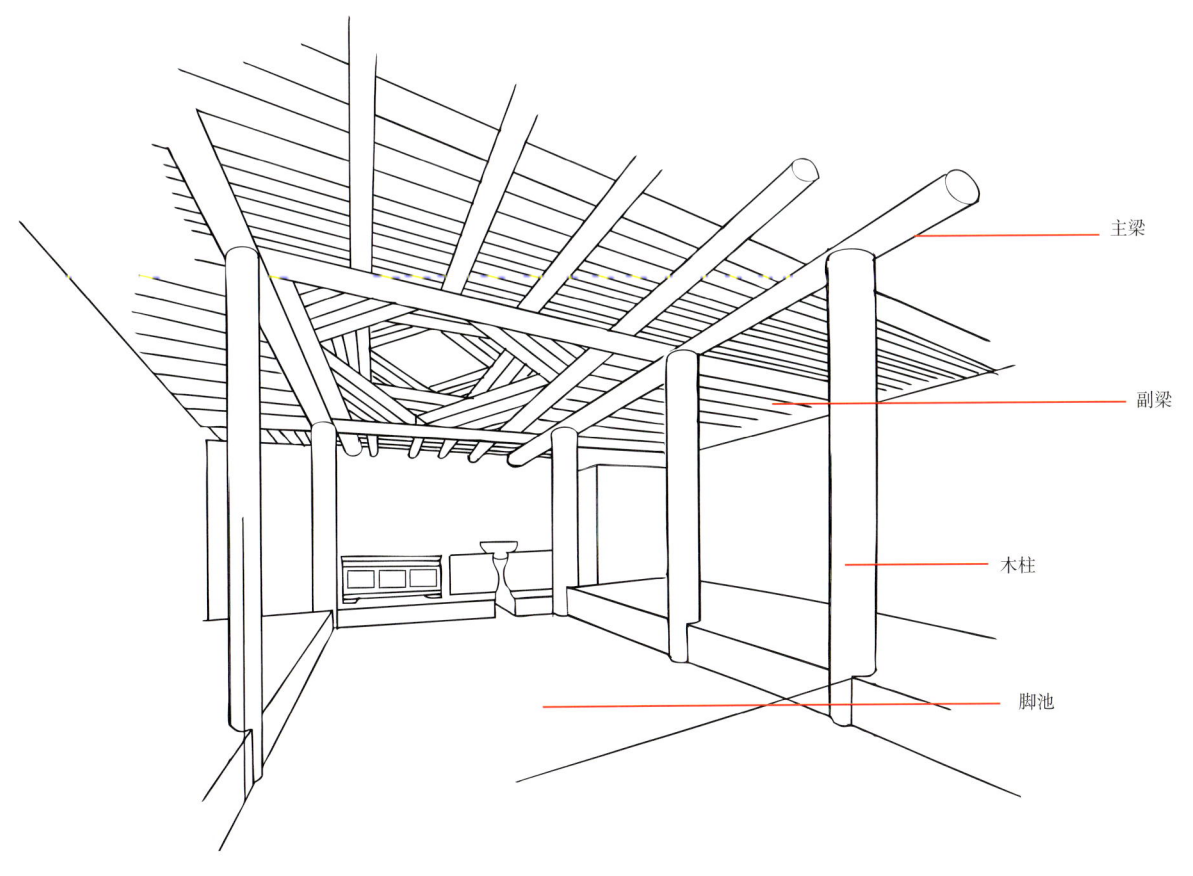

图二　塔吉克族传统建筑内部木制框架结构图

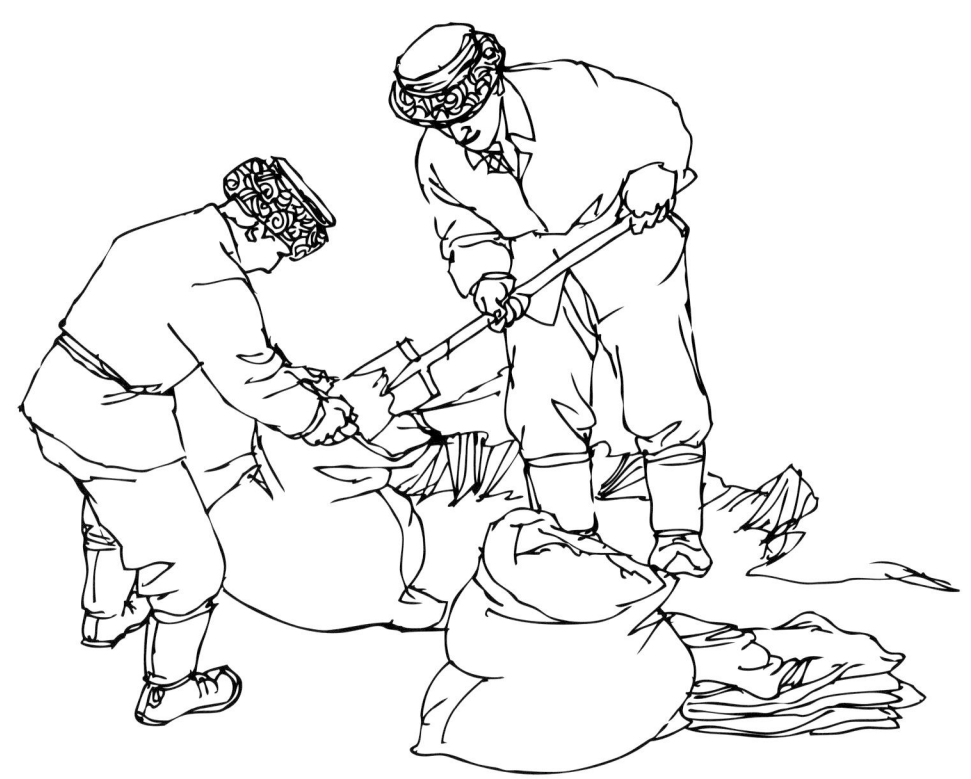

图三　塔吉克族传统建筑·装运建筑用黏土示意图

图四　塔吉克族传统建筑·坐落于高原山谷间的塔吉克村庄示意图

塔吉克族建筑选址

图一　塔吉克族开阔地带建筑选址场景图

塔吉克族传统建筑选址主要是基于实践过程中的认识与经验总结。建筑选址要综合考虑多个方面的因素，主要有自然环境条件及家庭生产、生活等方面的因素。选址上多根据具体的地理状况采取灵活的应对策略，通常在选址上常考虑以下几个方面的因素：1.在较为开阔的地带，通常会挑选隆起的较为坚硬的台地，阳光充足，四周的缓坡易于自然疏导降落的雨水；2.山谷中建房多选择在阳面，依据地形起伏来挑选适于建造房屋的地块，避开高山对阳光的遮挡，门朝向东南以避开西北寒流的侵扰；3.选址地点要尽量靠近水源点，不仅建筑建造本身需要用水，而且相对便利的取水点，可以保证家庭正常的生活用水需要；4.利于家庭所从事的经济生产活动，选址地点也考虑到围绕正方形建筑"蓝盖力"周围是否有足够的续建牲畜圈棚用地面积等，与每个家庭经济活动规模及要求相关；5.建筑采取就地取材的方式，根据选址地点所处环境中的自然供给来获取建筑用材，最大程度地降低建造成本。塔吉克人因选址上环境地点的差异使得传统建筑在材料使用上也呈现许多的变化，这些变化正是由于塔吉克人能依据不同的自然环

选址地点要考虑有无相对固定的水源，包括取水的途径、方式及便利性，依据地形构造建筑选址一般选在较高而平缓的地面上，与山间河道保持相应的高度与距离，以避免在不同季节中因河水泛滥而造成的伤害

图二　塔吉克族山谷间河道坡地建筑选址图

建筑多选在山体阳面的缓坡上，一是借助巨大山体减缓肆虐的寒风；另一方面可借助山体阳面聚集的光热来有效提升建筑的环境温度

图三　塔吉克族山体阳坡建筑选址图

境条件审时度势，采取灵活多变的方法积极应对，在建筑用料、砌筑技术的使用等方面呈现许多变化，这与选址过程中的具体环境条件有密切的关联，建筑选址依据特定的环境状况而采取灵活的策略，对不同环境中的山脉、水道、风向气流、光照、地质状况及生产、生活便利性等通过现场实地观察后作出判断并最终确定房屋院落建筑的具体方位。

图片来源
图一至图九　陈述　制图

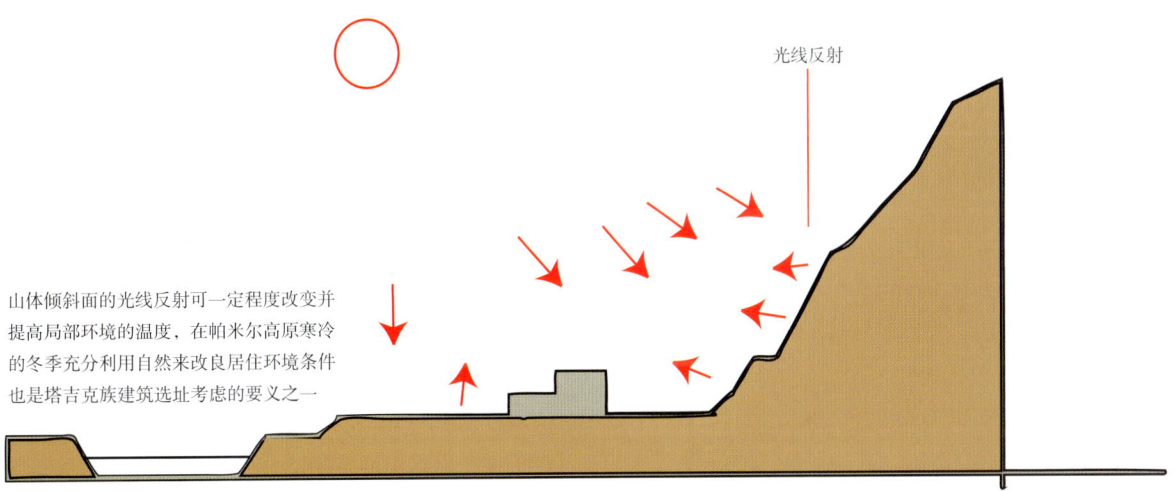

山体倾斜面的光线反射可一定程度改变并提高局部环境的温度，在帕米尔高原寒冷的冬季充分利用自然来改良居住环境条件也是塔吉克族建筑选址考虑的要义之一

图四　塔吉克族建筑选址光环境示意图

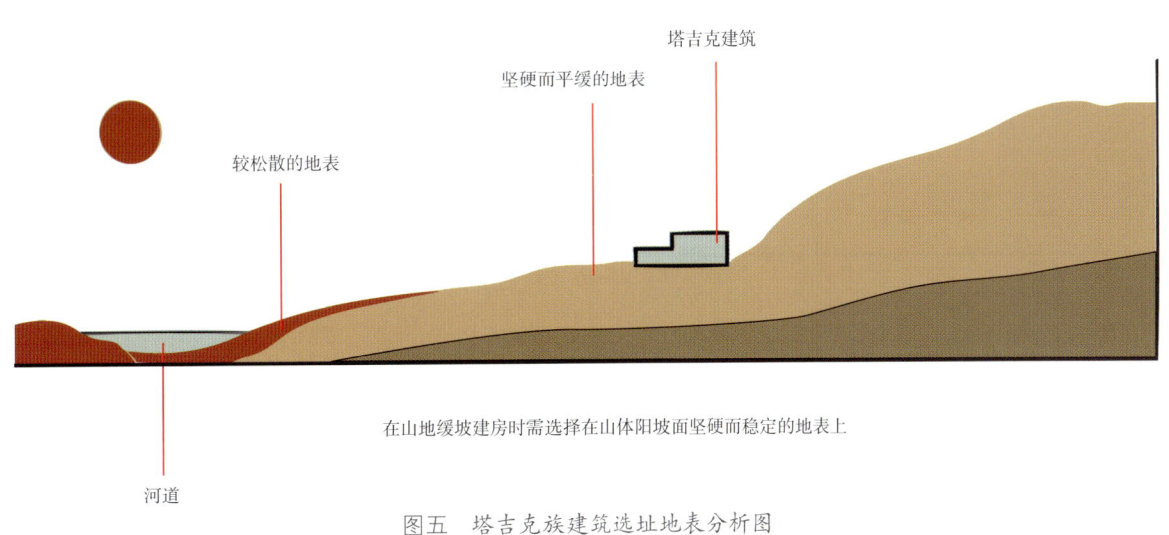

在山地缓坡建房时需选择在山体阳坡面坚硬而稳定的地表上

图五　塔吉克族建筑选址地表分析图

塔吉克族妇女主要操持家务劳动，生活用水大多由妇女从水源地挑回家，由此可以看到在建筑选址上对水源地的考虑显得极为重要，安全及适当的距离是建筑选址过程中所重点关注的内容之一

图六　塔吉克族建筑选址·妇女挑水图

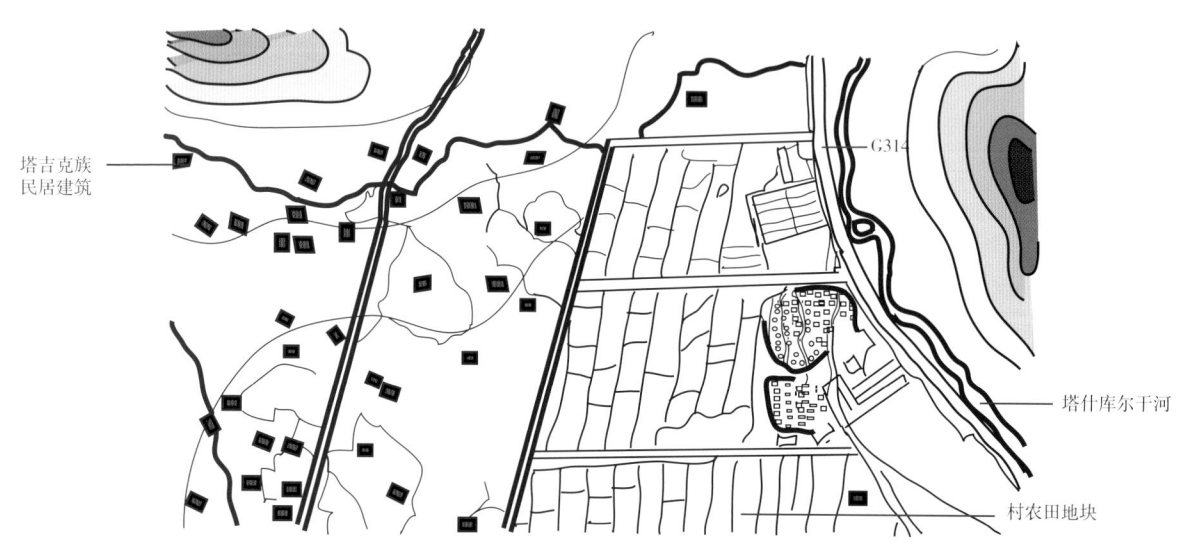

以满足塔吉克族大家庭生活需要的民居建筑布局较为分散，一方面是就近于所从事生产劳动的区域外，另一方面因建筑材料基本源于自然环境中，最为主要的是建筑所用的石块大多裸露于地表，其分散而相对有限的建筑使得每个家庭都可以获取到足够的建筑材料，以使需求趋于平衡

图七　塔吉克族建筑选址分布图

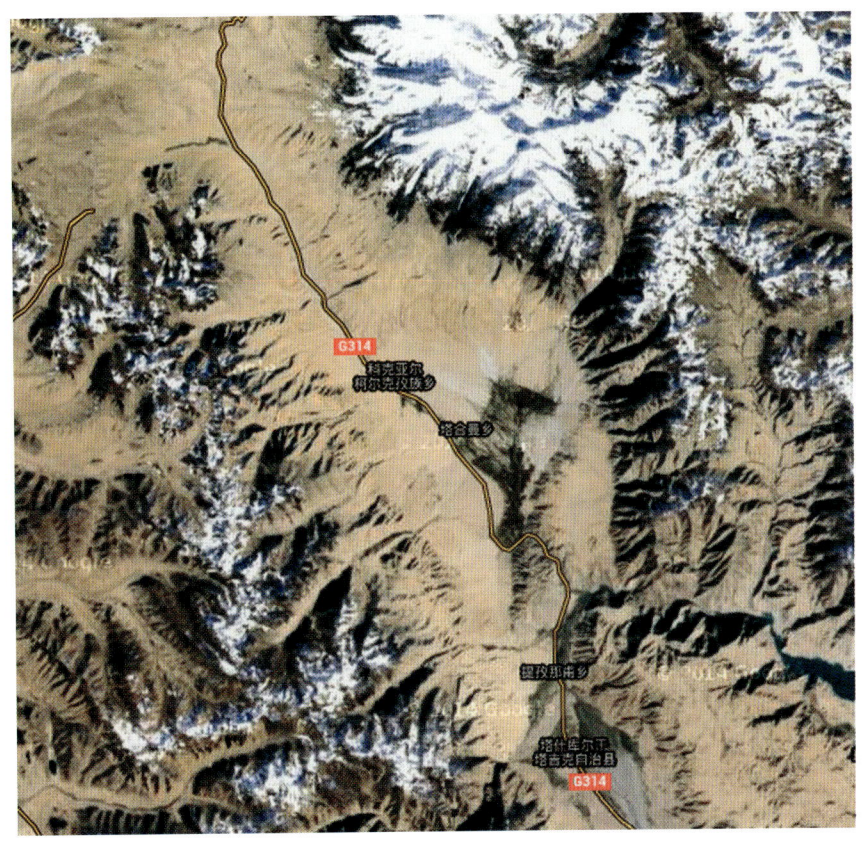

图八　塔吉克族建筑选址·帕米尔高原局部地形图

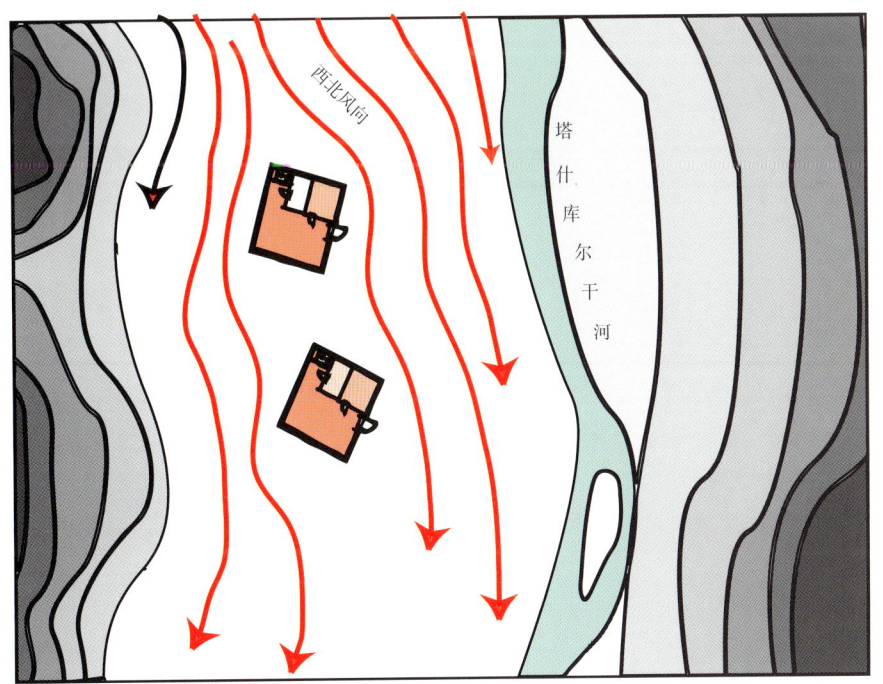

为有效阻隔冬季的西北风，塔吉克族传统建筑四周无窗，进出的房门朝向东南，厚实的墙体具有很好的防护及保暖作用

图九　塔吉克族建筑选址·方位朝向图

塔吉克族建筑围墙

图一 塔吉克族建筑围墙主图

塔吉克族院落是围绕被称为"蓝盖力"的正方形平顶屋而修建的家庭开放性围合空间。塔吉克族社会的组成是以家长制的大家庭为基本单位，男性长者为一家之主，具有家庭生产、生活的支配权，父母在世时绝不允许儿女们分家，分家意味着不孝，将受到塔吉克族社会舆论的谴责，因此塔吉克族院落建筑须具备这种大家庭生活所需的空间与功能。除此以外院落围墙内外还修建有牲畜棚并兼顾生产活动所需的必要空间。他们的院子由一客厅、卫房、客房、库房组成。

塔吉克族建筑围墙墙体主要是用于分割及围合空间的，建筑围墙主要为院落及牲畜棚圈的墙体筑造，多使用石块、沙土、草皮、麦秆、木料等材料建造。帕米尔高原起伏的山脉形成沟谷，山谷河道中存有大量的石块，自然成为牧民主要居所的建筑材料，墙体主要采用卵石和块石为主材，用草皮、泥浆砌筑。按石块大小形状等进行砌筑，所砌墙体厚度有500毫米、800毫米、1000毫米不等。砌筑前要选择比较稳固的地面作地基，一般不做基础就地清理地基后进行墙体砌筑，达到所要求的高度后即架木梁封顶。使用草皮砌筑墙体时，因草皮泥带有纵横交错的草根，具有较好的连接力。墙体因不同的材料而利用不同设计及制作工艺。为改善环境，固基防风，通常在其周围栽种柏树、杨树和杏树。

1. 石块、土坯墙体垒筑

使用石块、土坯进行墙体筑造是帕米尔高原塔吉克族较普遍的施工方法，几乎每个塔吉克族家庭都掌握这种用石块浇上沙土泥筑造墙体的技术。墙体建筑主材石块及黏接用的黏土都取自于高原自然环境当中，这种程式化的施工也是塔吉克族大家庭成员必备的生活技能。

土坯是以泥土为基本原料进行加工的呈长方形的建筑材料。将泥土在泥池中用水浸泡，挖出并填入制作土坯的木模中，倒扣在地上，经太阳晒干便成为可使用的土坯砖了。墙体砌筑时，在土坯砖上浇上泥浆，再按事先的设想层层摆放，便可完成土坯墙体的砌筑。

墙体混合材料筑造是将石块与土坯砖在筑造过程中进行混搭，即在墙底部用石块砌筑，上面部分用土坯砌筑的方法。因石头相对于土坯来讲密度高，重量大，在墙下部能起到很好的稳定性作用。在土坯墙砌筑时，加进层内起拉筑作用的树木、枝条相互连接，以起到稳固的作用，这种方法沿用至今。

2. 碎石、沙土墙体夯筑

塔吉克夯土墙属于板筑夯土墙的一种，即在夯筑过程中，以木板做模，内填黏土或灰石，层层用杵夯实修筑成的。塔吉克夯土墙接近于梯形，这种墙有一定的承载能力，不会因为恶劣的自然条件如风吹雨淋等而轻易坍塌。值得一提的是，塔吉克人在建造夯土墙时还会在墙的底部用石块修筑，这一点

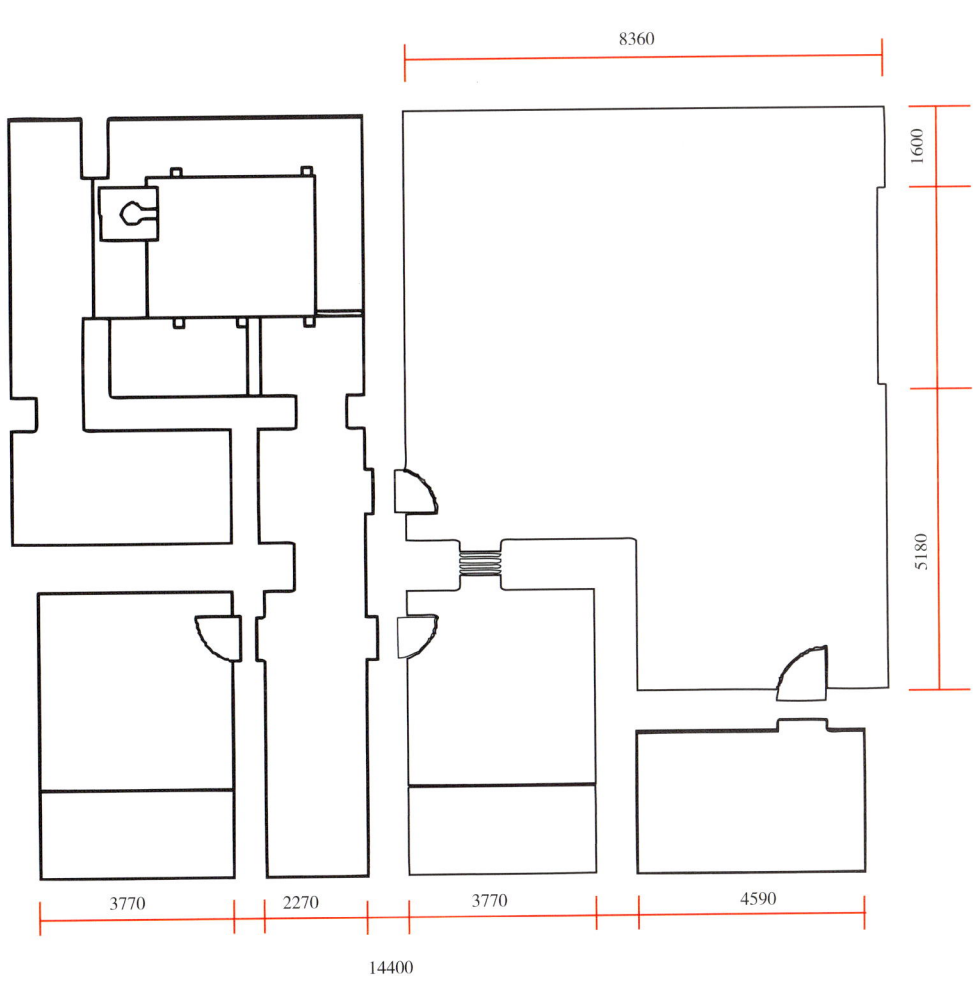

图二　塔吉克族建筑围墙尺寸图（单位：mm）

是由于他们的住所多位于河谷地带，出于对河水侵蚀的考虑。此外，在塔什库尔干呈东西走向的公主堡古建筑遗址中，位于西面的夯土墙体则采用就地取材的方法，并在墙体夯筑中加入了红柳枝，这些看似不起眼的树枝可以起到拉筑作用，从而加强夯土墙的稳固。

塔吉克人从实际环境出发，充分利用所处自然环境中的物质供给，将有限的建筑资源运用自己的设计智慧加以充分利用，不但保证了生活居住的基本需求，同时也体现他们在设计过程中采用最为经济方式来满足其生活居住的基本功能，并适用于高原地区，具备较好的挡风寒和保暖的功能。

图片来源
图一、图七、图九　陈述　拍摄
图二、图三　陈西木　制图
图四、图五　陈述、赵笑天　制图
图六、图八、图十　陈述　制图
图十一、图十二　孙亚兰　制图

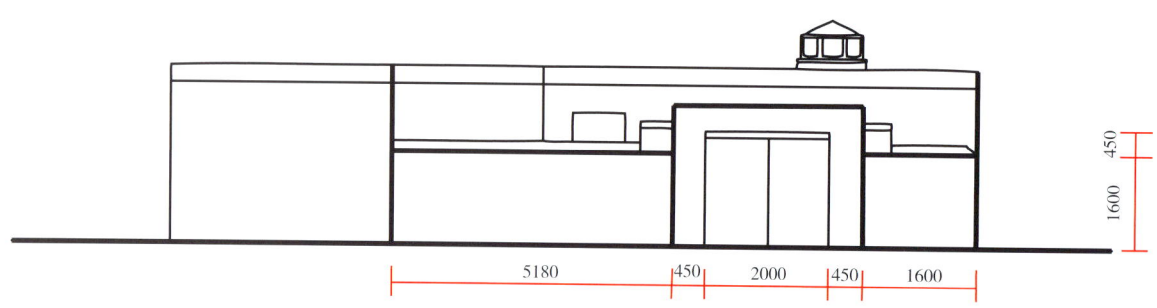

图三　塔吉克族建筑围墙平面图（单位：mm）

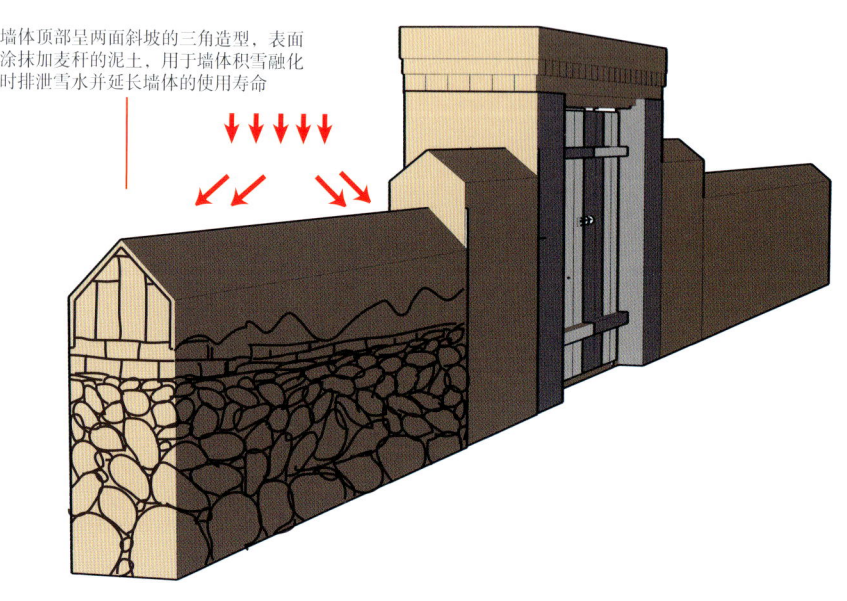

图四　塔吉克族建筑围墙造型及功能图

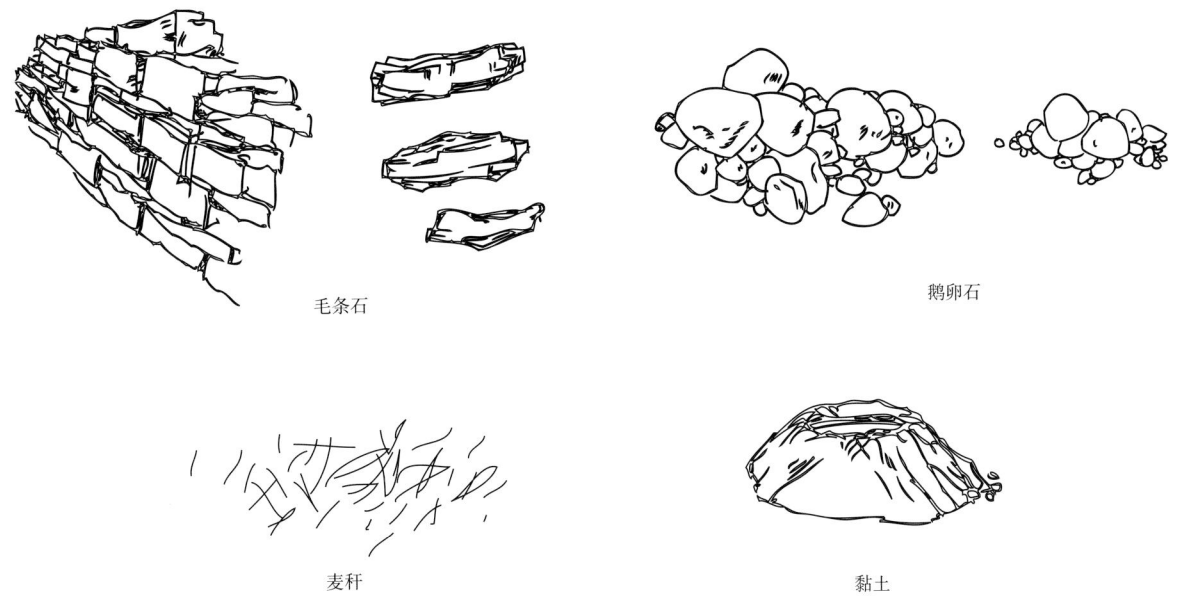

图五 塔吉克族建筑围墙材料图

图六 塔吉克族建筑围墙材料工艺图

图七 塔吉克族建筑围墙备料实景图

图九 塔吉克族建筑围墙工艺实景图

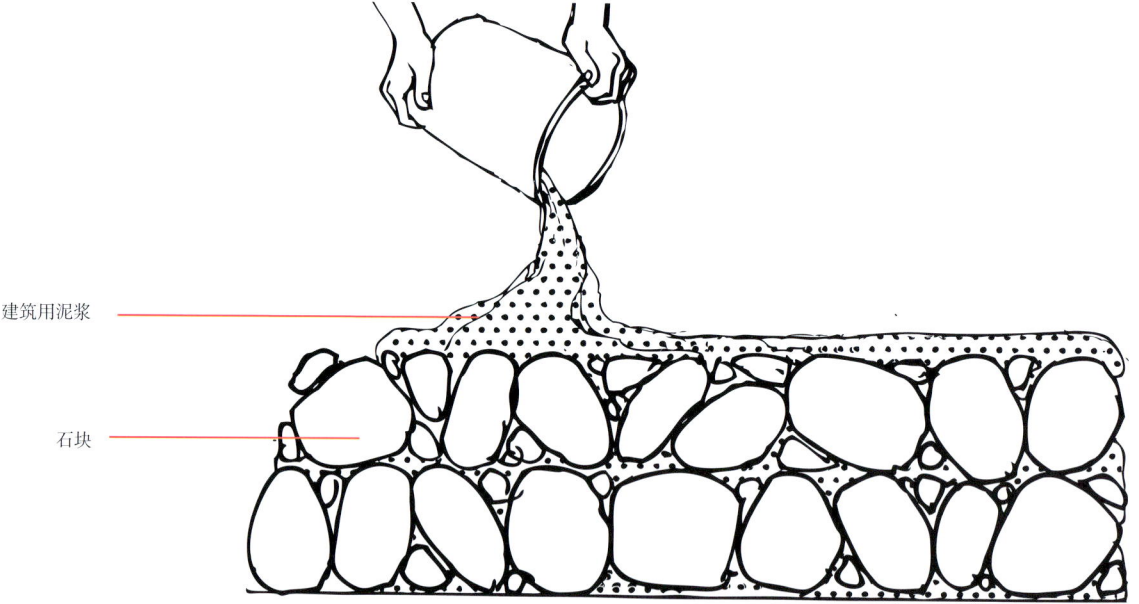

建筑用泥浆

石块

石块垒墙铺装时需一层层分别展开，一般为一层完成后再进行第二层的施工。程序为先铺垫一层黏性草泥浆，再选择大小形状适度的石块进行砌筑，石块砌筑时，用力晃动使其嵌入灌满缝隙的泥浆中，泥浆干后如卡子一样将石块固定

图八 塔吉克族建筑围墙墙体石块砌筑工艺图

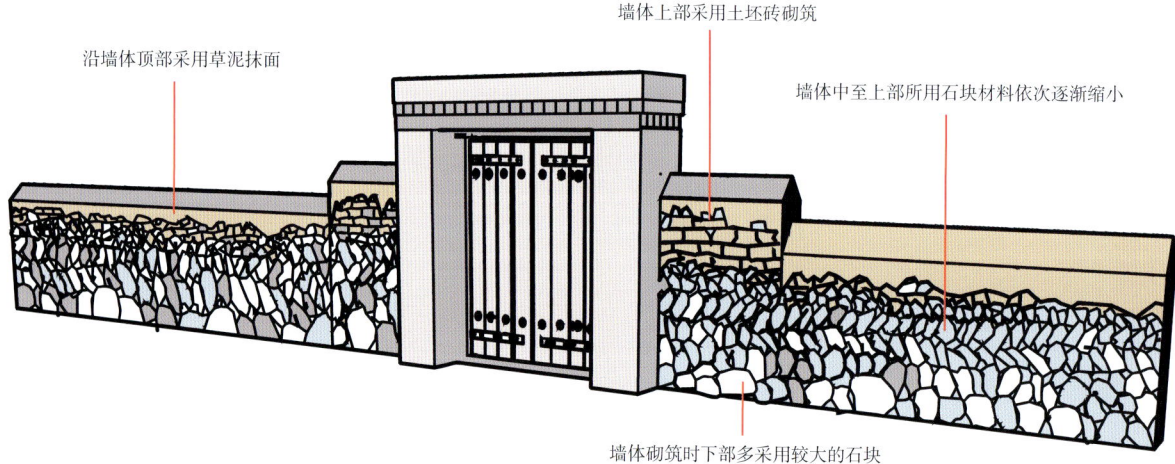

沿墙体顶部采用草泥抹面

墙体上部采用土坯砖砌筑

墙体中至上部所用石块材料依次逐渐缩小

墙体砌筑时下部多采用较大的石块

图十 塔吉克族建筑围墙砌筑材料使用图

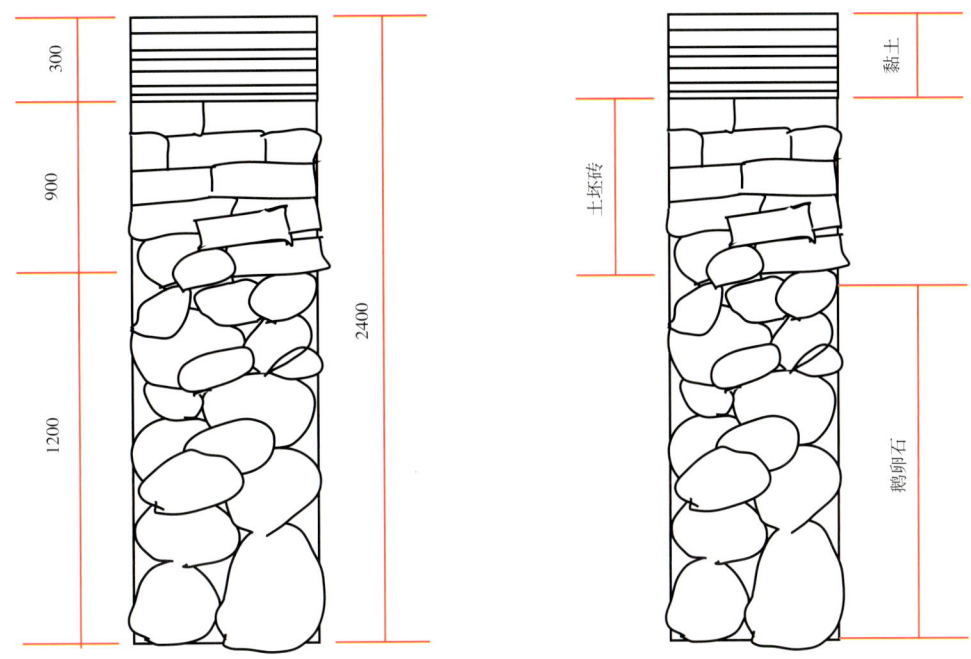

图十一　塔吉克族建筑围墙墙体尺寸剖面图（单位：mm）

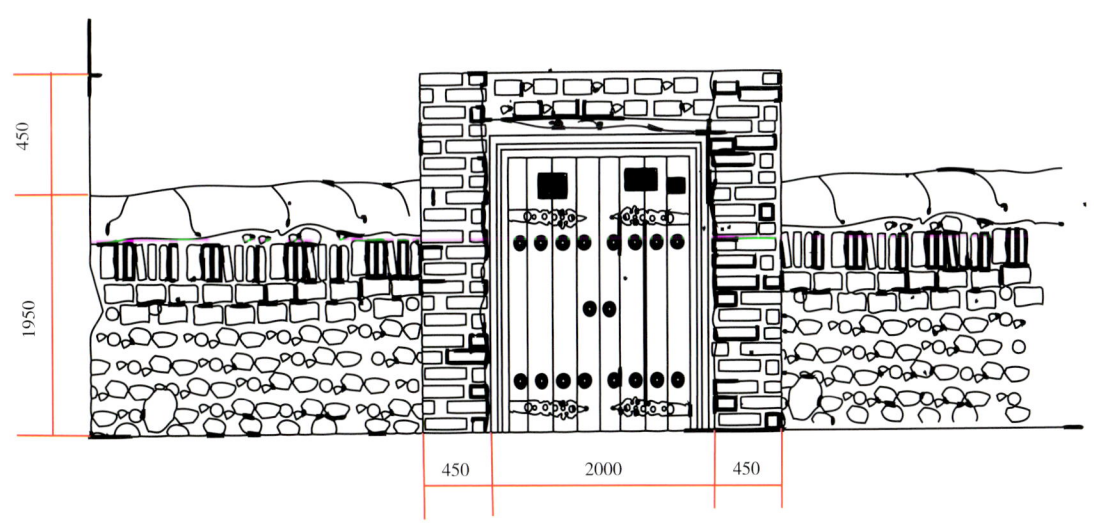

图十二　塔吉克族建筑围墙立面图（单位：mm）

塔吉克族建筑围墙大门

图一　塔吉克族建筑围墙大门主图

生活在帕米尔高原的塔吉克族主要居住在东部海拔3000米左右的谷地，特殊的自然环境条件在一定程度上限制了农业的发展，使塔吉克族传统农业生产水平低，生产工具也相对较为缺乏。经济主要以畜牧业为主，在牧场的牲畜中主要以绵羊、牦牛为主。此外还放养有山羊、牛、马及骆驼等。塔吉克族建筑多以土木结构的正方形房屋"蓝盖力"为主，其周围建有牲畜棚圈和草房，一般设有院落围墙，非常重视院落围墙的大门设计。塔吉克族家庭构成是以大家庭的生活观念为基础的，家庭内部成员主要服从男性长老的统筹与安排，人人都参与家庭内部的劳动。塔吉克族建筑围墙的大门设计首先是满足家庭内部生产、生活的基本需要，建筑围墙内的生产、生活设施及要求一定程度作用于建筑围墙大门的功能性尺度。其次是院墙大门作为向社会展示的视觉形象，也非常注重其大门的装饰设计，通过装饰来体现民族的审美情趣及精神愿望，同时也是塔吉克族社会组成基本单元的大家庭经济实力的象征。

塔吉克族建筑围墙大门通常要高于围墙，这主要是便于物品的进出搬运，大门多朝向东南方向，以便获取充足的光热。在建筑围墙大门的设计中也积极借鉴、吸收并采纳其他民族的工艺技术，并有机融入所处区域环境中可获取的有限原材料加工与制作当中，体现出民族不屈的意志及灵活的设计思维。围墙大门墙体的石、土、木在筑造中的方式因不同区域环境条件也具有许多差异，在建筑大门墙体中首先要依据自然环境中可获取的基本建筑材料为基础的，即围墙建筑大门在材料的品质、种类等方面具有明显的地域特点。所以处在山谷、河床地带的塔吉克族建筑以裸露在山谷、河床坡地上的原石为主要建筑材料；而农区绿洲地带的围墙大门多以黏土及石块为主要的建筑材料。由于塔吉克族社会传统的牧业为主、农业为辅的经济结构，畜牧业在经济生活中占有重要的比重，畜牧业的兴旺与生活有着紧密的联系，这种意识观念也体现在围墙装饰当中。在塔吉克族围墙大门的设计中自然也表达出这样的观念，只是在围墙大门门楣中央上部塑有山羊角的造型，以示风调雨顺、牧草茂盛、牧羊成群、生活幸福。

盘羊角对于以畜牧业为主的塔吉克族来说最具象征性，弯曲的双角亦成为一种视觉形象符号。塔吉克视麻扎为神圣的地方，麻扎中常堆大量的动物角，其中盘羊角因硕大的形状及螺旋造型而备受注目，这些羊角也有一些禁忌，不能随意碰触麻扎上这些牲畜角，否则预示村落将会发生一些不幸之事，因此牲畜角也具有了神圣的含义。把神圣的东西置放在神圣的地方显得尤为重要，因此很多塔吉克人也把盘羊角置放在住房的大厅上。

塔吉克族大门上的盘羊角被安置在一个用实体塑造的盘羊头部，造型为一只坐卧扬首的盘羊，外轮廓造型依据盘羊的形体特征进行表现，整体形态较为写实，呈白色的盘羊身躯与深色的羊角形成鲜明的对比关系。白色为固化的石膏制作，寓意吉祥幸运。造型中依据羊的基本结构用石块堆积，并使用草泥填塞。内部埋设有加固的铁条及木骨架，并将羊角连接固定于骨架上。在此基础上将石膏粉加水后进行外部涂抹塑造成羊头形状，等石膏固化后就算完成。塔吉克族民居住房门上的羊角装饰设计一定程度反映出塔吉克民族在长期的半定居游牧生活中的动物崇拜心理与现实生活有着密切的关系，对动物的崇拜是人们在长久的生活实践中逐渐建立起来的一种观念意识及情感的表达，具备某种神性，人们以崇拜、敬仰的方式来祈求神灵的保佑，以赞美这种行为方式感恩上苍，以祈求新的丰收与平安。

图片来源
图一　陈述　拍摄
图二、图三　陈西木　制图
图四至图九　陈述　制图
图十　孙亚兰、陈述　制图

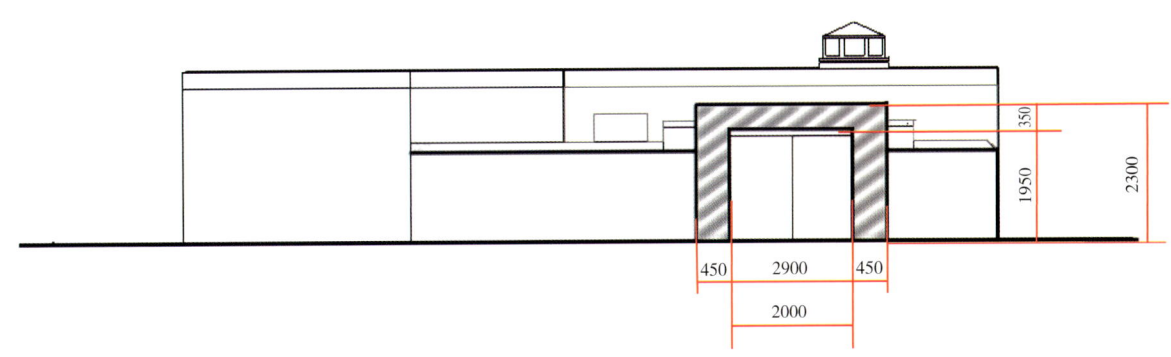

图二　塔吉克族建筑围墙大门设计尺寸图（单位：mm）

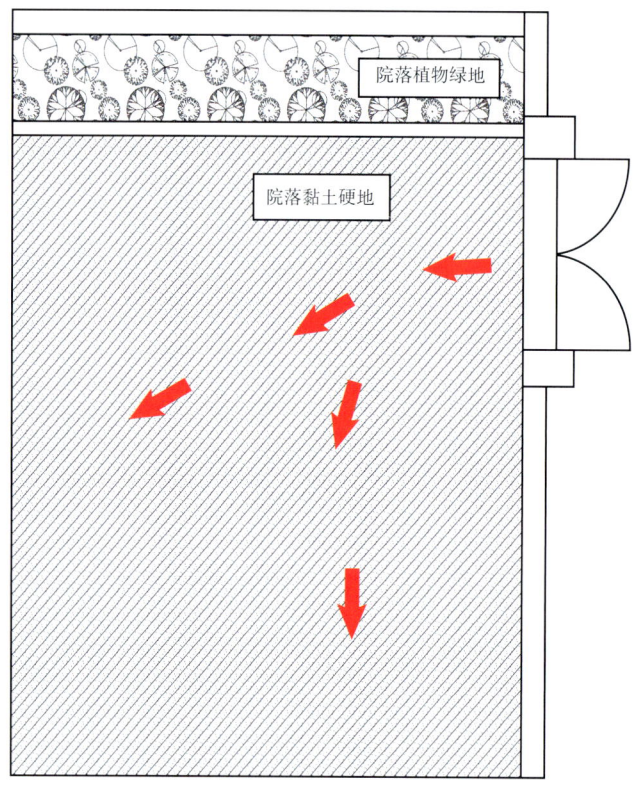

图三 塔吉克族院落大门入口导流图

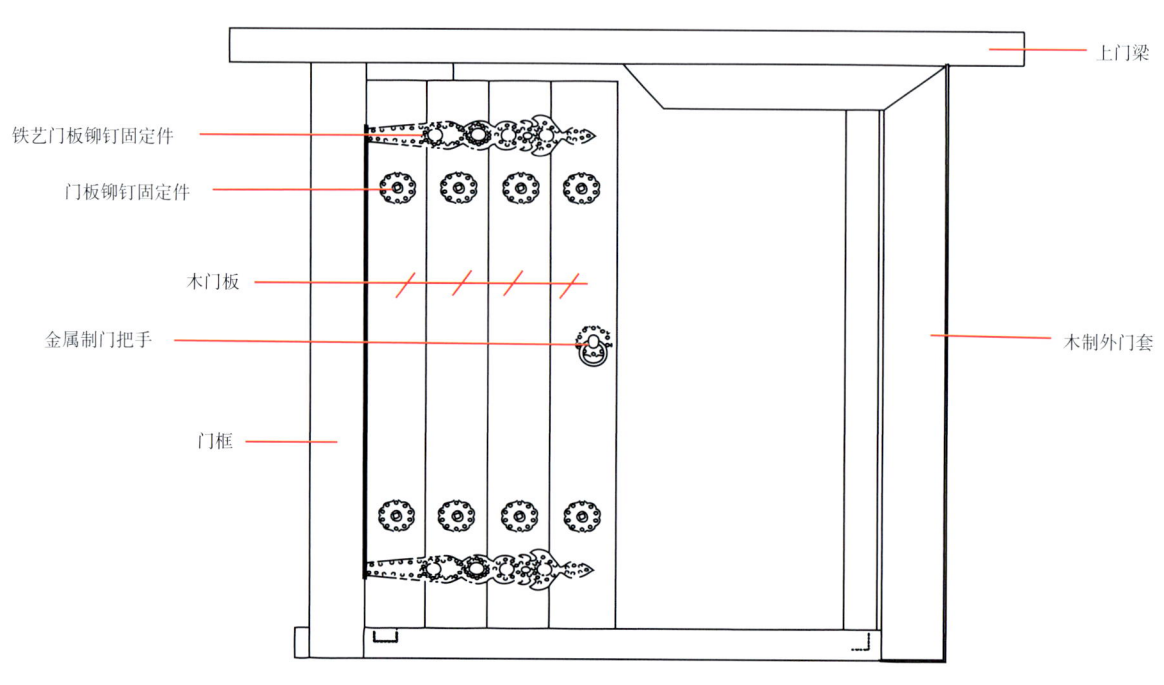

图四 塔吉克族院落大门外侧图

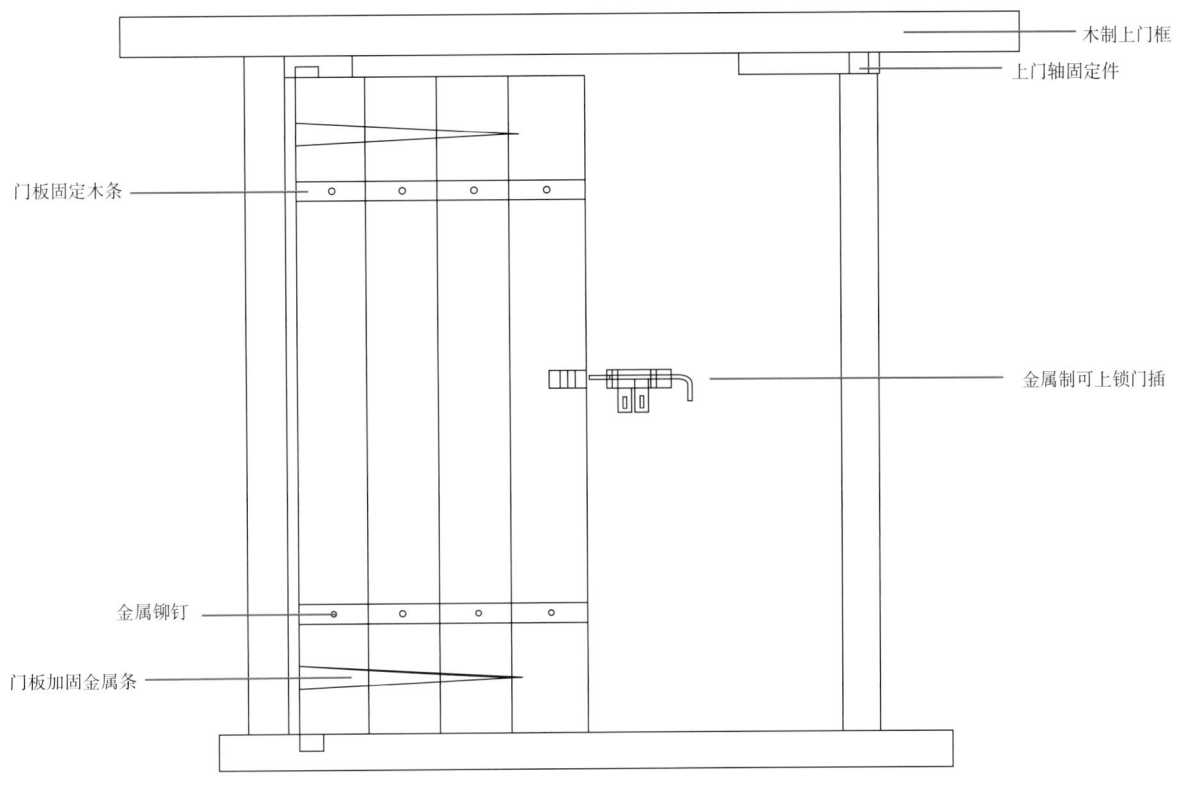

图五 塔吉克族院落围墙大门内侧结构示意图

草泥为塔吉克族建筑房屋主要的黏合剂，石块主要通过草泥铺垫实现逐层叠加，草泥的制作对建筑质量起到至关重要的作用，一般多选择经河水浸泡的具有黏性的泥土，里面加入切碎的麦秆并进行搅拌，至此建筑用黏性的泥浆就基本制作完成

图六 塔吉克族院落大门施工图

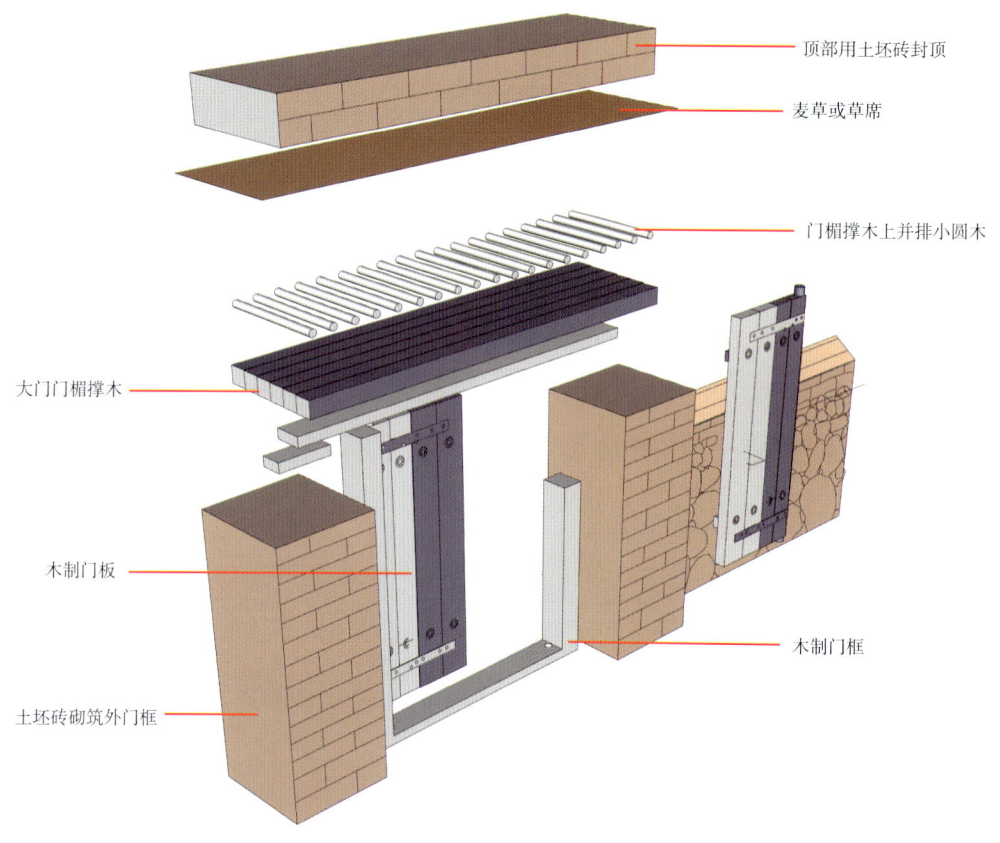

图七 塔吉克族院落大门材料工艺图

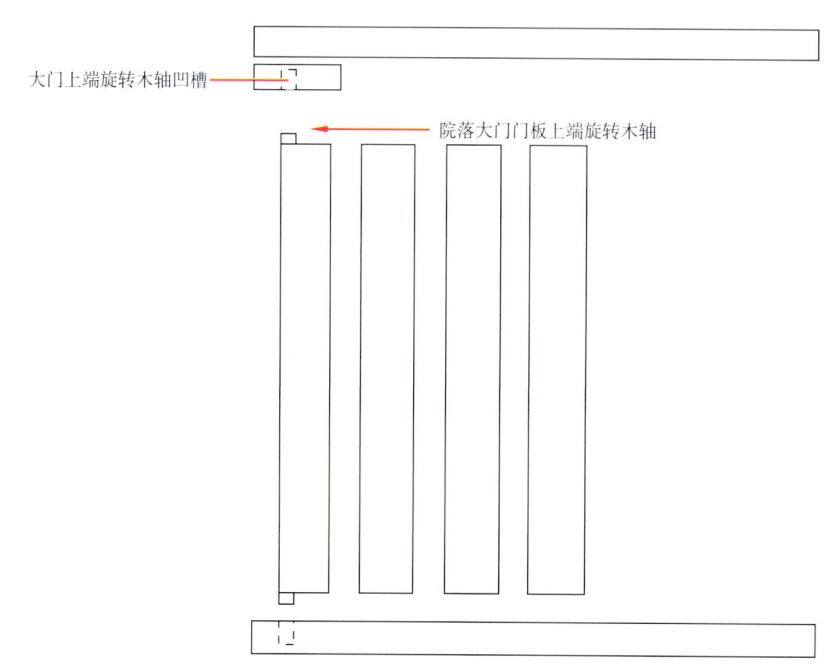

图八 塔吉克族院落围墙大门门轴示意图

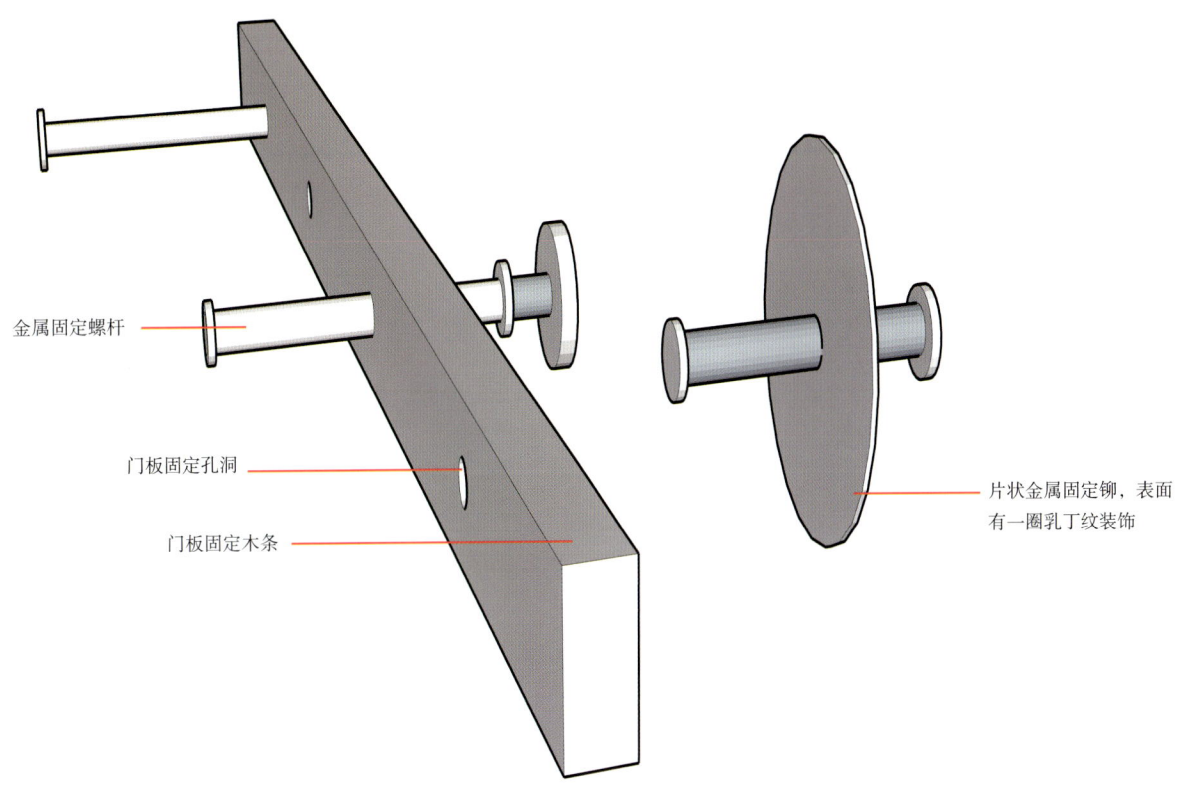

图九　塔吉克族院落围墙大门门板固定件

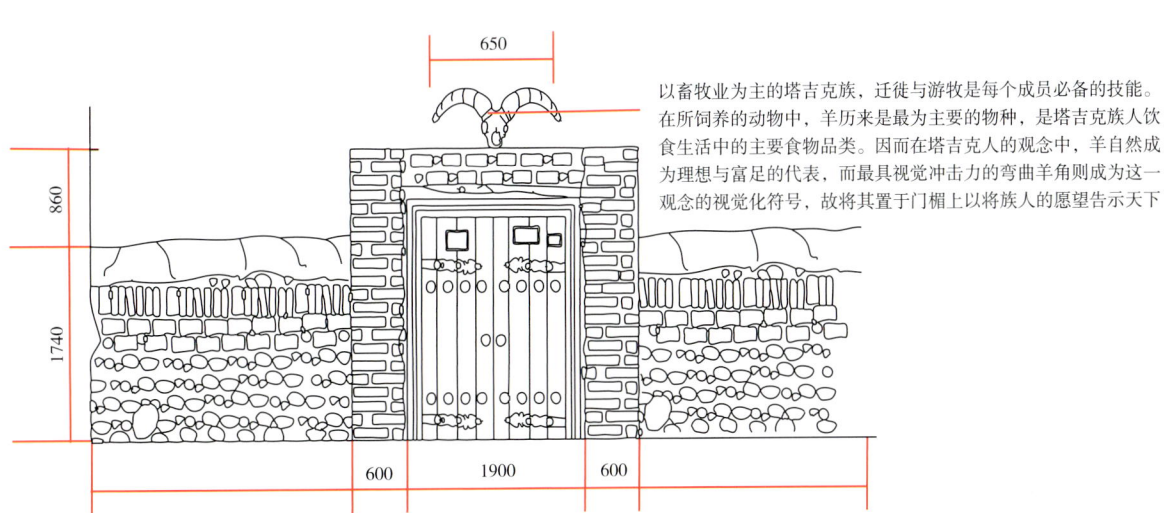

图十　塔吉克族院落围墙大门门楣羊角装饰设计尺寸图（单位：mm）

塔吉克族蓝盖力

图一　塔吉克族蓝盖力主图

"蓝盖力"是汉译塔吉克语的发音，意指"土木结构的正方形平顶屋"。塔吉克族传统上主要以牧业为主。蓝盖力为塔吉克族生活的住房，在高海拔的山谷地带及平缓的操场，利用当地易于收集的民居建筑材料进行砌筑的生活居室，可以抵御高原寒冷，满足家人生活的基本需要。据传，这种房子是塔吉克族人和伊斯玛仪派哲学家纳赛尔霍思鲁设计的，其房屋比较宽大，外墙没有窗户，在屋顶的中央开设有天窗，用房梁木板交叠，屋内主要分三个区域，中间为脚池，脚池四周高起的炕沿可供客人坐，也便于形成相互交流的氛围。房门靠左墙角朝东向阳，进门后有一面高度为1.5米左右的墙，或称挡风墙。过了这道墙后便是脚池，墙后为跺脚、放靴子的地方。脚池中间设有一个大炉灶，灶台主要用于做饭取暖，灶台两边用两截土墙将房屋隔开，灶台后面的空间用来放置多种灶具进行炊事活动。天窗正好开在炉灶上方，一是便于采光，二是便于排烟，冬季天窗是封闭的，室内四周为土台。过去塔吉克牧民大多过大家庭生活，由于条件所限，全家老小的起居饮食都在这蓝盖力里，里面不分间，是典型的一室户人家。背门而站，左处是尊位，即为长辈睡觉和招待客人的地方。对面为晚辈的卧处。炉灶对面稍狭小，一般搁置物品，需要时也可住人。睡觉的地方常铺毛毡、羊皮和粗毛毯。白天被褥叠整齐靠墙边放置，以腾出接待客人的位置。过去一般不设桌椅和床等家具。在炕上可安置矮的炕桌，餐炊时，一家老小围桌盘腿而坐，家庭成员的坐卧饮食和休息都在土台上进行。婚丧嫁娶都在蓝盖力里举办，也称之为"麦丽开吾依"（意为庆典之屋）。经济条件宽裕、人口多的人家，另设有客房和卧室。有的还围绕"蓝盖力"修建走廊、宽大的屋檐（形同遮光棚）等附属建筑。"蓝盖力"周围一般建有牲畜棚圈和草房。另设有院墙，周围种植树木。

传统"蓝盖力"多为土木结构的平顶房，使用夯土、土坯及石块砌筑墙体，设有专门的木柱用于支撑屋顶，房屋呈正方形，现多依据蓝盖力进行房屋的组合设计。

蓝盖力是塔吉克族最具特点的设计案例之一，其影响力也已远远超出了高原民族的生活范围。蓝盖力的设计表明塔吉克民族在特殊的自然环境条件下的实践积累与智慧，独特的设计和使用性功能，使蓝盖力很好地应用于高原地域，为我们提供了一个值得关注的设计范例。

图片来源
图一　陈述　拍摄
图二　陈西木　制图
图三、图四、图九、图十　陈述　制图
图五至图八　陈述、赵笑天　制图
图十一、图十二　陈述、陈西木　制图

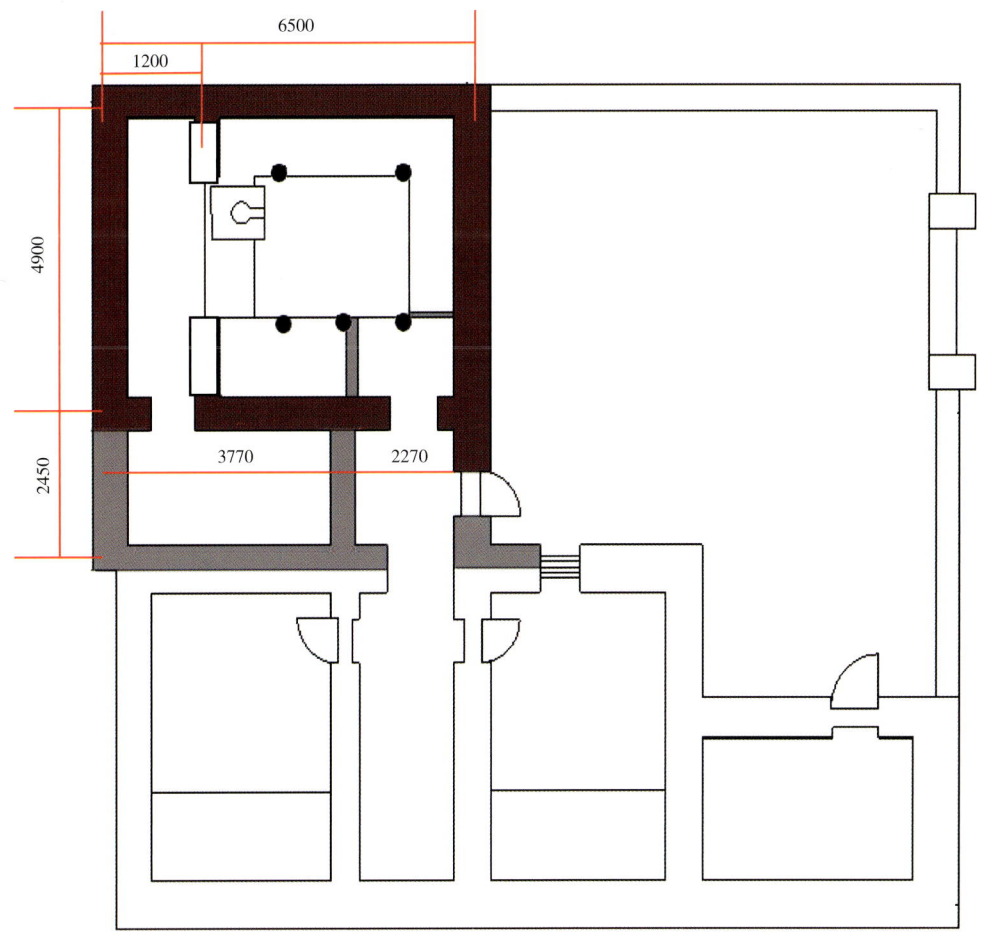

图二　塔吉克族蓝盖力尺寸图（单位：mm）

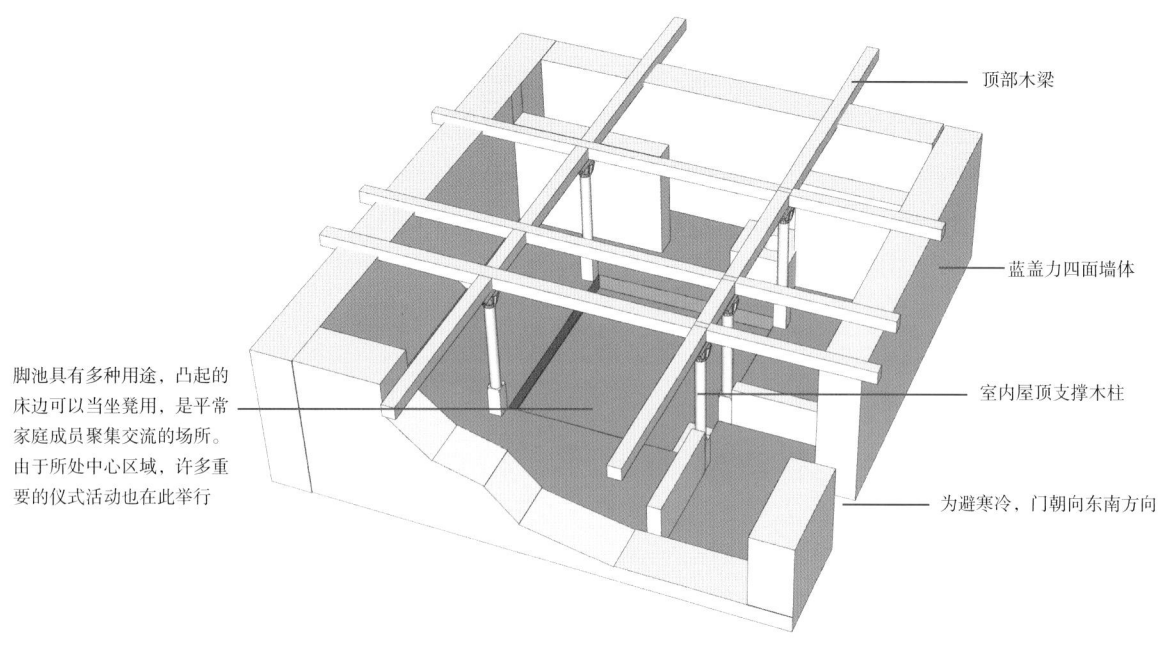

图三 塔吉克族蓝盖力室内结构图

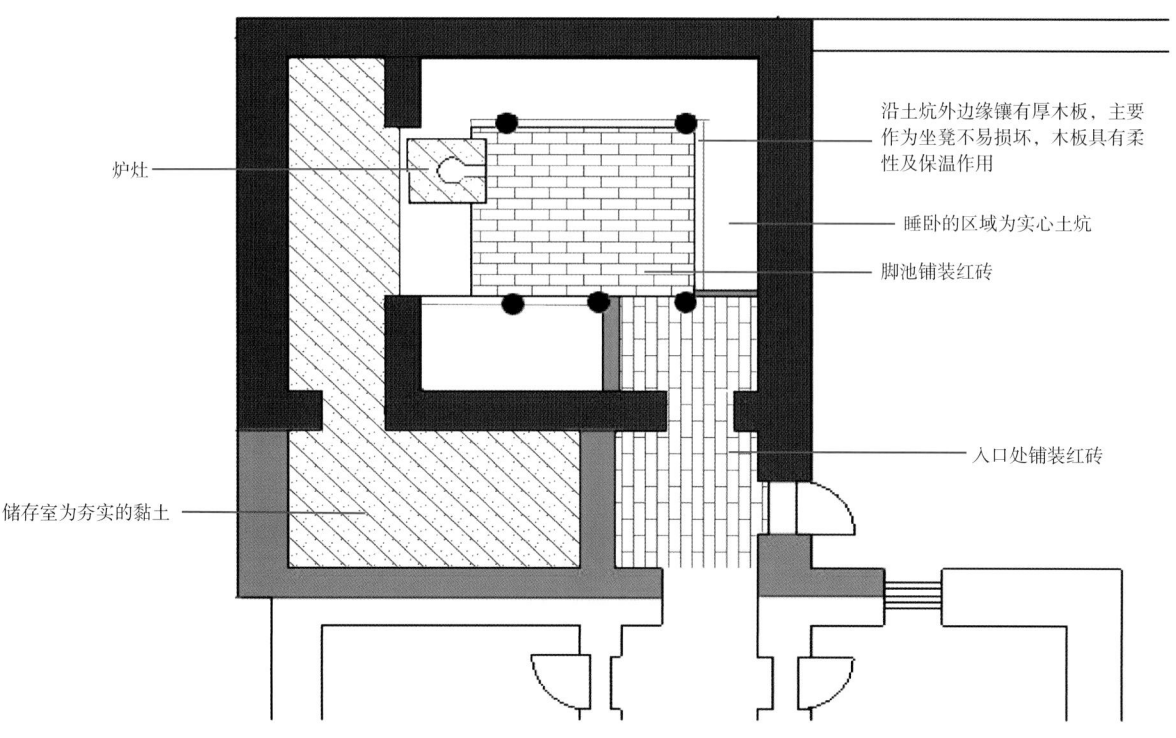

图四 塔吉克族室内地面铺装示意图

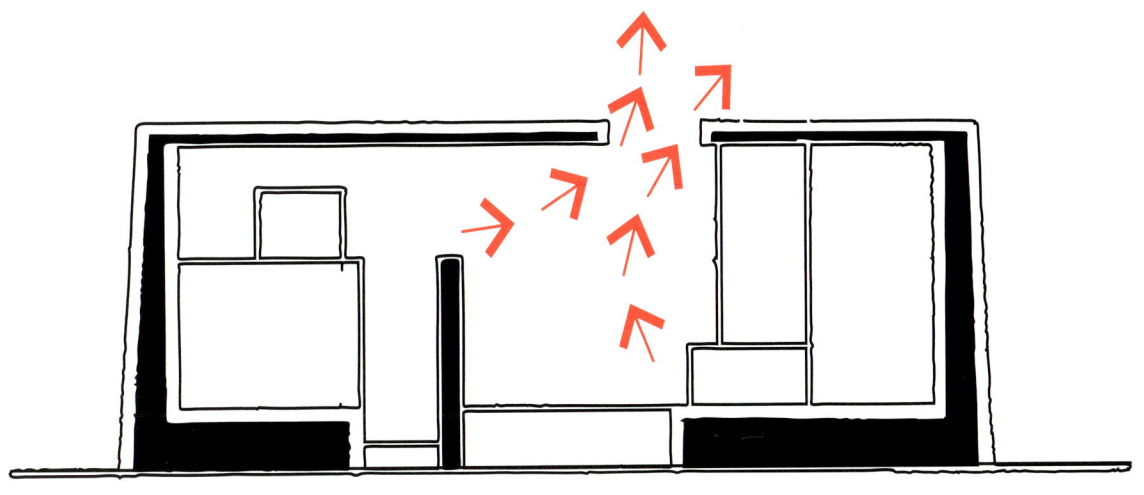

图五　塔吉克族蓝盖力内部通风示意图

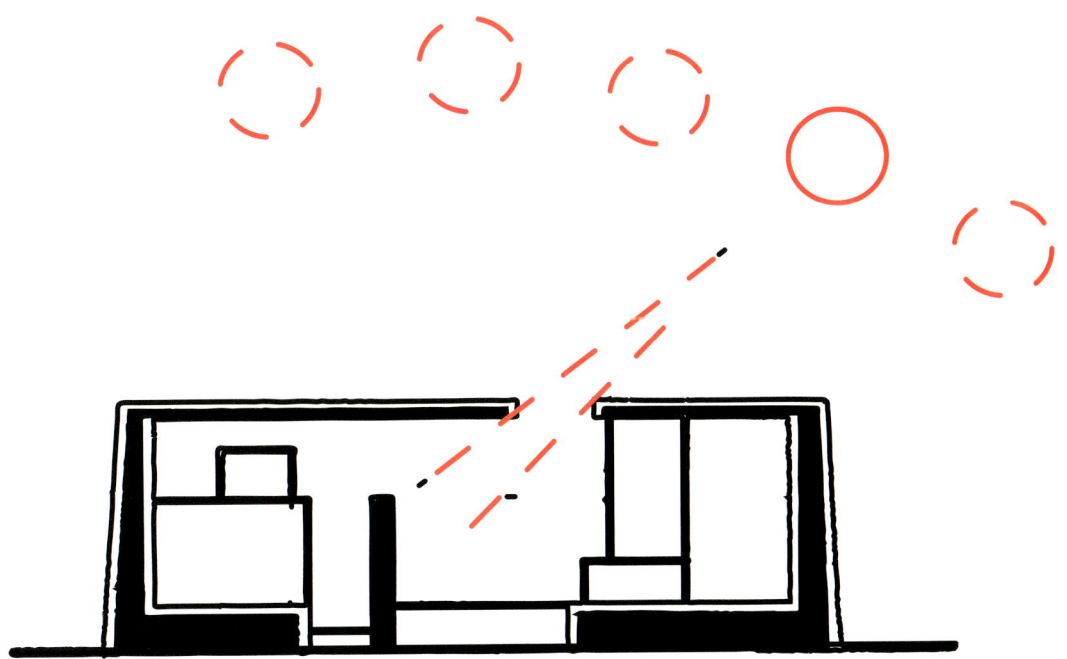

设在屋顶的天窗利于太阳光照，一天中太阳光的位置变化，使屋内的光线也随之变化，因而依据屋内光照的位置变化也基本能判断出一天中的时辰

图六　塔吉克族蓝盖力内部自然采光示意图

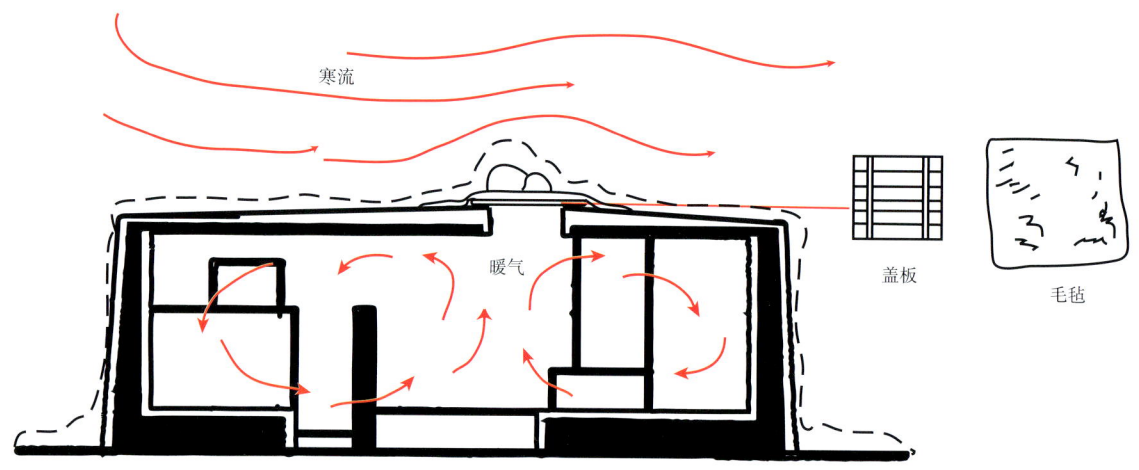

图七 塔吉克族蓝盖力室内保温示意图

天窗上备有盖板,遇到雨雪天气可随时将天窗遮盖,冬季遇到严寒时,可在盖板外部加盖毛毡,上面镇压石块用以保暖

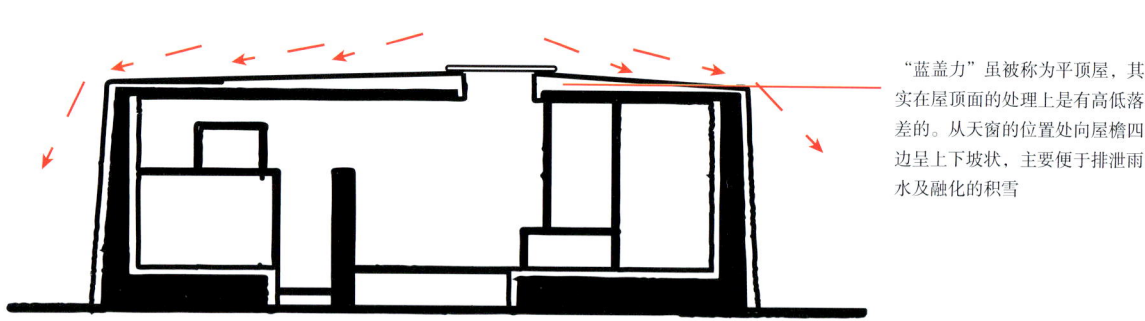

"蓝盖力"虽被称为平顶屋,其实在屋顶面的处理上是有高低落差的。从天窗的位置处向屋檐四边呈上下坡状,主要便于排泄雨水及融化的积雪

图八 塔吉克族蓝盖力屋顶外部处理示意图

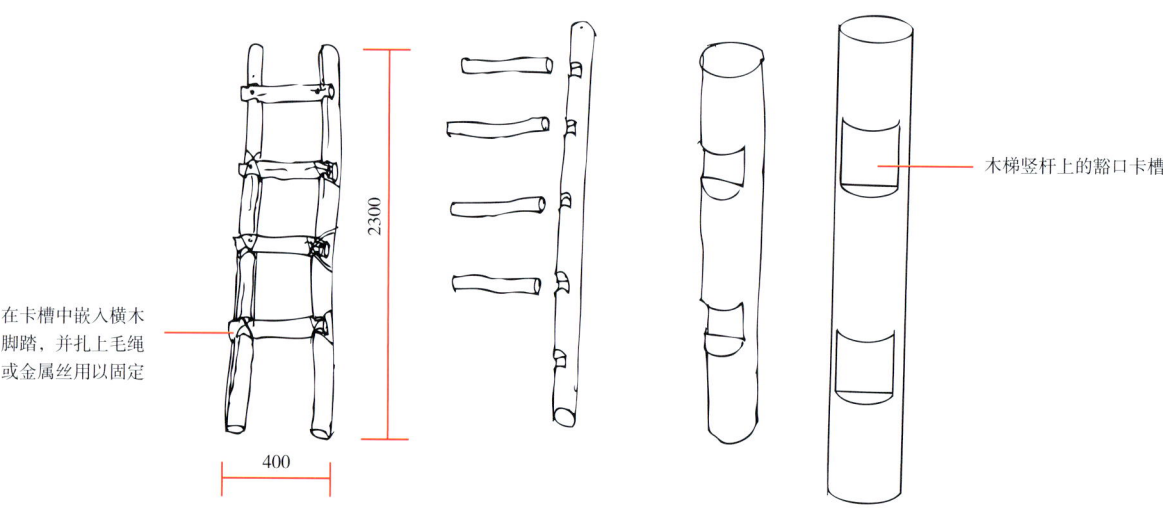

在卡槽中嵌入横木脚踏,并扎上毛绳或金属丝用以固定

木梯竖杆上的豁口卡槽

图九 塔吉克族木梯结构尺寸图(单位:mm)

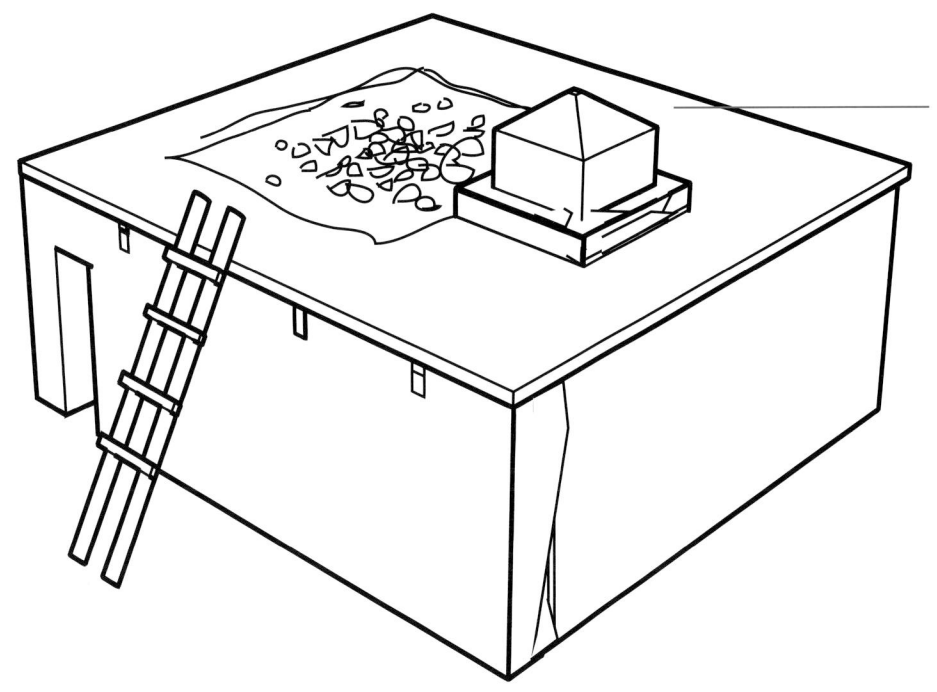

图十 塔吉克族木梯使用图

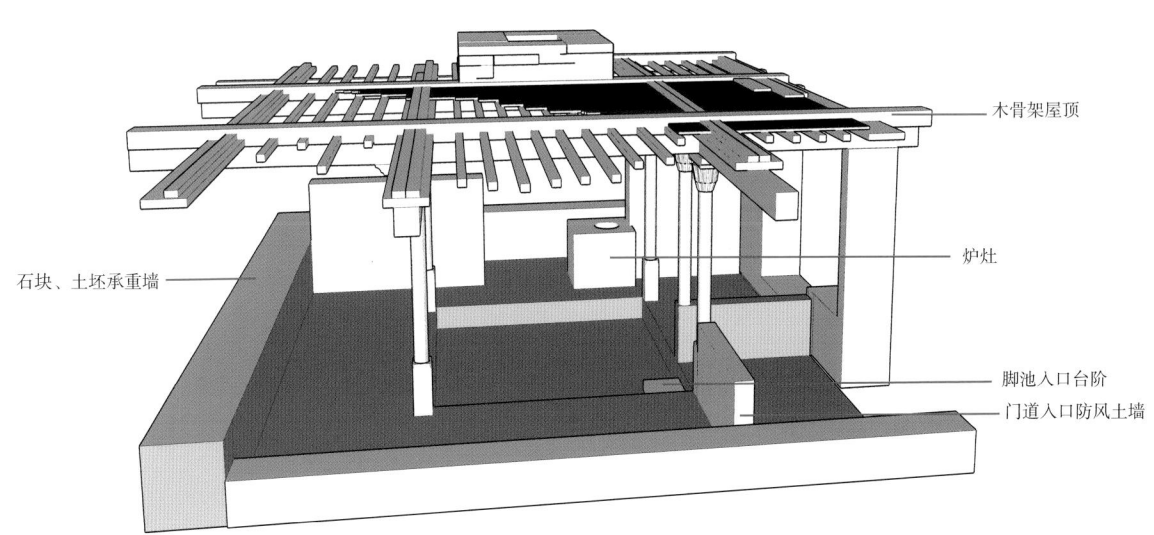

图十一 塔吉克族蓝盖力室内结构图

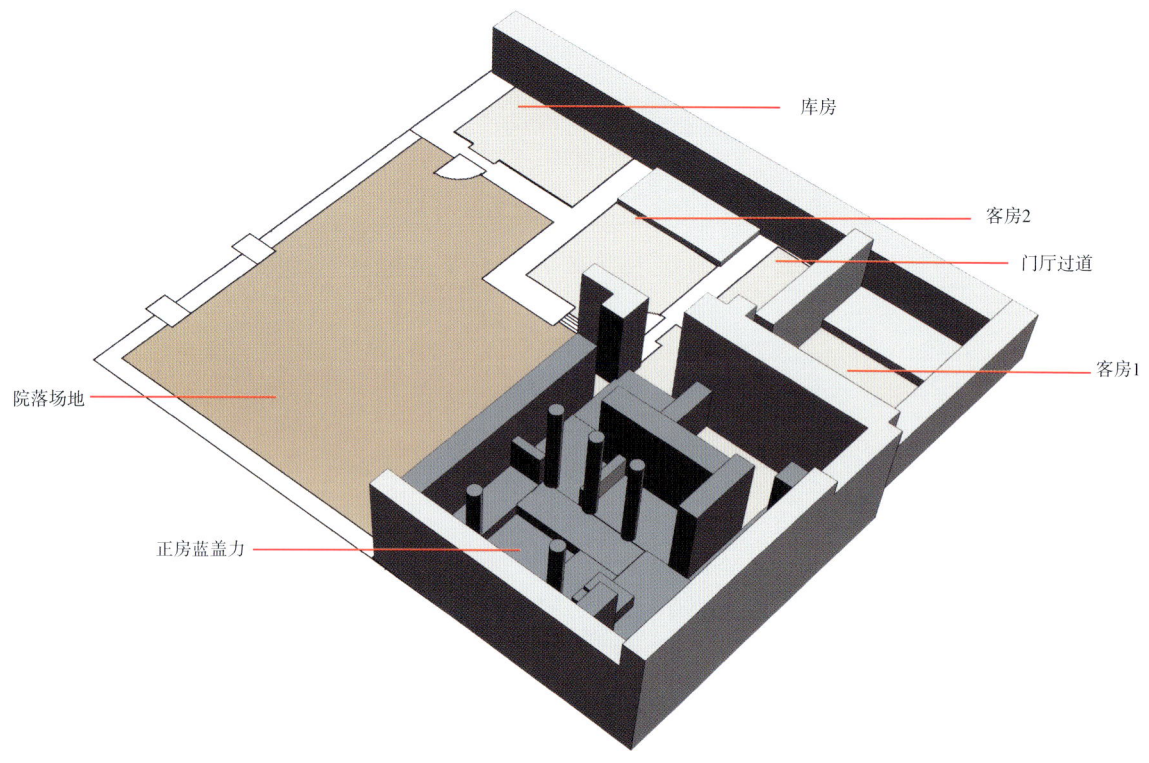

图十二 塔吉克族蓝盖力建筑方位图

塔吉克族蓝盖力室内空间布局

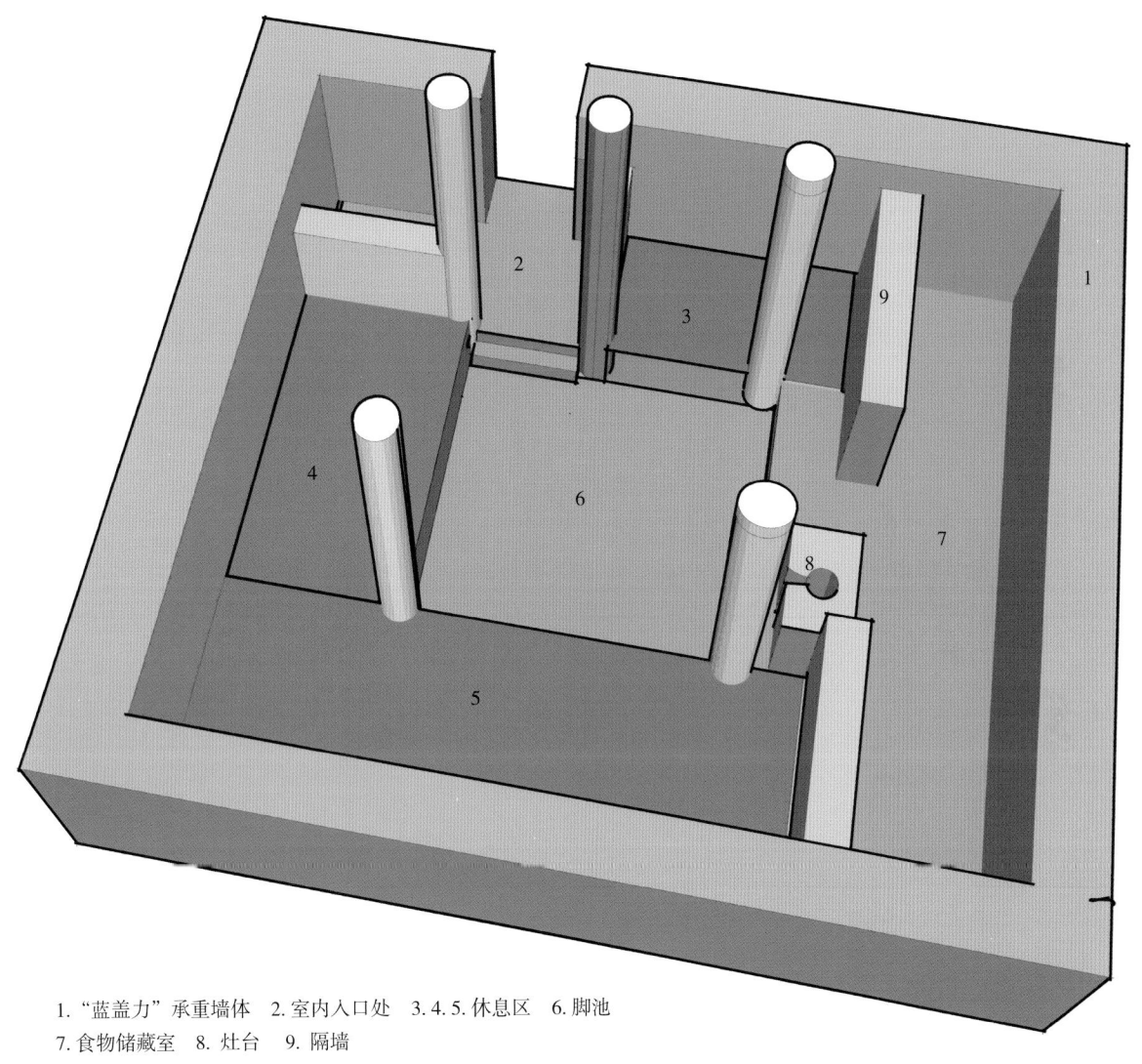

1. "蓝盖力"承重墙体 2. 室内入口处 3. 4. 5. 休息区 6. 脚池
7. 食物储藏室 8. 灶台 9. 隔墙

图一 塔吉克族蓝盖力室内空间布局主图

塔吉克族人从事农牧兼营的经济生产，他们的居住是半固定式的，人们一般在村中建有固定的房屋，在牧场还有专为放牧修建的住所。塔吉克人也习惯将"蓝盖力"这种民居建筑简称为"大房子"。房屋建筑长、宽尺度多为7米。

以大家庭共同生活的塔吉克族传统上主要居住在蓝盖力中，它在院落的建筑中居于主要的位置，也为正房，并依据蓝盖力续建其他相邻的客房与库房等，而蓝盖力建筑室内空间除了要满足大家庭日常正常生活需要外，也是家庭成员举行各种活动的地方。

进入蓝盖力的房门很小，靠左墙角，并朝东或朝南，以避开寒冷的西北风。进门处设一堵矮墙，墙后为跺脚、放靴子的地方。走过土墙后便可进入正房。正房三面为土炕，一面为灶台。以人背门而立时的方向，土炕分为中炕、左炕和右炕。炕是长方土台，台边镶有木边，下面是实心的，不能生火取暖。灶膛在中炕和左炕的中上方。灶台约1000毫米，灶膛深而大，这在高原缺氧的地区可以保证燃料燃烧时能够得到充足的氧气。灶主要用于做饭，也有取暖的作用。灶台两边用两截土墙将房屋隔开，灶台后面的部分用来放置各种灶具和进行炊事活动。灶台正上方屋顶处有1个边长在1米左右见方的大天窗，可供照明和通风，冬天天窗是封闭着的。其他墙壁上没有窗户。

正房是塔吉克族家庭的主要起居地，全家人的休息、吃饭、日常活动主要在此。所以这个房间一般很大。按照塔吉克人的习惯，家长睡在左炕，白天把被褥叠起来放在墙边就成为接待客人的场所。子女睡在中炕和右炕。人少的家庭，在中炕堆放物品。房内没有什么家具摆设，土炕上铺有毡子、羊皮或一种被称为"帕拉斯"的粗毛毯，经济条件好的铺地毯。人们在上面吃饭、休息、做针线活、纺羊毛或聊天。四面墙壁不加粉饰，也不挂任何装饰物。日常使用的被褥叠成长条形摆在土炕的一侧。用餐时，全家人

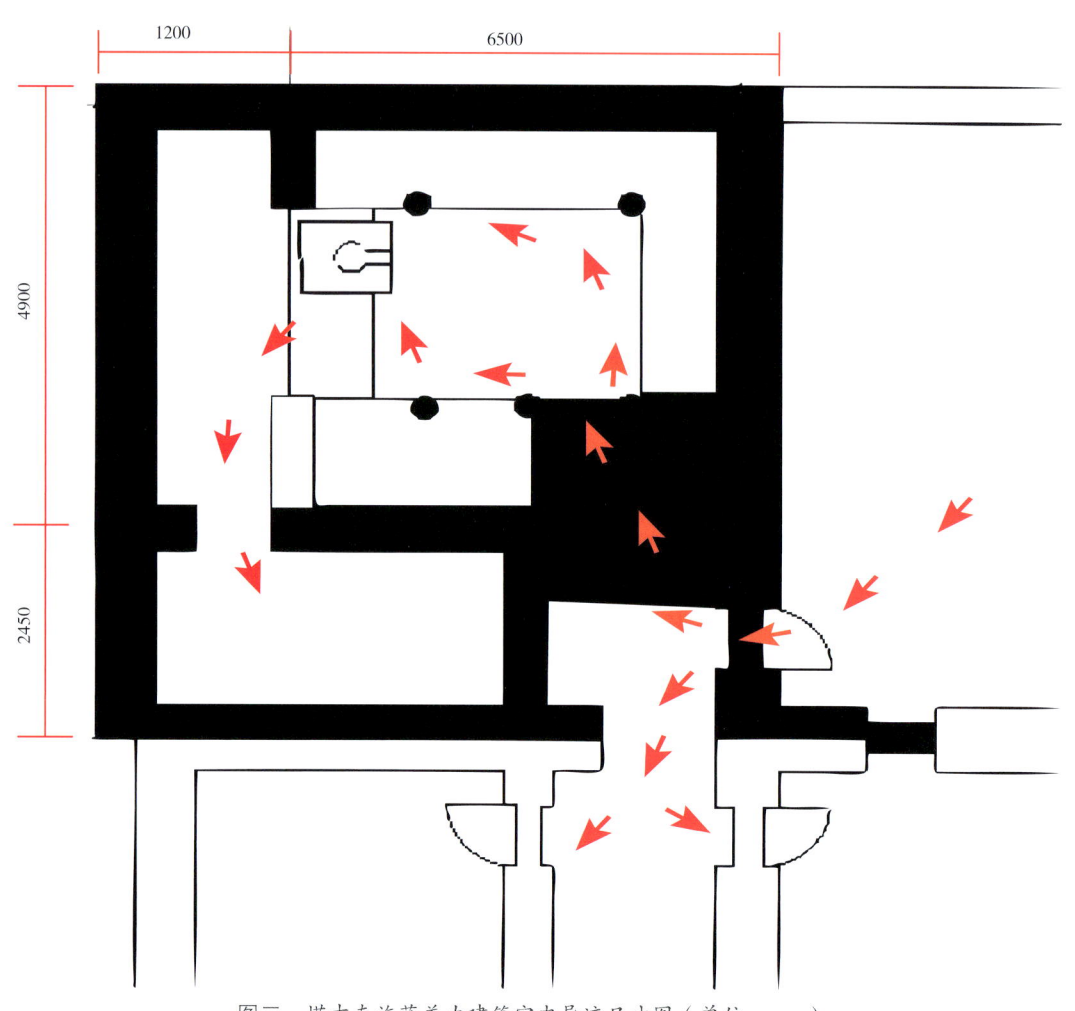

图二　塔吉克族蓝盖力建筑室内导流尺寸图（单位：mm）

盘腿坐在炕上，围成一圈，很少使用桌椅板凳。

蓝盖力的室内空间划分在功能上使塔吉克族以大家庭的生活需要得到基本满足。依据功能差异室内可分为三个相对固定的区域，即家庭成员生活饮食制作区，家庭成员休息区，家庭成员活动区。而处于房屋中间的家庭成员活动区域在实际使用中最具灵活性，周边凸起的土炕沿边可作为平常垂脚而坐的"坐凳"，围成圈的坐法利于家庭成员在相互交流过程中营造氛围以增进成员间的感情。

图片来源
图一　陈述　制图
图二、图六至图八　陈述　制图
图三　陈西木　制图
图四　陈述、陈西木　制图
图五　陈述　拍摄

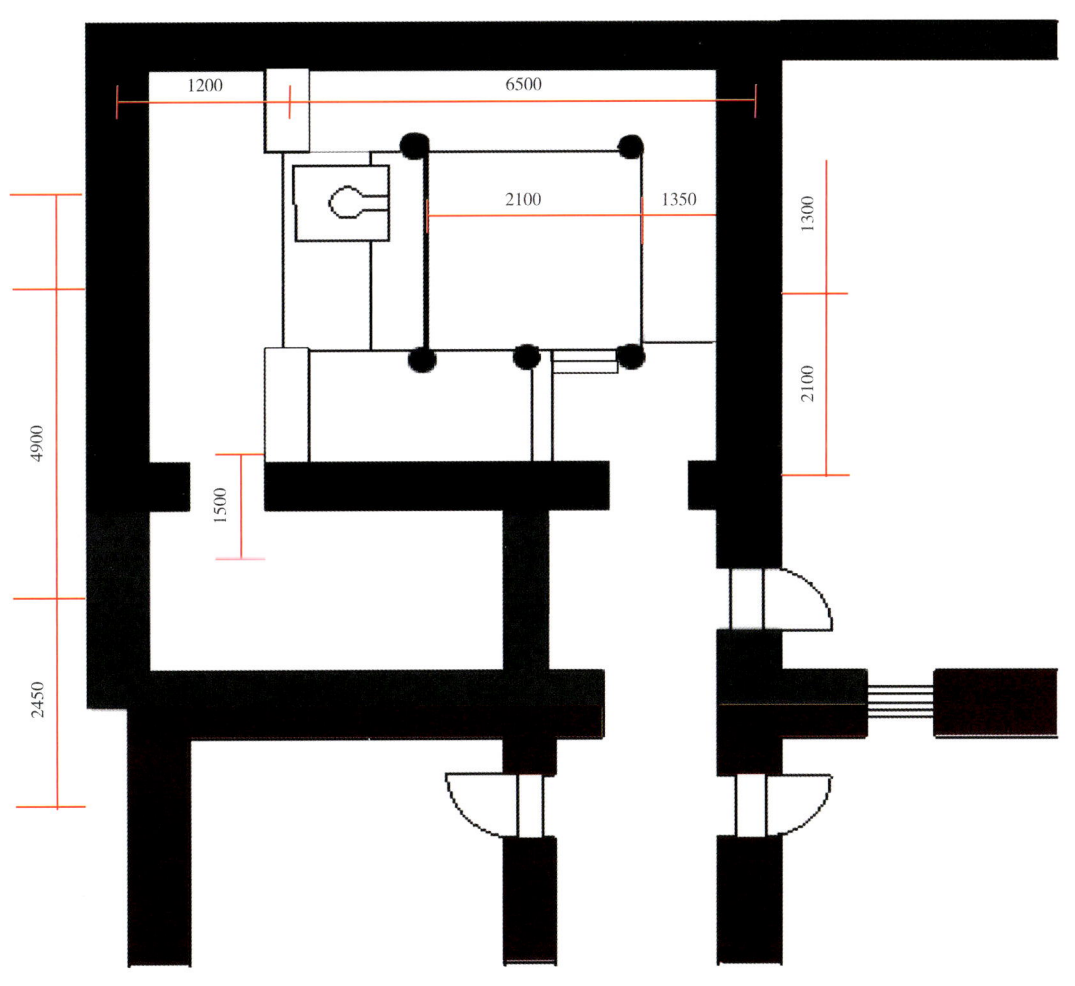

图三　塔吉克族蓝盖力室内尺寸图（单位：mm）

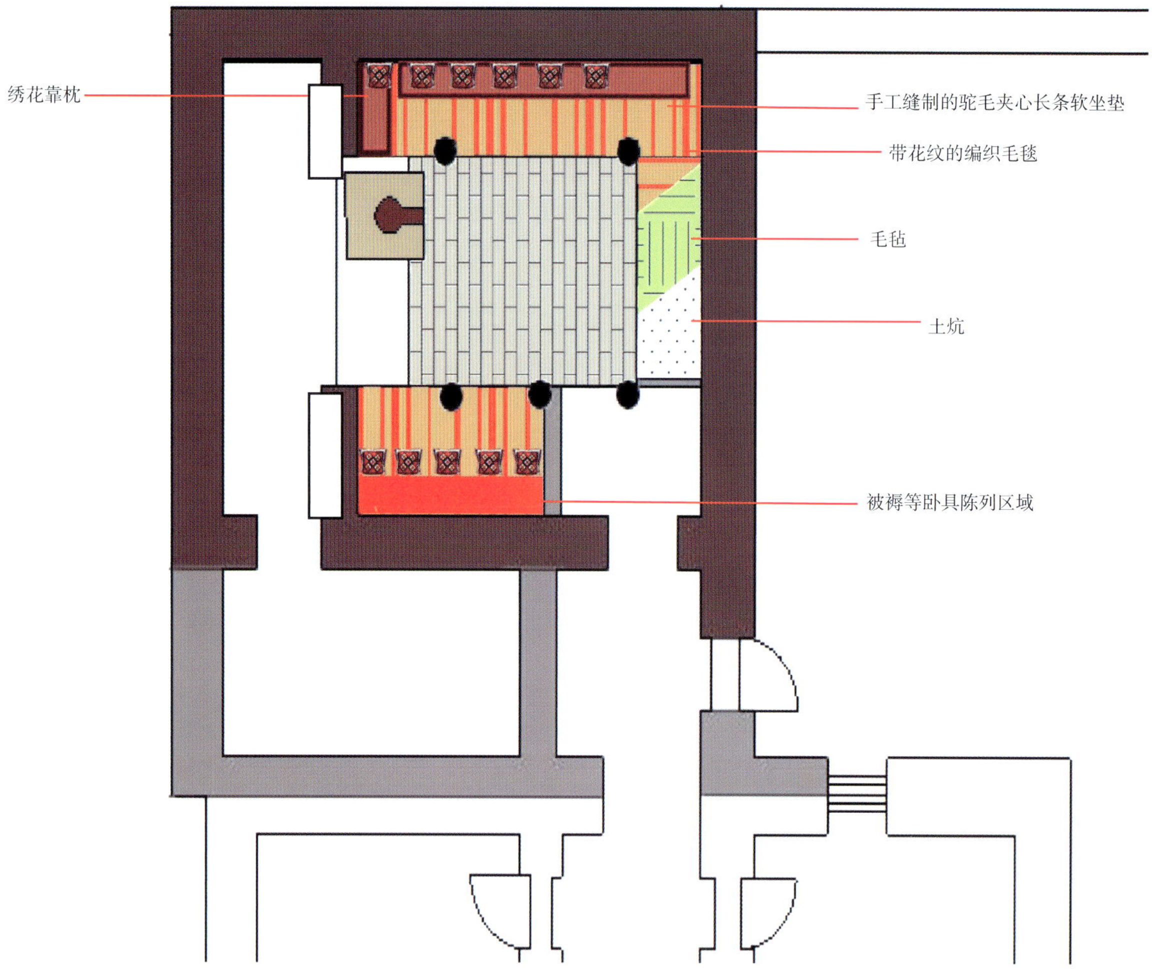

绣花靠枕 —— 手工缝制的驼毛夹心长条软坐垫
带花纹的编织毛毯
毛毡
土炕
被褥等卧具陈列区域

图四 塔吉克族室内睡卧区域分布图

图五 塔吉克族土炕日用品陈设图

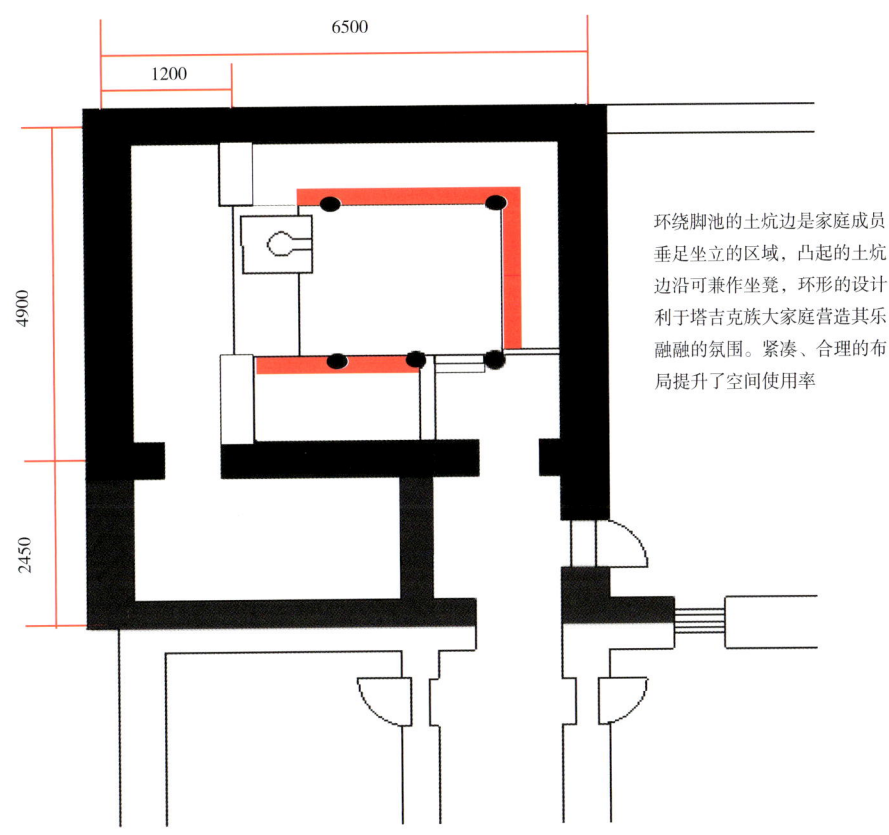

环绕脚池的土炕边是家庭成员垂足坐立的区域，凸起的土炕边沿可兼作坐凳，环形的设计利于塔吉克族大家庭营造其乐融融的氛围。紧凑、合理的布局提升了空间使用率

图六 塔吉克族蓝盖力脚池区土炕边沿设计图（单位：mm）

图七 塔吉克族蓝盖力脚池区域举行的家庭聚会示意图

土灶紧邻储藏室，该区域主要为食材储备、加工的空间，为塔吉克族妇女烹制食物的空间

图八 塔吉克族家庭日常饮食加工图

塔吉克族龛形壁橱

图一 塔吉克族龛形壁橱主图

壁橱主要用于储存日常生活所用的器皿及用具。壁橱通常设在蓝盖力饮食制作区，过去常在这一区域的墙面上开凿龛形凹槽来作为壁橱使用，现用板材加工制作壁橱，既保持传统的墙体隔离遮挡作用，也使壁橱可使用空间得到明显的提升，同时也使外部的装饰得到强化。壁橱面向室内的入口，在室内处于视线的明显位置。壁橱除了满足日常生活的使用之外，塔吉克人更注重其在内部空间中的展示作用及意义，因而注重其外部造型及装饰性表现。将壁橱的方形门窗改造为龛形造型，在装饰设计中明显注入了宗教的内容。

民居建筑主要为家庭生活居住的场所。当有一定经济能力时，则会更加注重建筑的装饰性。而龛形则是伊斯兰教建筑中常使用的造型，龛状造型，俨然成为易于辨识的宗教视觉符号，被赋予神圣、崇高的寓意，因而也是最美的视觉样式。这种意识自然也反映在建筑装饰设计当中，并以视觉化的方式来表明主人的身份。

龛状的造型内部设计同时也有实用价值。其内部既可以摆放平常使用的生活器具，也可以放上自己喜爱的装饰品。

室内墙壁壁龛主要使用木材装饰，也有少量使用石膏装饰，多采用雕花装饰形式。造型常用拱券结构、圆形、多边形、多角形等装饰。常装饰有植物纹样和几何纹样，以二方连续或各种线饰组合。纹样有大丽菊、卷草纹及与生活有关的麦穗、巴达木、植物花卉等。由于石膏材料易于获得，制作方法简易，洁净的白色能起到烘托室内的氛围作用而深受塔吉克族喜爱。

壁龛用以放置杯碗等物，也是塔吉克族民居室内墙面装饰的一种形式，龛状造型的体量也依据被装饰的墙面的大小来合理布局。龛形边缘形状也呈多种不同的变化，富有节奏的边缘曲线更显活泼与灵动，雕刻也多采用透雕、浮雕、刻线等手法，依据壁龛的内部空间大小而确定所摆放的生活物品。一般位于中间最大的壁龛内，设置横向的隔板可以摆放更多的物品，如瓷器、金属、玻

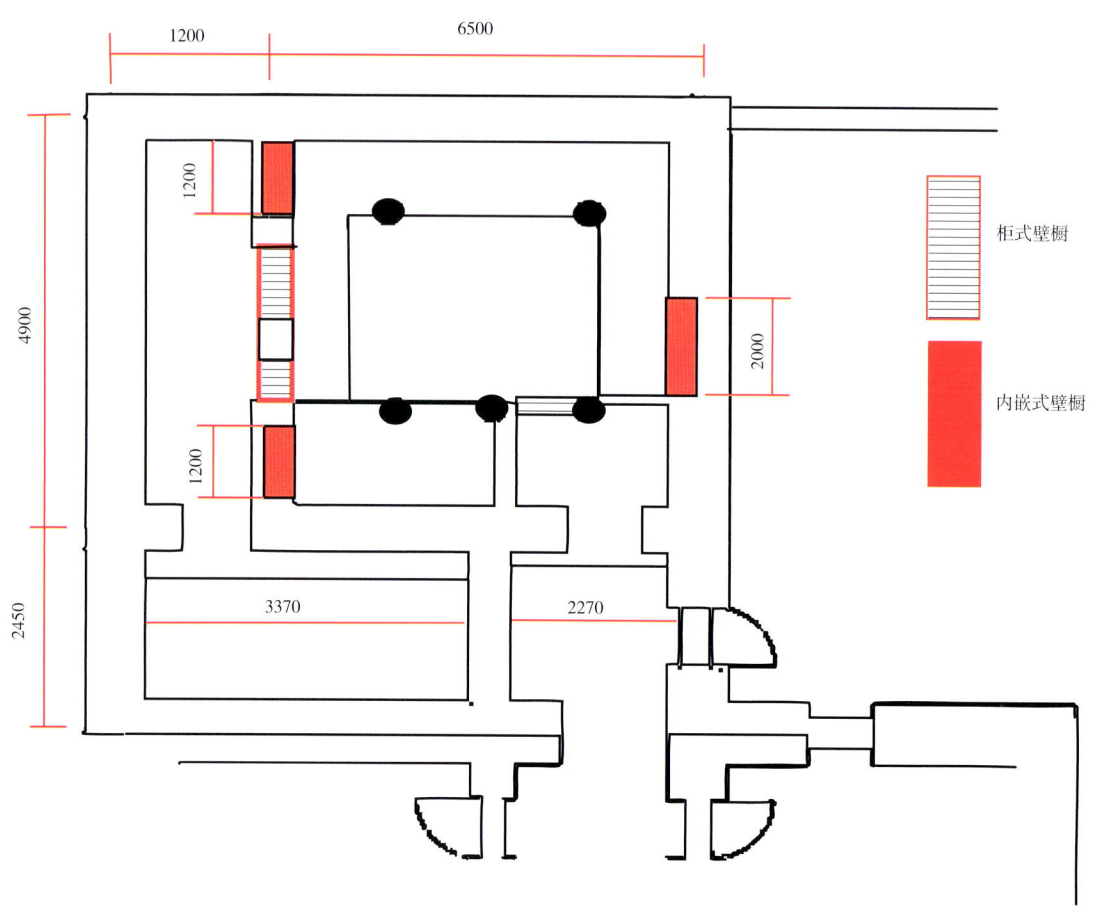

图二　塔吉克族龛形壁橱平面图（单位：mm）

璃器皿等。

塔吉克族壁龛大都设置在家庭食物制作区，为了便于取用储存于壁橱内的餐具器皿，现用板材构造虽具有墙体隔离作用，但基本不具备屋顶的承载功能，在材料的使用及装饰处理上也更灵活。由于墙体的龛形造型内放置有常用的生活用品，也便于主妇使用。塔吉克人将龛形巧妙运用于壁橱的装饰设计中，是将现实生活与所信仰宗教的情感及观念意识有机综合统一的结果，龛形壁橱装饰设计希望借助于所信仰宗教的力量获得超自然神的庇护，置于壁橱装饰设计中也表明对宗教的虔诚，期盼家庭每个成员在未来生活中幸福与健康。

图片来源

图一、图十　陈述　拍摄
图二　陈西木　制图
图三　陈述、马丽　制图
图四至图七、图九　陈述　制图
图八　刘梦娇　制图

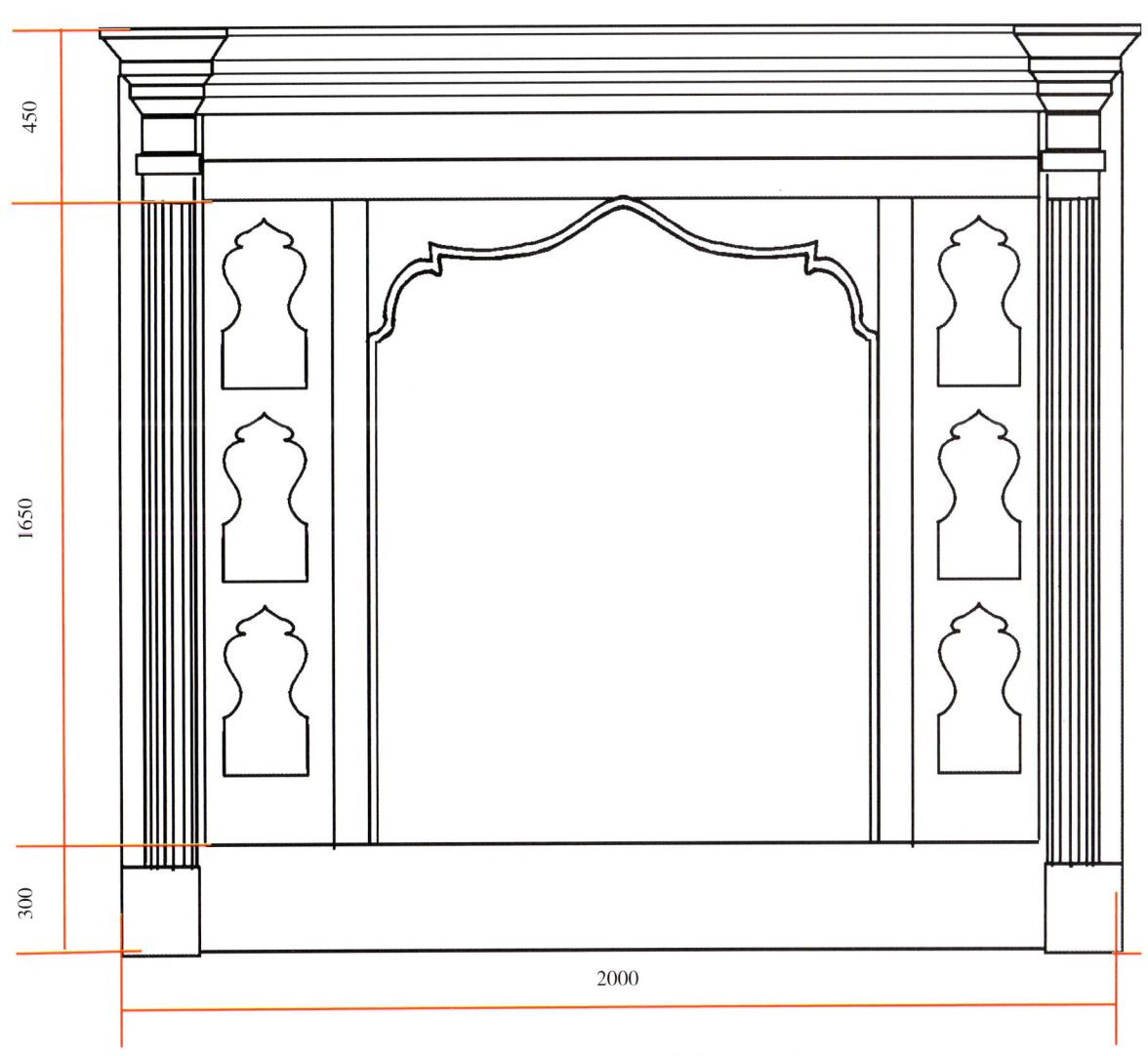

图三　塔吉克族龛形壁橱尺寸图（单位：mm）

依据使用功能的不同，壁橱的内部结构也有变化，主要分为带隔板壁橱和无隔板壁橱两类。有隔板壁橱主要储藏陈列较为精致的生活用器皿，如瓷器、玻璃器、铜器等。无隔板壁橱主要储藏床上用品，如棉被、毯子等，并在中部的主龛形门上挂纱帘，既显美观还可防尘

图四　塔吉克族龛形壁橱使用功能与内部结构示意图

图五　塔吉克族龛形壁橱使用分类图

壁橱常在用土坯砖砌筑的墙体上设置，顶部上沿使用圆木或木板承重，壁橱内藏物空间通过掏挖实体墙获得，几乎不占用墙体围合空间

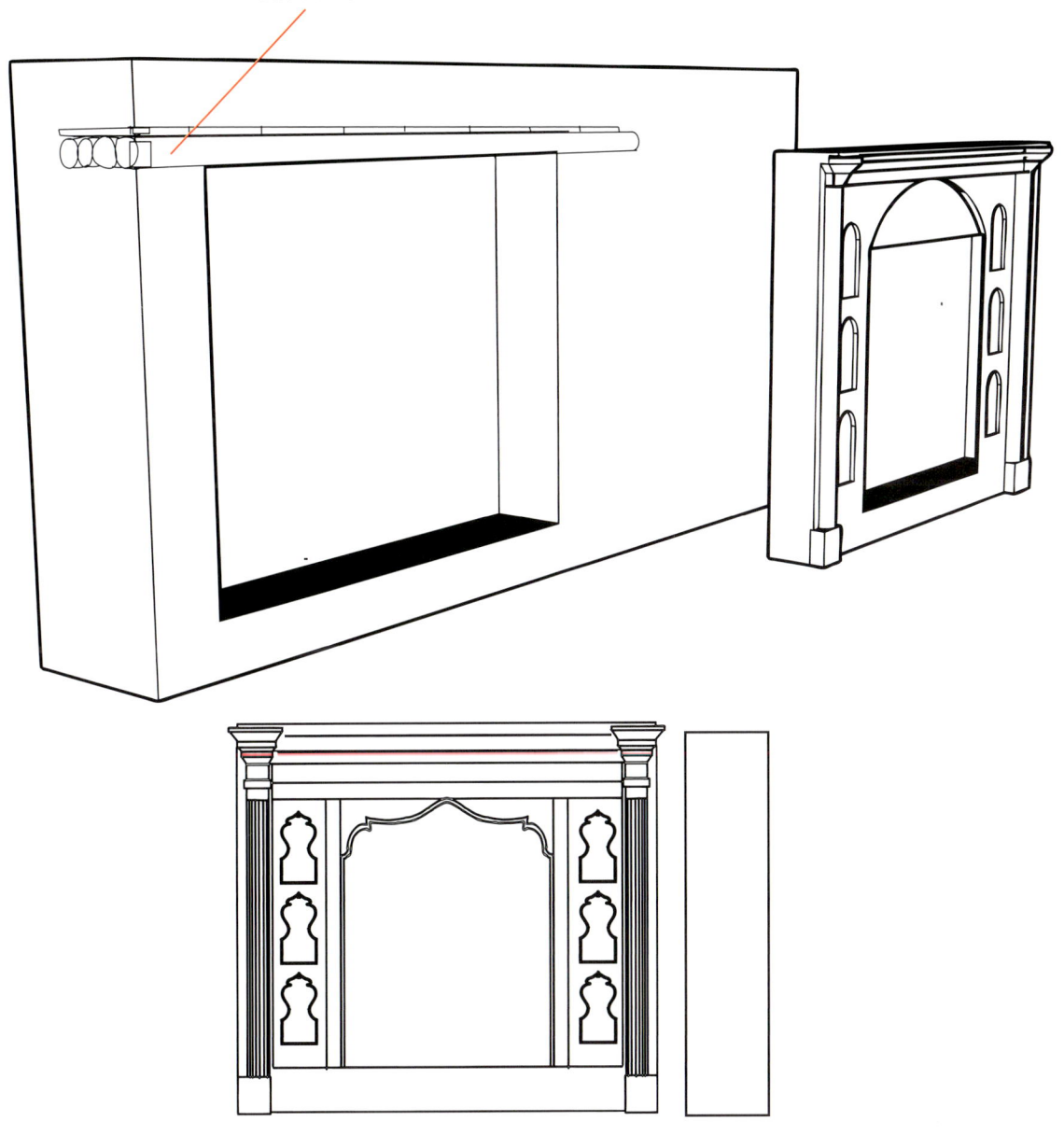

图六　塔吉克族嵌入式龛形壁橱示意图

实际运用中能巧妙利用图与底关系的变化来丰富表现语言形式，图形中使用图、底的深浅变化在不改变原有基本图形的基础上同时获得了虚实相间的两个形象，简练而有实效

图七 塔吉克族龛形壁橱装饰设计表现手法图

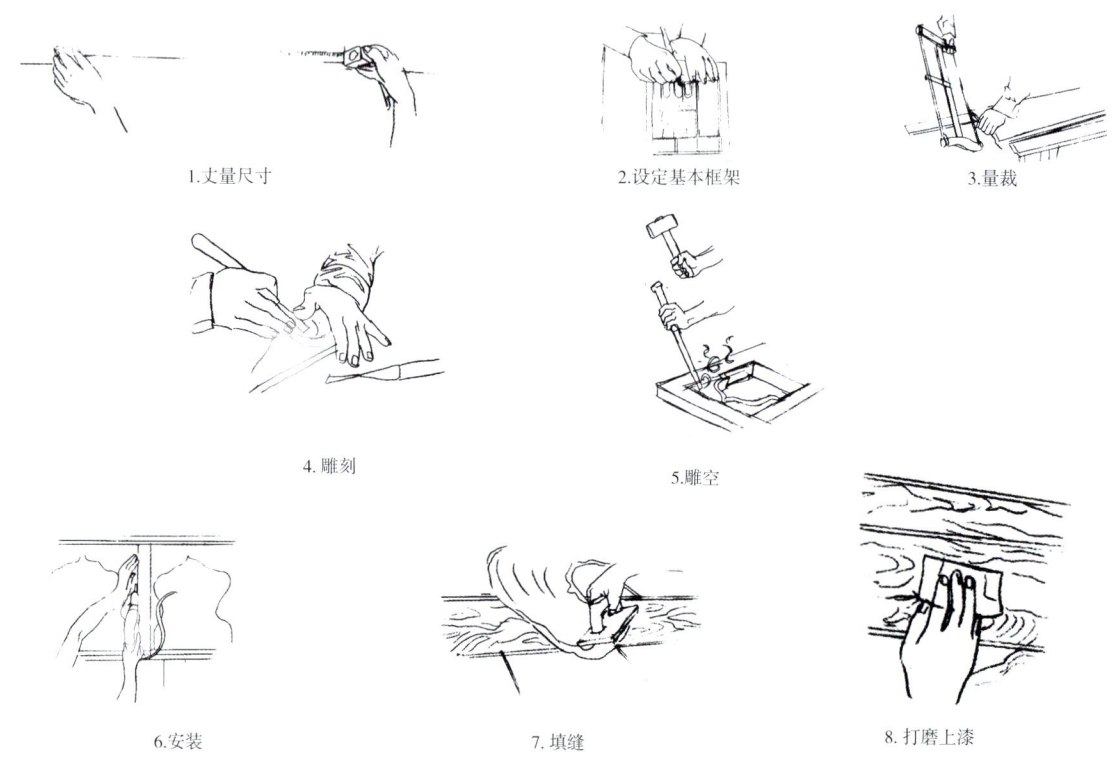

1.丈量尺寸　　　　2.设定基本框架　　　　3.量裁

4.雕刻　　　　5.雕空

6.安装　　　　7.填缝　　　　8.打磨上漆

图八 塔吉克族龛形壁橱工序分析图

龛形为壁橱表面的镂空装饰，曲线与直线形成刚柔的形式对比，在体现宗教意识观念的同时，也注重外在的视觉形式表现

以龛形为单元组合的连续性装饰纹样

壁龛两边设有小门窗，窗的外轮廓采用龛造型表现，表明主人的宗教身份

图九　塔吉克族龛形壁橱装饰设计图

图十　塔吉克族龛形壁橱使用情景图

第一章　塔吉克族传统建筑

蓝盖力室内顶面装饰

图一 塔吉克族蓝盖力室内顶面装饰主图

特殊的自然条件使得塔吉克族村民建房常采用坐西朝东式，多为土木结构的正方形平顶屋。墙体四周不设窗户，只在屋顶中央设一天窗用于采光和通风。屋顶铺有一层较厚的泥土，天窗处稍高，沿四周形成缓坡，利于滑落雨雪，屋顶可用作晒台。蓝盖力脚池是塔吉克人平时活动的重要空间，举行婚丧嫁娶和节日喜庆娱乐都在此举行，而房顶的装饰更能渲染和强调这种氛围，所以塔吉克人重视屋顶面的装饰设计。室内顶面装饰设计主要可分为立体及平面装饰两类。室内顶面的平面装饰主要是依据顶面建筑物构建所呈现的面上进行的装饰设计，即装饰的表现是选择在一定面积的平面上设计实施。其手法主要有材料拼贴、徒手绘制、模具拓印等，主要为某图形的重复与连续构成。另一类是立体的装饰表现手法，即屋顶构建运用形体的造型装饰进行表现，而形体造型要严格保证房屋屋顶原有的功能性结构不被破坏。立体装饰构成对原结构形体形状表面多进行统一规则性的加工处理方式，更趋于简化的几何造型加工，通过连续的排列组合以达到整齐划一的重复排列秩序。这种装饰不仅材料的形体趋于一致，而且通过设计最大化地实现节约的目标，如圆形的木条通过对半切割便获得两根可使用的木条，在不影响原有使用功能的前提下达到对材料使用的节省，为材料的选择与归类提供更大的空间，有效地保证了外观装饰效果。因此塔吉克族非常重视室内平顶面的装饰。塔吉克蓝盖力屋顶多选用白色基调，顶面大部分采用梁、檩、椽、望板的结构处理，顶面采用圆形木杆将其一剖为二，平面朝上，圆弧面朝下，连续铺于密梁之上，与方形的梁形成对比，既实用又美观，并运用刺绣连续性图案装饰方形梁面及线脚，将房顶棚做好后刷白漆，待干后再裱贴有刺绣装饰图案的白布。线脚处的刺绣装饰可采用绳纹石膏条托边，用两道白漆补边，屋顶面的装饰工程就算完成。装饰图案纹样以植物、花卉、绳纹、羊角纹等为主，以二方连续组成线形装饰，使用黑、红色与白色底形成强烈对比，十分醒目。

蓝盖力室内顶面装饰设计是依据传统的屋顶结构进行，通过这一设计实例可以看到塔吉克由传统的屋顶素饰逐渐趋于繁饰、趋于细腻及艳丽的装饰效果，除了社会经济的发展、生活水平提高的因素外，重视设计中的吸收与借鉴，并将传统文化视觉元素通过这一设计方式得以体现，使空间的装饰美化

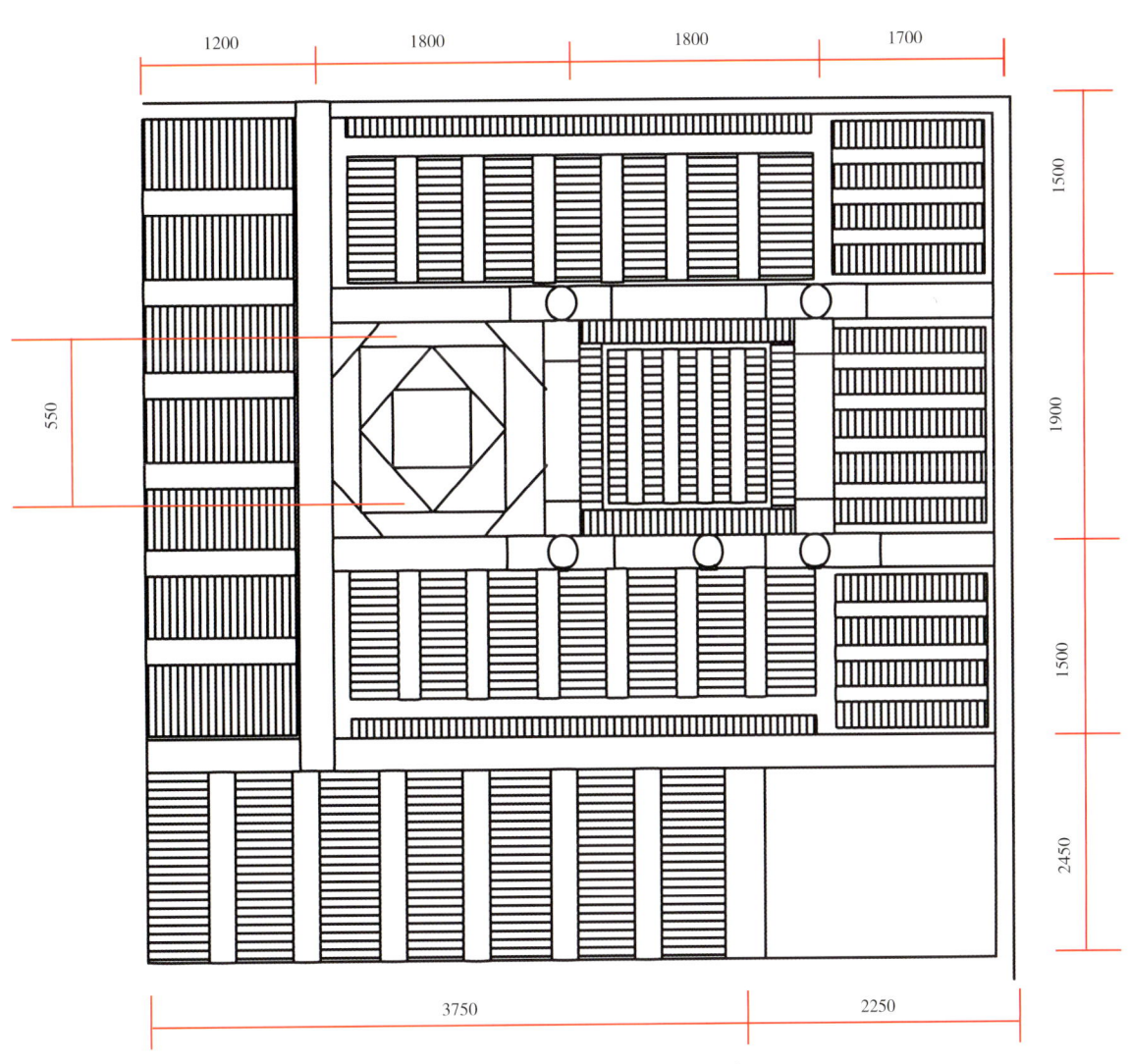

图二　塔吉克族蓝盖力顶面设计尺寸图（单位：mm）

功能属性得到强化并获得情感的共鸣与精神的满足，对当下设计中的借鉴、融入仍是一例值得参照与思考的案例。

图片来源

图一　陈述　拍摄

图二、图四　陈述、陈西木　制图

图三　马丽　制图

图五至图十一　陈述　制图

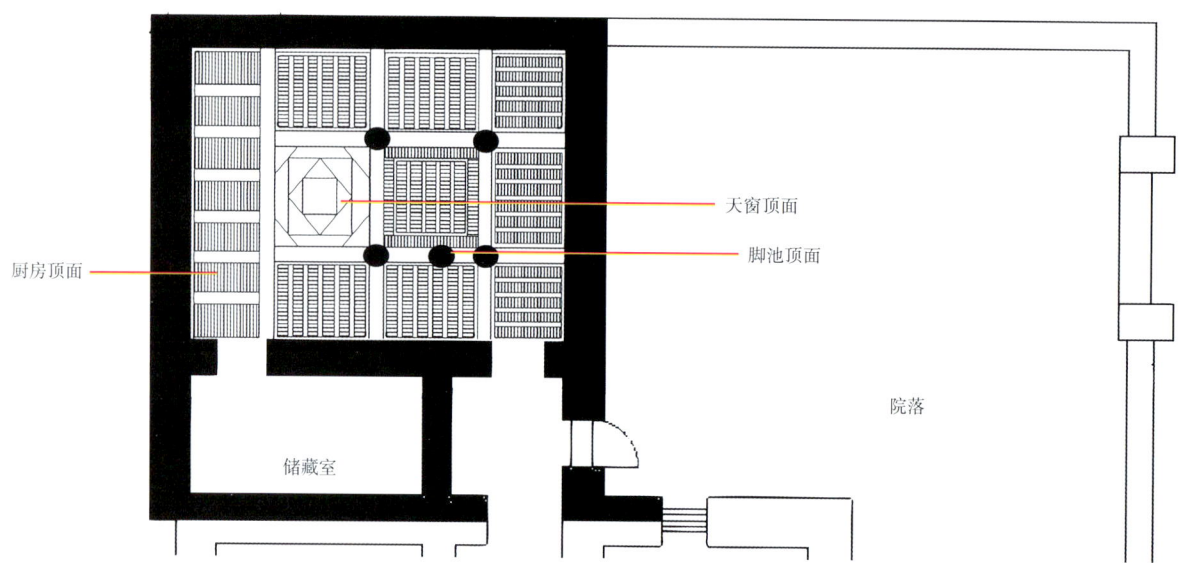

图三　塔吉克族蓝盖力顶面示意图（单位：mm）

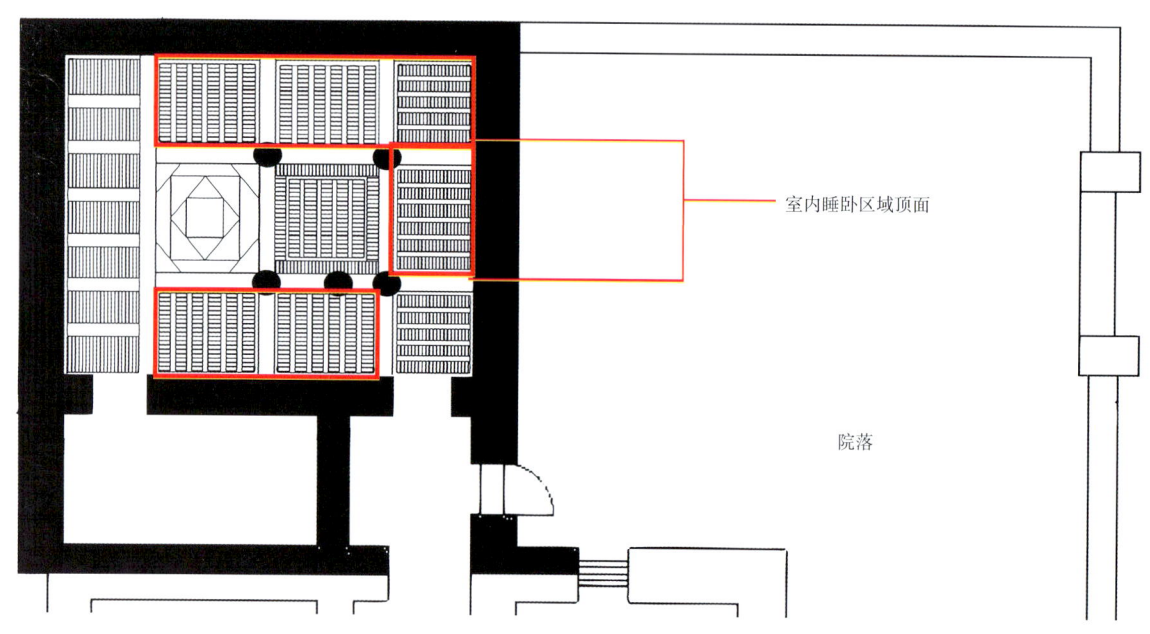

图四　塔吉克族蓝盖力睡卧区域顶面图

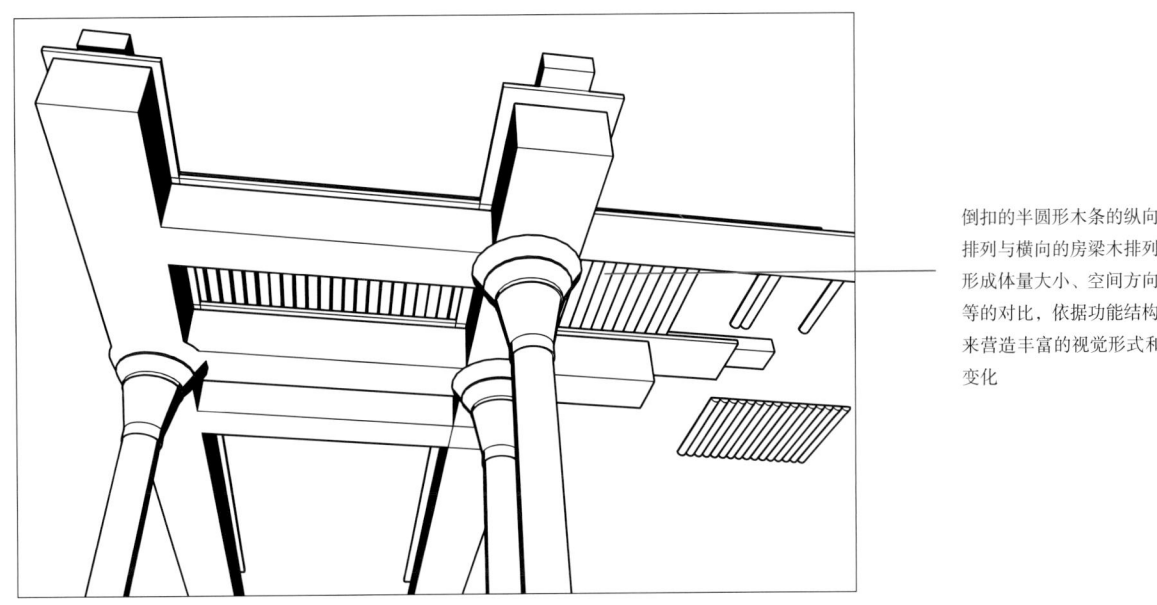

倒扣的半圆形木条的纵向排列与横向的房梁木排列形成体量大小、空间方向等的对比，依据功能结构来营造丰富的视觉形式和变化

重复而排列有序的倒扣半圆形木条，形成整齐划一的视觉秩序感，凹凸的圆弧表面比单一乏味的平面更具变化和活力，与方形的房梁木形成鲜明的形状对比，是在满足实用性功能的基础上运用对材料形体的几何概括与简化处理的加工方式来呈现的

图五　塔吉克族蓝盖力顶面木材料造型处理图

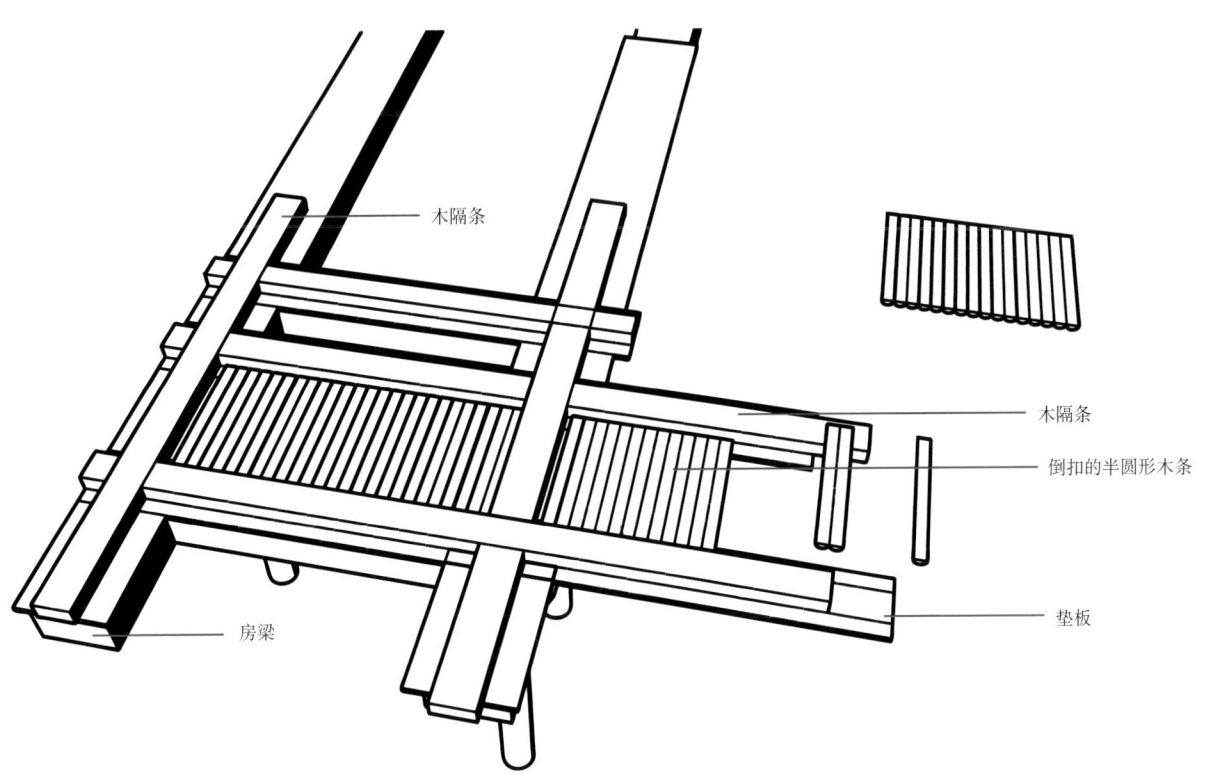

图六　塔吉克族蓝盖力屋顶半圆木条工艺结构示意图

半圆木条倒扣，上压木板或木条用以连接固定

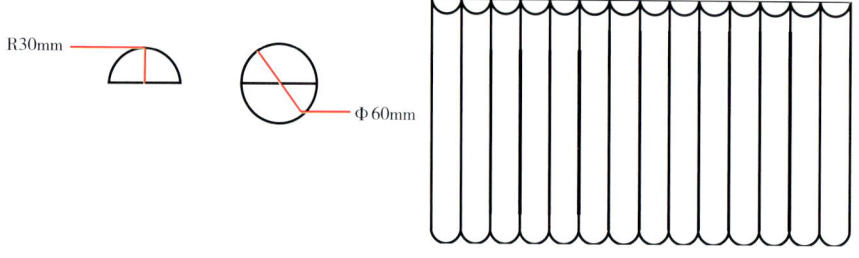

半圆木条长短依据槽内尺寸而定，边缘设有条状木槽，可将锯下的短木条集中使用，既美观也降低了半圆木条的耗材率

图七　塔吉克族蓝盖力屋顶半圆木条装饰工艺图

装饰面主要位于天窗内侧的平面上，将手工刺绣装饰图案直接装裱到天窗内侧的平面上，使塔吉克民族传统刺绣的手工技艺得到发挥，又具美观性，从而解决了装饰施工方面面临的许多难题

图八　塔吉克族蓝盖力天窗图案纹样装饰部位图

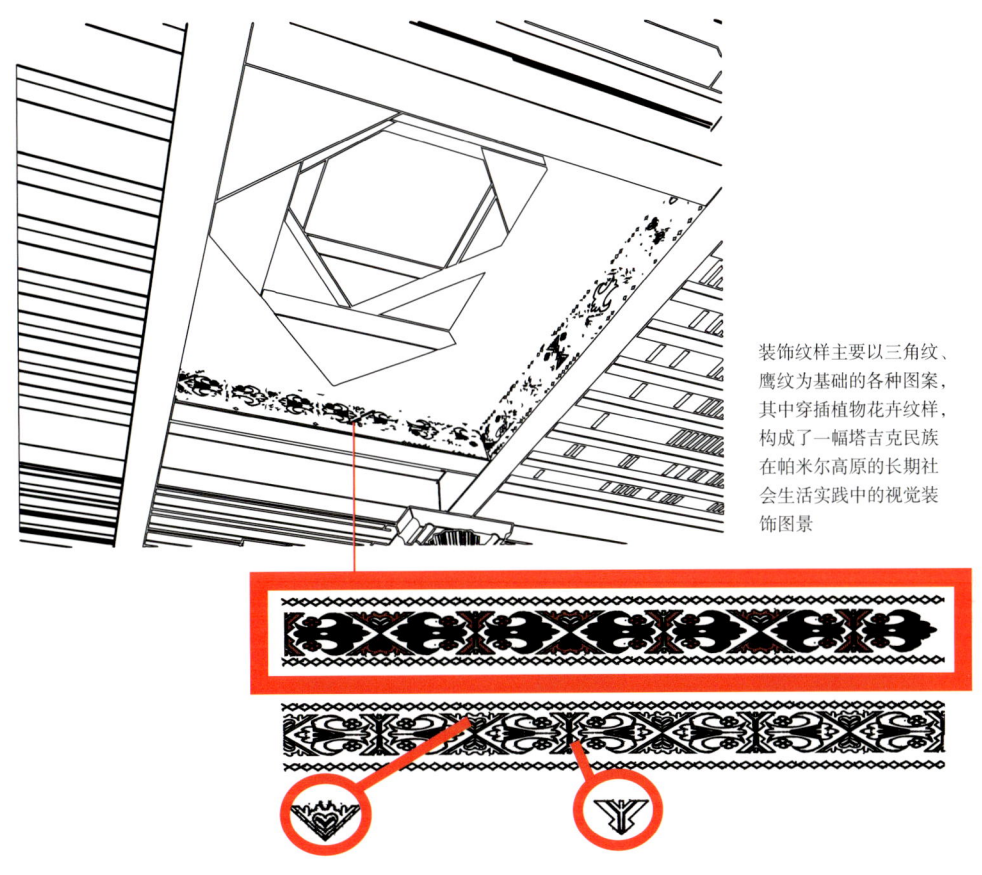

装饰纹样主要以三角纹、鹰纹为基础的各种图案,其中穿插植物花卉纹样,构成了一幅塔吉克民族在帕米尔高原的长期社会生活实践中的视觉装饰图景

图九 塔吉克族蓝盖力屋顶天窗装饰纹样设计图

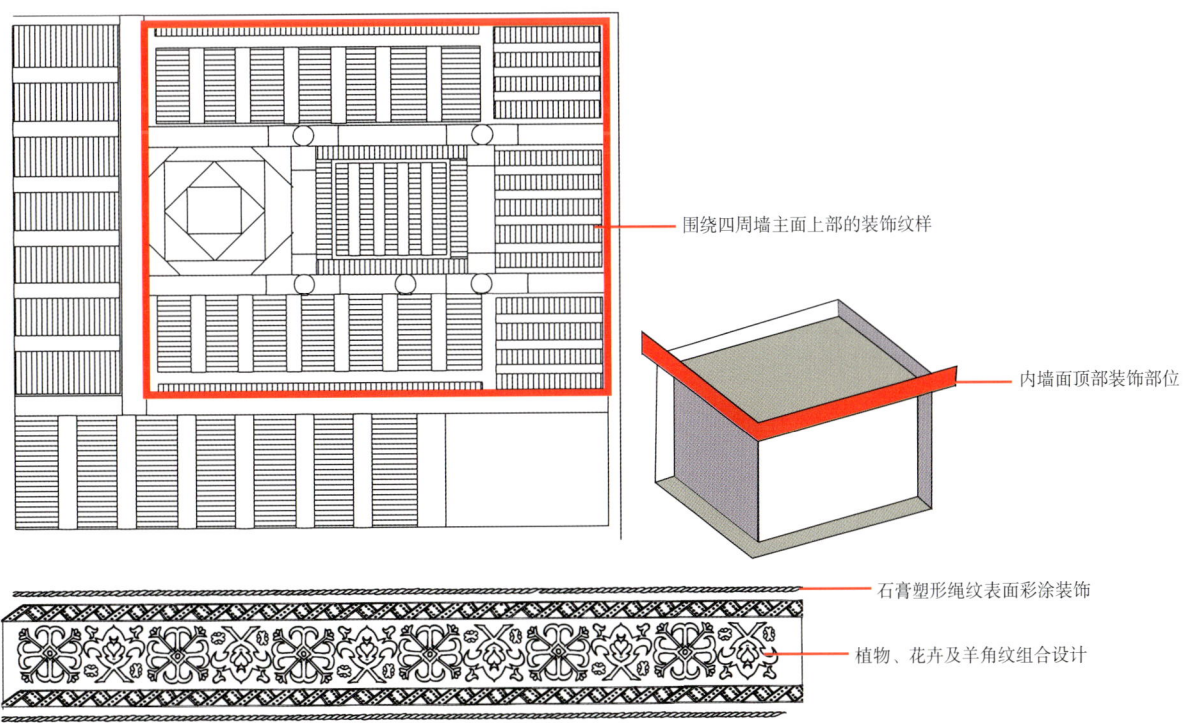

— 围绕四周墙主面上部的装饰纹样

— 内墙面顶部装饰部位

— 石膏塑形绳纹表面彩涂装饰

— 植物、花卉及羊角纹组合设计

图十 塔吉克族蓝盖力墙体与顶面连接处装饰图

图十一 塔吉克族蓝盖力顶面装饰设计图

塔吉克族蓝盖力室内柱体

图一　塔吉克族蓝盖力室内柱体主图

建筑特色和居住文化是一个民族文化特性的重要构件。塔吉克族传说其传统民居蓝盖力是塔吉克族的诗人和伊斯玛仪派哲学家纳塞尔·霍斯鲁设计的，从流传的内容上可以看出这种正方形平顶屋的设计本身是智慧与哲理的结晶，以更为开放的设计思维模式来借鉴、吸收不同民族的建筑文化，虽将这种成果归功于历史上备受尊崇的某个名人，实为塔吉克人结合塔吉克族社会及自然环境条件在不断的实践探索中所形成的设计观念与营造方式。

柱体在蓝盖力建筑中主要起到对屋顶

的支撑作用。柱体的位置与顶棚的结构有密切的关联，科学的支撑首先需要选择合理的屋顶支撑点，以保证屋顶的撑力均衡，并使其稳定，其柱的位置、距离设定须遵循其中的规律。方形的建筑尺寸使四面等距的墙体能更好地抵御不同方向的风力。柱料多取自生存环境中生长的树木，依据居住建筑的实际要求及家庭经济状况，木柱的加工及要求也相应变化。室内木柱主要集中在室内空间中部，由于所处位置明显，不仅重视对木柱的造型及加工，同时也赋予其宗教的意识象征。由此可见柱体在塔吉克族日常生活中的位置。

蓝盖力柱体多为圆柱形，依据柱体表面装饰设计处理的不同，室内柱体可分为简易式及繁纹式，采用哪种装饰设计一是根据家庭的经济状况，二是柱体的造型及装饰设计须与室内的整体装饰形成统一。本案例中所选取的以白色为基调的"蓝盖力"，其柱体在设计上也呈现与其环境相互协调的一面，即使用白色进行表面涂饰，柱体主要采用立体雕刻的表现手法，全长约2800毫米，柱体直径约为250毫米，通常分别为柱头、柱颈、柱身、柱裙、柱脚。其中柱头300~400毫米，柱身为1600毫米，柱脚约为500毫米。依据室内装修中对纹饰设计处理的不同，对柱体表面装饰的处理也具有较大的差别，简单大方的造型加上样式繁多的纹样使其更显华丽与美观。纹样一般为几何纹和植物纹，植物纹多用连续的卷草纹，几何纹多用三角纹样和菱形纹样的组合，多以"对称统一"的装饰构成表现形式。

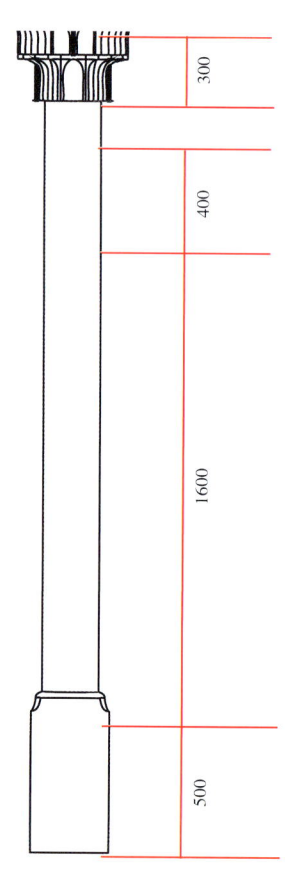

图二　塔吉克族蓝盖力室内柱体尺寸图（单位：mm）

塔吉克族传统建筑"蓝盖力"室内空间中的柱体对屋顶具有支撑作用，在柱体的造型及装饰设计上反映出民族的审美观念，同时也体现出宗教意识与情感，通过柱体的设计来体现民族的精神寄托与愿望，使设计在满足功能需求的前提下融入民族情感和审美，对当下的设计创意具有一定的参考与借鉴价值。

图片来源
图一　陈述　拍摄
图二至图四、图七至图九　陈述、赵笑天　制图
图五、图六　陈述、陈西木　制图

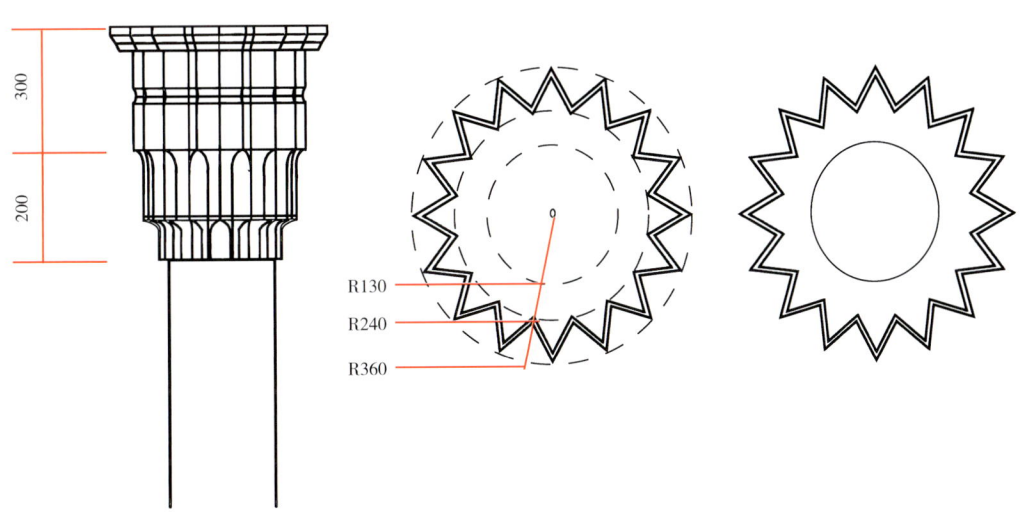

图三　塔吉克族蓝盖力室内柱体柱头尺寸图（单位：mm）

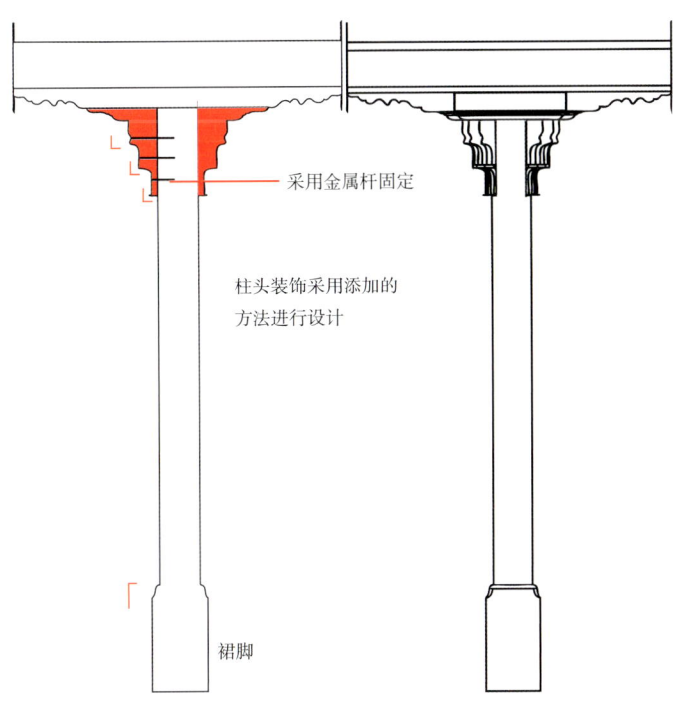

图四　塔吉克族蓝盖力室内柱体柱头装饰工艺图

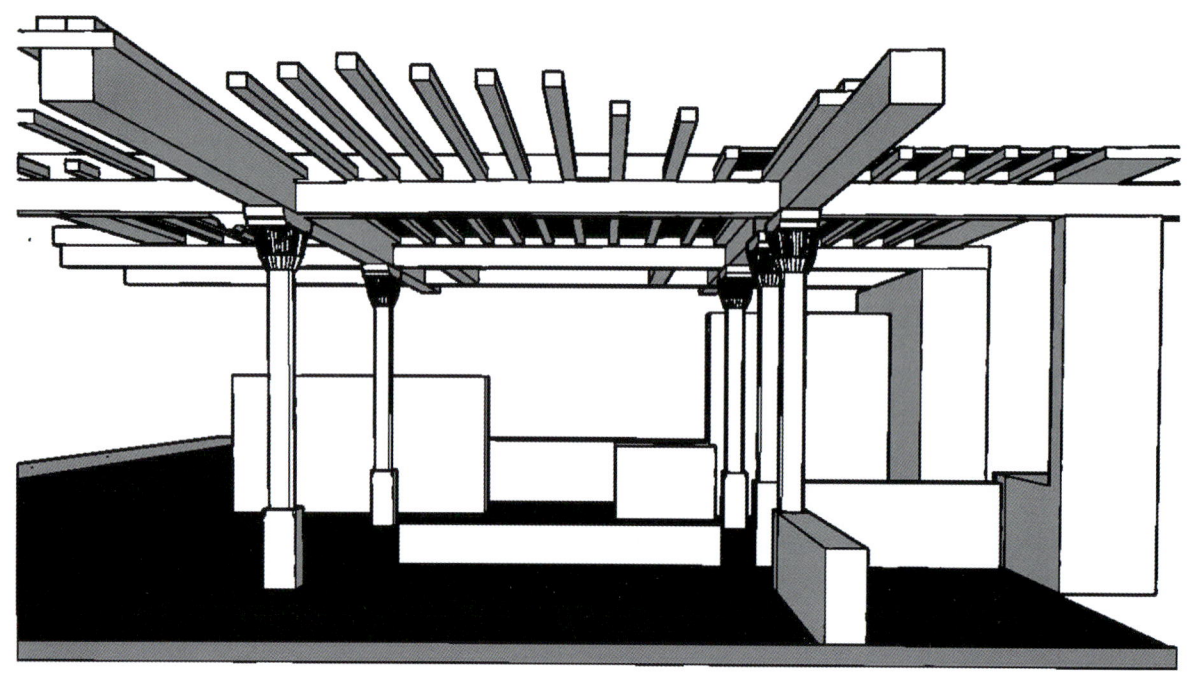

图五 塔吉克族蓝盖力室内柱子布局效果图

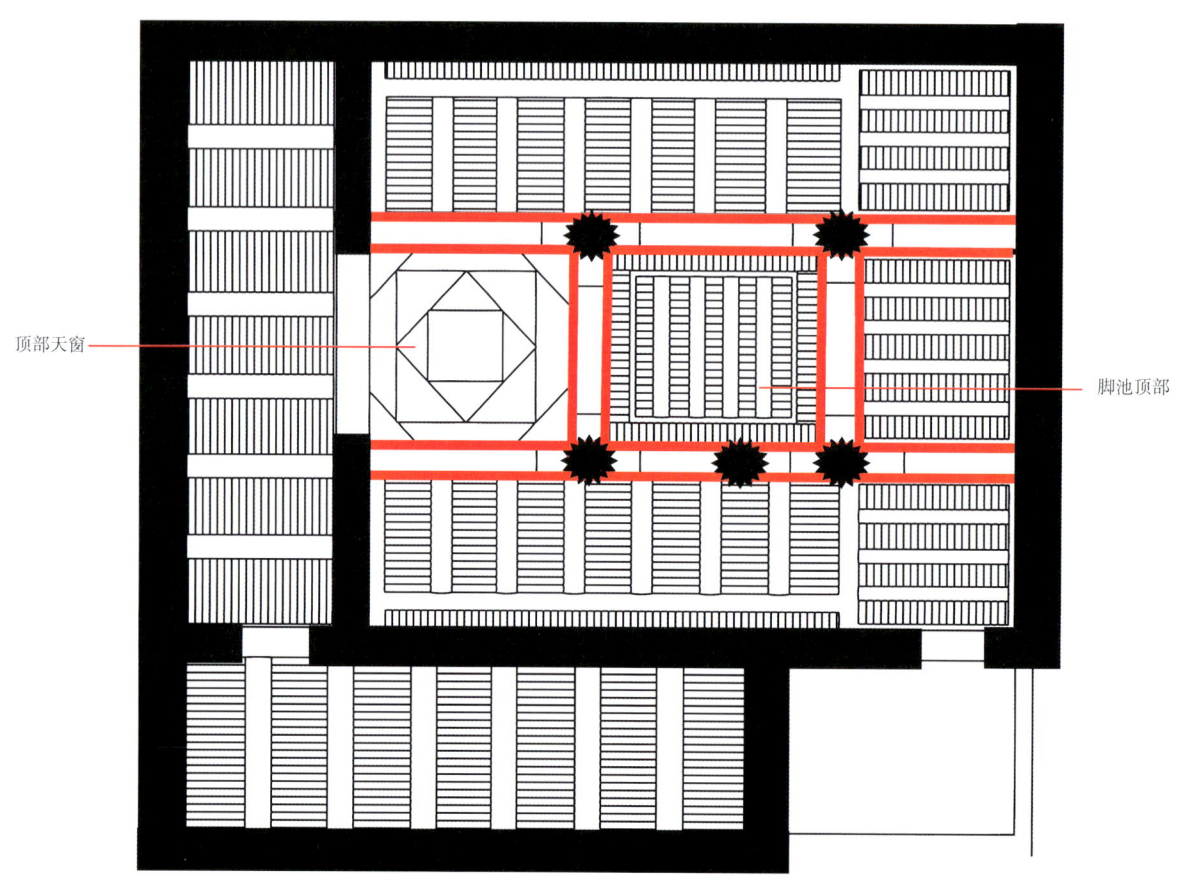

顶部天窗

脚池顶部

图六 塔吉克族蓝盖力顶部柱头的排序及位置

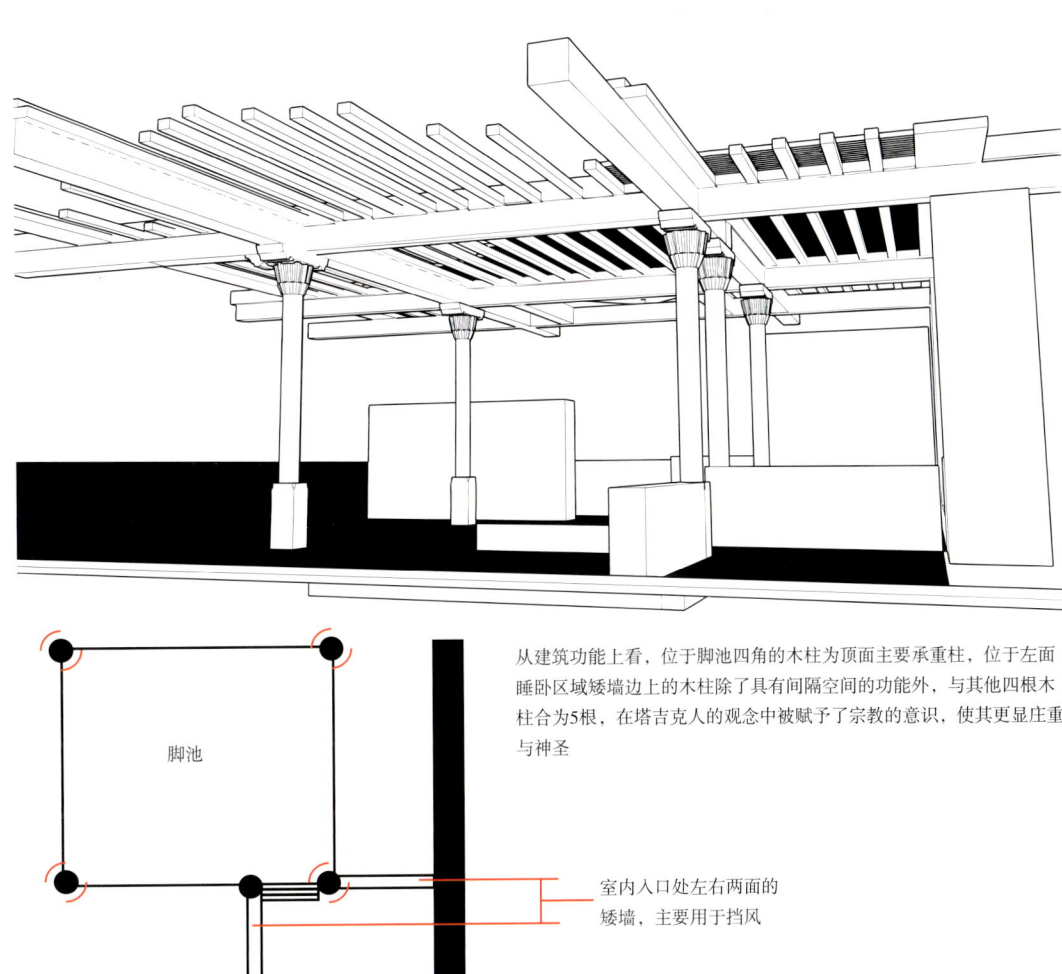

从建筑功能上看，位于脚池四角的木柱为顶面主要承重柱，位于左面睡卧区域矮墙边上的木柱除了具有间隔空间的功能外，与其他四根木柱合为5根，在塔吉克人的观念中被赋予了宗教的意识，使其更显庄重与神圣

室内入口处左右两面的矮墙，主要用于挡风

图七　塔吉克族蓝盖力柱体功能分析图

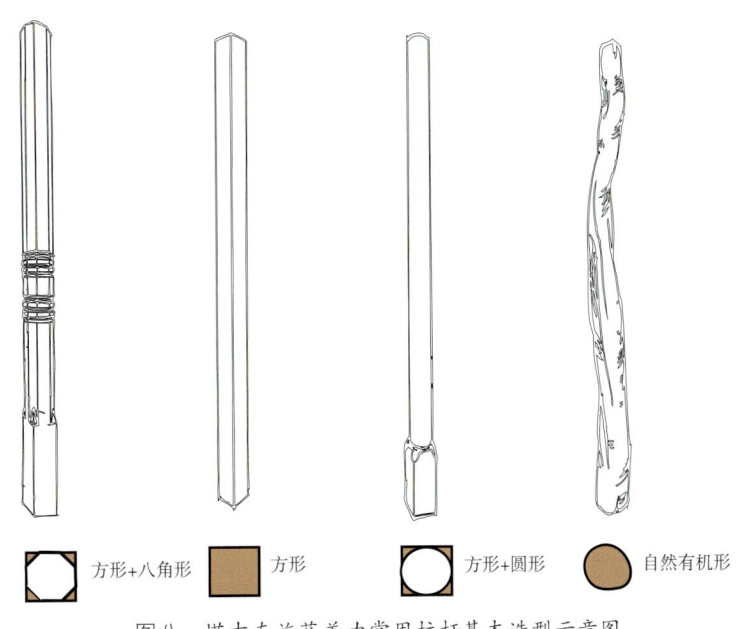

方形+八角形　　方形　　方形+圆形　　自然有机形

图八　塔吉克族蓝盖力常用柱杆基本造型示意图

053

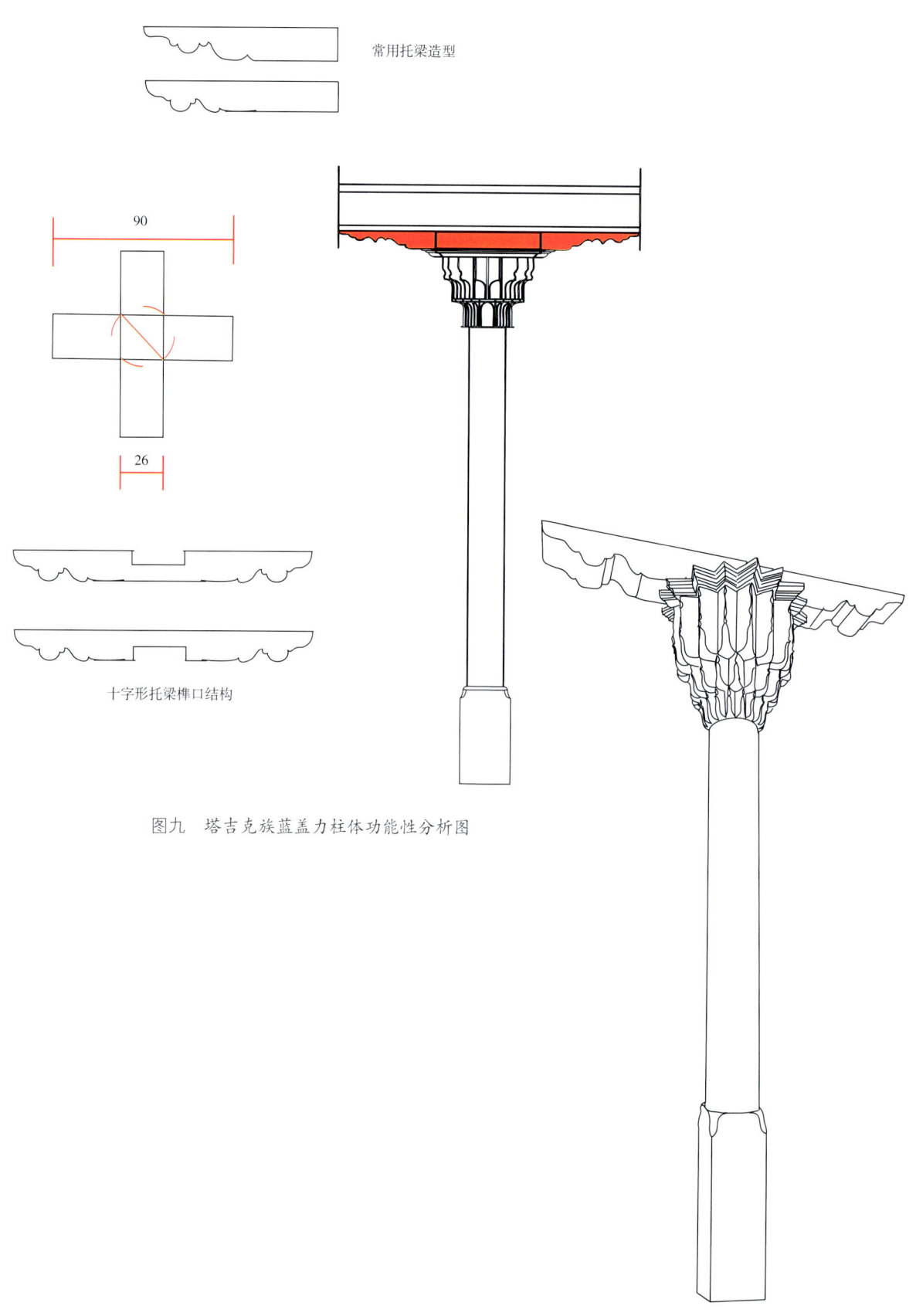

图九　塔吉克族蓝盖力柱体功能性分析图

图十　塔吉克族蓝盖力柱体效果图

塔吉克族传统陵墓

图一 塔吉克族传统陵墓主图

由于自然所形成的较为固定的草原牧民放牧也限于草原范围，塔吉克人很早便转入定居生活，因此塔吉克族每个家族都有自己固定的墓地，家中人无论死于何处都要想方设法运回遗体，以便葬在自家的墓地中。在塔什库尔干县下坂地的墓地考古发掘中，其墓葬形制较为统一，具有明显的地域特征。传统上大部分的墓葬地表有封堆标志，其形制主要可分为石堆、石围、石围石堆和石棺四种，石堆多比较矮小，形制也趋于不规整，有的仅是在地面上摆放少许石块，石围是用石块在墓室四周地面上摆放一圈而形成的，多呈长方形，也有方形或圆形的。但规模较小，长宽多为1000~3000毫米间，最大的石围长5700毫米，宽2400毫米，石围石堆是在墓室四周地面上放一圈石块后，再在上面堆石，石围的直径一般为1500~3000毫米，石堆用石体量上要稍大于石围用石。石棺开关多为长方形，把为圆形，是采用石片石在地面垂插立一圈而成，西北开口，长1500毫米，宽1200毫米。所用石头除部分为河里的卵石外，大部分都是取自附近的黑褐色石岩。

现代塔吉克族墓室多为长方形，男性墓

穴深度与男子齐腰，女性墓穴深度与女子齐肩。挖墓坑时，坑口要用"凯先干"盖住，为不使死者的灵魂感到羞愧，尸体埋入后，要用长方形石板盖住四周，边沿可用石头和麦草将缝隙塞住，不使尘土进入墓穴内。

马鞍形墓。这种墓型是在死者安葬一周后，在其安葬的地表修建的一种长方形墓台。通常情况下，墓台高500毫米，分上下两层，呈台阶状，底层一般长2000毫米，宽1000毫米，上层长1500毫米，宽一般不足1000毫米。上层墓台的南端会垒一个半米高的三脚架，架子顶端塑一个马鞍形的泥塑物，马鞍形泥塑物上需要涂抹一种当地产的涂料，颜色需要依据死者的年龄来定，如果死者是年轻人，使用白色涂料，年长者则使用灰色涂料。马鞍形墓呈现一种庄重、肃静的效果，是信奉伊斯兰教的塔吉克人依据宗教先贤的陵墓样式修建的，一般有经济能力的才会在自家墓地修建拱北。拱北分穹隆顶和平顶两种。一个拱北中可以有1~3座墓葬。拱北呈长方形，封土上也修有马鞍形泥塑物，寓意塔吉克人愿逝者安息之后仍能与

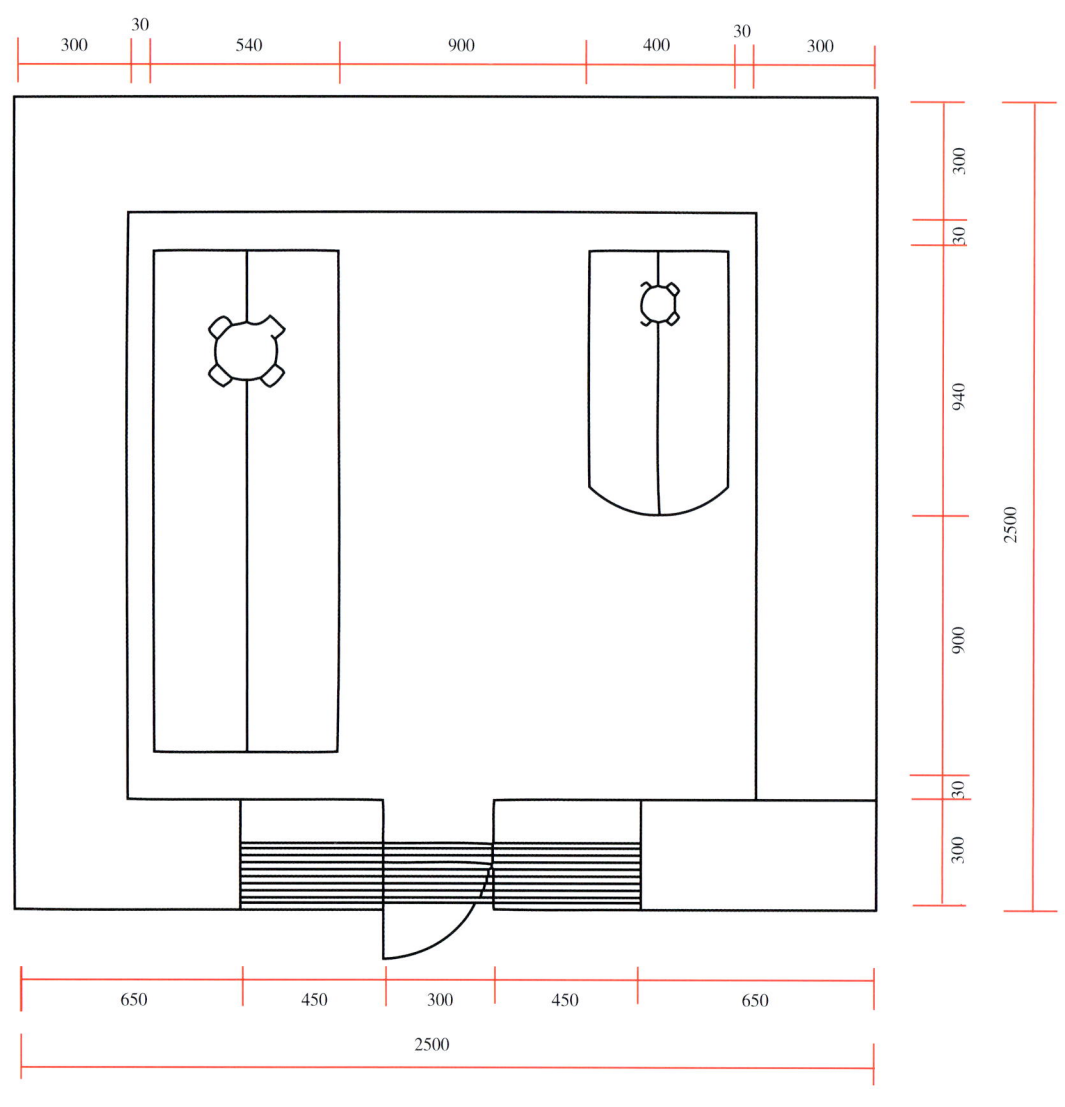

图二　塔吉克族传统陵墓尺寸图（单位：mm）

马相伴，也包含有塔吉克祖先信仰拜火教的遗存。一些拱北的四壁上会画上图案或是人物像。有驾着犁的牛正在耕种，也有策马奔腾的骑手，同时也描绘一些植物、花卉及日用品的形象等，建有拱北的墓葬数量相对于马鞍形墓的数量要少。

马克巴拉，即陵墓。这类型的墓葬建筑主要是为宗教人士或是当地有名望的人物而修建的。陵墓的形式也分平顶和圆顶两种，均为方形，规格大小按需来定。平顶陵墓三边有约2000毫米高的围墙，剩下的前墙均为雕刻的木板构成，中间为门，门的两侧刻有雕花窗格，大梁上钉有椽子，铺苇席然后再盖一层草泥造成屋顶。有的陵墓屋顶四角建有高1米的塔，塔尖有新月形标志，圆顶陵墓较少见。

塔吉克墓葬建筑设计带有明显的民族生活特征，其材料也多使用自然环境中宜于获取的物资，石块、泥土便是最易获取的基础材料。在墓葬建筑形制表现中将传统的游牧生活理念与宗教的要求巧妙地结合起来，使拱北与传统马鞍状的雕塑有机组合为一个整体，构架起塔吉克人对死者之灵的祈祷，体现出塔吉克对来世再生的渴望，也是对现实中人生命的重视与珍惜。其设计构想中具有的独到观念，为当下设计师的创意提供了一例难得的参考范例。

图片来源

图一　陈述　拍摄

图二至图六　陈西木　制图

图七　陈述、陈西木　制图

图八　陈西木　制图

图九、图十　陈述　制图

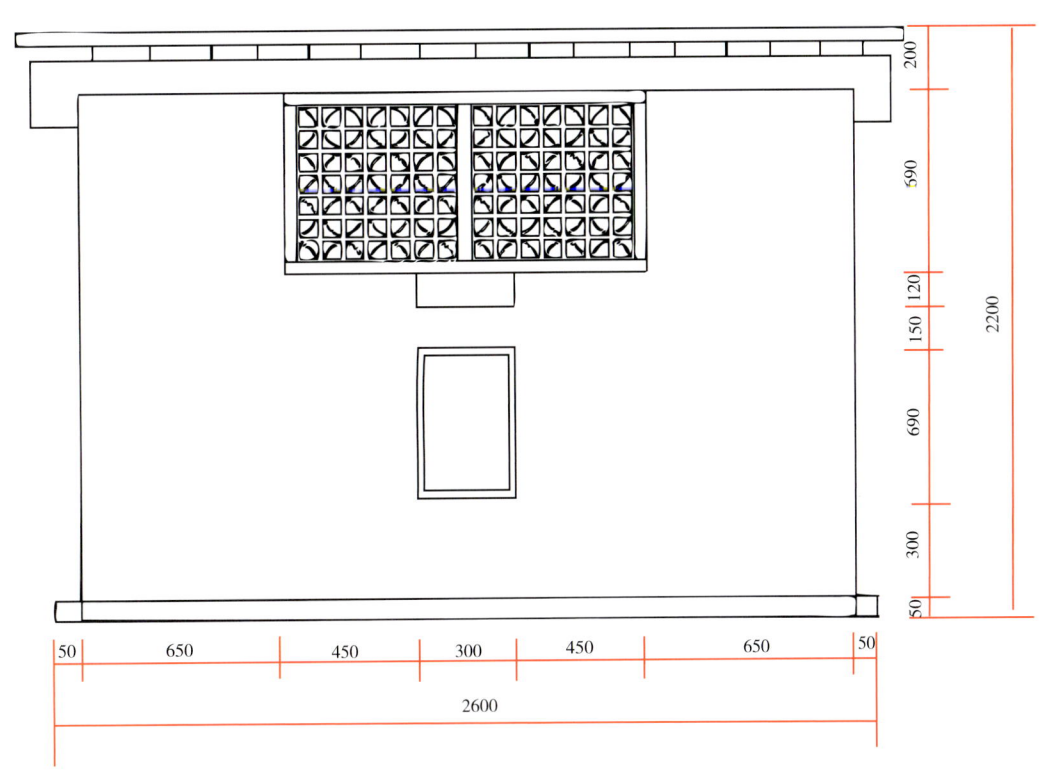

图三　塔吉克族传统陵墓立面图（单位：mm）

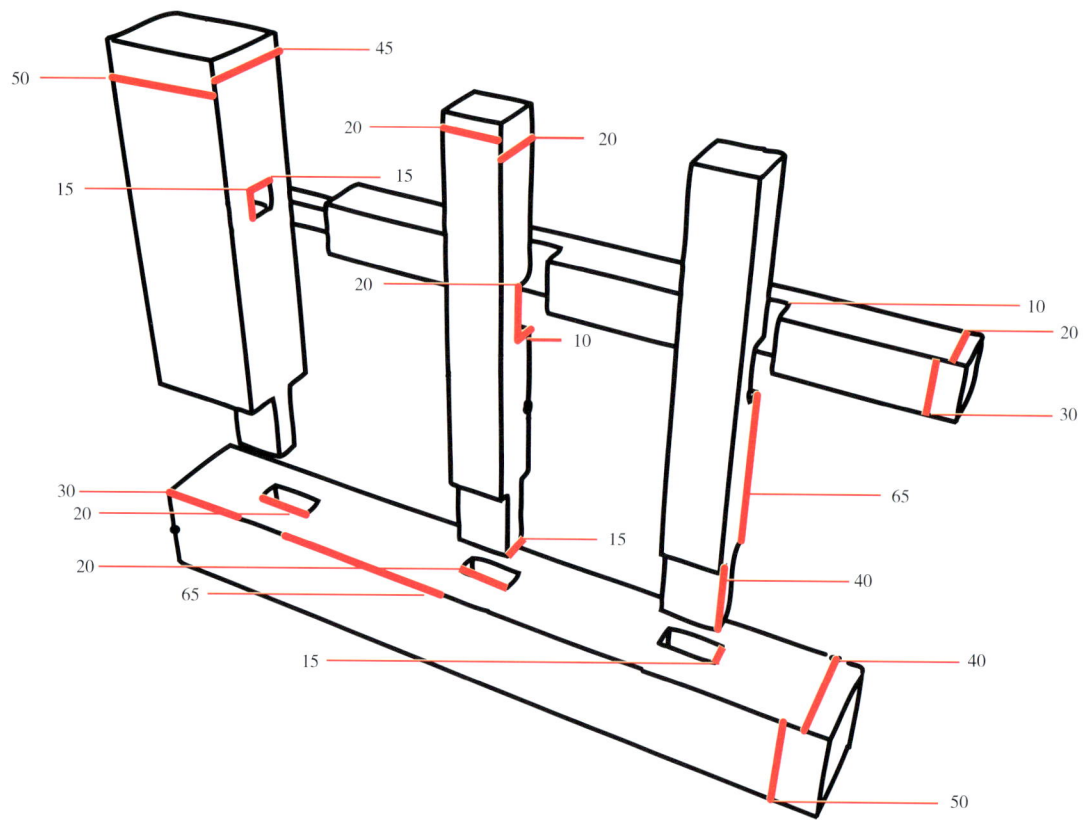

图四 塔吉克族传统陵墓木格栅窗结构尺寸图（单位：mm）

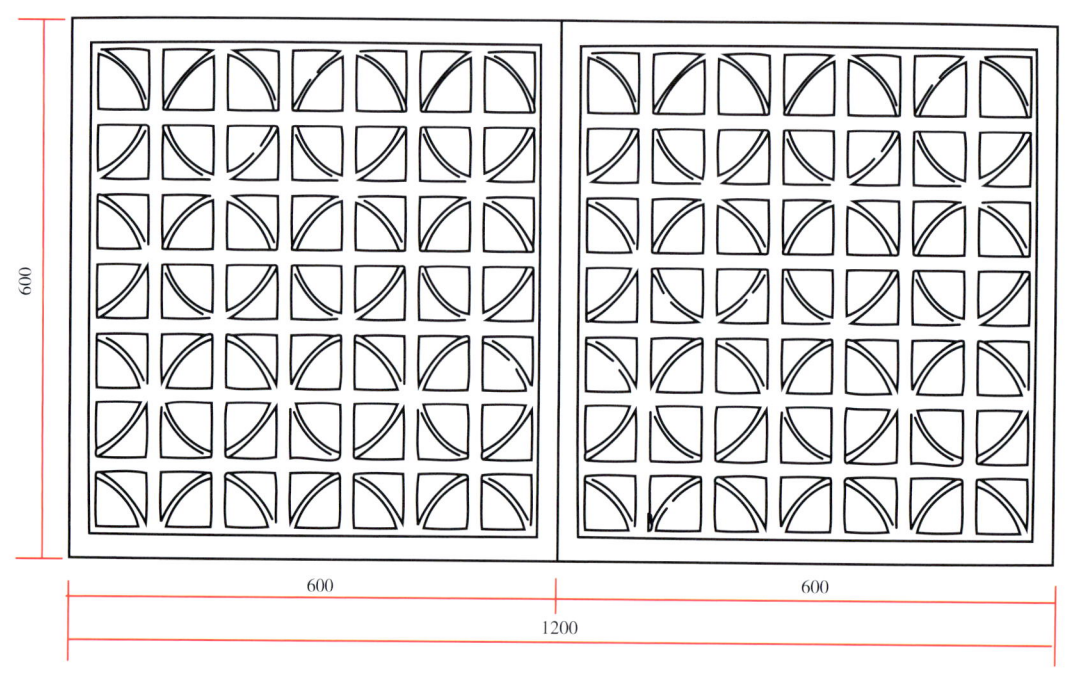

图五 塔吉克族传统陵墓木格栅窗立面图（单位：mm）

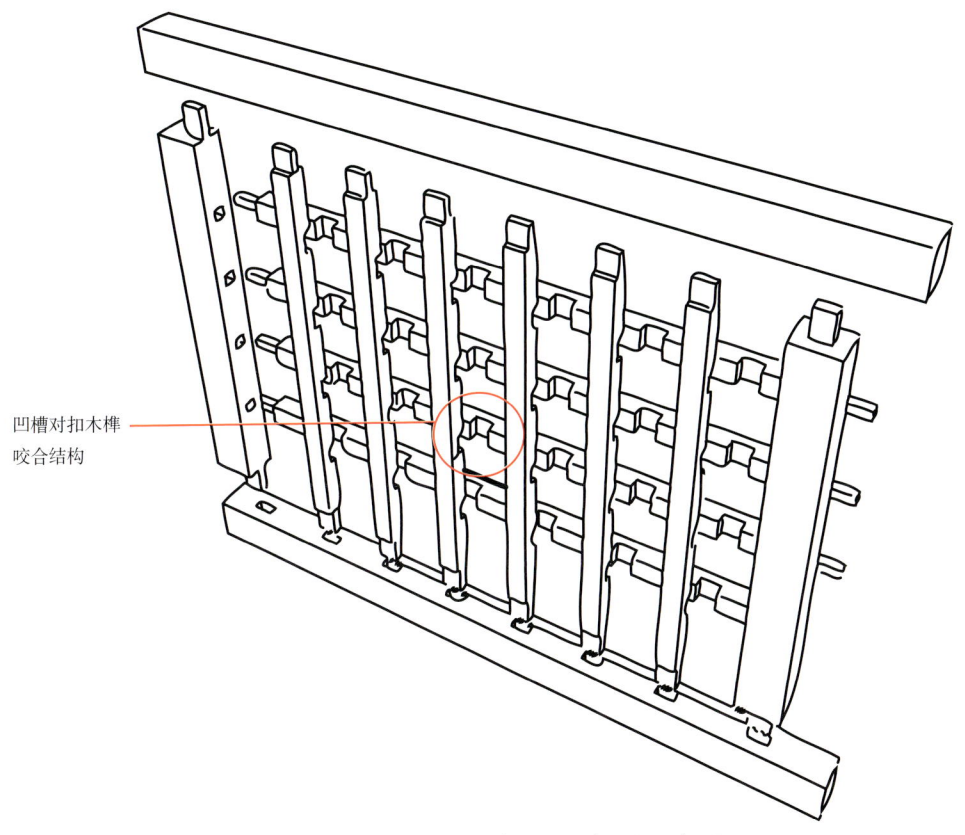

图六 塔吉克族传统陵墓木格栅窗结构分析图

凹槽对扣木榫咬合结构

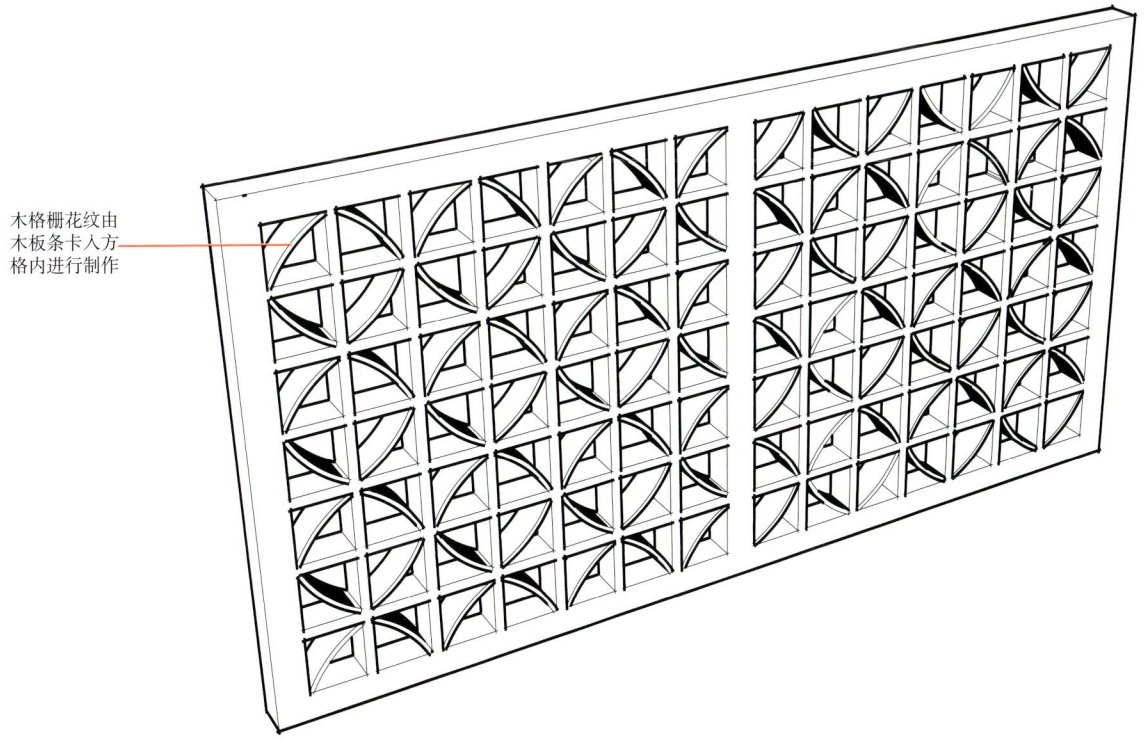

木格栅花纹由木板条卡入方格内进行制作

图七 塔吉克族传统陵墓木格栅窗立体视图

第一章 塔吉克族传统建筑

059

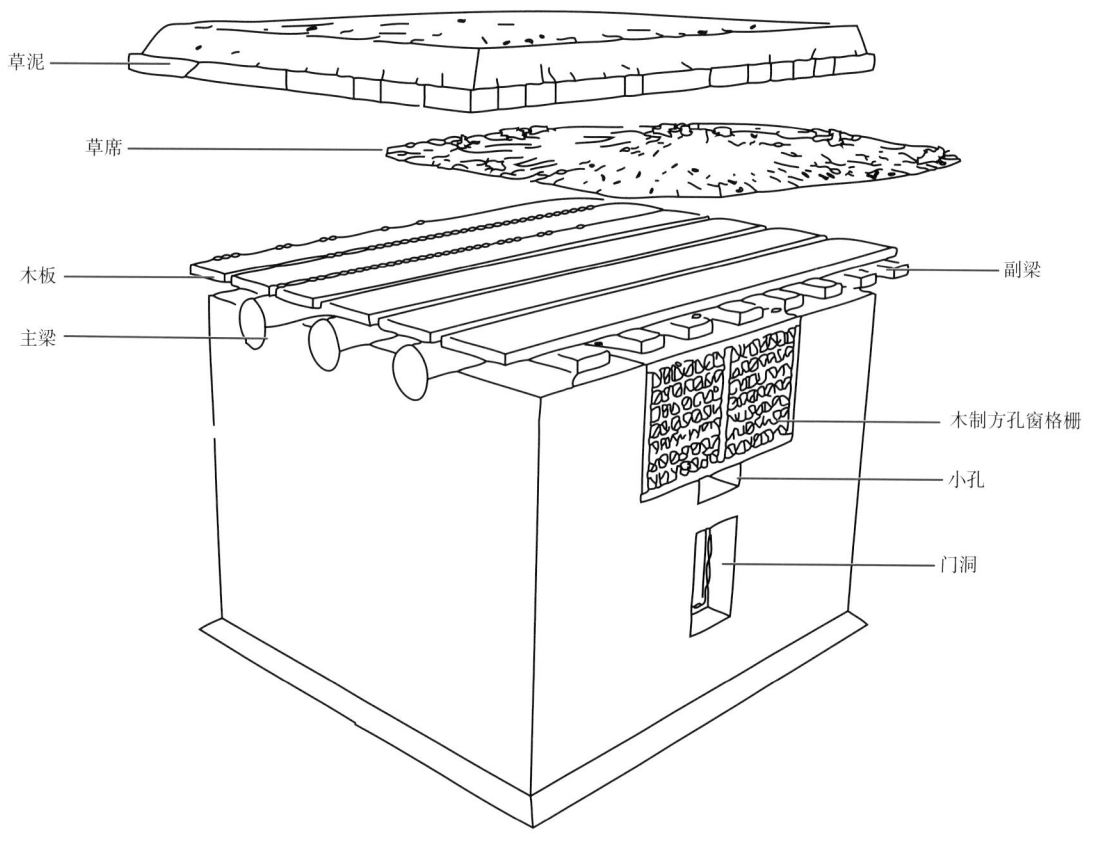

图八 塔吉克族传统陵墓材料组合结构图

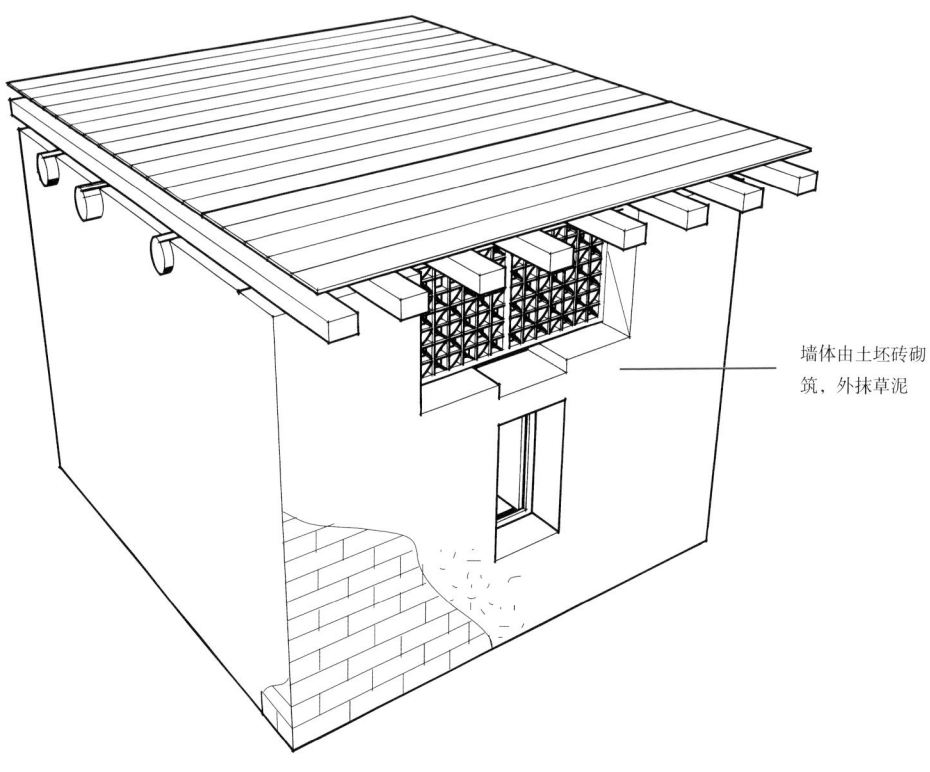

图九 塔吉克族传统陵墓墙体砌筑工艺材料

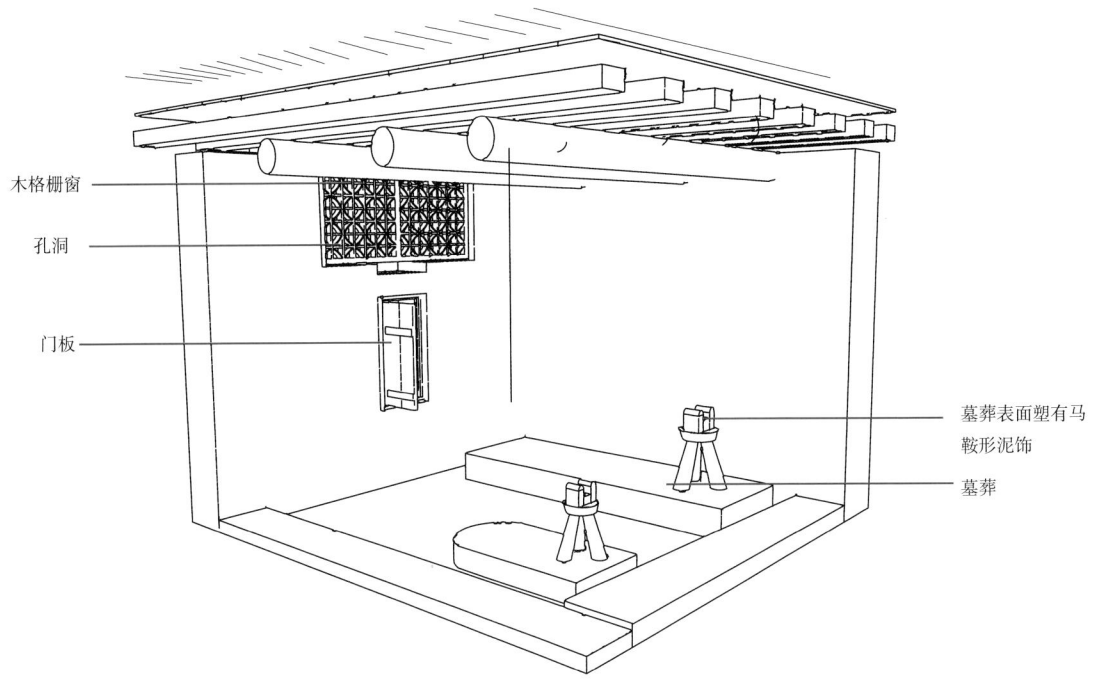

图十　塔吉克族传统陵墓内部空间视图

塔吉克族陵墓建筑装饰壁画

图一　塔吉克族陵墓建筑装饰壁画主图

　　生活在帕米尔高原的塔吉克族因特殊的自然环境及地貌等因素较早便转入定居生活，因此塔吉克人每个家族都有自己相对固定的墓地，家族的成员无论死于何处都要安葬在自家的墓地中。富有的人家或对宗教信仰特别虔诚者，在生前就大张旗鼓为自己造墓或造拱北，拱北主要使用土坯修建，有穹隆顶和平顶两种，并在拱北的四壁上绘制装饰图案及人物，虽为数不多，但基本绘制于平顶的拱北墓中。塔吉克墓葬装饰壁画，其内容多为动物、植物及生产生活用具，也有表现死者生前的活动与爱好的，多采用写实的表现手法。平顶拱北墓虽属于现代人墓葬，但在其墙壁上绘满了色彩斑斓的装饰性壁画。依据装饰壁画的内容大致可分为几何图案装饰、花卉植物装饰及服饰装饰。几何图案装饰绘画多为圆形、弯曲状放射的线及三角形等图案，采用圆中套圆，并夹杂有三角形及圆，周边布满放射状线条，形似太阳的象征表现手法，与早先塔吉克族对太阳的崇拜有关。装饰植物花卉多为花形的图案造型，且植物造型表现趋向写实，大小叶片分明，基本为一草多茎，一般采用对称均衡的表现方式。也有以服饰为表现内容的装饰，在墙壁正中画一宽袖高领裙子，裙子上点缀有小花朵，裙上端有一个长方形、带花穗的提兜，提兜中间也装饰有花卉图案。

塔吉克族墓葬装饰壁画设计是基于民族漫长的历史过程中逐渐形成的观念意识及信仰崇拜等相关的视觉化表达，通过这一方式来表达对逝者的追思与祈祷，并在墓葬装饰壁画中将与逝者相关的现实生活中的美好场景尽量以视觉化的方式体现，通过赞誉其功德的方式来感化，强调民族传统的伦理、道德、信仰等意识观念。

图片来源
图一　陈述　拍摄
图二至图五　陈西木　制图
图六至图九、图十一　陈述　制图
图十　陈述、罗小韵　拍摄

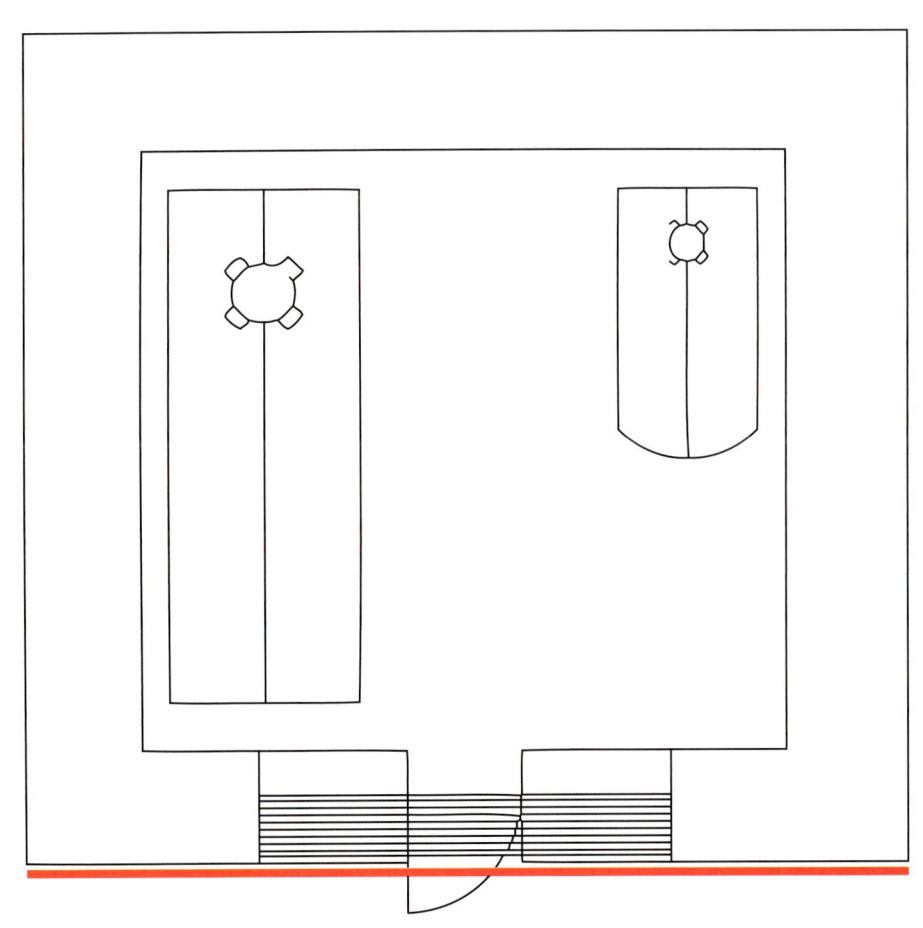

图二　塔吉克族陵墓外墙正面壁画装饰平面图

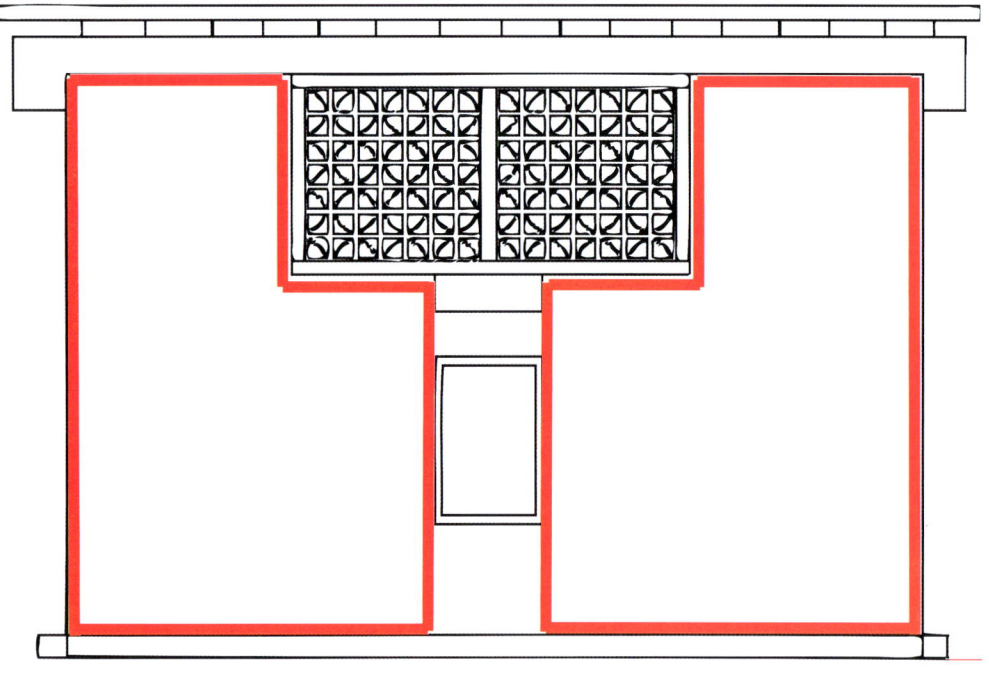

图三　塔吉克族陵墓外墙正面装饰壁画立面图

图四　塔吉克族陵墓室外墙壁正面绘制的装饰壁画

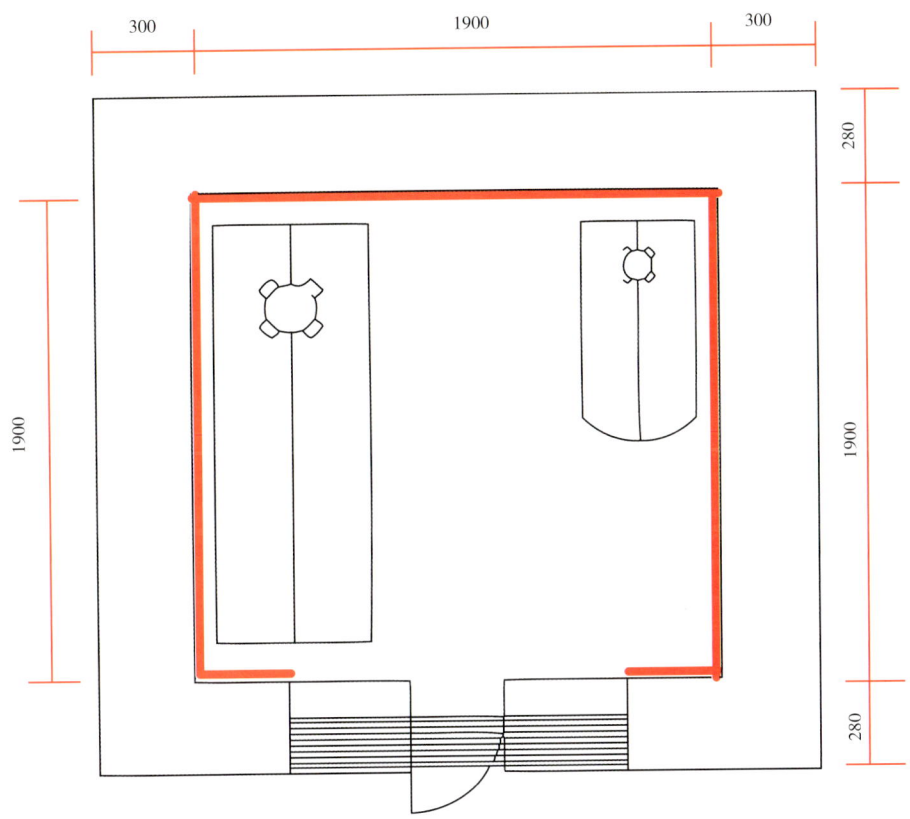

图五 塔吉克族陵墓装饰画尺寸图（单位：mm）

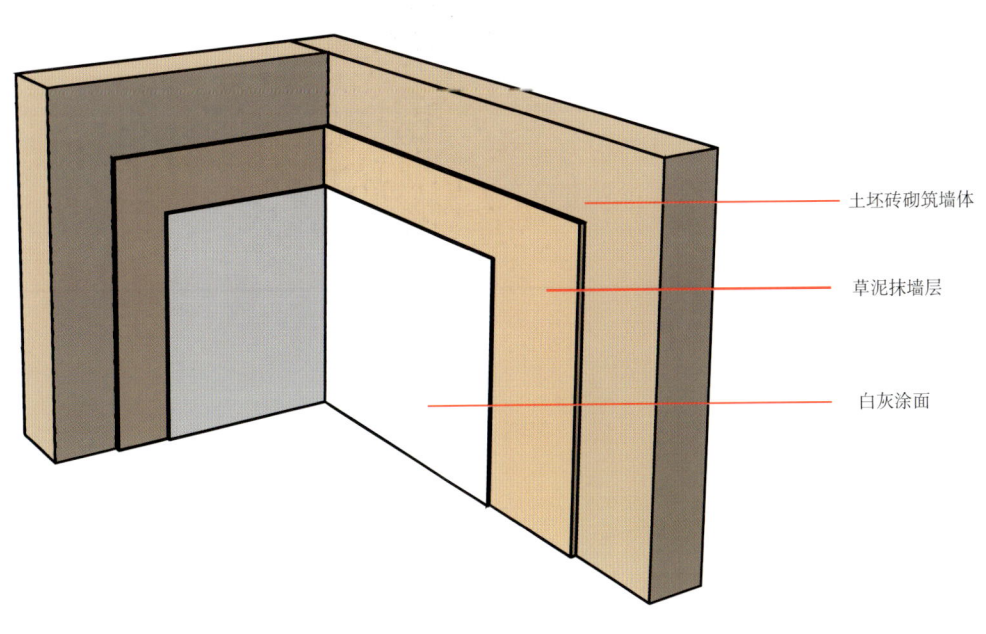

土坯砖砌筑墙体

草泥抹墙层

白灰涂面

图六 塔吉克族陵墓工艺分析图

第一章 塔吉克族传统建筑

065

画面中也有表现人物形象方面的内容，基本反映的是现实生活中的场面，对话、骑行是生活中最为寻常的生活片段，从绘画表现内容所占面积看，人物被压缩在很小的画面角落中，从视觉上突出并强化植物形状，夸张的植物造型寓意自然的力量，表现出人对自然的敬畏之情

图七　塔吉克族陵墓壁画面分析图

使用黑、红、黄三种颜色在白色墙面上绘制，因是在直立的墙体上绘画，画面的完成为一气呵成。造型夸张，运笔粗狂而奔放，线条简练概括，表现出对旺盛生命力的追求与渴望，同时也体现对自然的敬畏之情。黑、红、黄在白底上的绘画，其色彩选择本身与塔吉克族人的审美意识及观念相统一，其色彩的组合运用被视为吉祥的象征

图八　塔吉克族陵墓壁画色彩分析图

利用色彩的明度、纯度及色相差异进行灵活多变的组合构成，使原本单调的三色显得丰富、多变而活跃，画面更生动

植物采用弯曲对称的表现形式，利用弯曲的植物进行有意味的表现，通过特定的视觉形象产生丰富联想，这种联想离不开特定的社会生活情景下的切实体验与感受，使原本简化的视觉形式具有更丰富的精神内涵

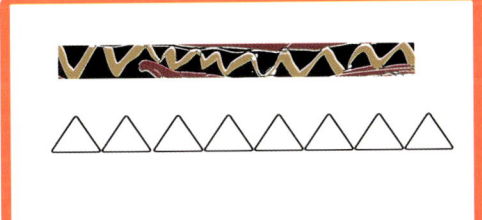
山形纹是塔吉克族装饰中运用较多的一种纹饰，简化概括的三角形纹饰代表高大起伏的山峰，慕士塔格山被誉为山之父。在以大家庭共同生活的塔吉克族观念中，父亲被视为一家之长，理应受到尊崇与孝敬

图九　塔吉克族陵墓壁画形式表现分析图

图十　塔吉克族陵墓建筑装饰壁画情景图（一）

图十一　塔吉克族陵墓室内装饰壁画情景图（二）

第二章 塔吉克族传统服饰

塔吉克族阿勒卡

图一　塔吉克阿勒卡主图

胸饰，塔吉克族语称之为"阿勒卡"，是塔吉克妇女常佩戴在胸前的一种银质饰品。由于塔吉克族生活在帕米尔高原地区，其特殊的地理环境条件使塔吉克族饰品无论是质地及功能等方面都体现它明显的高原特性。

阿勒卡是塔吉克妇女的胸饰，圆形而薄，其大小也各不相同。通常为直径7~12厘米，圆心中部为一个直径约2厘米的圆孔和镀银硬铁丝短针，其一面饰有各种传统图案，有的周围一圈镶有各色珠宝，底下带有银色小链子，材质一般为银。体积相对于脖子饰品来说较为大些。银色接近于白色，其金属本身的色彩符合塔吉克族在漫长的历史过程中所形成的色彩观念及要求，认为白色与红色最美，白色为神圣、纯洁的象征，节日里，要向墙上抛撒白色的面粉以示祝福。而圆形也与塔吉克族传统观念吻合，在塔吉克族早期的图腾崇拜中，太阳图案就是其主要的图腾标志之一，在《大唐西域记·盘陀国》的记载中，就记载有塔吉克人自称为"汉日天种"，即塔吉克就是太阳的儿子。由此可以推断，塔吉克族妇女佩戴的饰品造型都与太阳崇拜有关。圆形的象征太阳，周边一圈各色的珠宝像太阳洒下的光辉，更显庄重、神圣而美丽，体现了塔吉克族对饰品装饰美的独到理解与认知。

阿勒卡是年轻女子胸前戴的圆形

银饰。从实用性的角度来看，由于女性的服饰中有些上衣的领口较低，不便于女子劳作，在男性面前露出脖颈会有失体面，用大的阿勒卡掩饰用领口束起的部分，既美观又具装饰性效果，成为女性服饰中必不可少的配饰。使塔吉克女性显现出秀美和俏丽。

阿勒卡作为服饰，要与整体服装协调统一，在色彩上，塔吉克妇女喜穿红色服装，与银色相配显得生动而有活力。与高原环境形成鲜明的对比，更彰显生命的魅力。通常与女子常带的银链、项链、耳环、发饰、戒指相呼应，其装饰上更显帕米尔高原上塔吉克族妇女独特的风貌。

阿勒卡设计体现出生活在帕米尔高原环境中的塔吉克族特有的观念及情感，不仅具有装饰纹样及形式的美，同时为了适应环境和气候的特殊变化，即在遇到寒冷时可将领口束起，即掩饰起来的领口部分又具有很好的装饰效果，具有实用、体贴、美观的效果，色彩搭配上符合塔吉克族传统的色彩观念，即红、白（银）被视为吉祥、幸福与喜庆，其独到的设计理念对当今的设计师仍具有很好的参考与借鉴价值。

图片来源
图一、图三、图四、图六　陈述　拍摄
图二、图五　陈述、阿力木江　制图

图二　塔吉克族阿勒卡示意图

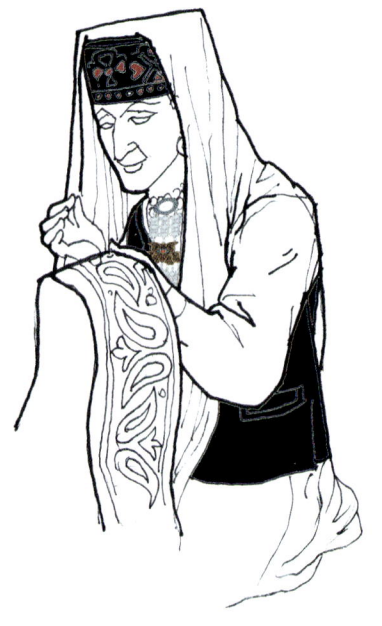

图三　塔吉克族阿勒卡佩戴示意图　　　　　　　图四　塔吉克族阿勒卡效果示意图

银质别针

球面状宝石镶嵌图案

环形连接银扣

半球体状银饰花卉剖面图

半球体状银饰花卉

银线缠绕装饰造型

图五　塔吉克族阿勒卡工艺细节图

图六　塔吉克族阿勒卡实物图

塔吉克族玛江

图一　塔吉克族玛江主图

项链，塔吉克语称之为玛江。塔吉克族项链的款式主要为圆形镶珠链，一般由4~5根玛瑙、珊瑚等红白相间的串珠项链组成，为年轻女子盛装时佩戴。项链作为人体装饰品，其造型及色彩也被赋予一定的象征意义，用以表达民族艺人的伦理信仰及观念，塔吉克族主要生活于帕米尔高原，特殊的自然地貌及气候一定程度上影响着人们的观念，由于高山峡谷的遮挡，高原的阳光对人们的日常生活产生了极重要的影响，太阳作为主要的图腾存在于民族信仰当中，而这种观念意识也自然地折射到玛江的造型设计中，寓意为吉祥、平安与幸福。这种类似"太阳"的圆形通常位于装饰链的主要部位，形体较大，易成为视线的焦点，多以较贵重的银料雕饰加工制作，在中部镶嵌宝石，犹如一轮光芒四射的太阳，其形状多呈圆形及椭圆形状。

银饰项链多以绳纹装饰收边，除圆形节点外，也常使用对称的植物叶片造型的连接，依据使用的方法可分为颈部内装饰和颈部外装饰，颈部内装饰是紧贴颈部的项链饰品，颈部外装饰是较宽软的项链，呈现为衣服外部的装饰，常装有镶银附饰并嵌有呈图案状的宝石，主要为红、白两色，使用天然的玛瑙、珊瑚等自然色组合。串法主要为单串及组串，单串除色彩的变化外，有时在两种白色中夹串颗色彩变化的珠宝以使在视觉上有变化，组串常为三个单串合为一组连接。在塔吉克族的色彩观念中，红、白色是喜庆、幸福、纯洁的象征，认为这两种颜色最美，在节日里及婚礼中都要使用这两种颜色，因此项链饰品主要在婚礼及重要活动中佩戴。

塔吉克族玛江的设计中不仅体现了民族传统的观念，也深刻反映了在特殊的自然环境中，哈萨克族人长期的生活经验的积累和独到的审美，其造型色彩及工艺制作鲜明地体现出高原文化的特征及游牧民族传统的固有观念、情感及心理等，对今天的这类设计具有一定的启迪意义。

图片来源

图一、图五　陈述　拍摄
图二至图四　马丽　制图
图六　刘梦娇　制图
图七　王琼　制图

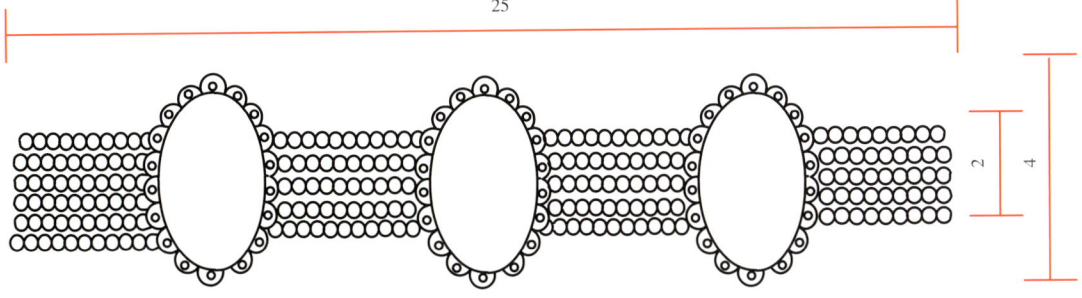

图二 塔吉克族玛江尺寸图（单位：cm）

图三 塔吉克族玛江佩戴示意图

图四 塔吉克族玛江工艺细节图

图五　塔吉克族玛江使用情景图（一）

图七　塔吉克族玛江使用情景图（二）

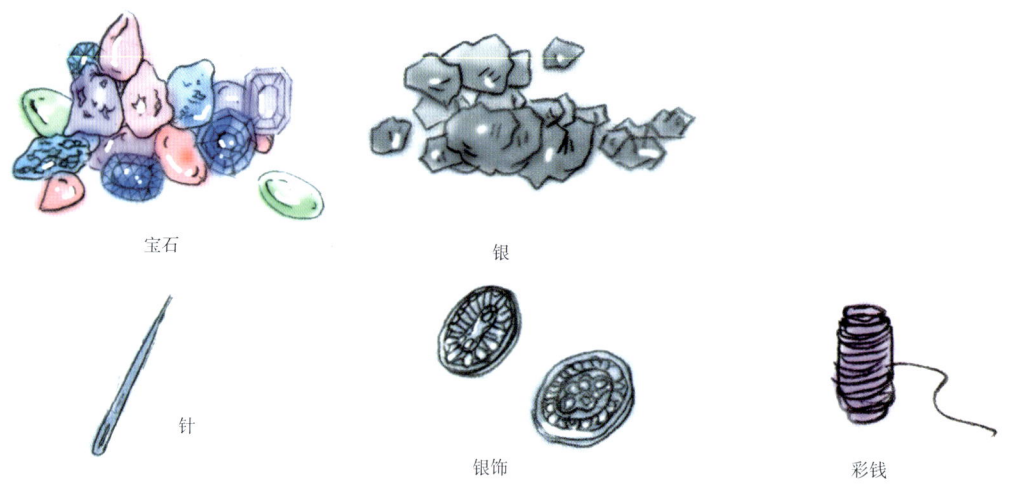

宝石　　　　　　　银

针　　　　　银饰　　　　彩线

图六　塔吉克族玛江的使用工具和材料图

塔吉克族头饰

图一 塔吉克族头饰主图

生活在帕米尔高原的塔吉克族十分重视头饰设计，头饰是塔吉克族装饰艺术的重要组成部分。由于地处高原，气候寒冷，夏季时间相对较短，塔吉克族更重视通过装饰来表达对生活的热爱与期望。华丽鲜艳的色彩、精美有序的图形排列体现出塔吉克人淳朴、自然、大方、开朗的性格特征，在周围环境的对比映衬下，更彰显出塔吉克人顽强的生命意识。

塔吉克妇女注重头饰设计，头饰使妇女们显得婀娜多姿，楚楚动人。不仅增添了女子的姿色，也使单调的自然环境增添了斑斓的色彩与生机，成为这个民族极具特色的标志之一。塔吉克族妇女的头饰非常引人注目，无论是儿童或成人都喜欢戴一顶"库勒塔"帽。帽子大多以黑色作底，四周用彩线绣成各种花卉，并用金银线、珍珠、玛瑙、玉器等来点缀，更增添了装饰的神奇与迷人。

塔吉克妇女在头饰设计表达上也明显具有年龄上的差异。通常未婚姑娘梳4条辫子，不留鬓发，在辫子间用金属链将辫子梢串联起来。新娘和少妇在库勒塔帽的前沿悬挂一串串被称之为"斯里斯拉"的银链，两侧还缀有圆筒形工艺品，发辫上也常装饰一排白色的纽扣、银圆饰品，辫梢上还缀饰长的丝穗，上面点缀着许多小的饰品。塔吉克妇女严禁把长发剪成短发。除此之外，头发上还要整齐有序地佩戴被称之为"地维热克""麦凯克"的纯银制成的装饰品以及各种漂亮的珠宝等。戴在头上的装饰一般用银子做成，形状铺开为四方形，头顶一条边由三朵花形图案组成，中间的最大，并嵌有红璎珞。

塔吉克族男子头饰要简单得多，除戴一种叫"吐马克"的圆筒形皮帽，上面绣有图案纹饰外，只在婚礼时才在帽上系红、蓝装饰性布条，以示幸福、吉祥之意。

头饰设计充分展现出塔吉克人丰富的想象力与创造力。不同装饰设计形式则传递出不同的信息内容，使装饰设计与塔吉克族的伦理观念及审美要求相适应，具有鲜明的民族特点。表现出他们对生活独到的理解与追求，对视觉美的向往和执着，更彰显精神生活的丰富与多彩。

图片来源
图一、图九　陈述　拍摄
图二、图三、图五至图八　陈述　制图
图四　陈述、马丽　制图

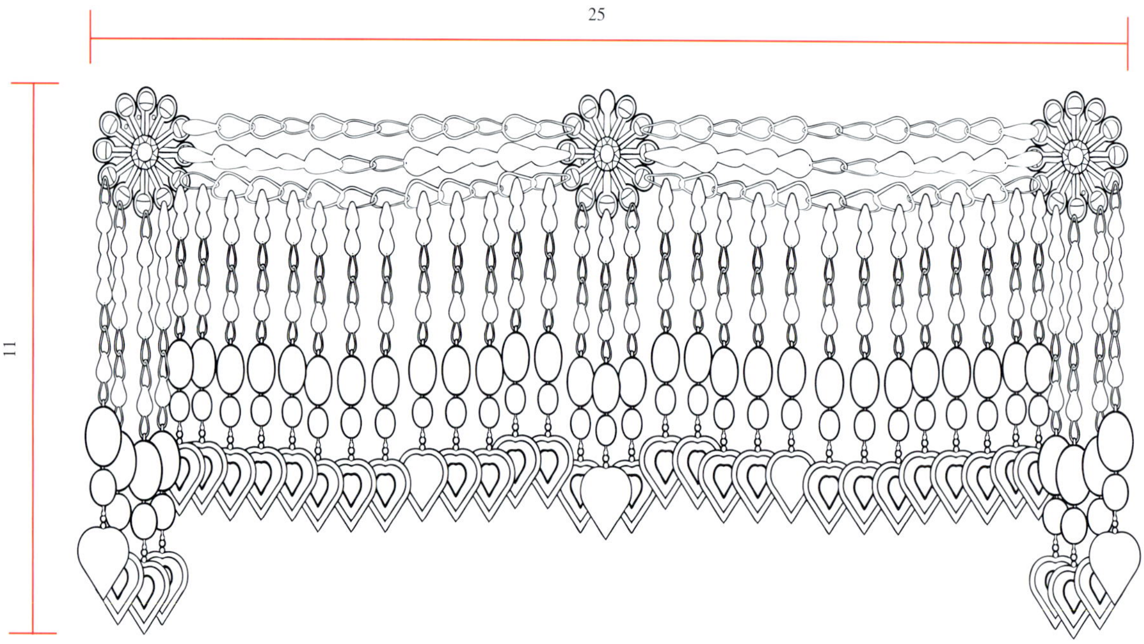

图二　塔吉克族头饰尺寸图（单位：cm）

图三 塔吉克族头饰效果图

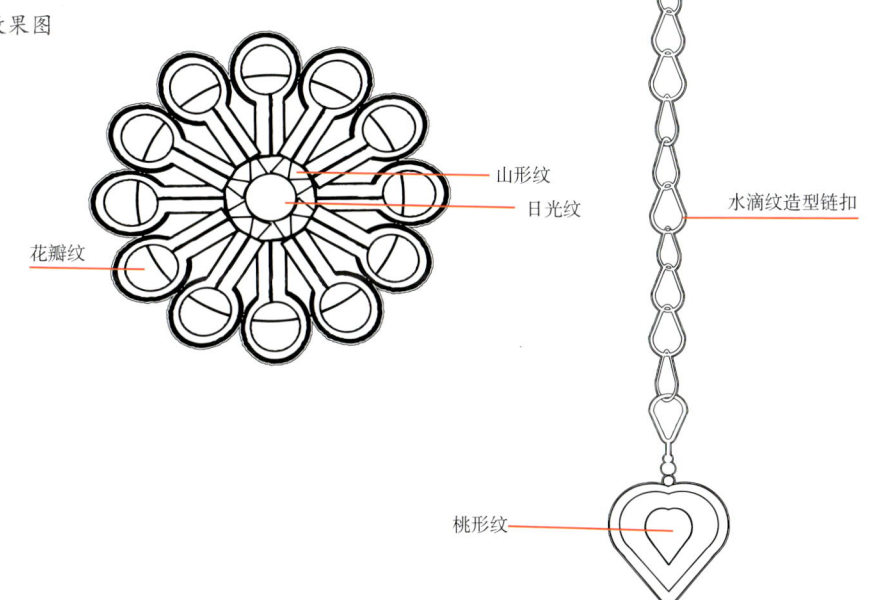

图四 塔吉克族头饰造型分析图

标注：山形纹、日光纹、花瓣纹、水滴纹造型链扣、桃形纹

银　　　　　宝石　　　　　珍球

图五 塔吉克族头饰材料图

第二章 塔吉克族传统服饰

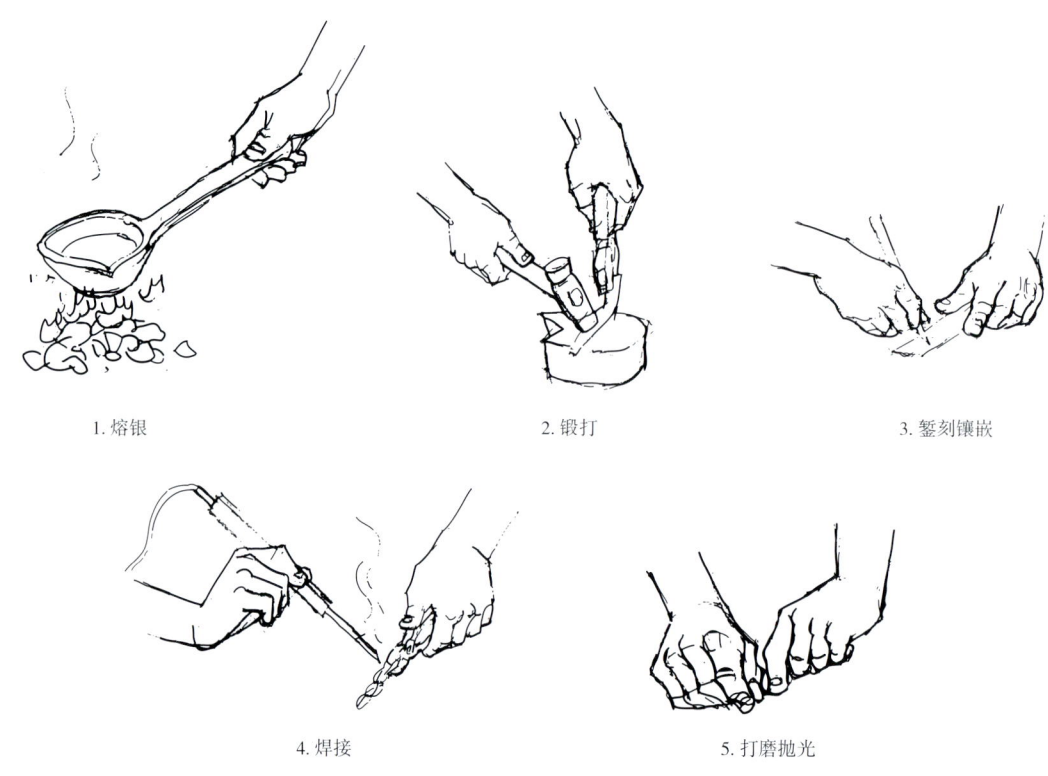

1. 熔银　　2. 锻打　　3. 錾刻镶嵌

4. 焊接　　5. 打磨抛光

图六　塔吉克族头饰工艺分析图

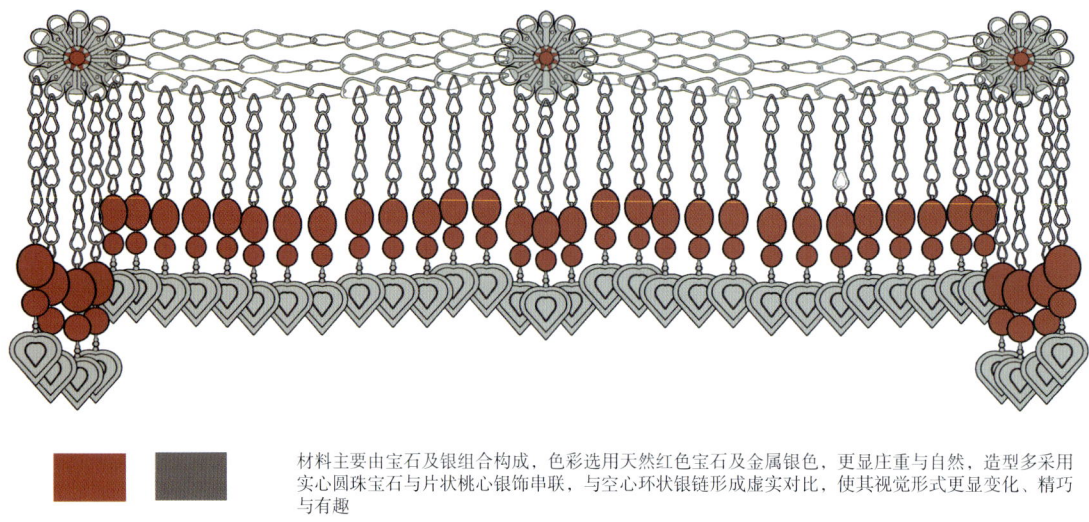

材料主要由宝石及银组合构成，色彩选用天然红色宝石及金属银色，更显庄重与自然，造型多采用实心圆珠宝石与片状桃心银饰串联，与空心环状银链形成虚实对比，使其视觉形式更显变化、精巧与有趣

图七　塔吉克族头饰色彩分析图

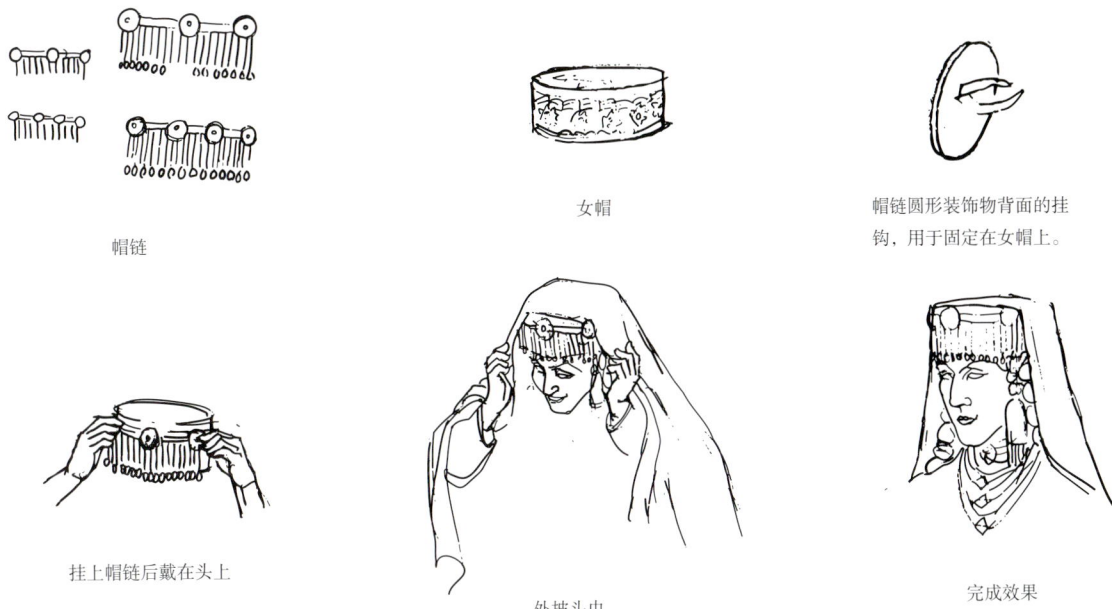

图八 塔吉克族头饰操作程序图

图九 塔吉克族头饰使用情景图

第二章 塔吉克族传统服饰

081

塔吉克族女子辫式

塔吉克民族妇女的辫式与她们生活的环境、历史、文化习俗及信仰有着密切的关系。塔吉克族主要聚居于帕米尔高原,由于气候寒冷,光照时间短,温差大,塔吉克女子除戴帽子以外,还喜梳辫式长发,依据年龄及身份的不同,其辫子样式及装饰也不尽相同。因高原寒冷及紫外线较强的环境下留长发也具有很好的防护与保暖作用外,辫上装饰设计也能展现民族独特的审美心理及情感。

塔吉克族女子无论老幼都喜梳发辫。她们会根据不同年龄和不同身份在辫子的梳法和辫饰上有所区别。通常,老年妇女只蓄一条发辫,发辫上一般不佩戴饰物。青年已婚女子按习俗要梳4条长发辫,在梳发辫时还要加编入黑色辫饰,使辫子延长,延长的辫饰一般用黑线纺织而成,底端留有整齐的缨穗。特别是在节日和重要喜庆活动时,还需在整个长辫上再加佩一些白色纽扣作为装饰,也被称为银圆扣,形成黑白相间的4条美丽的发辫,犹如垂于身后的4串白色珍珠,非常醒目。平时为了便于活动,常在4条发辫间装饰小铜链等物,将垂于身后的四条粗辫相互连接,起到稳定的作用。这种饰有白色纽扣的辫饰是已婚妇女的身份标志之一。未婚女子不留鬓发,只梳4条发辫,除装饰有黑色辫

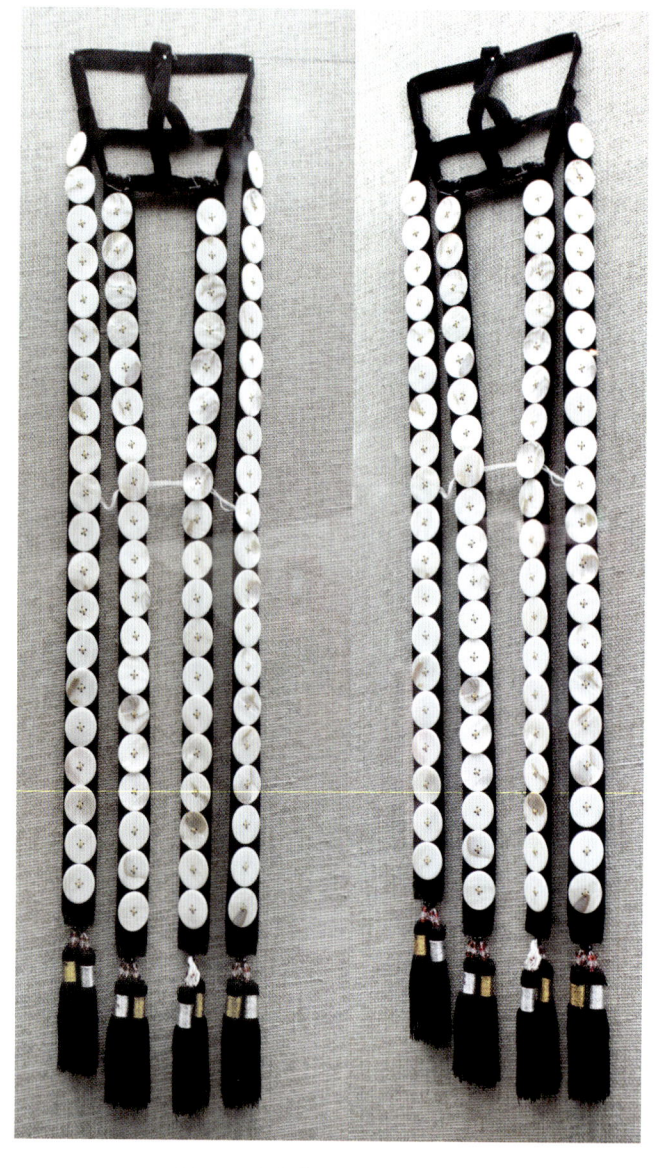

图一 塔吉克族女子辫式主图

饰以外，其上不再加其他饰物，仅用小铜链将四根发辫进行连接用以固定。

塔吉克族妇女在佩戴首饰方面有很多讲究，辫子上的饰品也琳琅满目，除了辫饰，还佩戴其他首饰，如胸饰、项链、耳环、帽饰等。一般来说，未婚者首饰较少，也比较简单，已婚妇女首饰较多。青年妇女首饰色彩鲜艳，样式花哨。老年妇女首饰色彩较为深沉，样式也比较典雅，与她们的年龄相适应，稳重得体。

塔吉克女子辫饰装饰与其他身体部位所佩戴的首饰对应协调，而辫饰的繁缛程度与所佩戴的首饰几乎成正比。依据塔吉克族的生活习惯，未婚女子一般戴首饰少，即使佩戴也趋于简单，因此，其辫饰设计也很简洁，年轻已婚女子无论其辫饰、首饰都趋于繁缛、华丽，与生活的环境形成鲜明的对比，中老年妇女的辫饰则趋于沉稳、得体。

塔吉克辫饰的设计中体现出"宜人"的基本需求，即生理层的防护与保暖作用，塔吉克族女子辫饰设计首先是基于特殊的地域自然环境而做的，其次是以此来呈现民族的美好视觉形式，即装饰中的审美与情感意识表现，辫上饰以白色的圆形纽扣，内在的民族情感及精神观念寓意着吉祥与纯洁，也易唤起民族的太阳崇拜的传统历史记忆，也为后人的设计创意提供了一个值得借鉴、参考的案例。

图片来源

图一　陈述　拍摄
图二　陈述　制图
图三、图四　马丽　制图
图五　陈述　拍摄、马丽　制图
图六　陈述、刘梦娇　制图
图七　王琼　拍摄

图二　塔吉克族女子辫式示意图

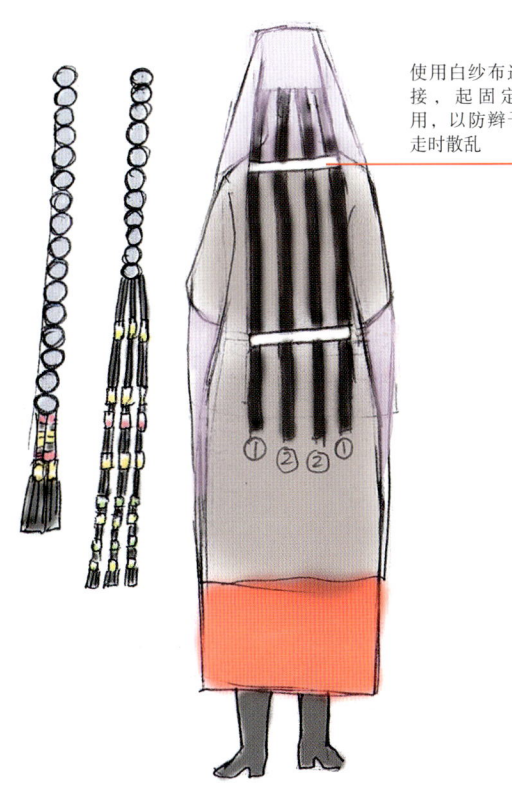

图三　塔吉克族女子辫式编制程序图

图四　塔吉克族女子辫式工艺细节图

图五　塔吉克族女子辫式细节实物图

发辫

白银

固定夹子

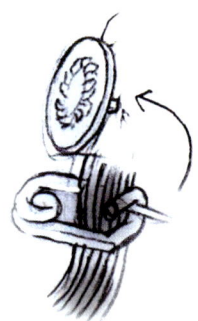

发夹操作示意图

图六　塔吉克族女子辫式的材料使用图

图七　塔吉克族女子辫式情景图

塔吉克族长筒毛袜

图一　塔吉克族长筒毛袜主图

为适应严酷的自然环境条件，塔吉克族自古以来就形成了大家庭的生活传统，即作为社会经济单位的大家庭依靠成员间的相互协作、配合来从事农牧及生产活动，集聚生产资料，其过程都由男性长者来进行统一的调运与安排。自给自足的自然经济模式使塔吉克妇女主要承担家庭中衣、食、住方面的劳动。长筒毛袜是塔吉克妇女自织的一种长筒状毛线袜，塔吉克男女都穿长筒毛袜，长度可达膝部。长筒毛袜使用羊绒捻线后经染色编织而成。通常在袜筒上或袜脚上织有多种连续性几何花纹，在袜口处设有用于固定用的袜带，以便穿后系紧，不致因腿部的运动造成袜筒向下滑落，同时也具有很好的保暖性。长筒毛袜主要采用塔吉克族最喜爱的红、白两色毛线交叉编织而成。在塔吉克族的色彩观念中，白色被认为是崇高、纯洁的象征。红色则是喜庆的象征。在日常生活中所有的庆祝活动都要使用这两种色彩。因此编织有红、白两色花纹的长筒毛袜常在节日中穿用，也是赠送亲朋好友及重要宾客的珍贵礼物。

长筒毛袜的设计制作基本都由塔吉克族妇女独立完成。长筒毛袜使用柔软的羊绒线编织，更适宜于在崎岖不平的高山雪地中行走，具有很好的保暖性与舒适性。制作中，巧妙采用红色、白色穿插组成各种几何形状图案，以体现喜庆、幸运等美好寓意，使其具有了丰富的文化内涵。

图片来源
图一、图五　陈述　拍摄
图二、图三、图四　马丽　制图

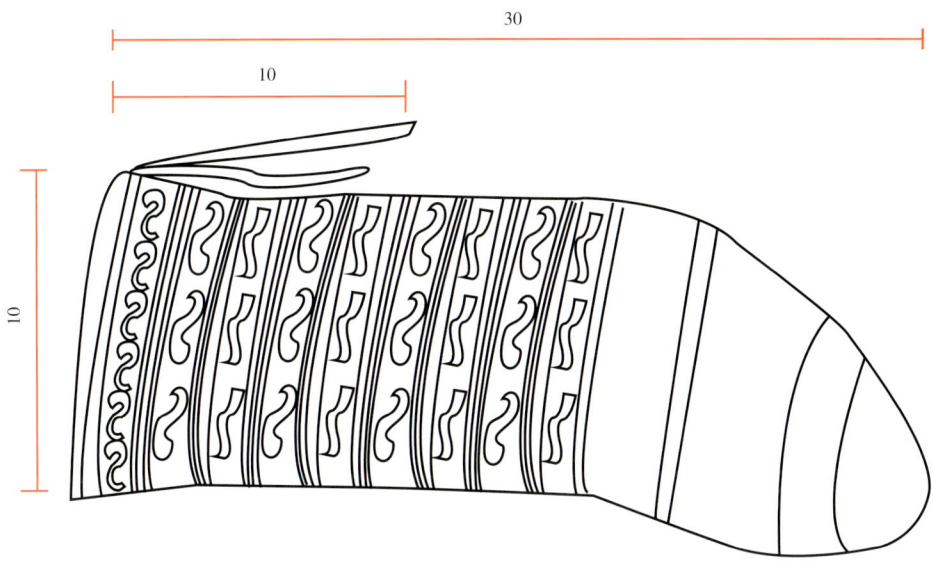

图二 塔吉克族长筒毛袜尺寸图(单位:cm)

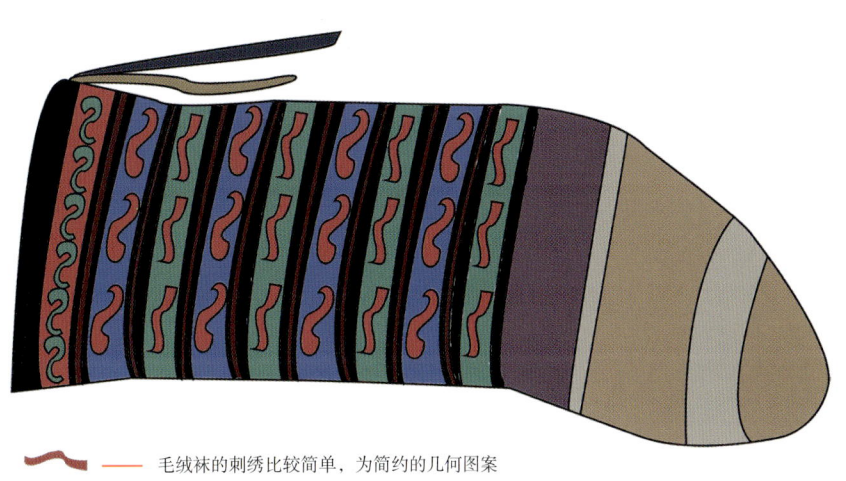

毛绒袜的刺绣比较简单,为简约的几何图案

图三 塔吉克族长筒毛袜造型分析图

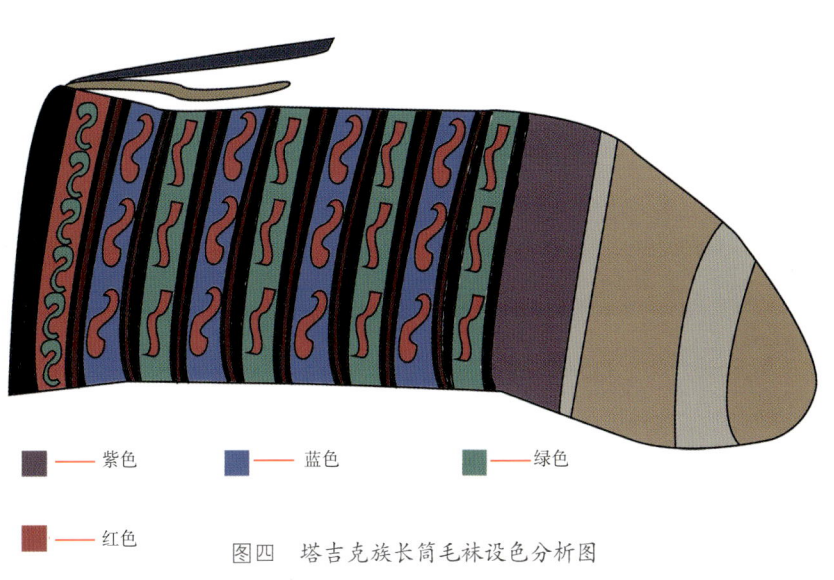

紫色　　蓝色　　绿色

红色

图四 塔吉克族长筒毛袜设色分析图

图五　塔吉克族长筒毛袜使用情景图

塔吉克族头巾

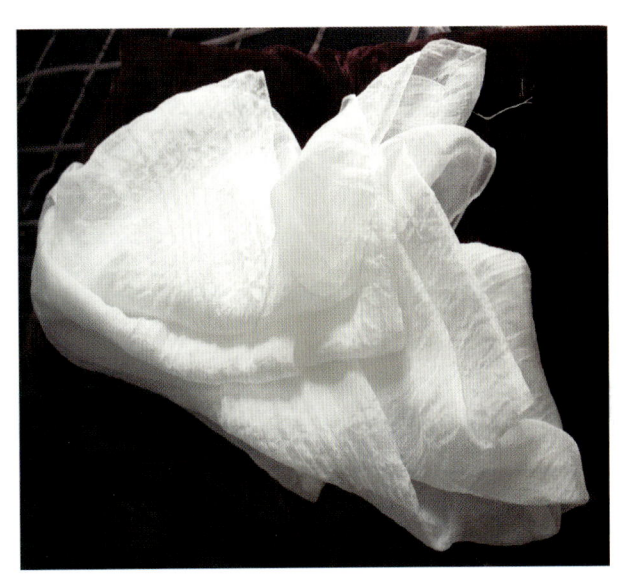

图一　塔吉克族头巾主图

塔吉克族头巾也是塔吉克族妇女的传统头饰之一，是佩戴于妇女帽子上的头饰。

在日常的生活中，塔吉克族妇女常戴名叫"库厉塔"和"夏依达依"的帽子，并习惯于在帽子上佩戴头巾。头巾的大小、颜色、厚薄根据季节、女性的年龄大小、情趣和场合而有所区别。年岁较大的妇女一般都佩戴白色的方巾，姑娘们和刚结婚的年轻媳妇则佩戴红、黄、苹果绿等颜色鲜艳的头巾。白色的头巾通常是由白纱布和白丝绸做成的，由于白纱布比较透亮，年岁较大的妇女们在佩戴前常把它折叠成几层，成为比较厚的头巾。披于帽子上，具有透气好、保暖性强的特点。一年四季都可以佩戴，用料以白丝绸为主，通常用于夏天佩戴，即把一块白丝绸折叠后就成为一块薄的头巾。

大方巾上的刺绣花纹一样也是丰富多彩的，且色彩鲜艳，大多采用几何纹样和单色装饰在花纹间相互穿插连接，形成视觉上的连续与形式上的统一，几何纹样虽简洁、概括，但其图案多参照所处自然环境中的风景和花卉，经过夸张、变形等组合方式形成的视觉化图案，花形也常采用波斯菊、雪菊花和麦穗等，从局部的花瓣、花叶细节表现到整体的形式组合都是由概括成大小不同的方形和三角形拼合组成，呈现它特有的装饰效果。塔吉克族喜红色和白色，红是幸福的象征，白色是纯洁的象征，是人们观念中最美的色彩，生活中所有的喜庆场合都要使用这两种颜色。即使是日常食用的面粉，因其为白色而被看作美与吉祥的化身，而将红色看成是喜庆、希望的象征，也常将漂亮的姑娘比喻为红色或白色，将善良、仁慈之人比作白心肠的人等。

塔吉克族妇女自然更爱红色，特别是婚嫁之时都使用红色头巾，平时在白色大方巾上也使用红色的线绣出图案，其中也穿插点缀些黄色、绿色等鲜艳的彩线，显得更加生动活泼。

大方头巾是塔吉尼族妇女生活中必不可少的饰品，由于特殊的自然环境，头巾既可遮阳、挡风，又是头上重要的饰品之一，而且携带使用方便，佩戴的方法灵活多样，很适于帕米尔高原变化无常的天气状况。这种具有大众化的设计特点，易于被民众接受认可。红色与白色的头巾在塔吉克传统文化中具有吉祥、幸福、美丽的象征。是塔吉克族在长期社会生活实践过程中不同文化碰撞、交流、吸收的结果，它融入头巾的设计理念当中，体现出塔吉克人独特的创造力与想象力，为当下的设计创意提供了重要的参考与借鉴。

图片来源
图一、图八　陈述　拍摄
图二至图七　陈述　制图

图二　塔吉克族头巾装饰纹样

图三　塔吉克族白色头巾操作图

1. 曲线收边

2. 直线收边

3. 流苏收边

图四 塔吉克族头巾工艺细节图

图五 塔吉克族头巾佩戴造型样式图

■ 红底色
■ 黄底色
□ 白底色

塔吉克族女子有戴头巾的习惯，外出时用于遮阳避风。头巾色彩鲜艳，女子多依据不同年龄阶段选择头巾的颜色，白底色大方头巾多为中、老年妇女佩戴，红色多为新婚妇女佩戴，黄色多为少女佩戴。红、黄、白也是塔吉克族偏爱的色彩，被赋予热烈、希望、纯洁的含义，也是日常生活经常选用的颜色，也为大方头巾的主要色彩

图六　塔吉克族头巾色彩分析图

图七　塔吉克族头巾佩戴效果示意图

图八　塔吉克族头巾使用情景图

塔吉克族面纱

图一　塔吉克族面纱主图

面纱是塔吉克族婚礼中新娘的礼仪头饰，为一块蒙在新娘面部的纱。生活在帕米尔高原的塔吉克族历来都重视婚姻礼仪，一般结婚时要在众人面前举行热烈而隆重的迎亲及结婚仪式，而面纱则是结婚仪式中新娘不可缺少的婚礼头饰，从结婚起至婚后的三天内，面纱不能离开新娘的脸部，以便给众人制造更多的"想象"。按照习俗，面纱是不能自己揭下的，其他人也无权揭开。

要由"拜德尔汗"（意为"婚礼之父"即证婚人在结婚后的第三天准时来到新郎家当着众人的面亲自揭开这层神秘的面纱，随后要拿出早已准备好的面粉、油、奶等食材让新娘下厨和面打馕，向众人展示自己的厨艺，也寓意成家后新生活的开始。

面纱为一块长约35厘米，宽约25厘米的白色的棉绸或丝缎，面纱上边沿两头常缝制一个用于固定在精美刺绣的库勒塔帽上的白色布带，面纱下沿常装饰有宽约2厘米左右的精美刺绣图案，面纱沿垂至下巴，以罩住新娘的脸部。面纱多使用白色，沿面纱底边的刺绣图案多使用红色，红白两色是塔吉克族传统色彩，有幸福、纯洁、吉祥之意，白色的面纱在新娘红色礼服的衬饰下更显得醒目、突出，与塔吉克族崇尚白色的心理及情感要求相吻合，被视为美的形式表达与结构组合。

面纱是塔吉克族婚礼中新娘的头饰，主要体现民族传统的习俗，同时又具装饰性的作用，是集民族、传统习俗、民族情感及审美要求为一体的设计，塔吉克族新娘面纱的设计案例可以给我们更多的启示，让我们在设计创意中拓展想象的空间。

图片来源

图一　陈述　拍摄
图二至图四　马丽　制图
图五　黄松辉　拍摄

图二　塔吉克族面纱尺寸图（单位：cm）

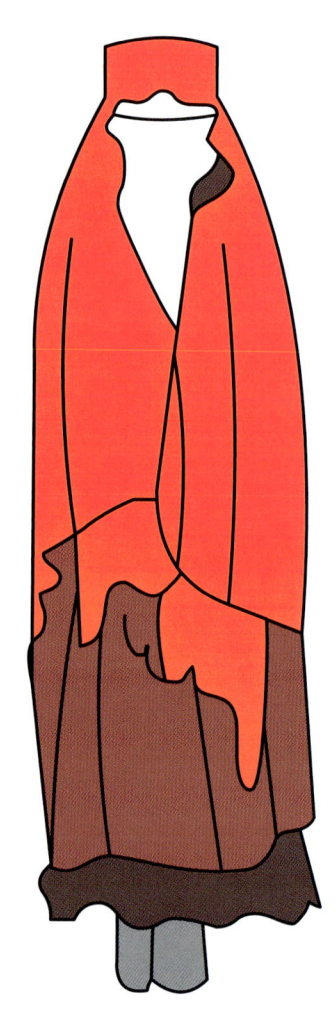

图三　塔吉克族面纱操作示意图

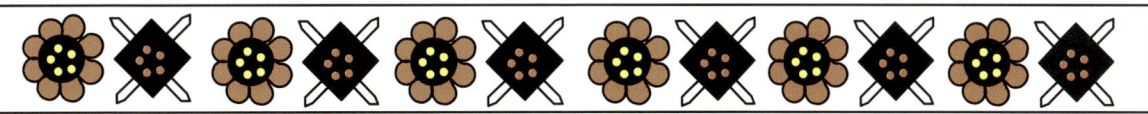

图四　塔吉克族面纱工艺细节图

图五　塔吉克族面纱使用情景图

塔吉克族拜勒达木齐

图一　塔吉克族拜勒达木齐主图

拜勒达木齐是塔吉克族未婚女子外出时穿着的服装配饰，也叫臀后带后围裙。臀后带后围裙是塔吉克族女子冬天外出时的传统服饰的配饰之一。在寒冷的冬季，塔吉克族妇女将臀后带后围裙系在冬季袷袢的外面，既有保暖的作用，也借此提升了服饰的美观性。

拜勒达木齐一般由两部分组成，上面是一个宽布长条，用于系在腰上，宽布长条下面则是一个用棉布做的正方形的围裙，在上面绣有各种精美的刺绣纹样。臀后带后围裙颜色主要以深红色、白色或黑色为主，边缘用黑色的宽边线条装饰。在正方形的围裙上有塔吉克族妇女精心绣制的绣花，多为对称的连续的几何图案。象征山峰的三角形、单元形拼贴组合，形成整齐连续的图案，以叠加、大中套小衬饰，形成独特的视觉影像。在臀后带后围裙的中部则使用三角形和正方形不同的组合变化，以黑色方形为底色，用4个对称的白色三角形拼成一个向四个面呈散射状的图形，中间则是一个旋转的红色方形，其整体形象与塔吉克族对太阳的崇拜相吻合。在围裙的四边常点缀有一排排亮色的虚线作为装饰，沉重而显大方。围裙的下沿常缀饰一排黑色密集的流苏。

冬季，塔吉克族女子外出都在腰间系上臀后带后围裙，给人以柔软温馨的感觉，也成为塔吉克族服饰的一种传统。一方面在寒冷的冬天用于抵御寒冷，也可随时用作轻薄的坐垫，起到保护裙装的作用；另一方面，与深色袷袢搭配，起到服饰的装饰点缀作用。

塔吉克族女子臀后带后围裙设计是基于塔吉克族生活在帕米尔高原特殊的自然环境气候条件因素，除了保暖及对裙装有一定的固定作用，使其不易飘起，其上面的装饰也一定程度表现了塔吉克族民族的审美及情感。特殊环境中人的生存选择方式与观念意识表达相互结合，值得当下的设计师从中借鉴。

图片来源
图一　杨兴斌　拍摄
图二、图三　马丽　制图
图四、图五　陈述　刘梦娇　制图

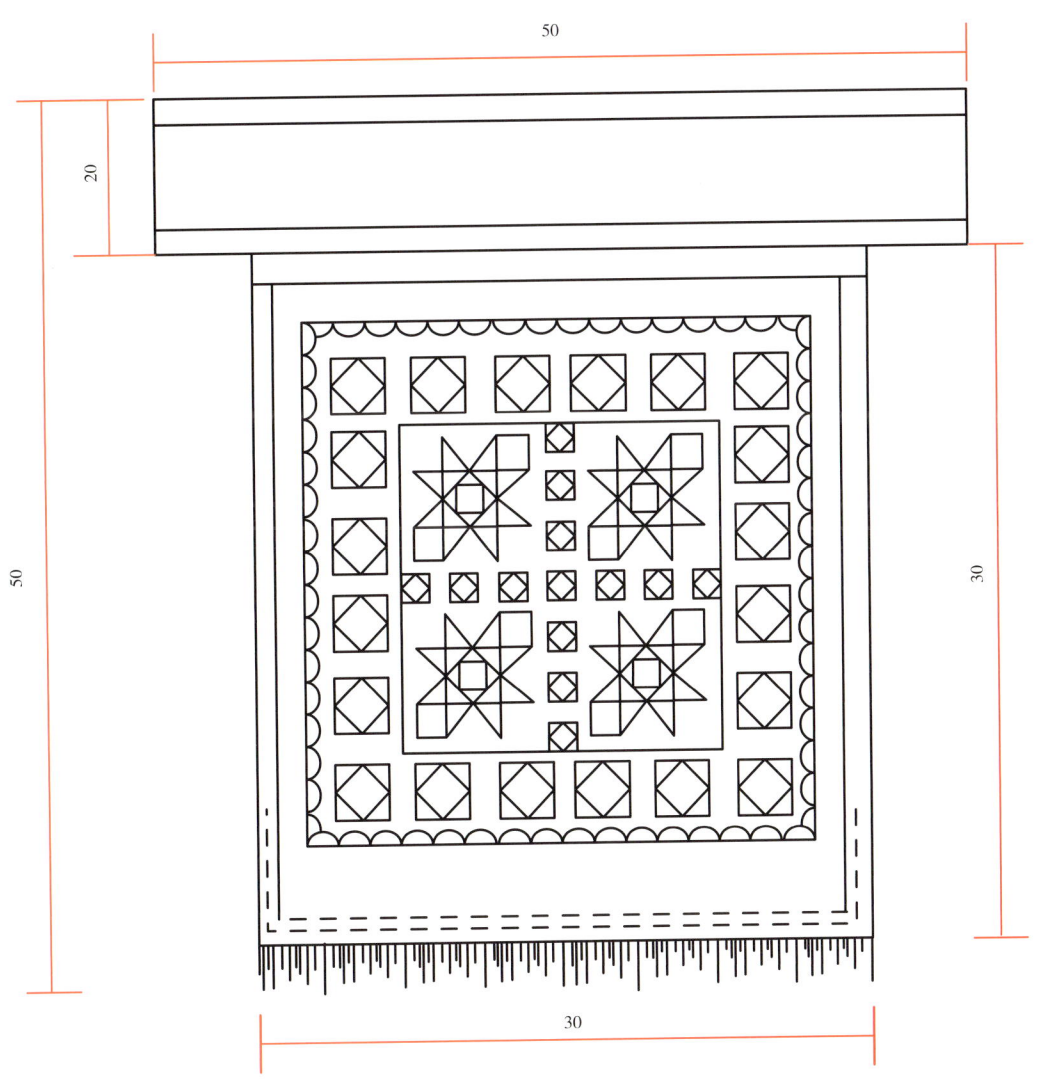

图二　塔吉克族拜勒达木齐尺寸图（单位：cm）

图三 塔吉克族拜勒达木齐工艺细节图

一　　　　　　二　　　　　　三

图四 塔吉克族拜勒达木齐效果示意图（一）

图五　塔吉克族拜勒达木齐效果示意图（二）

塔吉克族吐马克帽

图一　塔吉克族吐马克帽主图

　　由于常年在野外放牧，为抵御严寒，吐马克帽是塔吉克族男人的最常见的装备。也是塔吉克族男人的一个重要标志，男孩子也戴吐马克。"塔吉克"原意为"王冠"，人人戴帽子寓意对先人的尊敬和纪念，延续并成为民族生活中的一种习俗，男女都形成了戴帽子的习惯。在帕米尔高原地带，帽子不但美观而且有很好的保暖、御寒功能，更重要的是作为日常生活礼仪的要求，在社交、探亲、访友以及节日聚会等场合均需戴帽。

　　吐马克帽一般选用黑色棉绒布及羊羔皮制作，造型呈高顶卷边圆形。翻起的帽檐是用黑色羊羔皮围起来的，帽上绣有数道花边，帽檐用优质黑羔皮缝制。一般选毛色较好的羔羊，在细心喂养饲料30天以后再宰杀剥皮，皮的绒毛自然有序卷曲，长短适中，毛色油亮，是制作吐马克皮帽的上好材料。帽的下檐卷起，露出一圈皮毛。黑绒面上带有红色、蓝色的丝绒或绸子边，帽子的面与边的连接处有用各色丝线作的刺绣，通常青少年的帽子用白绸制作。天气暖和时可以折起帽圈来戴，天气寒冷时可以放下帽圈，用以护住脖颈。

　　依据圆筒状帽子造型的条状刺绣使其更趋条理与美观。塔吉克族人擅长刺绣，刺绣的图形及色彩变化使原本色调单一的帽子显得生动与丰富起来。刺绣的色彩大多选用红色、黄色等较为饱和的颜色，多为传统常见的纹样，只是绣得更加精致简练。新郎在娶亲的当天，亲人要在新郎的帽子上缠上红白相间的布。

吐马克帽在高寒山区野外的生产生活中具有很好的防护及抵御寒冷的功能,且帽檐的拉伸、卷起可随气温的变化进行自我调节,在帽子上绣装饰性图案,增加了其美观性,充分运用色彩的信息加以区分年龄,利于社会传统礼仪行为活动。吐马克帽是塔吉克族服饰设计的产物,成为帕米尔高海拔地区塔吉克族男子的身份象征,工艺及材料色彩等组合都体现出塔吉克人为适应自然及社会环境的不凡设计才能及智慧。

图片来源
图一　陈述　拍摄
图二　马丽　制图
图三、图五　陈述　制图
图四、图六　陈述、刘陶　制图

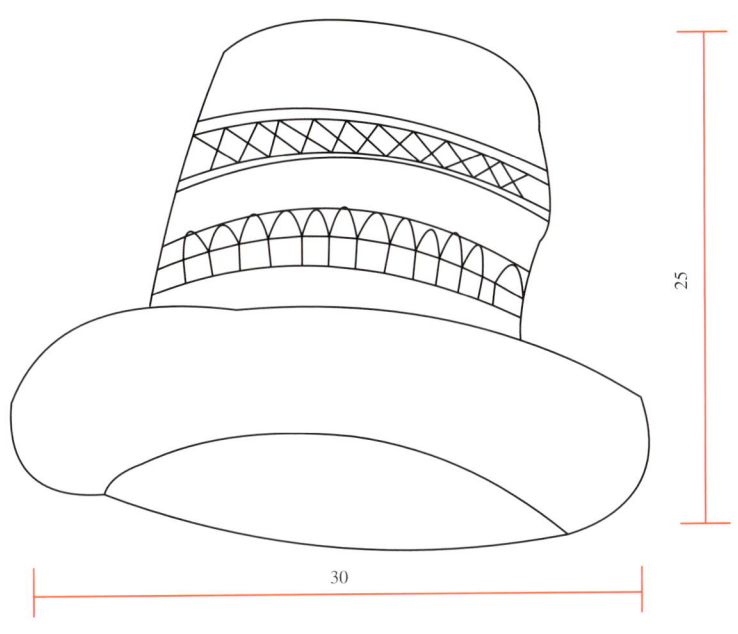

图二　塔吉克族吐马克帽尺寸图（单位：cm）

图四　塔吉克族吐马克帽效果示意图

图三 塔吉克族吐马克帽开片图

图五 塔吉克族吐马克帽局部分析图

1. 在选择的里绒布上根据尺寸用白色粉笔画出剪裁时的轮廓

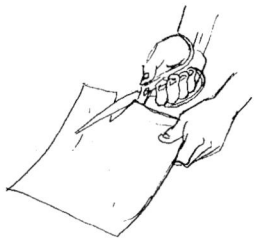
2. 裁剪布料及羊羔皮

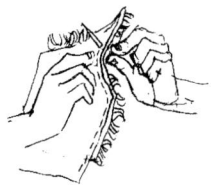
3. 将羊羔皮与剪裁的布料缝合

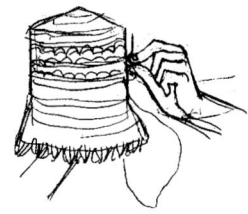
4. 并在上刺绣装饰图案

5. 翻转后使羊羔皮外露

6. 制作完成的吐马克帽

图六 塔吉克族吐马克帽工艺分析图

塔吉克族黑色袷袢

由于塔吉克族生活的帕米尔高原地处高海拔区域，四季不明显，为适应高原多变的气候，塔吉克袷袢为常年使用的服装，多为黑色面料，易于吸收光热，用于保暖，冬季时外套大衣和皮大衣。

塔吉克男装外衣以袷袢式服装为主要款式，样式宽松合体，无领对襟。多为黑色、青色和蓝色等深色，腰间系一根腰带，腰带可以用花布做，右侧挂一把小刀，脚蹬马靴，头戴黑绒羊羔皮帽。

除深色袷袢外，也使用彩色条纹状布料做袷袢的衣料。圆领长身，前襟无纽扣，袷袢袖子窄，衣襟宽，袖口窄而长，衣长120厘米，腰宽134厘米，袖长85厘米，袖口20厘米。上有皮领，右边短，一直到胸，左襟长，直到腋下，腋下肋部两处有扣。式样多以长外衣过膝，对襟，长袖过手指、无领、无纽扣，既紧身连体，又舒服保暖。

这种款式的服装具有较好的防风保暖性，平时穿脱方便，又利于骑马和放牧，从袷袢的服装结构来看，具有简洁、便于制作并易掌握的特点，宽松的袍式袷袢在高原环境多变的气候条件下，可根据外部气温的变化及舒适度的要求随时可进行衣襟敞开或闭合，以紧束腰带等不同方法进行有效调节。由于地处高海拔地区，交通主要依靠马匹和牦牛，以游牧生活为主的塔吉克人常年往返于群山沟壑之间，缝制中使用的原料、工具及技术都很好地适应了特殊自然环境中抵御寒冷的实际需要。袷袢的设计制作体现出浓郁的高原气息，是特殊环境下民族服饰的独特的设计与表达。

图片来源
图一　陈述　拍摄
图二至图六　陈述　制图

图一　塔吉克族黑色袷袢主图

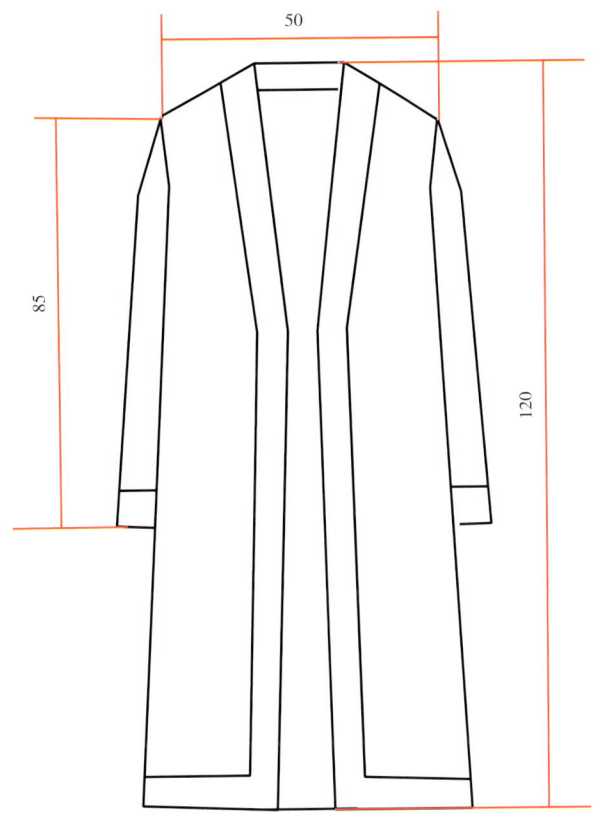

图二　塔吉克族黑色袷袢尺寸图（单位：cm）

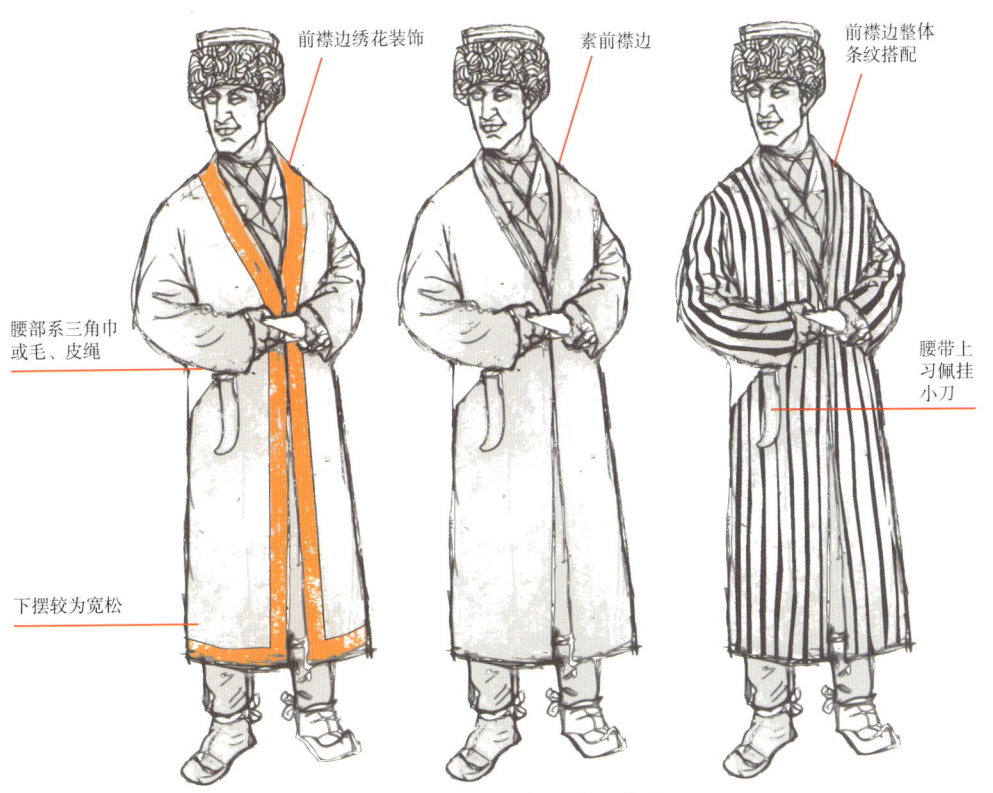

图三　塔吉克族黑色袷袢开片图

第二章　塔吉克族传统服饰

105

图四 塔吉克族黑色袷袢效果示意图

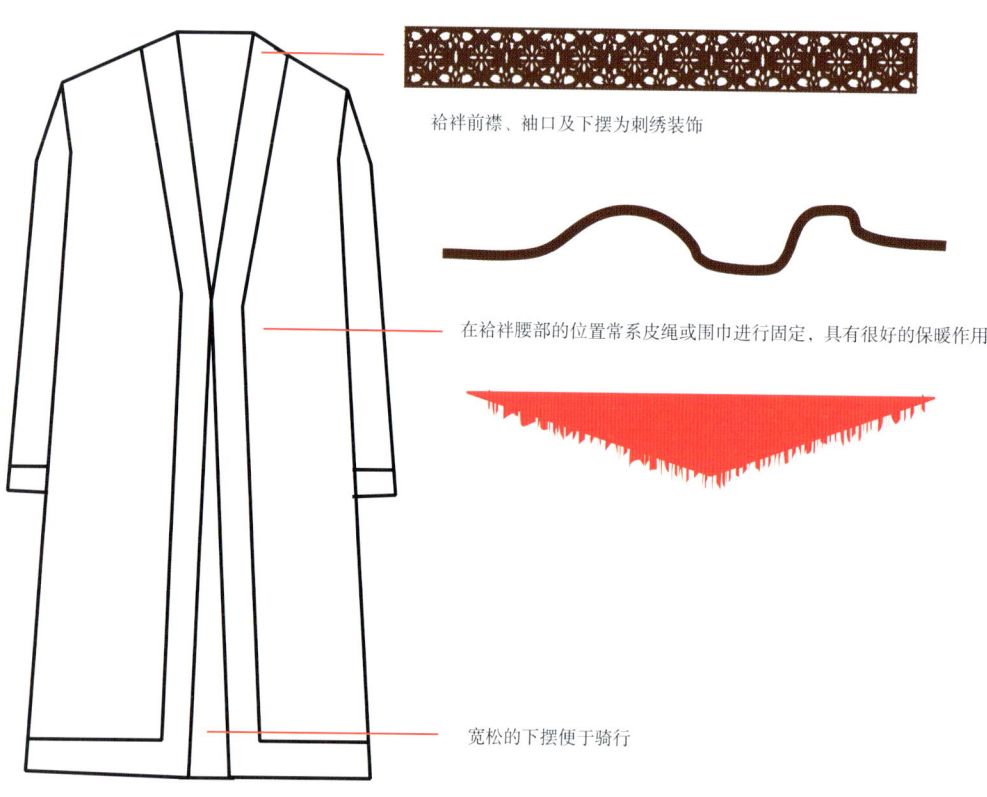

袷袢前襟、袖口及下摆为刺绣装饰

在袷袢腰部的位置常系皮绳或围巾进行固定,具有很好的保暖作用

宽松的下摆便于骑行

图五 塔吉克族黑色袷袢局部分析图

图六 塔吉克族黑色袷袢刺绣纹样装饰色彩分析图

塔吉克族夏季背心

图一 塔吉克族夏季背心主图

背心，即坎肩，不带袖子的上衣，它们大多是开襟着装。背心属便服，因它穿起来方便、护身，老少皆宜，新疆各少数民族都喜爱穿背心。帕米尔高原由于昼夜温差大，气温偏低，无霜期全年只有70天，夏天，塔吉克的女青年喜欢在连衣裙外加套一个背心，为身体保温，同时不妨碍上肢从事家务劳动。

夏季背心底色多为黑色，面料主要为黑平绒，背心袖口两边装饰则多采用饱和度较高的色彩例如紫色等色彩，各种颜色组合的刺绣图案布满了背心两侧。塔吉克妇女喜欢在背心上装饰鲜艳的色彩，用以体现她们热情活泼的性格。

塔吉克族妇女擅长刺绣。而夏季背心为塔吉克妇女刺绣技艺提供了最佳的展示平台，在背心上可依据自己的喜好进行大胆的图案创意性设计。背心长及腰部，极富女性形体曲线的装饰性效果。夏季背心上的各种刺绣具有突出的视觉效果，通过刺绣便可展现出塔吉克族姑娘们心灵手巧的魅力。她们在背心上除了刺绣图案，还能用各色布块在背心上拼出多种几何图案，称之为"补花"或"对花布"，花纹对称协调，色彩鲜艳。她们在背心刺绣各种图案花纹，主要以暖色调为主，犹如满插的鲜花和遍缀的宝石，显得无比华丽。也有的使用白银线、铜丝线镶嵌，更显华贵。刺绣丝线主要有红、紫、黄、绿等颜色，工艺精致美观，一件背心上的刺绣图案纹样装饰大至需要半个月甚至一个月的时间才能完成。

中老年妇女的背心上图案花纹相对要少，多为带里子的棉背心，较为厚实，保暖性较好。左右设有小兜，可装些随身小物品，在整体搭配上显得较为素雅。男子夏季背心上，前面沿肩口多为金属质感的黄色与黑底色搭配对比，更显男子沉稳坚毅的性格特征。

遇到天气降温，在背心外可加穿外套，骑行时背心具有护身保暖的作用，无袖的背心更便于骑行或工作时上肢的活动。除满足实用的功能外，塔吉克人更注重其装饰设计的美观性，用以展现旺盛的生命活力，一件普通的背心通过设计被赋予了更多的精神内涵。

图片来源
图一 陈述 拍摄
图二至图五 马丽 制图

图二 塔吉克族夏季背心尺寸图（单位：cm）

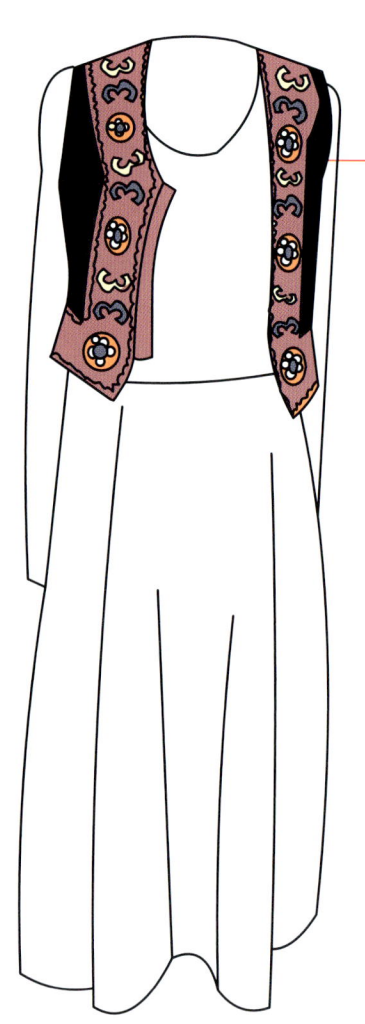

图三　塔吉克族夏季背心操作示意图

套在花色连衣裙外，类似马夹穿法

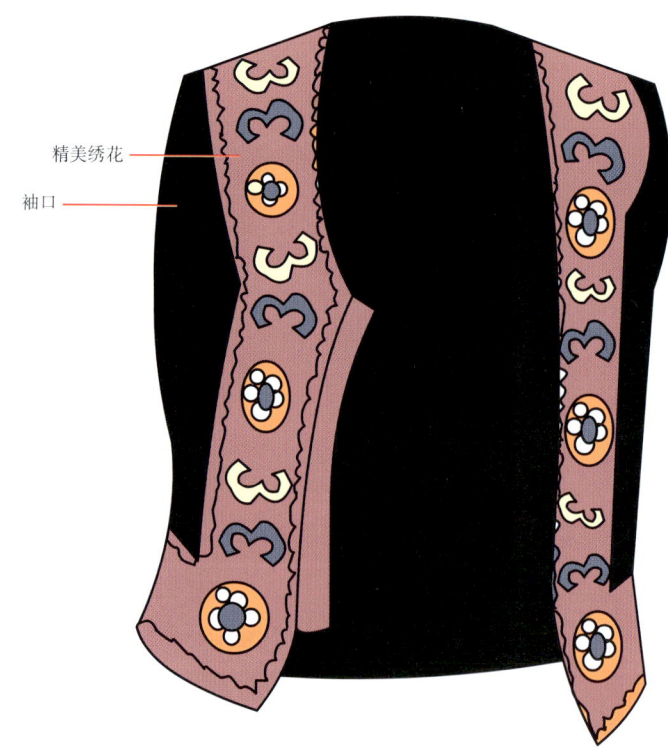

精美绣花

袖口

图四　塔吉克族夏季背心开片图

图五　塔吉克族夏季背心工艺细节图

塔吉克族冬季袷袢

塔吉克妇女一年四季都爱穿连衣裙。冬季习惯在连衣裙上直接外罩袷袢。袷袢是一件外罩的大衣，由于设计制作工艺的不同，也呈多种样式。中青年妇女的袷袢多以红色为主，服装款式也较宽松，衣长长及膝部。年老的妇女多穿着深蓝、黑色的收腰紧身袷袢。青年男子多穿长及膝盖的长袷袢，多为深色，衣襟、袖及口袋上沿装饰有刺绣图案。年长的男子多为立领长袷袢。

帕米尔高原山脉沟谷纵横，地势崎岖，冬季寒冷漫长，1973年1月，曾出现的极端最低气温为零下43.8℃，全年盛行西北风，5级以上的大风天气可达70多天。由于冷空气出现频率较高，易形成大风雪。冬季袷袢是塔吉克族为适应严寒天气的服装，具有抵御风寒，保暖，便于出行的功能。

袷袢一般选用深色丝绒面料，塔吉克族女子尤爱红色，所以女子的冬季袷袢一般为深红色，无领，对开长襟，衣长过膝，宽身直筒，无腰，下摆两侧双开衩。领口、双襟、袖口、衩口、下摆处镶红、黄等色的彩色双层花边，前胸镶三道对称彩花宽边，具有塔吉克族服饰的鲜明特征。

袷袢是塔吉克族必备的冬季衣服之一，无论男女都有，尤其相对于女性而言，穿上袷袢不仅有保暖的作用，还便于打理日常的生活，冬季袷袢是塔吉克人为适应高原严寒气候条件的独特创意设计，将其他兄弟民族服饰设计有机融入本民族的服装设计当中，使塔吉克族冬季袷袢更具有实用性与合理性，并鲜明地体现高原塔吉克族人的精神面貌。

图片来源
　　图一　　陈述　拍摄
　　图二至图七　陈述　制图

图一　塔吉克族冬季袷袢主图

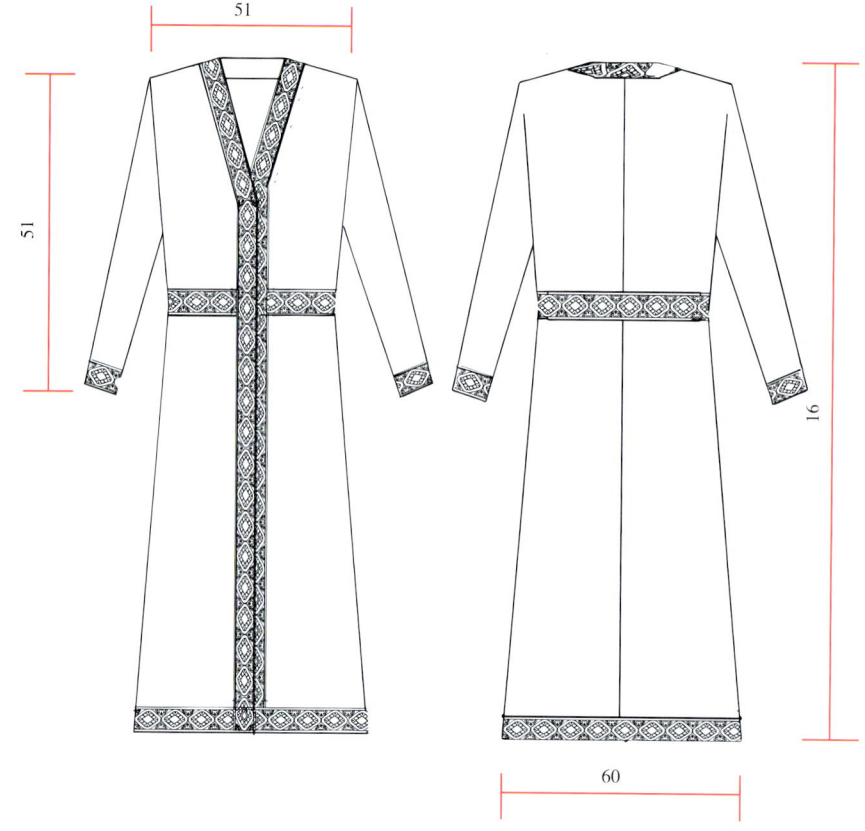

图二 塔吉克族冬季袷袢尺寸图（单位：cm）

图三 塔吉克族冬季袷袢开片图

图四 塔吉克族冬季裕袢色彩搭配图

图五 塔吉克族冬季裕袢背部腰带功能示意图

第二章 塔吉克族传统服饰

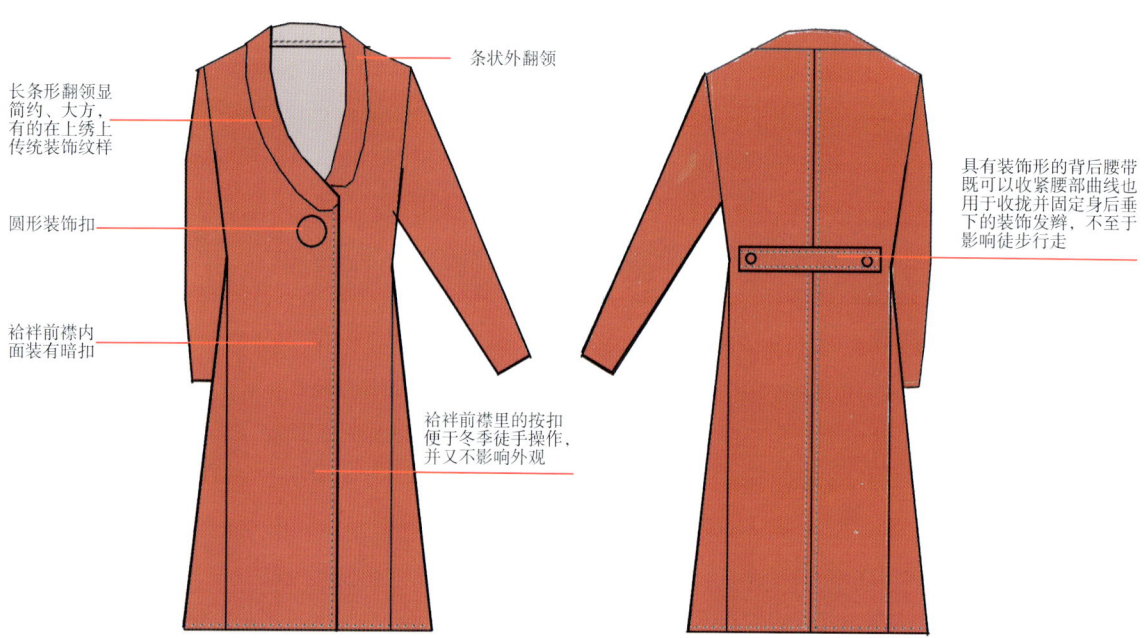

长条形翻领显简约、大方，有的在上绣上传统装饰纹样

条状外翻领

圆形装饰扣

袷袢前襟内面装有暗扣

具有装饰形的背后腰带既可以收紧腰部曲线也用于收拢并固定身后垂下的装饰发辫，不至于影响徒步行走

袷袢前襟里的按扣便于冬季徒手操作，并又不影响外观

图六　塔吉克族冬季袷袢简约款式局部分析图

图七　塔吉克族冬季袷袢效果示意图

塔吉克族套头白衬衫

图一 塔吉克族套头白衬衫主图

帕米尔高原因海拔高,全年四季不分明,平均气温稳定超过15℃的天气不超过30天,这短暂的日子可谓是塔吉克人一年当中户外活动的最佳时光。

套头白衬衫是塔吉克男人必备的服装之一,在天气不冷的时候,塔吉克族男子的上身传统服装便是里面穿一件套头白衬衫,外面套件袷袢,既简便,又帅气。

套头白衬衫为白色为底的衬衫,相对于一般衬衫而言较宽大,衣领比较高,在袖口的地方有收紧的设计,宽袖直领,对襟开胸。在领口、胸前等处绣花边,花边一般为红白相间。衬衫的材质大多为棉布,穿在身上十分的舒适,也有一定的御寒功能。

衬衫领口沿对襟和袖口刺绣有装饰图案,刺绣的图案有几何形,也有花朵形,在白色的衬衫上使用金色及玫红色等线刺绣,使其亮丽鲜艳。塔吉克族刺绣设计的灵感源于千姿百态的大自然。在漫长的历史中,塔吉克人形成了自己独特的对于色彩的观念。

图二 塔吉克族套头白衬衫尺寸图(单位:cm)

图三 塔吉克族套头白衬衫示意图

塔吉克族人一般最喜爱的颜色是红色和白色，他们认为，白色是纯洁、纯净的象征，婚礼中的戒指上要系红白两色的丝带。节日里，要向墙上抛洒白色的象征物白粉，以示祝福。在塔吉克人的观念中，将善良、仁慈的人称作"白心肠"、"纯心意"的人。套头白衬衫中主要使用白色与红色，寓意着吉祥与幸福。

套头白衬衫虽说只是作为一件打底的衣服，外面套着袷袢，可就是这么朴实的一件白衬衫寄予了塔吉克人的精神愿望，常在盛大的活动及演出中着装展示。

套头白衬衫为塔吉克男子的着装，精美的刺绣工艺及色彩的搭配，近乎简单直白的设计唤起塔吉克人对曾经美好生活的回忆及对未来生活的向往。

图片来源
图一、图六　陈述　拍摄
图二至图五　陈述　制图

图四　塔吉克族套头白衬衫局部分析图

立圆领　　　　　　　　　三角平领

短袖　　　　　　　　　　长袖

图五　塔吉克族套头白衬衫款式图

图六　塔吉克族套头白衬衫使用情景图

塔吉克族红色牛羊皮靴

图一 塔吉克族红色牛羊皮靴主图

塔吉克族人爱穿靴子,男鞋主要是红色牛羊皮靴,不仅保暖而且美观,具有浓郁的少数民族色彩。红色被塔吉克族视为吉祥之色,穿着红色靴鞋也成了幸福好运的象征。

羊皮靴大多使用野公山羊皮做靴筒,以牛皮、牦牛毛或骆驼皮做底,使用柔软的羊皮做靴筒便于行走。牛皮、牦牛皮与骆驼皮做靴底,结实耐磨,使靴子经久耐用不易损坏。鞋型与一般的长筒靴大致一样,唯一不同的地方是靴子的脚尖,犹如船头,轻微上翘,显得非常帅气。靴筒一般会往下翻出一小段,露出里面的羊毛,白色羊毛和红色靴筒的搭配。在脚踝的部分有彩绳扣住的小圆珠,系在靴子的外部,大约围着靴筒的脚踝部系三四圈,旁边的小圆珠就垂在靴筒边。靴子既轻便、防寒又利于爬山和骑乘。

塔吉克人的皮靴大多为红色,一方面在塔吉克人传统观念中喜好红色,加之高原寒冷的环境,红色鲜艳,易给人带来一种温暖的感觉。另一方面,红色在冰雪高原上十分耀眼夺目。与被誉为"太阳之子"的塔吉克人有某种关联。出于这种审美心理,塔吉克男女的皮靴多染成红色。

红色牛羊皮靴是塔吉克族男人们经常穿

着的靴子，牛羊皮的皮质保暖而且舒适，鞋子的底部也十分牢靠，在寒冷的天气，就算长期在雪路上行走，雪水也不会弄湿靴子里面，由于制作设计的合理与精巧，缝合的部分也严实耐用。在高山雪地行走时靴踝部分的彩绳可以捆绑靴筒，使靴贴脚不易松动，同时又是靴面上的装饰，给红色的靴子增添了秀气，使皮靴看上去更加美观。

图片来源

图一　陈述　拍摄
图二、图三　马丽　制图
图四　陈述、刘陶　制图
图五　刘陶　制图

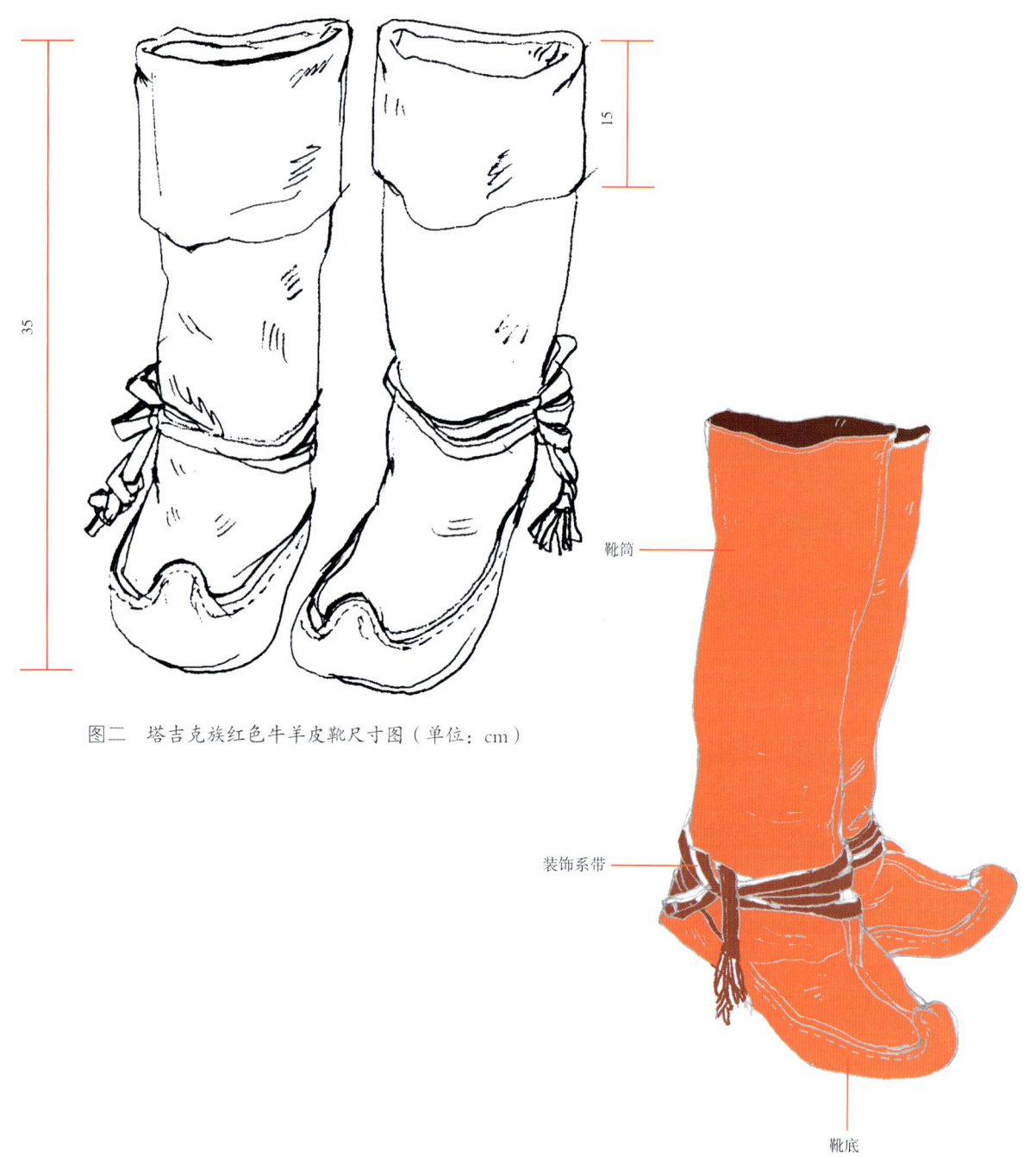

图二　塔吉克族红色牛羊皮靴尺寸图（单位：cm）

图三　塔吉克族红色牛羊皮靴开片图

图四 塔吉克族红色牛羊皮靴效果示意图

图五 塔吉克族红色牛羊皮靴局部分析图

第二章 塔吉克族传统服饰

121

塔吉克族花色连衣裙

图一　塔吉克族花色连衣裙主图

连衣裙为上衣和裙子连在一起的女装，是塔吉克族妇女、特别是年轻的女孩喜欢的着装之一。

塔吉克族妇女几乎一年四季都喜欢穿连衣裙。塔吉克人对红色有着十分的偏好，尤其是在妇女的着装上更能体现这一特性，她们在盛装时从头到脚都喜欢穿红色，无论是小女孩还是中年妇女每个人都会配有一双红色的鞋子，也是她们走亲访友及参加重要活动时必不可少的。

花色连衣裙是塔吉克族年轻女子的传统服饰。连衣裙一般多为鲜艳的大红色、深绿和鹅黄色等。爱美的塔吉克族姑娘多喜爱穿颜色鲜艳的衣服，就连裙子上的刺绣也大多用色彩饱和度高的彩线绣成。

在设计制作上，一般在花色连衣裙的上部为较好的厚实的上衣造型，下部为纺纱的裙子，袖子也为纺纱的材质，与下摆的色系大致一样，在上衣胸前和袖子边有刺绣装饰，裙子的下摆也绣有类似的花卉图案。连衣裙穿在身上真如仙女下凡一般光彩夺目，衬托出塔吉克族少女美妙的身姿，使其更加的窈窕迷人。纺纱的裙子下摆设计较大，在姑娘们跳舞旋转的时候，飘飘若仙，轻盈美好。

由于塔吉克妇女肤色白皙，俏丽健美，喜穿红色或绣饰花边的紫色、绿色调的连衣裙，有的是纯红色，有的红布上印小白花，有的在裙摆上也绣有花，虽然裙子质地和花纹略有不同，但整体看上去仍是一片耀眼的红色。红色被认为是青春的象征，充满了活力，身材修长的塔吉克族姑娘穿上红色的连衣裙，更加显示出蓬勃的朝气和曲线美。

塔吉克妇女常在红色连衣裙上套上黑色坎肩式外衣，注重在衣领、前襟、袖口、裙摆等处绣花装饰，收袖口。

塔吉克族女子连衣裙裙摆多采用皱褶设计，便于行走，束腰更显女性的曲线美，同时也借鉴其他少数民族的裙摆设计，在连衣裙裙摆两侧开口，形成四块条状的下裙摆。舞蹈时能产生飘逸的视觉效果。其设计更能体现塔吉克妇女开朗、活泼的性格特征。

图片来源

图一、图六　陈述　拍摄
图二、图四　马丽　制图
图三　陈述　制图
图五　陈述、刘陶　制图

图二　塔吉克族花色连衣裙尺寸图（单位：cm）

图三　塔吉克族花色连衣裙开片图

第二章　塔吉克族传统服饰

从领口处套入

长袖

图四 塔吉克族花色连衣裙示意图

图五 塔吉克族花色连衣裙效果示意图

图六 塔吉克族花色连衣裙局部分析图

塔吉克族夏依达依帽

图一 塔吉克族夏依达依帽主图

圆顶绣花小帽又叫夏依达依帽。是塔吉克族女子戴的帽子。当你走在路上，便会经常看见头戴圆顶绣花小帽的姑娘，她们的帽子精致而美观，走起路来，随风摆动，充满了别样的风情。

塔吉克族自古以来就居住在帕米尔高原。据说这里离太阳最近，因而塔吉克人被称作"太阳之子"。"塔吉"一词，在波斯语中意为"皇冠"。所以塔吉克人的帽子又称作太阳之子的皇冠。

帽子的重要地位在塔吉克族可想而知，而圆顶绣花小帽更是体现了塔吉克族女子的心灵手巧。

圆顶绣花小帽一般是用白布或花布做成的。帽子外形为圆形硬壳，顶部和帽檐四周都绣有精美的图案，帽子的前面有可以上下翻动的帽檐，两侧有可以翻起的帽翅。帽檐上加缀一排叫做"斯力斯拉"的小巧的银链。戴着大大的耳环，颈部环绕数道珠链，有三四排红色圆珠和四五枚圆形大银饰，这种装饰可根据已婚女子自己的喜好来决定。到了冬季，她们还在圆帽檐里衬些棉花或是驼绒，再增加后围，保护脖子不受冻，这种冬帽仍然是花团锦簇。后围和帽檐的四周都布满了花卉和图案。帽子上的刺绣图案也是种样繁多，有对称的几何形，也有祥云等寓意吉祥的图案。

图片来源
图一、图五　陈述　拍摄
图二至图四　马丽　制图

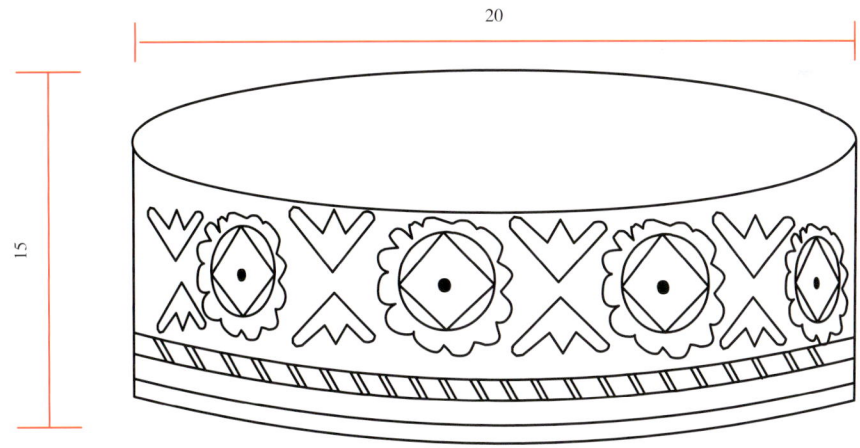

图二　塔吉克族夏依达依帽尺寸图（单位：cm）

图三　塔吉克族夏依达依帽结构图

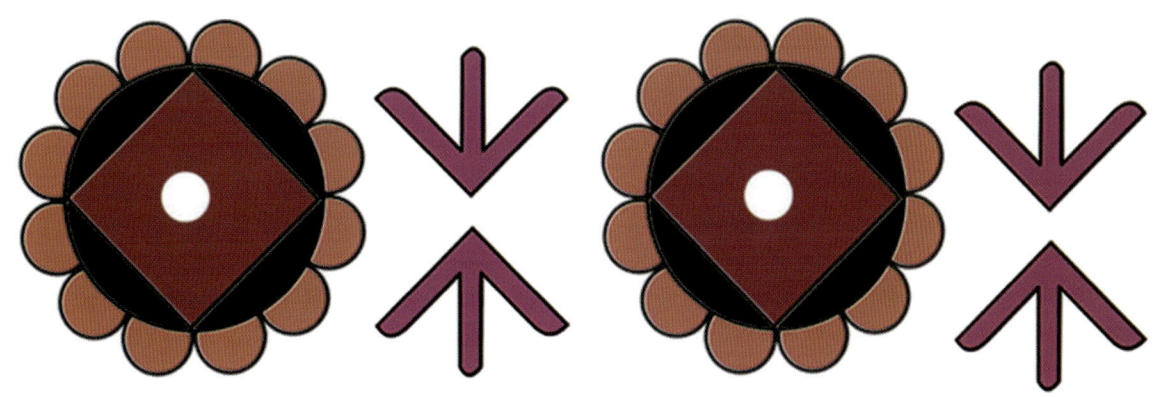

图四　塔吉克族夏依达依帽局部分析图

图五　塔吉克族夏依达依帽使用情景图

第三章 塔吉克族传统餐饮

塔吉克族开提根哈依

图一　塔吉克族开提根哈依主图

　　开提根哈依是塔吉克语，为汉语奶茶之意，开提根哈依是塔吉克族日常生活中不可缺少的饮料，开提根哈依对于他们来说有时比正餐还重要。在平原地带的塔吉克族人大多与相邻的民族生活习惯相近，一般早餐喝奶茶吃馕。在牧区和高寒地区的塔吉克人则吃肉食较多，蔬菜很少，需要用奶茶来帮助消化。冬季寒冷，夏季干热，在冬季大量饮奶茶可以迅速驱寒，夏季可以驱暑解渴。牧区人口稀少，各个居民点之间距离较远，外出放牧或办事，口渴时不容易找到饮料，离家前喝足奶茶，途中再吃些干粮，耐渴耐饿。另外，奶茶里既有茶又有奶，有时还放一些酥油、羊油，这种奶茶更是一种十分可口而富有营养的饮料。

　　对于从事牧业生产的塔吉克人来说，由于早出晚归，往往一天中只在家里做一顿晚饭，白天在外，只随身带简便饮具，烧上奶茶代替主食，一天要喝好几次奶茶。他们每喝一次奶茶，都讲究喝足，喝到出汗为止。在喝奶茶时，附带吃一些炒米、奶油、奶皮子、奶疙瘩、馕和肉等食品。一般在家招待客人时，也是先烧奶茶，附带吃一些奶制品和面制品，然后再煮肉做饭，让客人喝足吃饱。

奶茶的主要原料是砖茶、牛奶或羊奶。砖茶是以茶叶、茶茎经高温蒸压，制成块状的茶，形如砖块，俗称砖茶。因其汤色深红，香气清纯，滋味淳厚，受到边疆地区少数民族的喜爱。《唐史》中就有"嗜食乳酪，不得茶以病"的记载，表明边疆少数民族已有悠久的饮茶历史。奶茶的基本制作程序是：先将砖茶捣碎，放入铜壶或水锅中煮，待茶烧开后，加入鲜奶，沸时不断用勺扬茶，直到茶乳充分交融，除去茶叶，加盐即成。但也有不加盐的，只将盐放在旁边，根据每个人的口味自行放入。到了冬季，有的牧民会在奶茶里放一些白胡椒面。这种奶茶略带一些辣味，多喝可以增加体内的热量，提高抗寒力。

由于特殊的自然环境，塔吉克族在长期的生活中已形成了喝奶茶的习惯，成为民族饮食的习俗。奶茶从基本的原料配置及制作工艺来看，具有其科学性和合理性，成为在高原环境条件下以游牧生活为主的塔吉克人的饮食特点。

主要食材来源于所从事的牧业生产，食品设计制作简易，具有易操作的特点和普及性，且奶茶具有驱寒保暖的功效，补充人因高原牧区生活中食物相对单一所造成的微量元素不足。加之其浓香清纯的口感，广为塔吉克族接受，为饮食设计制作中成功的案例。

图片来源

图一　陈述　拍摄

图二、图三　陈述　赵笑天　制图

图四　陈述　制图

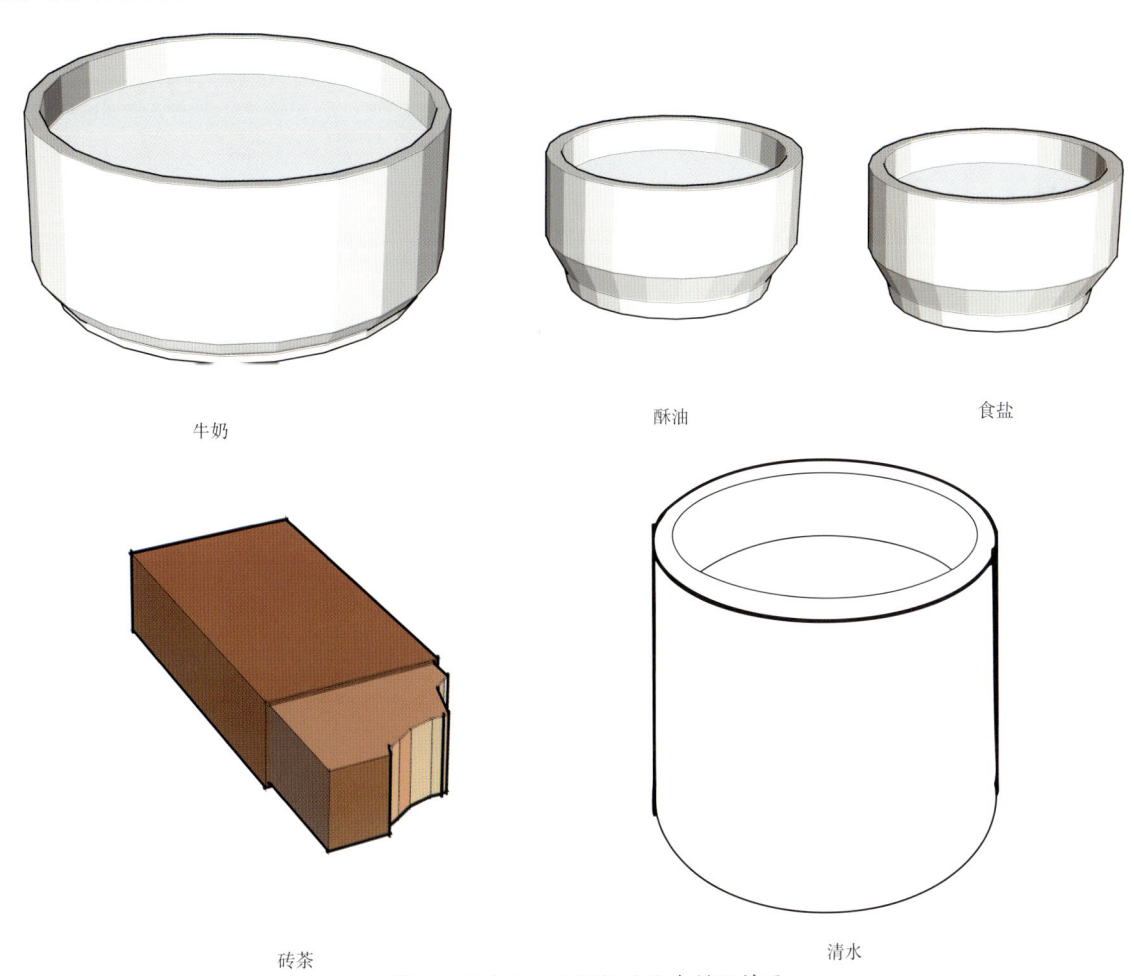

牛奶　　　　　　　　酥油　　　食盐

砖茶　　　　　　　　　清水

图二　塔吉克族开提根哈依食材配料图

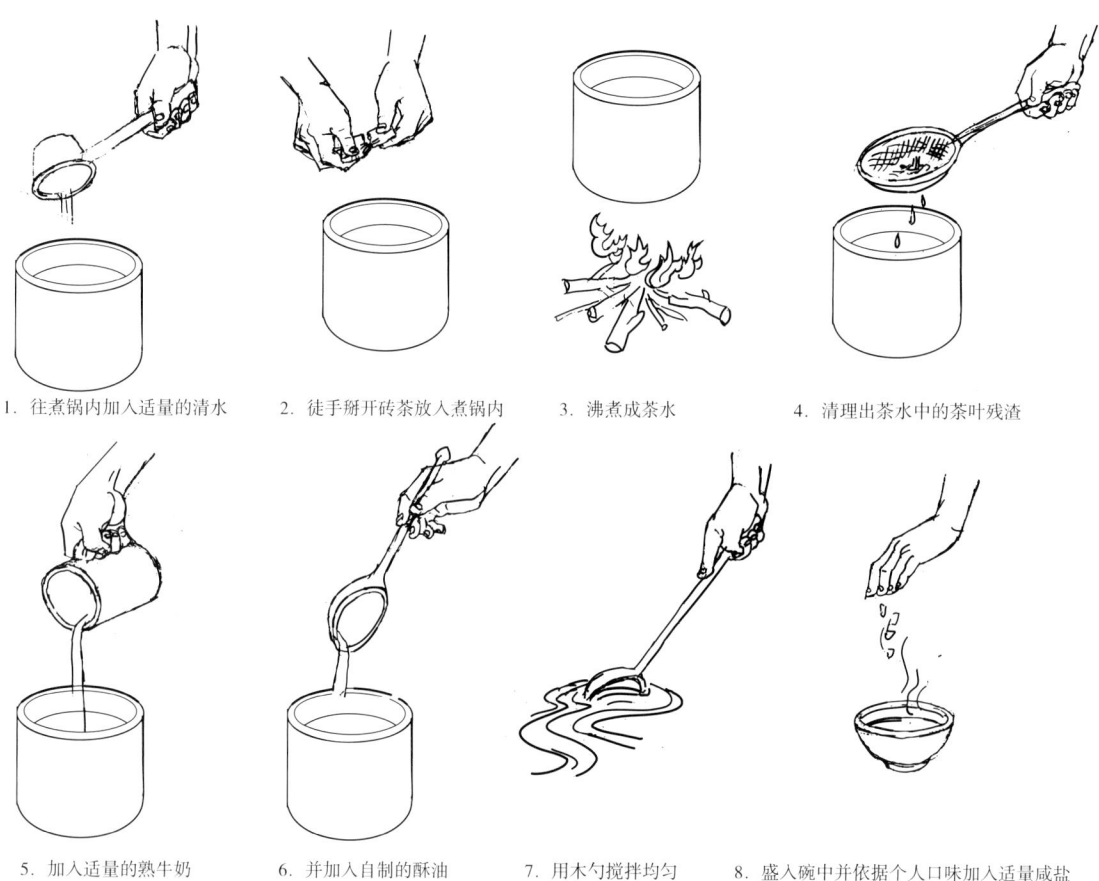

1. 往煮锅内加入适量的清水　　2. 徒手掰开砖茶放入煮锅内　　3. 沸煮成茶水　　4. 清理出茶水中的茶叶残渣

5. 加入适量的熟牛奶　　6. 并加入自制的酥油　　7. 用木勺搅拌均匀　　8. 盛入碗中并依据个人口味加入适量咸盐

图三　塔吉克族开提根哈依工艺分析图

塔吉克人饮用开提根哈依时习惯搭配烤馕

图四　塔吉克族开提根哈依食用情景图

塔吉克族布拉马克

图一　塔吉克族布拉马克主图

布拉马克，即塔吉克奶面糊，奶面糊是塔吉克族最喜爱的传统食品之一。在塔吉克族的食谱里，奶制品占有相当大的比例，这一点和多数游牧民族基本相同。布拉马克是平原地带从事半牧半农的塔吉克族的主要食品。由于高原地区特殊的地理条件及气候环境，农业耕作为一年一季。冬季为农闲时期，外出较少，体力消耗不大，通常多食用这种奶面糊。在牧区，人们主要以肉类食品和烤馕为主，这与牧民放牧时便于携带的需求有关；在农区，居住相对稳定，远距离行走相对要少，所以对肉的食用量较少，而对布拉马克的食用量较大。

布拉马克一般由面粉混合新鲜牛奶制作而成，在制作量上一般不如另一种主食烤馕。秋季，塔吉克人将成熟的麦子磨成面粉，加上新鲜牛奶，或者再加入一些烤馕碎屑，然后进行搅拌，制作成奶面糊。也有的先将牛奶烧开，加入一些酥油，再撒入面粉，边煮边搅成糊状。牛奶倒入锅内时，不等煮沸就先要撒入面粉，以防止面粉出现小疙瘩。无论是节日盛典、家庭聚会，还是普通用餐，奶面糊像烤肉和烤馕一样，都是塔吉克人不可缺少的一道美食。在冬季农闲时，塔吉克人时常会一家人凑在一起，一边闲聊，一边一手端着奶面糊，一手拿着烤肉或者烤馕慢慢品味，这是一种较为传统的吃法，食品搭配也恰到好处，美味适口，含有丰富的蛋白质、脂肪、磷、铁、锌及维生素A、B、C、D等多种营养。其制作及饮用方式在很大程度上体现出了塔吉克民族和谐、随性的生活特点。

奶面糊由于加入了许多牛奶，牛奶含有大量的钙质、优质蛋白，能保证身体正常的营养需要。奶面糊风味独特，是生活在帕米尔高原塔吉克族颇具特点的美食之一。过去，做饭在塔吉克族生活习惯中通常是女人的事情，男人主要负责放牧，很少管家里的事情。现在，塔吉克的男人们也适度地参与做饭，每逢佳节，塔吉克人会出现几个家庭相聚在一起的场面，共同制作烤馕、烤肉、奶面糊，与家人同享天伦之乐。

布拉马克的食材基本是自己生产的，搭配合理，具有较丰富的营养价值。由于地处高原，空气稀薄，制作上也符合高原环境中塔吉克族以蒸煮为主的烹制方法，口感温润适宜。简易的食物制作使食材原有的营养易于保存并被人体吸收。便利的操作方式，非常适用于高原地带塔吉克族人的实际饮食生活需要，一定程度上弥补了高原寒冷条件下食物热量补充不足的状况，也能补充人体所需的各种微量元素。

图片来源

图一、图四　陈述　拍摄

图二、图三　陈述、刘陶　制图

图二　塔吉克族布拉马克原料图

1. 将新鲜牛奶烧开后倒入盆中待凉

2. 倒入酸奶引子并搅拌均匀

3. 倒入皮袋中或锅中待其发酵

4. 将发酵好的酸奶倒入盆中,并加入适量奶油进行调拌

5. 将烤馕徒手分成小块放入调拌的酸奶中并搅拌

6. 将盆中搅拌好的酸奶面糊盛入碗中,根据口味需要可适量加糖

图三 塔吉克族布拉马克制作工艺图

图四 塔吉克族布拉马克食用情景图

塔吉克族泼罗

图一 塔吉克族泼罗主图

生活在帕米尔高原的塔吉克族饮食的制作方法一定程度地反映了他们的经济状况及生活习惯。以奶肉为主的饮食特色体现了畜牧业生活的特征。泼罗，塔吉克语意，指抓饭，因是用手抓入口中，因此称之为抓饭。是塔吉克人喜爱的食品之一。

抓饭主要的原料是新鲜羊肉、胡萝卜、洋葱、油、酥油、羊油和大米。制作程序是先用剁成小块的羊肉倒入加热的酥油锅中翻炒，再将清水加入锅中烧开，最后放入大米、胡萝卜、盐和洋葱片等，盖上锅盖先煮后焖，其间不要搅动，40分钟后，抓饭即熟。做熟的抓饭油亮生辉，味香可口，塔吉克群众把抓饭视为上等美餐。由于社会经济发展迅速，加之便利的交通及通讯条件，民族间的交往也趋于频繁，因而出现许多改良的抓饭，使得抓饭种类更趋丰富。肉类抓饭有牛肉抓饭、羊肉抓饭、鸡肉抓饭等。塔吉克族由于信奉伊斯兰教，饮食中忌食猪、马、驴、熊、狐、狗、猫、兔等动物的肉，肉类抓饭主要以牛、羊、鸡肉为主。素抓饭选用葡萄干、杏干、核桃仁等坚果制作，口味甘甜，亦称为甜抓饭。夏天时，抓饭上还会撒一些压碎的酸奶疙瘩，有消暑的作用。

在逢年过节、婚丧嫁娶的日子里，塔吉克族都必备"抓饭"待客。按照传统习惯先请客人们围坐在炕上，中间铺上一块干净餐布。随后主人一手端盆，一手执壶，请客人逐个淋洗净手，并递给干净毛巾擦干。待客人们全部洗净手坐好后，主人端来几盘"抓饭"搁置在餐布上(通常是2至3人一盘)，请客人直接用手从盘中抓吃，现一般都备有小勺。

抓饭是一种营养十分丰富的食品，其中的植物油、酥油、洋葱、胡萝卜和大米都是含有多种维生素的食材，被人们称为"小人参"和"地参"的胡萝卜含有人体所需的多种维生素，一定程度上弥补了高原因缺少蔬菜所造成的困难。

塔吉克族抓饭的食材选择及设计制作等都具有自身的特点。酥油是塔吉克人平常喜欢的饮用食材，被称为最好的油料。用酥油制作抓饭反映出塔吉克人一种生活意识的自觉。在食材的选择上，严守宗教礼仪中规定，体现出民族特有的饮食习性及观念。随着社会的发展及在与相邻民族的交往中，塔吉克人善于借鉴、吸收、创新与改造，使得传统的抓饭设计制作趋于多样与丰富，这种变化也体现了塔吉克族饮食设计制作从吃饱到味美的服务意识的转化，以适应市场经济的发展，为本民族提供更多选择的可能。对今天的食物设计制作仍具有很好的借鉴、参考意义。

图片来源
图一　陈述　拍摄
图二、图三　陈述、刘陶　制图
图四、图五　陈述　制图

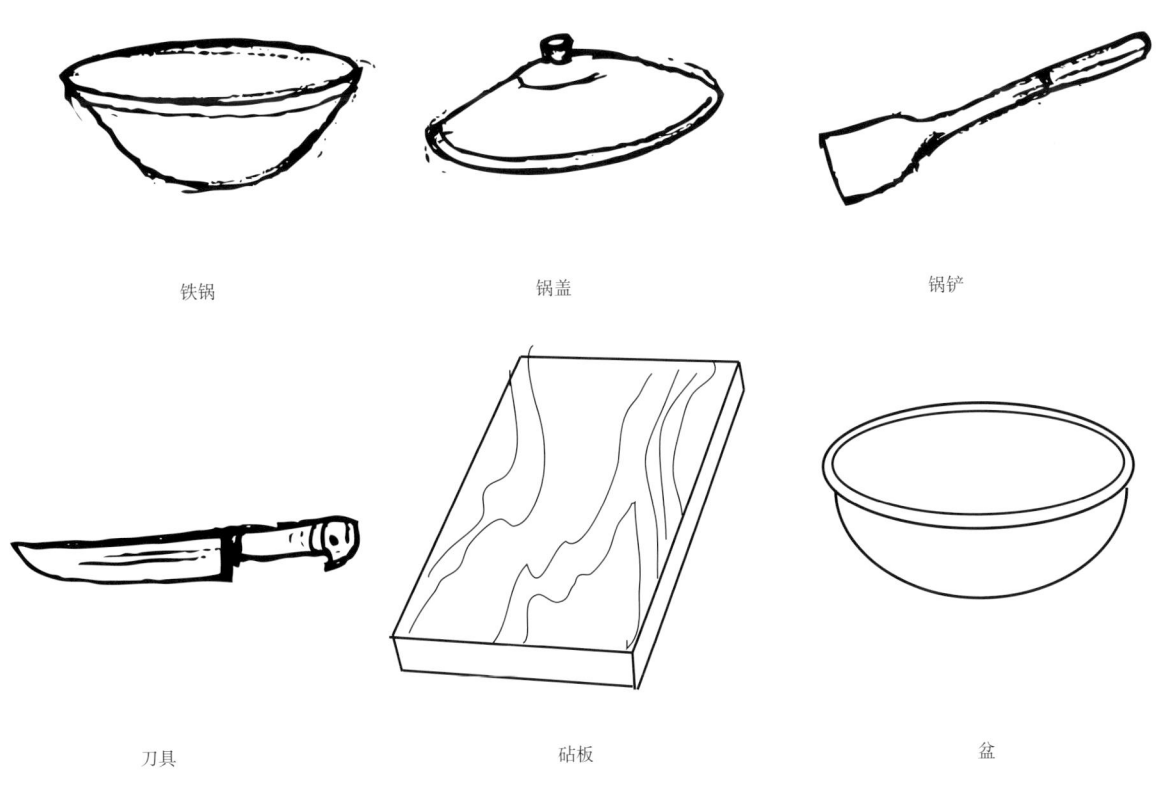

图二　塔吉克族泼罗食材加工用具图

图三 塔吉克族波罗食材用料图

1. 将羊肉切成块状，胡萝卜切丝，洋葱切丝

2. 洗米备用

3. 往锅里倒入菜籽油，烧开后将洋葱、羊肉放入锅中煸炒，并加入切好的胡萝卜丝

4. 加适量的水并覆盖淘洗干净的米

5. 加盖进行焖煮即可

图四 塔吉克族波罗工艺操作流程图

图五　塔吉克族泼罗食用情景图

第三章　塔吉克族传统餐饮

139

塔吉克族烤馕

图一　塔吉克族烤馕主图

　　馕是新疆各兄弟民族最常用的主食，据考证，馕的存在已有两千多年的历史。馕在新疆干燥的气候条件下能储存较长时间，携带方便，且随时取出即可食用，很受游牧民族的喜爱，很好地解决了野外牧民的饮食问题，而深受塔吉克人的欢迎。

　　馕在汉文古籍中被称为"胡饼""炉饼"。馕以面粉为主要原料，制作中不放碱而放少许盐。馕的设计制作程序为和面——发酵——捏制——贴壁——烤制——取馕这几个步骤。馕大都呈圆形，最大的馕叫"艾曼克"馕，中间薄，边沿略厚，中央有许多花纹，直径足有40~50厘米。这种馕大的要1~2千克面粉，被称为馕中之王。最小的馕有一般的茶杯口那么大，叫"托喀西"馕，厚约1厘米多，是做工最精细的一种小馕。还有一种直径约10厘米，厚5~6厘米，中间有一个凹陷深坑的"格吉德"馕，也叫"窝窝馕"，是所有馕中最厚实的一种。

　　随着民族间的相互交流、往来的不断深入，经济的发展也使民众生活质量有明显的提高，市场上用于烤馕的食材获取也更为便利。馕的设计制作种类也渐趋于多样化，所用的原料也更丰富。除了面粉外，芝麻、洋葱、鸡蛋、清油、酥油、牛奶、糖、盐依据口味的需要都是可添加的原料。有时他们也在馕上撒一些"斯亚旦"(黑草籽，很像黑芝麻)，这不仅使馕的味道好，而且可以长时间保存不会变质。

　　作为日常生活的主食，做馕的技术在塔吉克人中几乎是普及的，无论男女都会做馕，特别是在招待客人时，他们会拿出各种各样的馕来招待客人。他们往往把馕从最大的到最小的摆起来，摆成塔状，放在桌子的中央，既叫你饱尝，也叫你开"眼界"。

馕含水分较少，久储不坏，便于携带，适宜于新疆干燥的气候。加之烤馕制作精细，用料讲究，吃起来香酥可口，富有营养，成为塔吉克族日常生活重要的基地性主食。

看似简单的馕，却能成为塔吉克族主要的基地性主食，从设计的角度看，馕的制作不仅满足于民族特定社会自然环境中的生存需要，更重要的是一定程度解决了塔吉克族在特殊的生产、生活环境中为了保障基本饮食需要面临的问题，简化而实用的设计制作工艺保证了馕在当地气候条件下能较长时间地储藏，并保持原味及很好的口感，解决了以畜牧业生产为主的塔吉克人因长时间在外放牧、迁移中造成的饮食困难的问题。设计制作具有简易、科学、实用性特点。在民众中具有很强的普及性，也使馕成为塔吉克族重要的基础主食。

图片来源

图一、图六　陈述　拍摄
图二、图三　刘陶　制图
图四　陈述　制图
图五　陈述　刘陶　制图

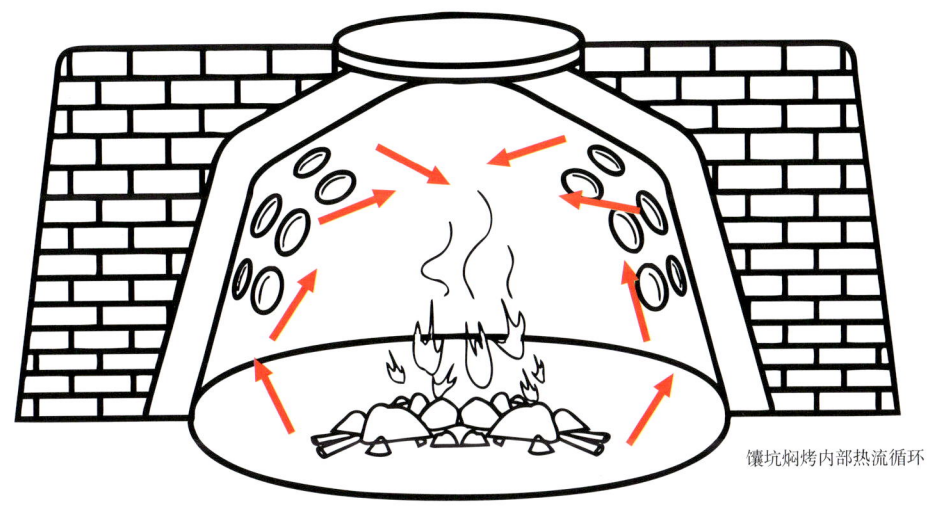

图二　塔吉克族馕制作工艺分析图

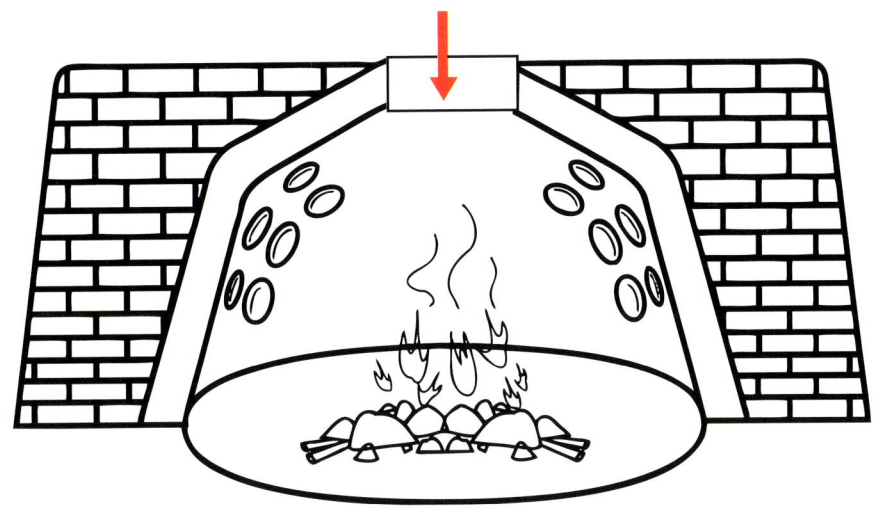

图三　塔吉克族馕坑烤制工艺图

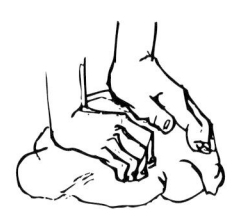
1. 将发酵的面揉均匀

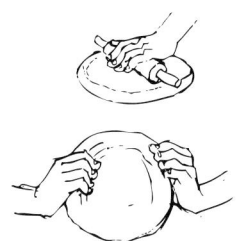
2. 将面团状分成小块并擀制成圆形

3. 使用专用印花工具在其表面压印出小孔状排列成的装饰纹样，烤制时通过小孔排出内部高热气体，避免表面起鼓

4. 在其表面撒上黑草籽或芝麻籽并压紧，使其烤制时不易脱落

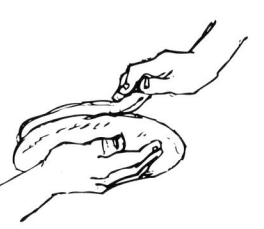
5. 将做好的生馕面饼置放在烤馕用的圆形模具上

6. 用手伸进馕坑内用力将生馕面饼紧贴在馕坑内壁上

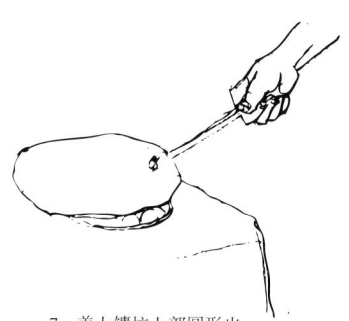
7. 盖上馕坑上部圆形出入口进行焖烤即可

图四　塔吉克族烤馕操作程序图

图五　塔吉克族烤馕摆放图

图六 塔吉克族烤馕食用情景图

塔吉克族阿热孜克

图一　塔吉克族阿热孜克主图

分布于帕米尔高原塔什库尔干的塔吉克族主要使用塔吉克语，而生活于莎东等地的塔吉克族也使用维吾尔语。塔吉克族主要以畜牧业为主，同时也兼营一定的农业，呈现一种半定居半游牧的生活状态。其生产、生活的形态一定程度上形成了其日常生活主要以肉、面、奶为主的食品特色，由此而进行的设计、加工与制作，形成了具有本民族特点的饮食文化。由于特殊的自然及社会环境，塔吉克族在家庭事务的处理上基本形成了男主外、女主内的分工合作模式，在家中的事务方面，特别是饮食方面多由女方做主并操持。

油馃子，塔吉克语称之为"阿热孜克"，是塔吉克族喜爱的一种传统食物。油馃子一般分大油馃子和小油馃子两类，味道也分咸甜两种。塔吉克油馃子外观呈不规则疙瘩形，大的直径有5～6厘米，小的2～4厘米，是塔吉克族的常用食品。

制作工艺上，由于油馃子独特的制作方法，使其在造型上呈现丰富的变化，这主要依赖于心灵手巧的塔吉克妇女在制作中采用翻、转、挤、压、搓、拧、攥、挑等技艺，使油馃子呈现各种别出新意的视觉造型。其程序为：先放入适量发面和面，不放碱，放少许盐或糖，揉成团后，揪成等量的小面团，每个面团约有核桃大小，然后面团要在网状粗口筛子上挤压一下，使面团表面留下许多立体网格状的麻点，然后再放到油锅里炸，炸至金黄色即可。有的在和面时加放牛奶、鸡蛋等，使其具有不同味道。也有的用姜黄、红曲、菠菜汁等植物色料和成五色面团，然后制成指头大小的花卉草果等形状，经油炸后仍保持其五彩缤纷的颜色，吃起来香脆酥脆，而这种小馃子，只有在逢年过节时，塔吉克妇女才精心制作，在平时生活中并不多见。

塔吉克阿热孜克属于油炸面食，可以为塔吉克牧民提供每日所需的营养和能量，由于其保存期较长，便于携带，在游牧时随时可以食用，并与随身携带的酸奶一道搭配食用，具有香脆的口感，受到塔吉克牧民的喜爱。塔吉克族在与其他民族长期交流的过程中，也吸收融合了其他民族的饮食文化，使生活于不同区域的塔吉克族油馃子的做法也各显不同，但油炸形式没有变，也是塔吉克人举行婚礼及重大节日庆典时必备的食品之一。

阿热孜克是塔吉克族作为点心的食物之一，是一种可以随身携带随时食用的熟食，这种食物的设计加工制作，不仅很好地满足了以游牧为主的塔吉克人的野外饮食的需要，其配料及加工也适应于高海拔地区严酷自然环境中牧民对热量的需要。其特殊的加工制作工艺使其有利于长时间的储藏，良好的口感及丰富的造型变化也使其成为塔吉克族招待宾客的食物之一，也是婚礼、节日中不可缺少的食物。从中可以看出其食材的组合、搭配都来源于塔吉克的社会生产活动当中，使得这种设计加工具有鲜明的民族生活特点，因而易于被民众接受并普及，成为塔吉克族日常生活的一部分，其成功的设计对当代设计师的创意具有很好的启示。

图片来源
图一、图六　陈述　拍摄
图二至图五　陈述　赵笑天　制图

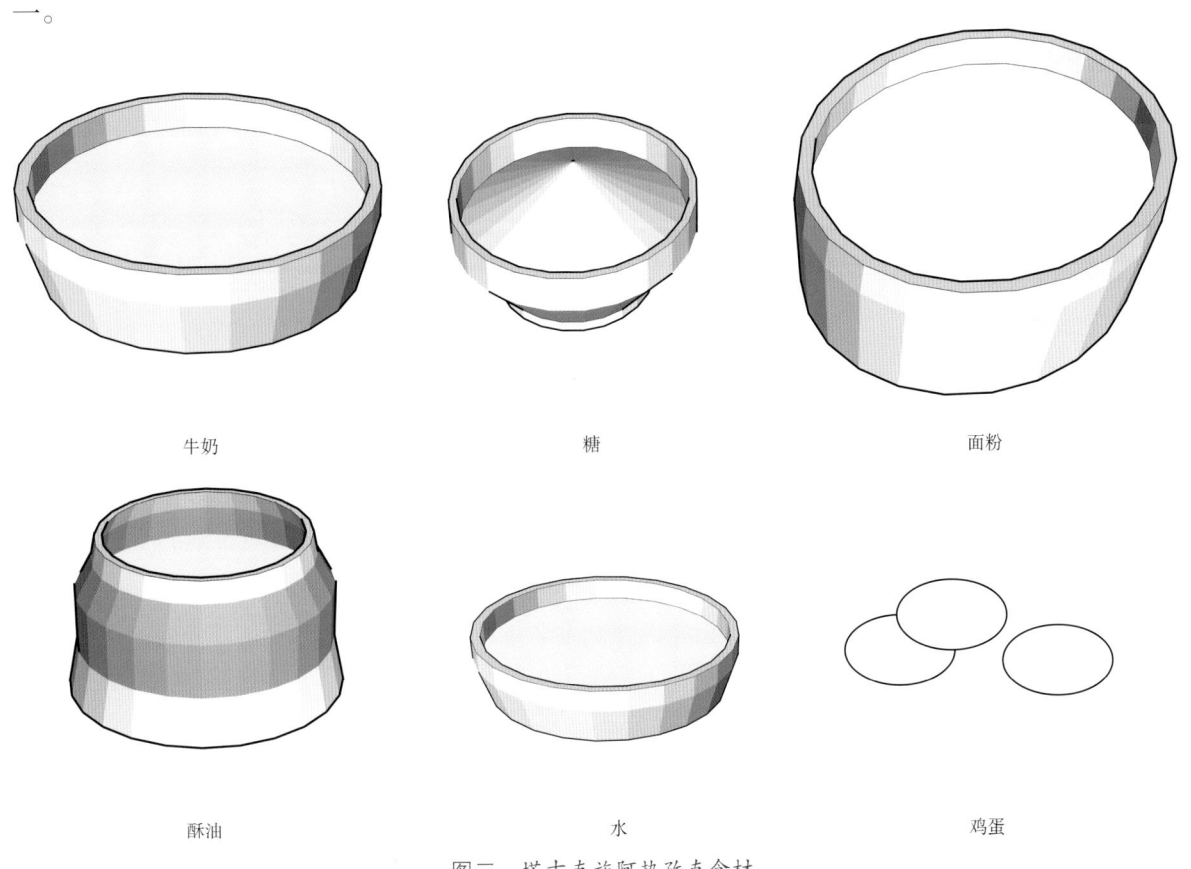

图二　塔吉克族阿热孜克食材

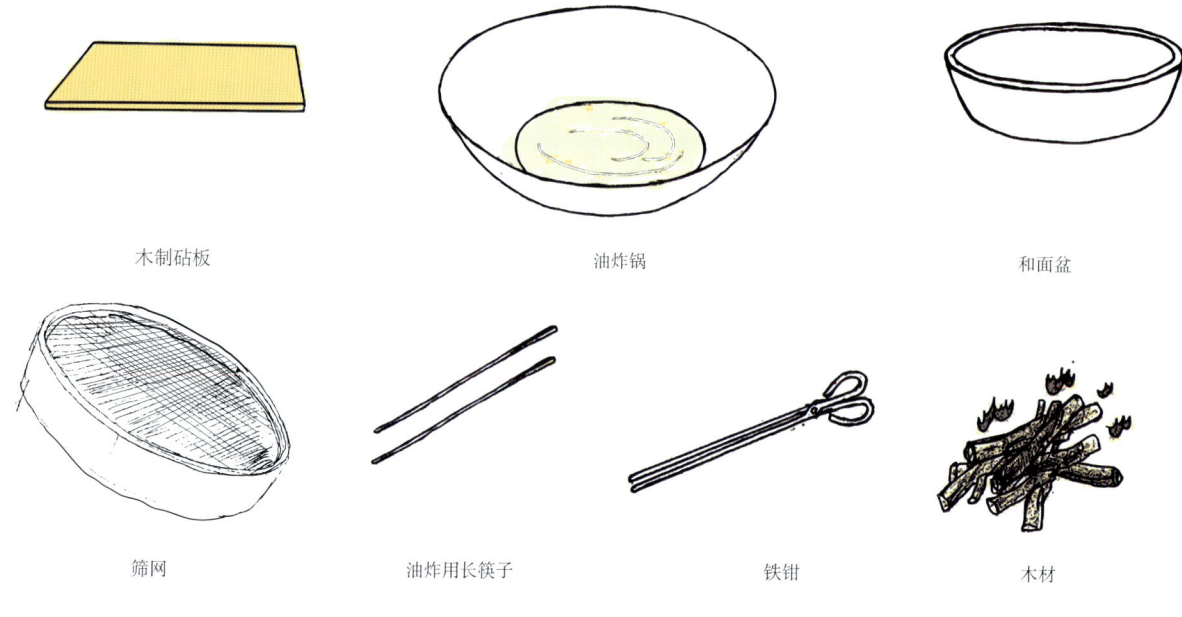

| 木制砧板 | 油炸锅 | 和面盆 |
| 筛网 | 油炸用长筷子 | 铁钳 | 木材 |

图三　塔吉克族阿热孜克制作工具图

1. 和面时加入适量的糖或牛奶
2. 将和好的面揪成大小一致的面团
3. 将面团放置在筛网上用食指和中指并列挤压，使面团形成表面带网格状的卷曲造型

4. 将其放入油锅内炸至金黄色捞出
5. 将炸好的阿热孜克盛入盘中

图四　塔吉克族阿热孜克加工制作程序图

图五　塔吉克族阿热孜克制作场景示意图

图六　塔吉克族阿热孜克食用情景图

第三章　塔吉克族传统餐饮

塔吉克族派乃依尔

图一　塔吉克族派乃依尔主图

塔吉克族的饮食文化与他们以畜牧业为主的生产方式密切相关，形成了以奶类、肉类为主的饮食习惯。大多数的食品种类的制作都与牛羊奶、酥油等奶制品有关，其中奶酪就是塔吉克族牧民于冬季食用的重要的储备食品之一。

"派乃依尔"是汉译塔吉克语的发音，意指"奶酪"。奶酪是塔吉克族饮食中独具特色的食物之一。塔吉克族人也称其为"奶干"。其制法是把牛奶倒入铁锅中，置于火炉上煮开，加入适量酸奶后，使奶水分离，装入布袋悬挂起来将水滤去后，将奶渣倒出并用手捏成不同形状的小块晾晒而成。味略带酸，但营养丰富，是塔吉克牧民储备于冬季食用的一种零食。塔吉克族喜欢吃奶酪，即使在日常饮食中也常用奶酪配餐。历史上塔吉克族人主要从事畜牧业，兼营农业，过着半定居半游牧的生活，所以出远门或是外出放牧时，奶酪便作为易于携带、保质时间长的食品用来充饥。同时奶酪也是塔吉克族人待客的食品之一。

派乃依尔的食料多取自于所养牲畜（以牛羊为主）的奶，因塔吉克族的食物都来源于畜牧业生产，故塔吉克族人对牲畜特别爱惜，禁止用脚踢或棒打羊、牛等牲畜，不得骑马穿过羊群或羊圈，并忌讳羊在产羔时去观看等等，认为这样才能获得最好的奶品。传统派乃依尔的制作方法是将选用的新鲜奶中先加入少量酸奶，然后拌在一起倒入锅中煮开，待锅中的奶遇热形成块状后，改用小火慢慢地熬，熬制过程中要不断地搅动，以防止糊锅，待水分熬干时即成奶酪。派乃依尔味道独特，略带酸奶的酸味，又具有浓厚的鲜奶的香味，奶酪富含蛋白质和钙、维生素A、脂肪等很多营养成分，对于中老年人及正在发育的青少年来说奶酪是一种最佳的补钙食品，由于奶酪制作一直处于发酵的过程中，相对于其他食品是最耐储藏的一种，是塔吉克族人民十分喜爱的一种食物。

派乃依尔是利用食物发酵原理设计制作的食物之一，鲜奶通过发酵技术处理制作成奶酪，使牧民在产奶旺季将大量多余鲜奶通过这一方式进行储存，一方面是有效地防止了不必要的浪费；另一方面使其成为不同季节都可食用的食品，利于饮食搭配与营养的平衡。以鲜奶为主的食材及易于操作的制作工序与民族游牧生活的特点相吻合，设计过程中合理使用生物发酵技术，延长了奶酪制品的保存周期，使其中富含的营养成分得以保留，固化的形体也便于储藏与携带，生物发酵技术流程也非常简洁，易于掌握，具有很强的普及性。在以游牧为主的迁徙辗转途中是一种便利的"即时性"食品，以保证并维持人体必需的能量，因而在塔吉克族牧民中具有广阔的普及空间，为民族"即时性"食品制作设计的重要成功案例之一。

图片来源
图一　陈述　拍摄
图二、图六　陈述　制图
图三至图五、图七　赵笑天　制图

图二　塔吉克族派乃依尔制作图

鲜奶　　　　　　　　　　　酸奶

图三　塔吉克族制作派乃依尔食材

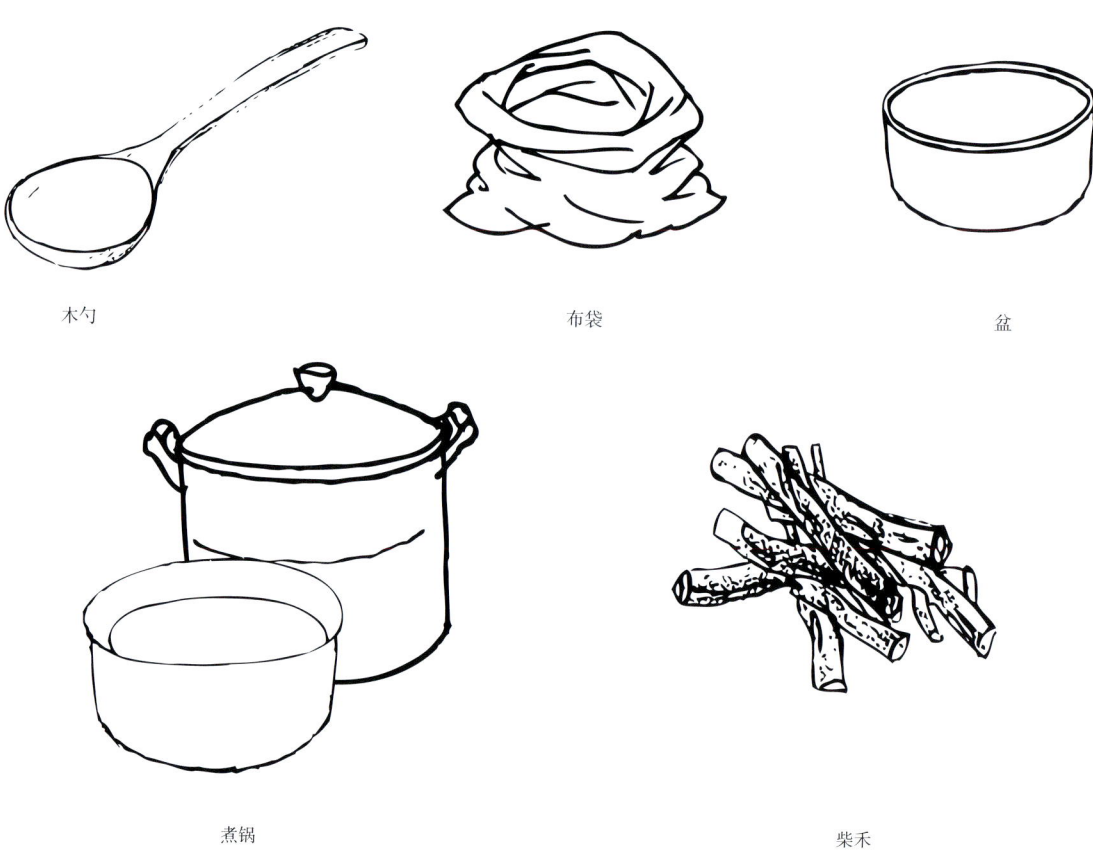

木勺　　　　　　布袋　　　　　　盆

煮锅　　　　　　　　　　　柴禾

图四　塔吉克族派乃依尔制作工具图

1. 在鲜奶中加入酸奶均匀搅拌
2. 将加有酸奶的鲜牛奶置放炉灶上加热，搅拌好加热过程中不停进行搅拌
3. 待牛奶熬制成黏稠状时停止加热并捞出

4. 将熬制成的黏稠状奶糊放入布袋中吊挂在室外树干上将水分沥干并进一步发酵
5. 水分沥干后，便可获得制作奶酪的基本原料，也是奶酪制成的关键性步骤

图五　塔吉克族派乃依尔制作步骤示意图

 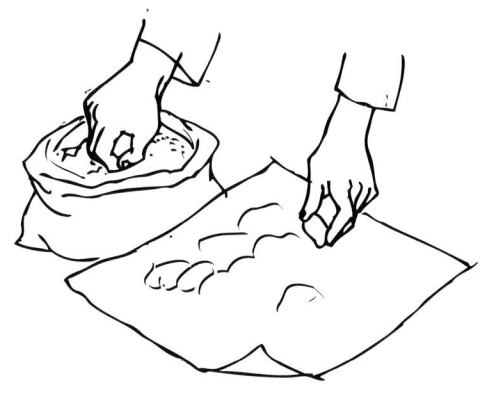

将制作成型的派乃依尔放置在室外铺好的芨芨草帘上晒干　　将晒干后的派乃依尔倒入布袋中进行储藏

图六　塔吉克族派乃依尔风干晾晒操作图

派乃依尔的制作不仅解决了富含丰富蛋白的奶制食物长时间储存的难题，固化的小块食物易于随身携带，一定程度上解决了在野外骑行、放牧所需要的食物补给，且直接入口咀嚼食用的方式也适应于野外放牧的牧民

图七　塔吉克族派乃依尔食用场景示意图

第四章 塔吉克族传统生活用具

塔吉克族达卜

图一　塔吉克族达卜主图

被称之为"世界屋脊"的帕米尔高原，海拔多在3200~4500米之间，是古代中西文化交流的交通要道。特殊的地理位置及环境使塔吉克音乐保持着极为古朴独特的风格。

手鼓，塔吉克称之为"达卜"，源自阿拉伯，由"丝绸之路"传入我国，是一种打击乐器。

手鼓在塔吉克族音乐表演中占有重要地位。手鼓在制作及材料的使用上与维吾尔族的手鼓相同，但抓执和演奏方法却不尽相同。塔吉克手鼓大多由妇女来进行演奏，通常由两位妇女同时演奏，一个掌握主要节奏，另一个则通过各种不同的节奏给予配合。这样，以高低强弱的不同变化组合，形成音乐鼓点节奏的统一。手鼓是由鼓框、鼓面等组成。扁圆柱形鼓框用沙枣木或杏木制成，直径为35~50厘米不等，将马驹皮或羊羔皮用树枝和木钉固定在框内侧。演奏时两手执鼓边，双手虎口扶持鼓框，左右手指交替拍击鼓面。主要用于塔吉克族鹰舞伴奏和器乐合奏。

至今在塔吉克族流传着有关手鼓的传说。

远古的时候，塔吉克族和其他兄弟民族和睦生活在一起，一段时间后，森林中出现了一条毒蟒，经常祸害人畜。尽管人们想尽了办法，还是不断遭受毒蟒的侵害，许多人都被迫逃离家园。

当地有个名叫"达卜"的塔吉克族青年，他为人豪爽正义，武艺高强，他决定杀死毒蟒，为乡亲们除掉这个祸害。

于是，他带着弓箭和宝剑朝森林走去。等了三天三夜，巢穴里却毫无动静。于是他在森林中一边走着，一边思考着对付毒蟒的办法。这时，他发现不远处有一头被毒蟒咬死的野驴。他用宝剑剥下野驴的皮，刮洗干净，砍来碗口粗的梧桐树的枝，弯成圆圆的圈，然后将驴皮紧紧地绷在圈上，在阳光下晒干。晒干后的驴皮用手轻轻一敲，发出动人心魄的响声。

于是达卜用手中的鼓成功地诱出了毒蟒，并将其杀死。

为了纪念达卜的功绩，塔吉克族人就将这种手鼓称作"达卜"。从此，达卜便代代相传至今。

生活在帕米尔高原的塔吉克族非常崇敬高空飞翔的鹰，在民间舞蹈中有许多模仿鹰的动作，男子起舞时两臂一前一后，舞步刚健，节奏明快，常只用手鼓和鹰笛进行伴奏，手鼓敲击出节奏，而鹰笛则吹奏出旋律。在塔吉克民间，手鼓已成为与鹰笛协奏的常用乐器。有的在鼓框中装了副小铁钹，演奏时音乐低沉、浑厚。在使用上更注重实际生活中便于获得的制作原料，并能体现手鼓的演奏效果，适应民众的需求。其设计中所体现的超强想象力与综合能力显而易见。

图片来源
图一　陈述　拍摄
图二、图三　马丽　制图
图四至图六　陈述　制图
图七　江程生　拍摄

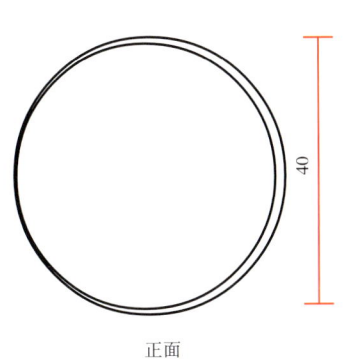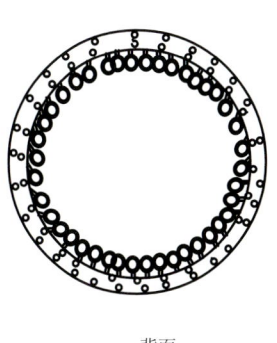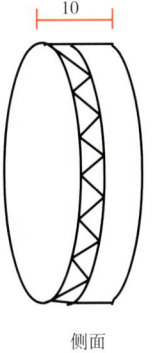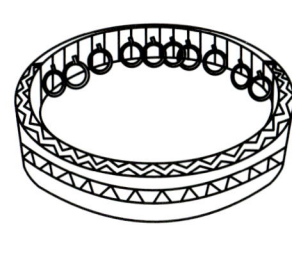

　　正面　　　　　　　背面　　　　　　侧面　　　　　俯视图

图二　塔吉克族达卜尺寸图（单位：cm）

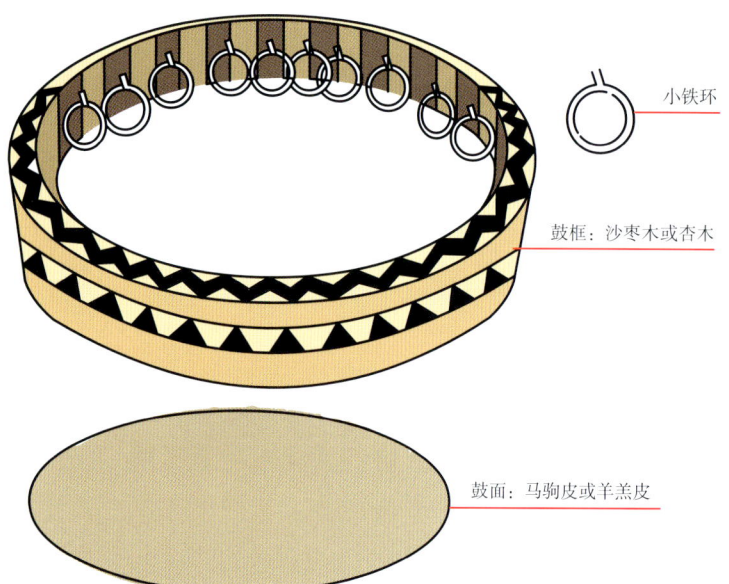

图三 塔吉克族达卜结构图

小铁环

鼓框：沙枣木或杏木

鼓面：马驹皮或羊羔皮

图四 塔吉克族达卜使用方法图

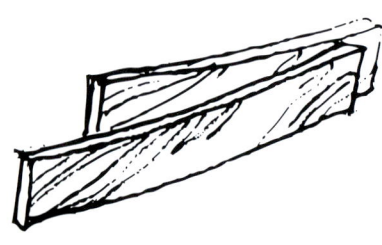
1. 板材

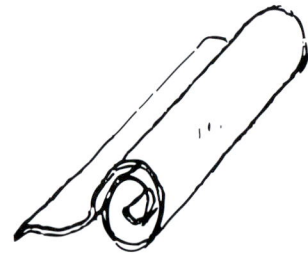
2. 动物皮张

3. 皮绳或金属铆钉

图五 塔吉克族达卜制作材料图

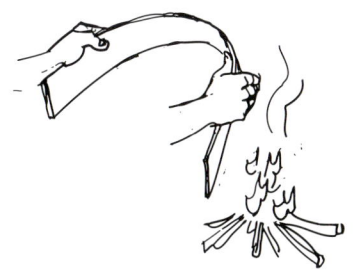
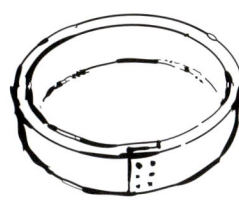
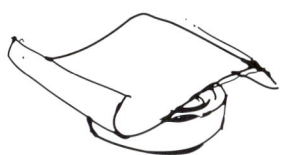

1. 将薄木板加热后弯曲　　　　　　　2. 合缝并固定　　　　　　　3. 蒙上动物皮张

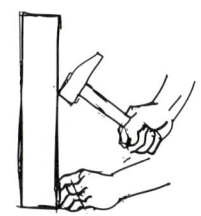
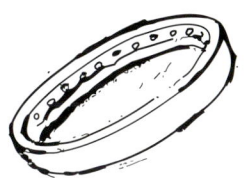

4. 将动物皮张蒙在木框表面上后，翻转并固定于木框内侧　　　　5. 在木框内侧一圈铆上小铁环，不仅增加其牢固程度，同时也随着敲鼓时的晃动使铁圈碰撞而发出有节奏的清脆的响声

图六　塔吉克族达卜制作流程图

图七　塔吉克族达卜使用场景图

塔吉克族巴朗孜阔木

图一　塔吉克族巴朗孜阔木主图

巴朗孜阔木是中音弹弦乐器，外形和热布卜十分相像，形体较大。旧社会，人们不能在喜庆、歌舞和日常的娱乐中弹奏巴朗孜阔木，只能在送葬奏哀乐时才能弹奏。按照旧时迷信传说，巴朗孜阔木代表"胡大"（上帝）的声音，在它的伴奏下，才可以把去世的人送入天堂。中华人民共和国成立后塔吉克人破除迷信，巴朗孜阔木才用于歌舞伴奏。

巴朗孜阔木，杏木制，长92厘米。共鸣箱呈扁葫芦形，上半部与较宽的琴颈相连，上面开有几个圆形小音孔，也有将音孔拼成各式图案的。

琴箱的下半部为圆形，上面蒙以牛皮、马皮或驴皮。琴头部分呈半圆形向后弯曲，两侧分别设有3个弦轴。琴颈无品，并在左侧设一高音弦轴。

琴弦共有7条，传统多用羊肠弦，后来也有使用丝弦的。外辅为主奏弦，其余为共鸣弦，经常将两条相邻弦定成同音。

演奏时，右手用木制拨片弹奏，发音洪亮、浑厚，音色较热布卜柔和而低厚。目前这种乐器使用范围还很小，随着塔吉克族民间乐队的发展，巴朗孜阔木将是很有前途的中音乐器。

图片来源
图一　陈述　拍摄
图二、图四　马丽、薛文婷　制图
图三　陈述、刘梦娇　制图
图五　陈述　制图

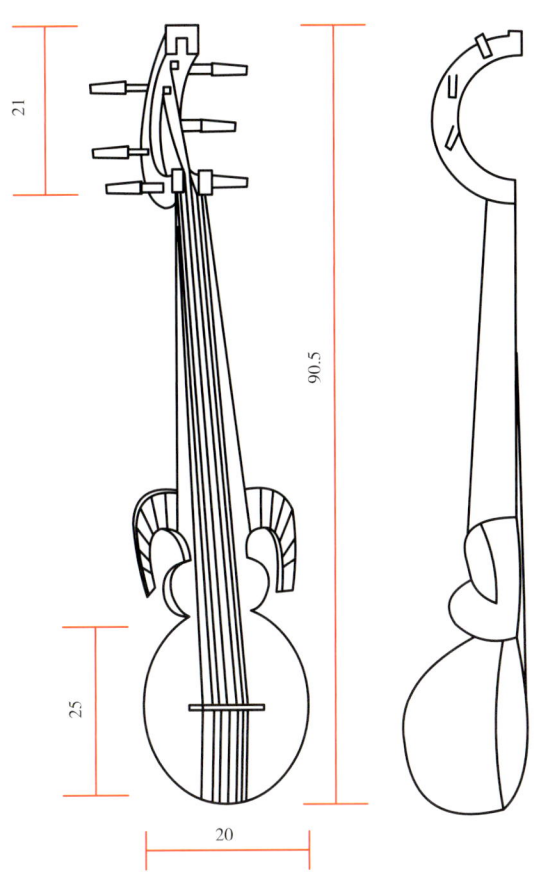

图二　塔吉克族巴朗孜阔木尺寸图（单位：cm）

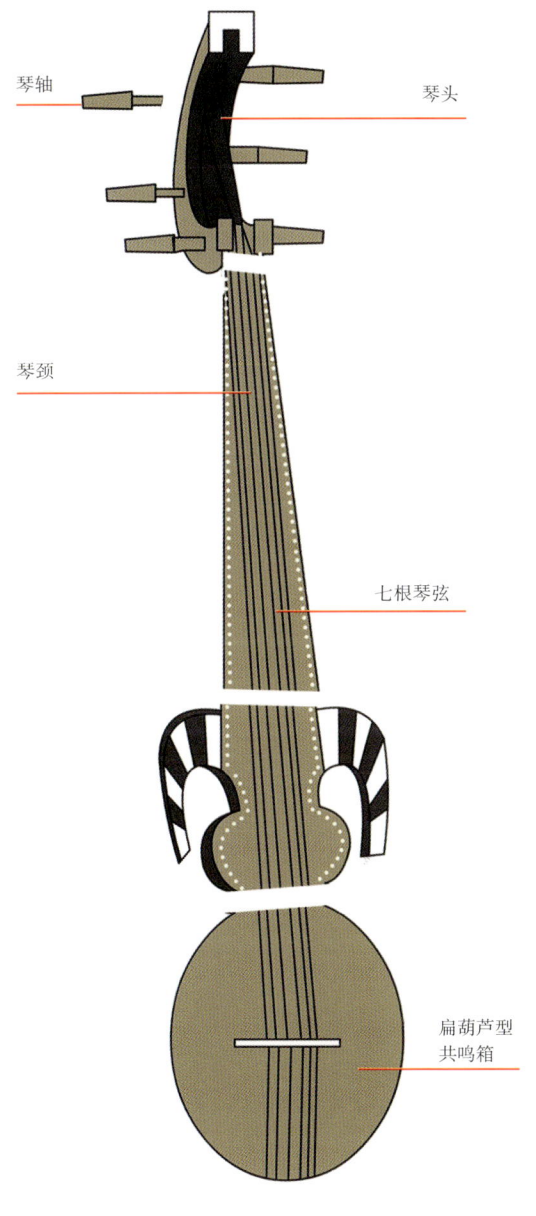

琴轴　琴头　琴颈　七根琴弦　扁葫芦型共鸣箱

图四　塔吉克族巴朗孜阔木解剖图

图三　塔吉克族巴朗孜阔木操作示意图

第四章　塔吉克族传统生活用具

159

图五　塔吉克族巴朗孜阔木使用情景图

塔吉克族库木日依

图一 塔吉克族库木日依主图

库木日依是塔吉克族弹拨弦鸣乐器，也称库木里，流行于塔什库尔干塔吉克自治县。

库木日依外形和多朗热瓦普、热布普相同。库木日依与巴郎孜库木相同，过去都为宗教性乐器，只限于送葬仪式上演奏哀乐时使用。塔吉克族生活在帕米尔高原，气候寒冷干燥，自然条件艰苦，以畜牧业为主的塔吉克族在长期的生产实践中形成了相互合作的观念，即同心协力地将自然因素所造成的危害降到最低程度，因而在社会生活中也形成了注重情感的意识。在塔吉克族丧葬礼仪中这种情感表现得更为突出，对于逝去的人，大家都要聚在一起进行吊唁活动，用库木日依为逝者演奏《卡素依》哀乐，将逝者送入天堂。

传统的库木日依属于低音弹弦乐器，由共鸣箱、琴头、琴杆、弦轴、琴马和琴弦组成。通体用杏木制成，琴身长84~93厘米。共鸣箱呈扁瓢形，正面蒙以大马皮或牦牛皮，面径27厘米，有的还在琴箱内装两条钢丝作为琴胆。琴头从弦槽处向后呈直角弯曲，两侧设有6个或10个T形弦轴，左右各半。琴杆较短而中空，上窄下宽，正面平直为按弦指板，背面呈圆弧形，不设品位，琴杆左侧面另设一个高音弦轴。琴杆下端与琴箱相接处的两侧设有呈长方形木翅状的护身装饰。皮面中央置木制实心琴马，横截面呈锐角三角形。张7条或11条羊肠弦。

演奏时，琴身斜置胸前，左手持琴按

弦，右手用木制拨片弹弦发音。7弦的库木日依，定弦为：#f、A、#F、B、e、b、b，两条外弦为主奏弦，其余为共鸣弦。11弦的库木日依，除高音弦外，其他每两弦定为同音，两条外弦为主奏弦，其余9条均为共鸣伴奏弦，定弦为：d2、G、G、c、c、e、e、a、a、d1、d1。发音浑厚，音量较大，音色深沉。演奏中不换把位。

而今，随着社会经济技术的发展与进步，库木日依也用于歌舞伴奏中，从库木日依上反映出塔吉克族在充分利用自然环境的物质供给进行设计活动。

图片来源
图一　陈述　拍摄
图二、图三、图五　陈述　马丽　制图
图四　陈述　刘梦娇　制图
图六　陈述　制图
图七　马丽　陈述　刘梦娇　制图
图八　王琼　制图

参考文献
王钟健. 塔吉克族. 乌鲁木齐：新疆美术摄影出版社，2010.

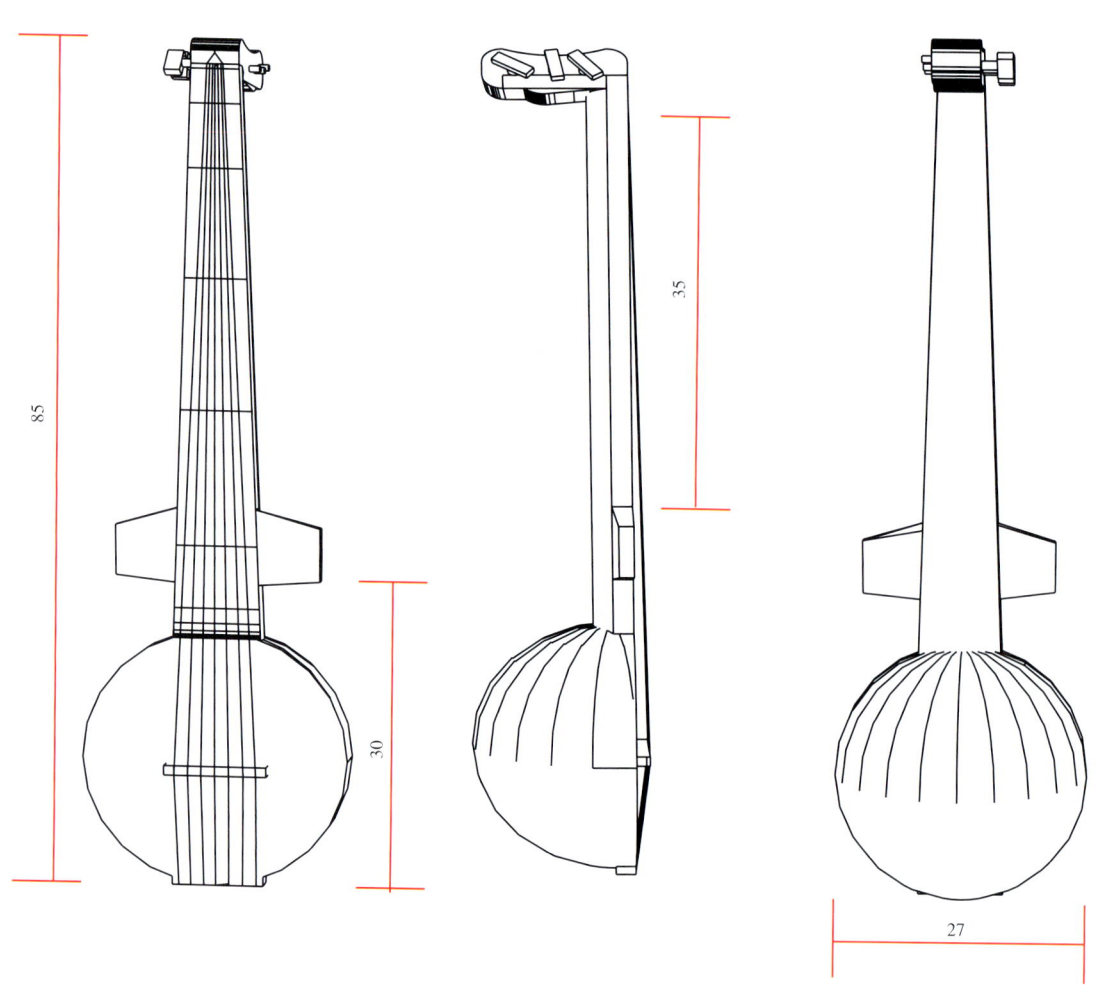

图二　塔吉克族库木日依尺寸图（单位：cm）

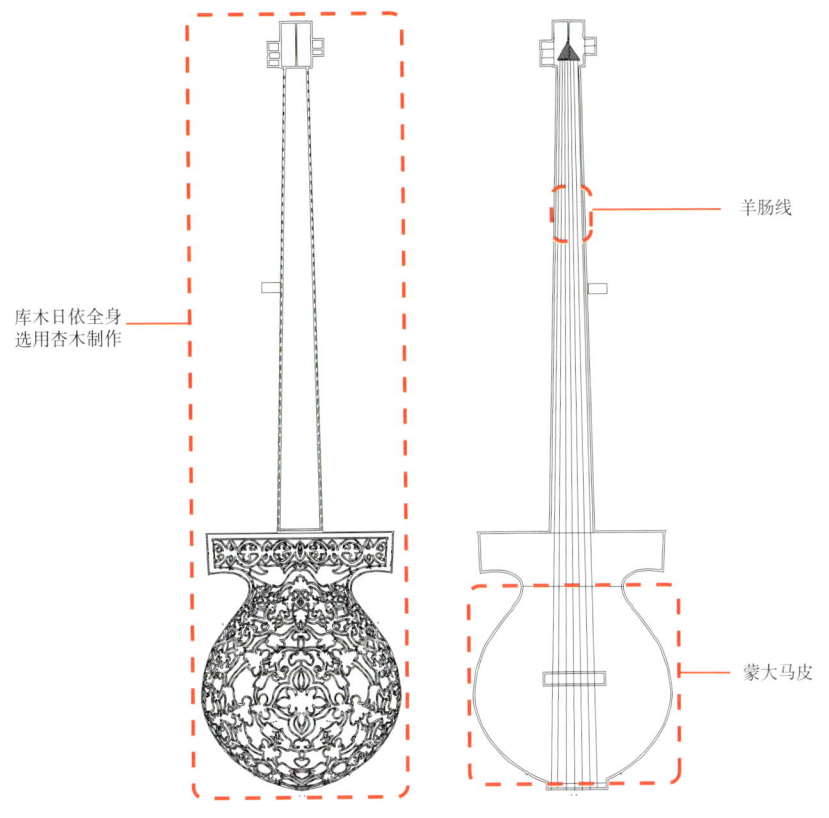

图三 塔吉克族库木日依材质图

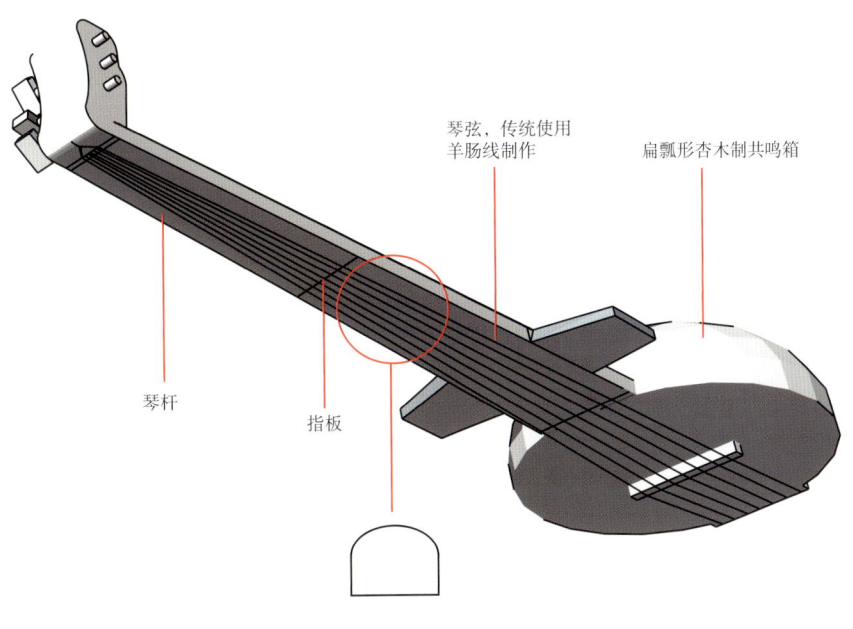

图四 塔吉克族库木日依立面图

第四章 塔吉克族传统生活用具

163

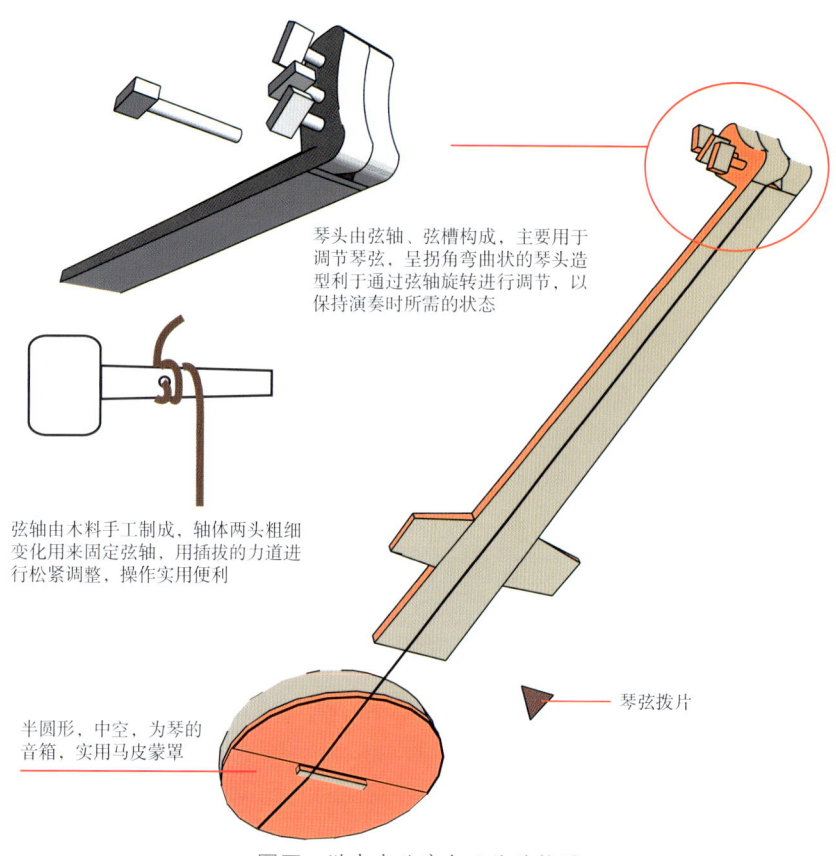

琴头由弦轴、弦槽构成，主要用于调节琴弦，呈拐角弯曲状的琴头造型利于通过弦轴旋转进行调节，以保持演奏时所需的状态

弦轴由木料手工制成，轴体两头粗细变化用来固定弦轴，用插拔的力道进行松紧调整，操作实用便利

半圆形，中空，为琴的音箱，实用马皮蒙罩

琴弦拨片

图五　塔吉克族库木日依结构图

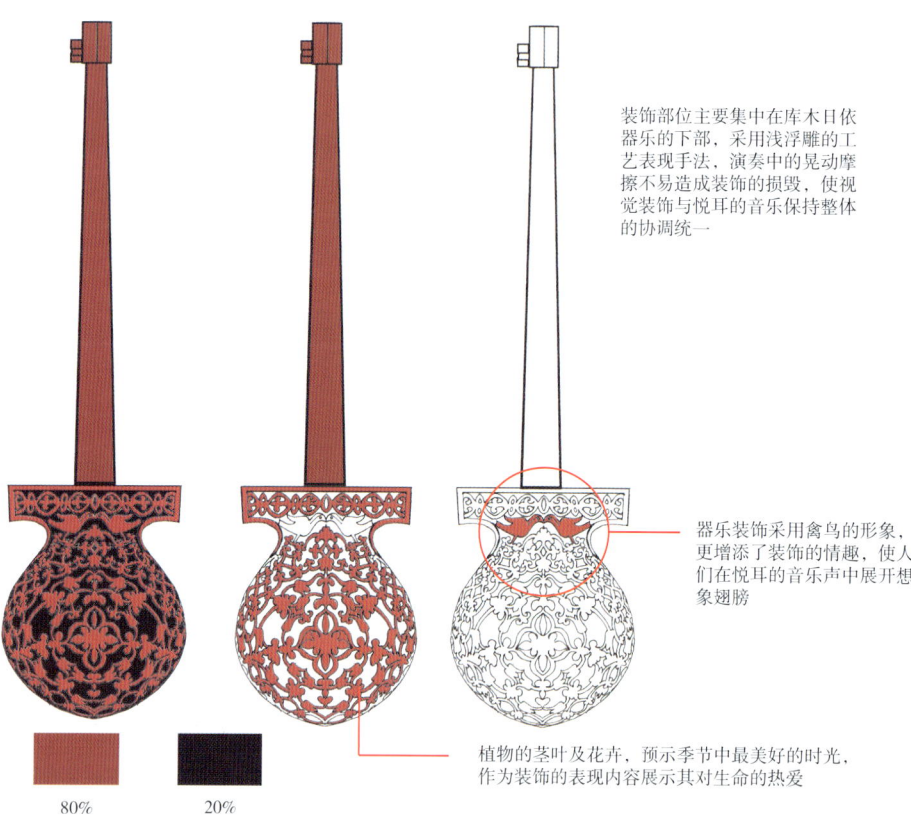

装饰部位主要集中在库木日依器乐的下部，采用浅浮雕的工艺表现手法，演奏中的晃动摩擦不易造成装饰的损毁，使视觉装饰与悦耳的音乐保持整体的协调统一

器乐装饰采用禽鸟的形象，更增添了装饰的情趣，使人们在悦耳的音乐声中展开想象翅膀

植物的茎叶及花卉，预示季节中最美好的时光，作为装饰的表现内容展示其对生命的热爱

80%　　20%

图六　塔吉克族库木日依乐器装饰

图七　塔吉克族库木日依操作图

图八　塔吉克族库木日依使用情景图

第四章　塔吉克族传统生活用具

塔吉克族热瓦甫

图一　塔吉克族热瓦甫主图

热瓦甫产生于公元14世纪，至今有600年的历史了。热瓦甫是流行于塔吉克族及其他少数民族的一种弹拨乐器，其形制多样，音色独特，表现力丰富，多用于合奏与伴奏，亦可作为独奏乐器使用。塔吉克人生活在"世界屋脊"的帕米尔高原，长期与维吾尔族、柯尔克孜族人往来，不仅在经济上有密切的关系，而且在音乐文化上也有着近缘关系。维吾尔族也使用热瓦甫，且各地使用的热瓦甫除外形十分相像外，其演奏的姿势、方法也较为相同。

热瓦甫多为木质，由共鸣箱、琴头、琴杆、弦轴、琴码和琴弦等部分组成。它外形很独特，上部分是细长的琴身，顶部弯曲，最下面是一个半球形的共鸣箱，全长约130厘米。音箱呈半球形，一般使用整块桑木挖制，面部蒙羊皮或驴皮。琴头的弦槽部位向后呈直角弯曲。琴杆上缠有28个丝弦品位。琴杆与音箱连接处两侧各设一弯角。琴杆、音箱上用驼骨、贝壳装饰。张一条主奏弦和4至6条共鸣弦，传统多用肠衣弦，现均用钢丝弦。音域约两个八度，通常用最外面的一根弦演奏旋律，其余的弦作共鸣弦。

热瓦甫发音响亮，音色鲜明、独特，表现力非常丰富。常用于独奏、合奏或伴奏。演奏热瓦甫多采用坐姿，将琴身横于腰前，共鸣箱置于右腿外侧，左手虎口托持琴杆，手指按弦取音，右肘弯夹紧琴箱，右手拇指和食指持拨片弹拨，拨片多使用杏木、梨木、牛角片等做成三角形，以木拨最为常见。不论坐着还是站着，身体都要端正，肩部要保持平正。演奏者把琴横放在胸前，琴箱放在右肘弯的中间，左手的虎口托着琴杆，手指按弦取音，随着右手中的拨片弹拨琴弦，让这种乐器发出优美的乐音。

热瓦甫的形制多样，塔吉克族人把热瓦甫也称为"热布卜"，这种乐器多用杏木制成。塔吉克族家庭大都有这种乐器。能歌善舞的塔吉克族人，以鹰作为传说中的英雄形象，既有模仿飞鹰动作的舞蹈，又有用鹰骨制成的笛子，就是在热瓦甫上，也常用鹰翅形的图形装饰。

热瓦甫是塔吉克族常用的乐器,设计制作使用的材料基本来源于所处的自然环境当中,乐器全部为手工制作,制作工序复杂,但在当时的社会环境条件下依然能够实现,充分体现了塔吉克人的音乐天赋与设计才能。正是这种突破平常的创意,改变了习以为常的思维模式,向人们展示了它所具有的新的表现才能。

图片来源
图一　陈述　拍摄
图二、图三　刘陶　制图
图四　陈述、刘陶　制图

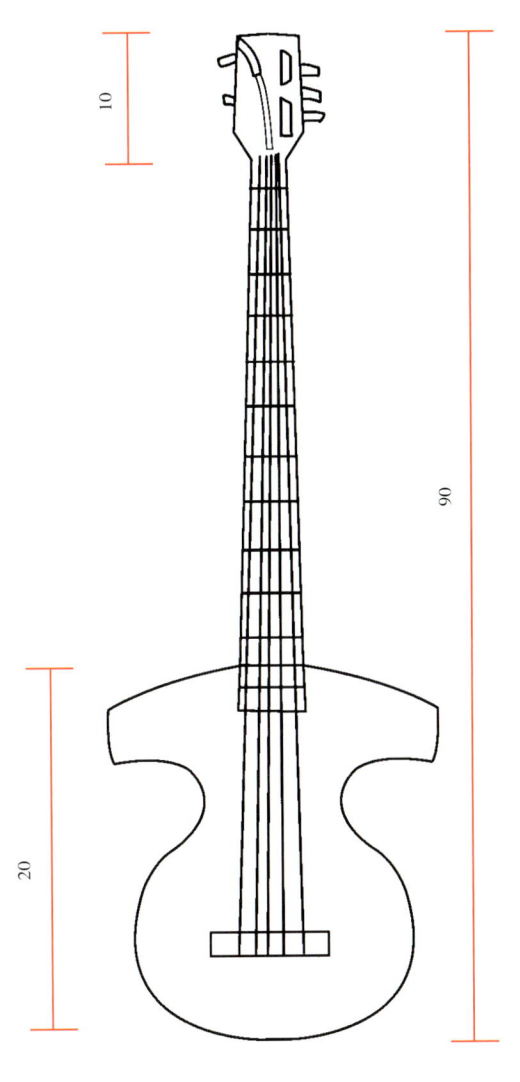

图二　塔吉克族热瓦甫尺寸图（单位：cm）

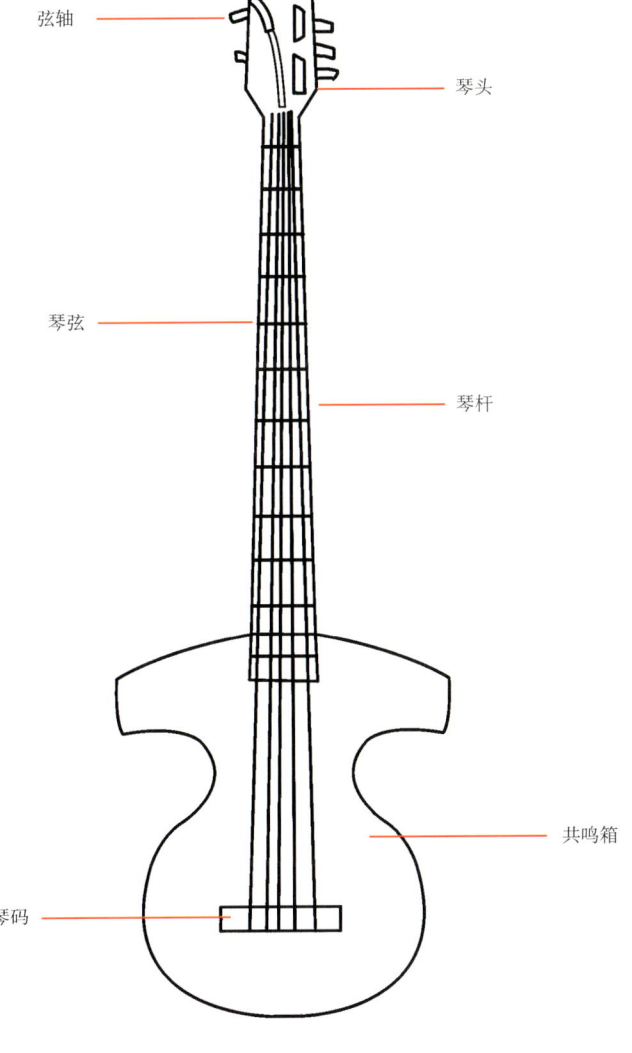

图三　塔吉克族热瓦甫结构名称图

图四　塔吉克族热瓦甫演奏情景图

塔吉克族鹰笛

图一　塔吉克族鹰笛主图

鹰笛是最具塔吉克民族特色的一种乐器，鹰笛使用鹰翅骨做成，鹰在塔吉克人的观念中是勇敢、正义、纯洁和忠诚的象征。塔吉克人关于鹰的神话传说有10余种之多，体现了鹰与塔吉克人患难与共、生死相依的关系。塔吉克人习惯将英雄比喻为雄鹰，鹰在塔吉克人心目中地位很崇高。在帕米尔高原上常会听到令人神往的鹰笛声，它伴着人们雄浑的歌唱和健美的舞蹈，展现出塔吉克人的风姿。由于地处"世界屋脊"的帕米尔高原，环境恶劣，空气稀薄，气候寒冷干燥，吹奏鹰笛的声音象征天籁之音，如一股涌动的泉水，清脆悠扬，犹如雄鹰自由穿梭于高山峻岭之间。鹰笛多用于盛大节日、歌舞、叼羊、赛马、婚礼和迎宾送客等活动场合。

鹰笛管身一般采用鹫鹰的翅膀骨制作，长度为24～26厘米、管径1.5厘米左右，管内中空无簧哨，上下两端管口皆为通孔，在管的下端开有3个按音孔。制作时，先将翅膀骨上的肉剔刮干净，锯掉两端骨节，磨平上下管口，除去骨髓。两端管口呈椭圆形，上口较大，下口较小，从下口往上，每隔2.2厘米左右，钻有一个直径0.7厘米（稍呈椭圆形）的按音孔，按音孔共有3个。

演奏时，左手中指按上孔，右手食指和中指按下两孔。管身竖置并稍微向左或右倾斜，嘴含上口，用舌尖堵住管口一半，吹气冲击管壁，使管中空气柱振动，并通过手指按孔而发音。音色高亢明亮，与口哨声惟妙惟肖。传统的鹰笛都成双成对，塔吉克族人常用一只鹰的一对翅膀骨做成两支左右相对称、大小和开孔完全一致的一对鹰笛，吹奏起来音调也完全相同，好像一对孪生娃娃，颇具民族风采。由于鹰笛所用鹰骨不同，在音响上也有区别。用鹫鹰骨做的鹰笛，骨质坚硬，骨纹细密，表面光润，骨管较长而粗，音调偏低，音色浓厚；用老鹰骨做的鹰笛，骨质不如鹫鹰骨，骨管较短而细，音调偏高，音色明亮。鹰笛可以独奏、合奏或为歌舞伴奏。民间的鹰笛乐队，通常由4人组成，两男子吹鹰笛，两女子用手鼓伴奏，鹰笛多轮番吹奏上下乐句，有时两人也同时吹奏，一人奏主旋律，另一人伴奏。

鹰笛取材于鹰翅骨，鹰在塔吉克族传统生活中占有十分重要的地位，塔吉克人也常自喻为鹰。谚语中就有"活则像雄鹰"。在传说中有用鹰翅骨做成的笛子象征纯洁的爱情。使用鹰翅骨制作可吹奏的乐器，是塔吉克人对自然现象认识理解、把握的结果。其中包含了设计过程中对材料因气流振动产生的音响节奏、韵律特性的独到的理解与认识，并赋予其新的生命意识与表达寓意。

图片来源
图一、图五　陈述　拍摄
图二、图三　陈述　马丽　制图
图四　陈述、马丽、薛文婷　制图

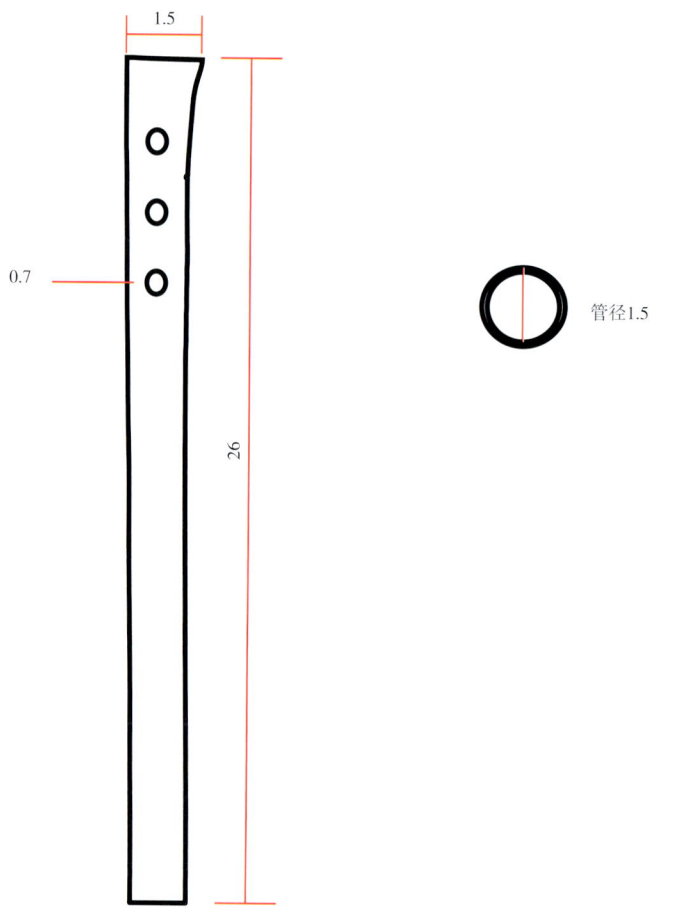

图二　塔吉克族鹰笛尺寸图（单位：cm）

图三 塔吉克族鹰笛操作示意图

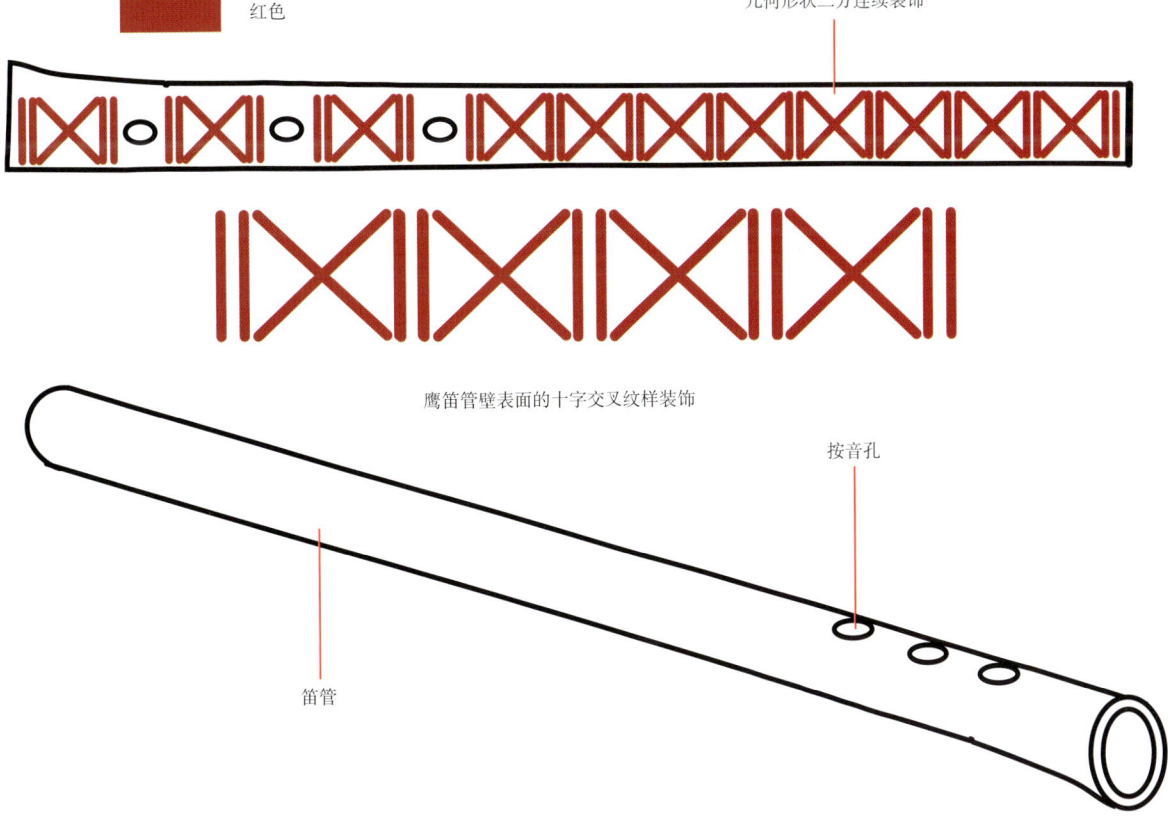

图四 塔吉克族鹰笛工艺分析图

171

图五　塔吉克族鹰笛实物图

塔吉克族马鞍

图一 塔吉克族马鞍主图

塔吉克族自古就生活在帕米尔高原上，长期以畜牧业为主的生活方式造就了他们为适应这里的自然条件而以马、牦牛、骆驼等牲畜为主要交通工具。牧民放牧转场都需要进行长途跋涉，有时还要渡河，马是比较可靠的交通工具，外出一般都骑马。因此马在塔吉克人的生活中发挥着非常重要的作用，马具基本上都是塔吉克人自制的，马鞍在骑行中是不可缺少的重要用具，马具的设计需要依据马背的结构及人骑坐的姿势来进行，便于人在骑行中减轻疲劳及降低不适感，又不造成对马背的损伤，并通过马具对骑行中的速度和舒适度进行有效控制，以保证使用中的安全。

草原离不开骏马，马背是游牧民族的摇篮。马背上的民族都重视马鞍的设计与制作，通常马鞍的形状为前后凸起，便于骑手在骑行中相对固定，不会由于颠簸从马上掉下来，使用马鞍来控制左右的平衡。马鞍主要由马鞍架、皮具构成，采取雕刻、镶嵌等工艺制作，一个马鞍的制作往往需要木匠、铁匠、皮匠来共同完成。由于特殊的自然及社会环境条件，塔吉克人制作马鞍往往是一人身兼数职，既做皮匠也做铁匠，马鞍制作的主材基本是日常生产生活环境中可获得的，首先选好相当的木料，并在上砍挖出马鞍的形状，一般用杨木或柳木，然后再上包皮子，固定并镶花饰，有的还用白银铜丝镶嵌，十分华丽。

马在塔吉克人眼里是"男人的翅膀"。每一个塔吉克家庭至少要有一匹马，并为之准备一副装饰精美的马鞍。

塔吉克人的祖先用马匹来祭祀太阳神。在西部帕米尔和七河地区的墓葬中，曾发现了许多祭马坑，出土了马头、骨架等残骸。这些祭马坑与太阳崇拜有直接的关联。现在塔吉克人用泥塑马鞍来代替马匹，将它们立在墓地里，成为一种普遍的墓葬方式。是生者祈祷死者能快马加鞭进入天堂。

塔吉克族马鞍制作精美考究，习惯采用黑色和橘黄色沿周边着色一圈，线条自然流畅，多用三角形、圆形图案进行分割组合，使用点彩的手法填充图案，鞍身多绘有太阳、植物、火等图案，象征神圣和光明，寓意幸福与平安。

马不仅是塔吉克人主要的一种交通工具，同时也是生活中不可缺少的一种乐趣。因为塔吉克很多的竞技都与马有关，如叼羊、赛马、打马球等等，马鞍更是起着至关重要的作用，马鞍是游牧民族重要的用具。由于游牧民族相似的生产、生活方式，使马鞍的设计原理及功能基本类似，但在装饰材料及环境等方面存在差异，使得塔吉克族的马鞍设计制作都呈现出本民族自身的特征。

图片来源
图一　陈述　拍摄
图二　马丽　制图
图三　马丽、刘陶　制图
图四　陈述、刘陶　制图

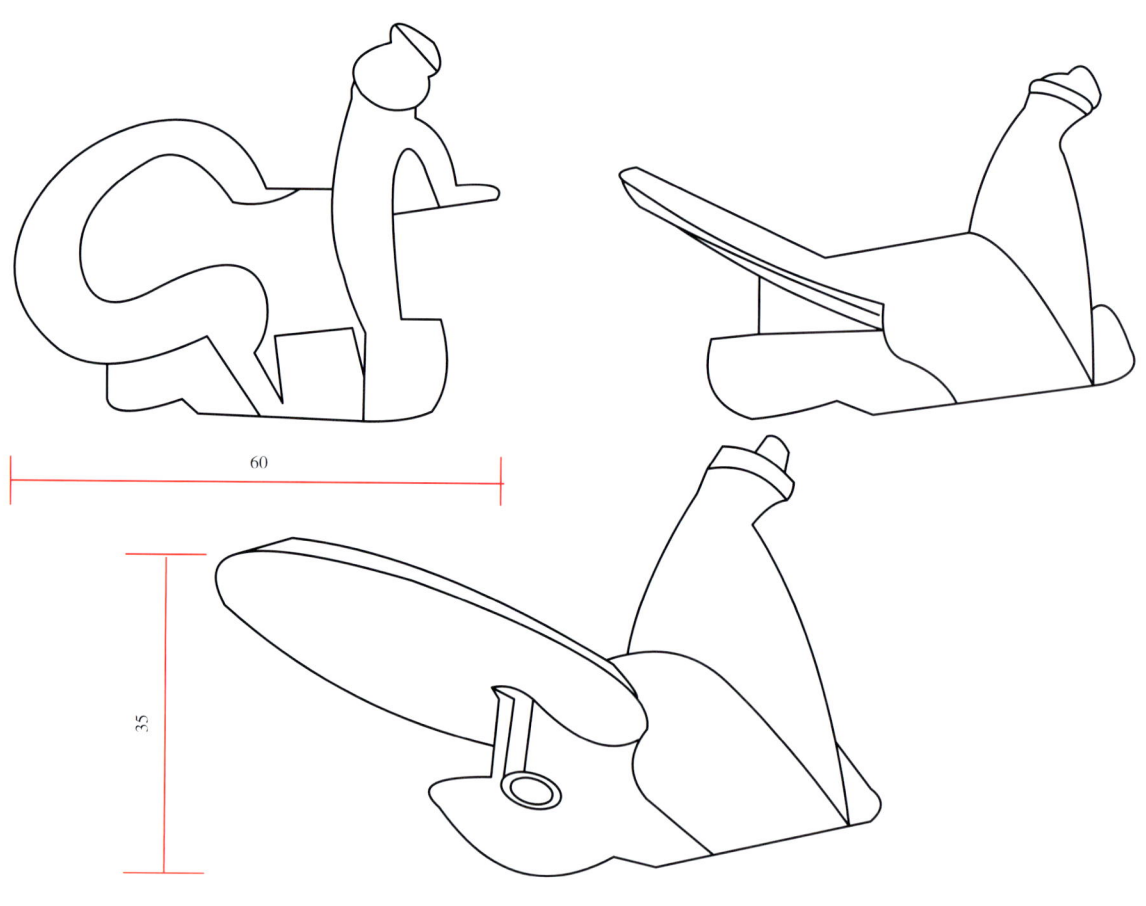

图二　塔吉克族马鞍尺寸图（单位：cm）

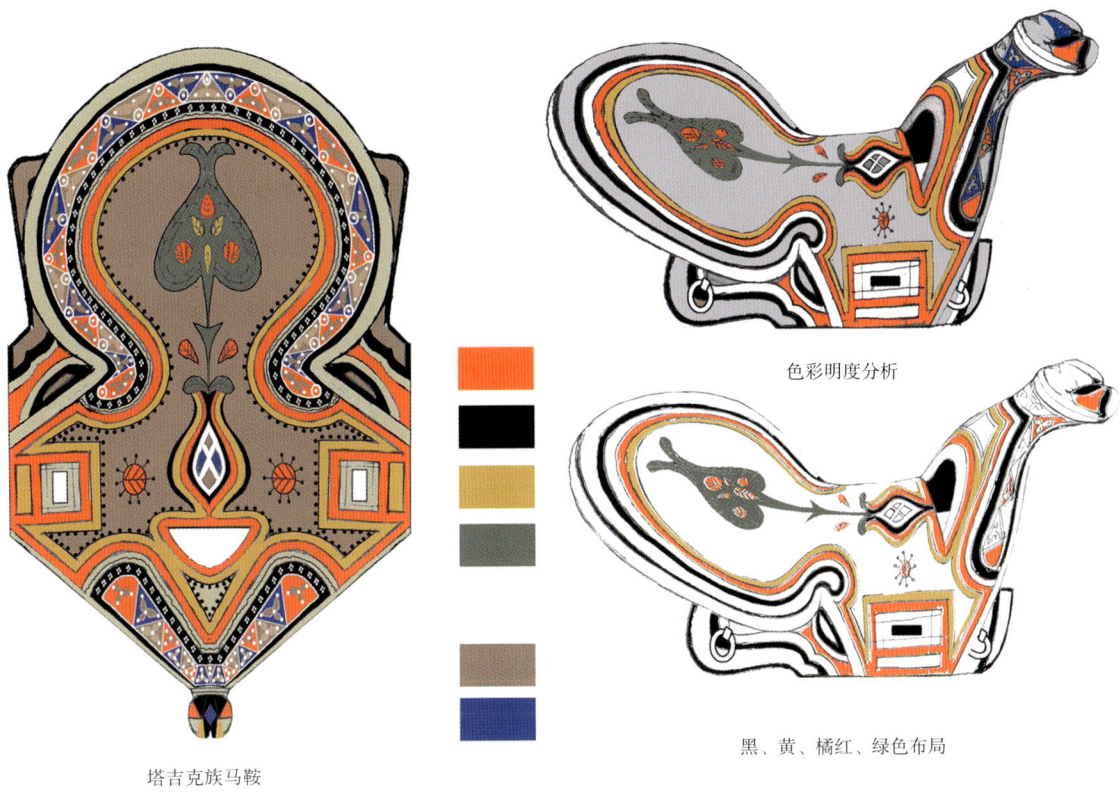

色彩明度分析

塔吉克族马鞍

黑、黄、橘红、绿色布局

图三　塔吉克族马鞍色彩分析图

图四　塔吉克族马鞍使用效果图

第四章　塔吉克族传统生活用具

175

塔吉克族逊其科比

图一 塔吉克族逊其科比主图

木勺，塔吉克语称之为"逊其科比"，为塔吉克族饮食常用的一种生活用具。生活在帕米尔高原的塔吉克族，也被称作"色勒库尔塔克"。"色勒库尔"意为"高山之地"或"高原"。高原气候寒冷干燥，紫外线照射强烈，昼夜温差大，平均海拔4000米以上。由于特殊的生态环境，农业生产一直以来都处在副业的位置，以畜牧业为主的生产方式使塔吉克牧民形成了以牛、羊的奶和肉为主要食物的生活习惯。牛、羊奶自然成为塔吉克族烹制食物的基础原料，用牛、羊奶来提炼酥油，制作酸奶、奶茶等。在煮制、灌装食用中都需要借助木勺。除了制作流质食物外，他们还制作很多粥类食物，如奶粥"西尔布林济"，奶粥糊"布拉玛克"等，由于营养丰富，香味浓郁，口感适中，是老人、病人及小孩常吃的一种饭，常常需要借助于木勺餐具来助食。

木勺为塔吉克族助食用的木制餐具，多选用青木、银白、杨木等制作。木勺按体积的大小不同在使用上是有区别的。大的木勺手柄长约35厘米，呈椭圆形的勺口约12厘米×8厘米，带导流嘴的为12厘米×35厘米，主要用于食物烹制。如将文火煮沸的牛奶用勺进行搅动，不让糊锅，奶皮需使用长柄勺收集等。不同食材的搅拌、盛放、舀入等等都需要用木勺。短柄木勺主要用于助食。特别是针对婴幼儿喂食特点还专门设计有左、右横向收口的木勺，便于流质食物汇集一处进入儿童口中。木勺是在大小适度的一块整木上使用工具进行砍、挖、削等方法制作而成，有的也将勺头和勺柄分开制作，采用木榫结构将勺头与勺柄进行连接固定。有的大木勺的长柄尾部设计成呈羊角形状的装饰造型，弯曲的木柄又可用来悬挂。木制的勺具有导热慢、不烫嘴、无异味等特点，使用随身携带的小刀及家用的手斧、砍砍子等就可进行木勺的加工制作，很适宜于以畜牧业经济生产为主的呈分散状居住的塔吉克族牧民独自加工制作。

逊其科比工艺制作设计是依据塔吉克族社会生产、生活实际中的饮食习俗特点对助食器具功能性要求进行，材料的选择及制作符合民族传统的生活形态，在造型及装饰设计上也充分体现出塔吉克人在长期的社会实践过程中的精神及情感意识。

图片来源
图一 陈述 拍摄
图二、图四至图七 赵笑天、郭婧 制图
图三 郭婧 制图

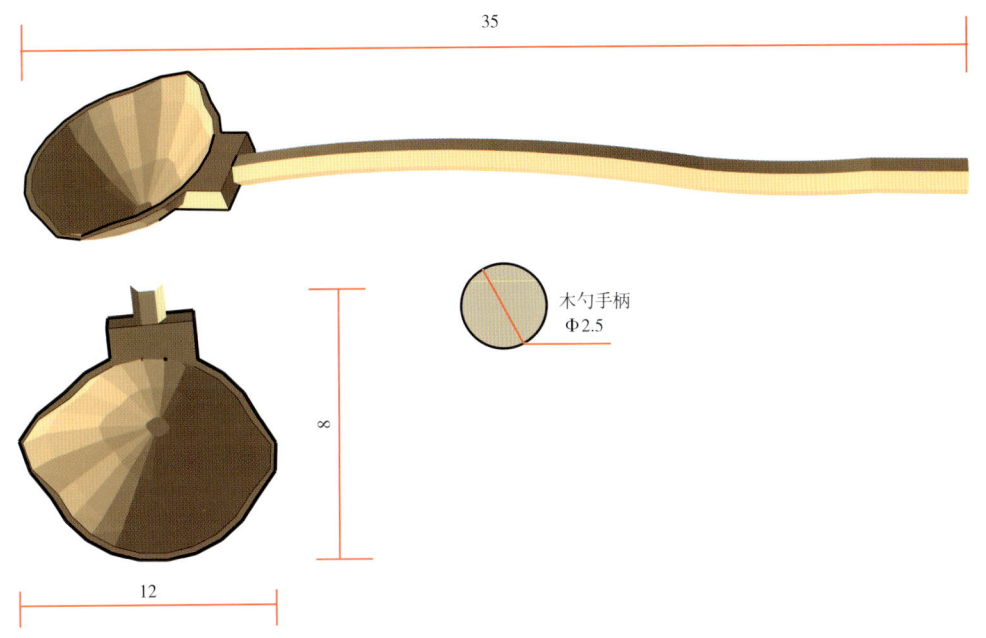

图二 塔吉克族逊其科比尺寸图（单位：cm）

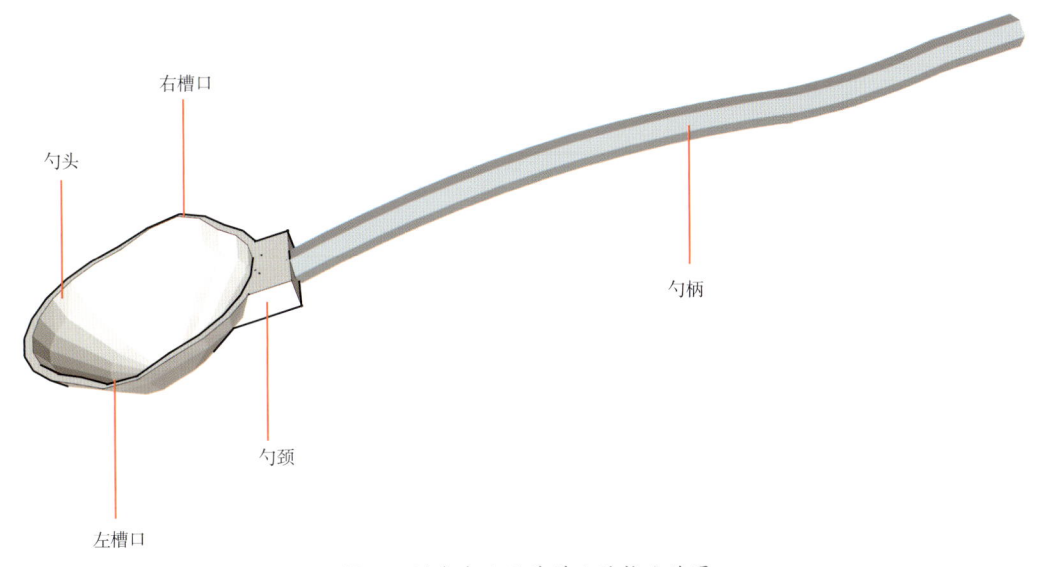

图三 塔吉克族逊其科比结构名称图

第四章 塔吉克族传统生活用具

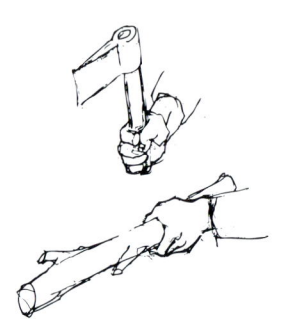
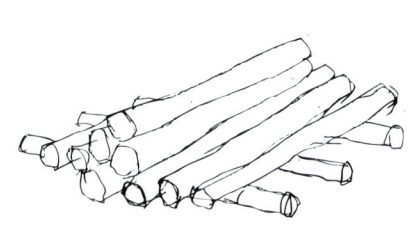
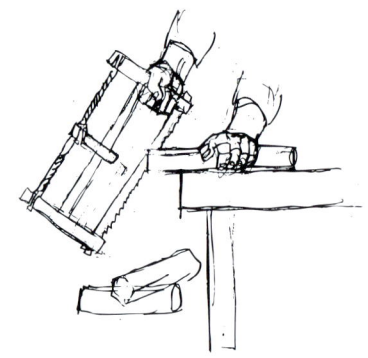

1. 整理木料　　　　　2. 搁置木料并使之自然干燥　　　　　3. 选取制逊其科比所用木料

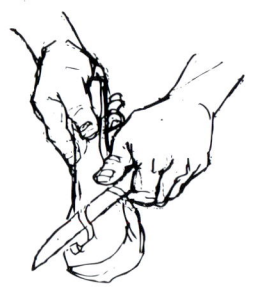

4. 削制出逊其科比的基本形状　　　　　5. 打磨抛光

图四　塔吉克族逊其科比工艺分析图

木榫结构　　木制勺柄与勺头分开加工，组合中以木榫结构连接，其制作方法原料选择余地较大，小块原料得到充分利用，制作对工艺技术要求高，榫口结构做到严丝合缝

一体结构　　一体结构在逊其科比制作中较为普遍，是古老制作方式的延续，一体结构利用木料自身的整体性，制作选料要求相对较高，质量相对稳定

图五　塔吉克族逊其科比结构图

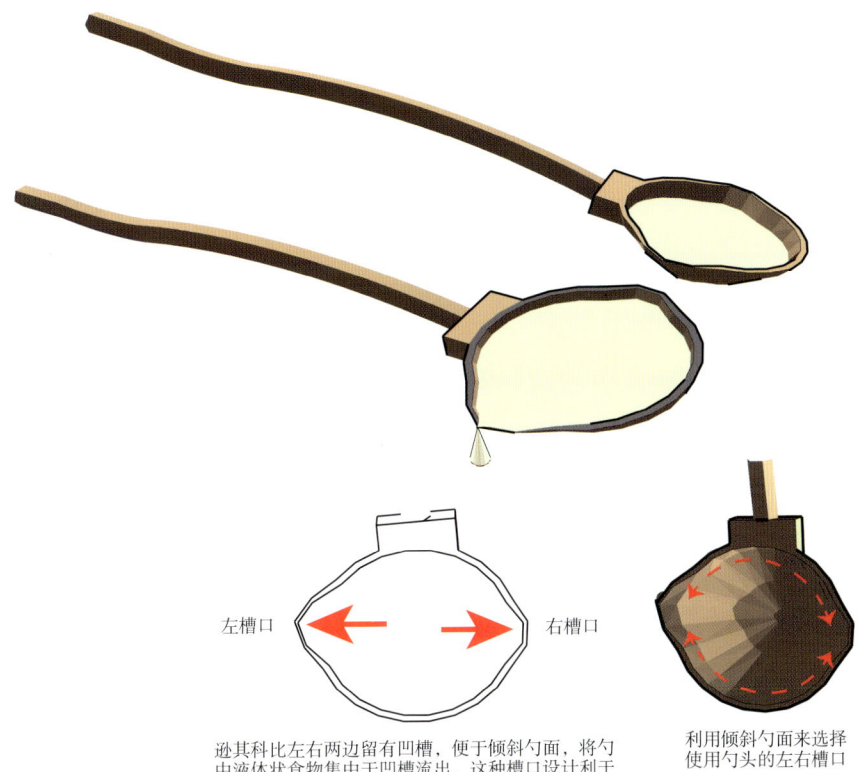

图六 塔吉克族逊其科比设计原理图

图七 塔吉克族逊其科比使用情景图

第四章 塔吉克族传统生活用具

塔吉克族秀古

图一 塔吉克族秀古主图

木桶，塔吉克族语称之为"秀古"，是一种用木料设计制作的生活用具。

由于特殊的环境条件及生产、生活方式，塔吉克族饮食主要以肉、奶食品为主。色拉、奶油、奶疙瘩、奶皮子、酥油是塔吉克族人非常喜欢吃的用奶制作的食品。

酸奶是塔吉克族经常食用的一种食物，是采用牦牛奶发酵的原理进行制作的一种美食。因牦牛生活在高原地带，牦牛奶富含脂肪，营养丰富，经过发酵后，奶中的脂肪酸比原奶增加2倍左右。食用后，更易被人体消化和吸收，发酵中的乳酸菌利于产生人体所需的多种维生素，使乳制品中的营养素吸收率明显提高。夏季饮用还具有解渴清暑之功效，是塔吉克人惯常食用的食品，也是招待来客的佳品。

木桶是塔吉克人生产加工酸奶所用的主要器具之一，其做法是将牦牛奶倒入木桶内，并兑入少量的酸奶做引子使其发酵，并使用木杵进行上下反复捣击，使其均匀发酵，并促成奶水分离。木桶具有导热慢、保温、无异味等特点，使用其做成的酸奶品质上乘，口感佳。牛奶发酵木桶呈圆筒形，高约120厘米，上口呈内缩状，直径约为35厘米，腹部口径约50厘米，厚度约5厘米，平时做酥油、奶疙瘩、酸奶都需要使用木桶。木桶由两块对接的半圆形整木拼合而成，是将选好的一截树木从中间剖开后使用工具将圆木中间凿挖掏空，形成装物品的空间，然后再对接合缝，使用牦牛毛或棉絮填塞缝隙并挤压扣紧，外用柳树枝加热后弯曲并绕木桶外径一圈扎紧，也可用毛绳缠绕加固。木杵手柄长约1.7米，头部装有呈"+"字形的木制叶片，在桶内捣击酸奶时接触面积大，受力易均匀，并显著提高了工作效率。

木桶是酸奶制作时必不可少的工具，其设计、加工与制作是围绕塔吉克人在特殊自然环境中形成的传统习俗而进行的，木料的选用及加工都反映出塔吉克族人以畜牧业经济为主的特点，利用对木料的凿挖以尽量避免过于复杂的施工所带来的技术性问题，使设计制作的程序更为合理，功效也更为明显，适宜于牧民生活需要。在夏季产奶高峰期，将大量牛奶通过这种方法制成酥油、酸奶疙瘩等，有效地解决了这类食物在储存方面所面临的问题。木桶不仅能进行酸奶、酥油的加工与制作，且一次性加工量也较大，能够满足塔吉克族人的饮食需求。木质材料具有较好的弹性，不易造成食物的霉变及异味，并易于搬运，成为生活中木器用具设计成功率很高的器具之一。

图片来源

图一　陈述　拍摄

图二、图八、图九　陈述、郭婧　制图

图三至图五　陈述、赵笑天　制图

图六、图七　赵笑天、郭婧　制图

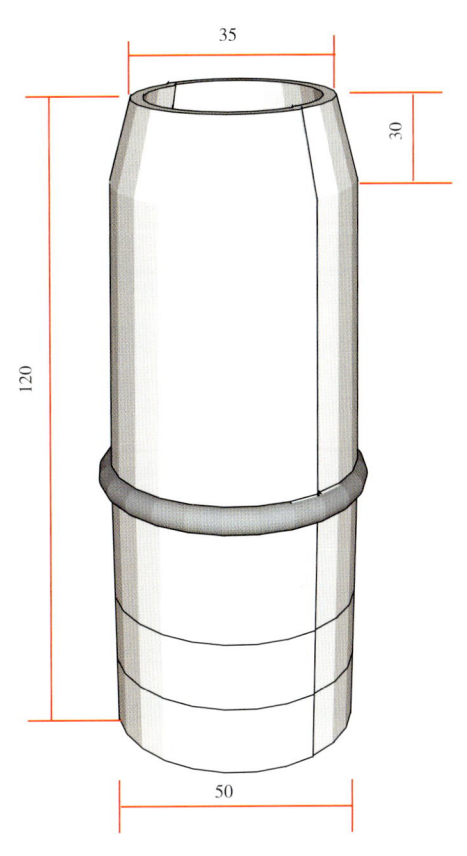

图二　塔吉克秀古尺寸图（单位：cm）

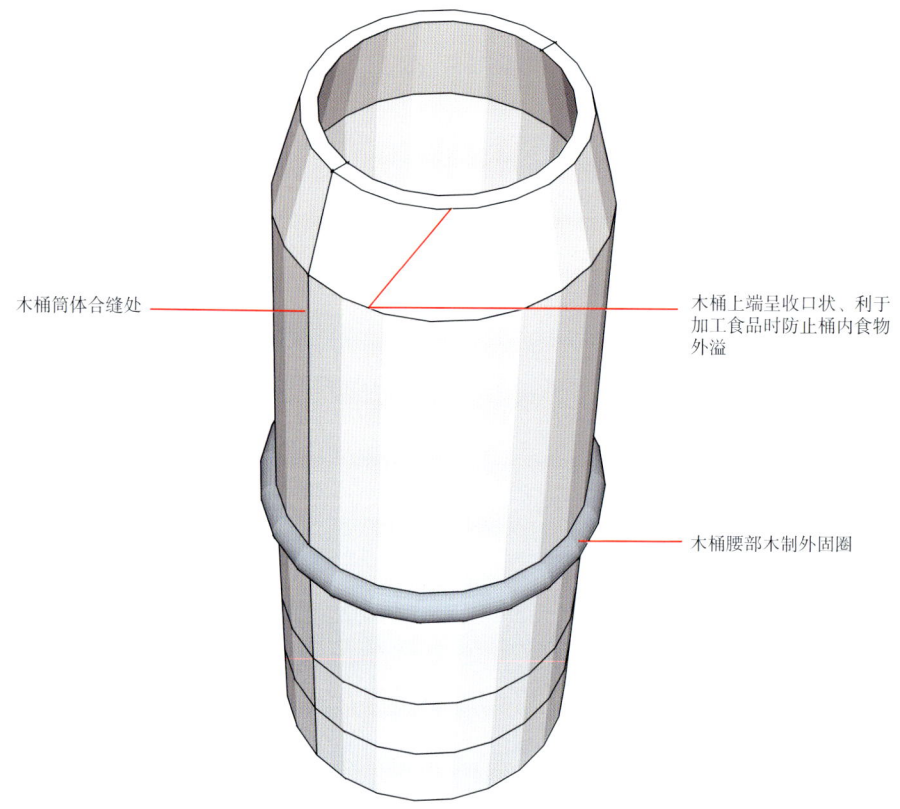

木桶筒体合缝处

木桶上端呈收口状、利于加工食品时防止桶内食物外溢

木桶腰部木制外固圈

图三　塔吉克族秀古结构分析图（一）

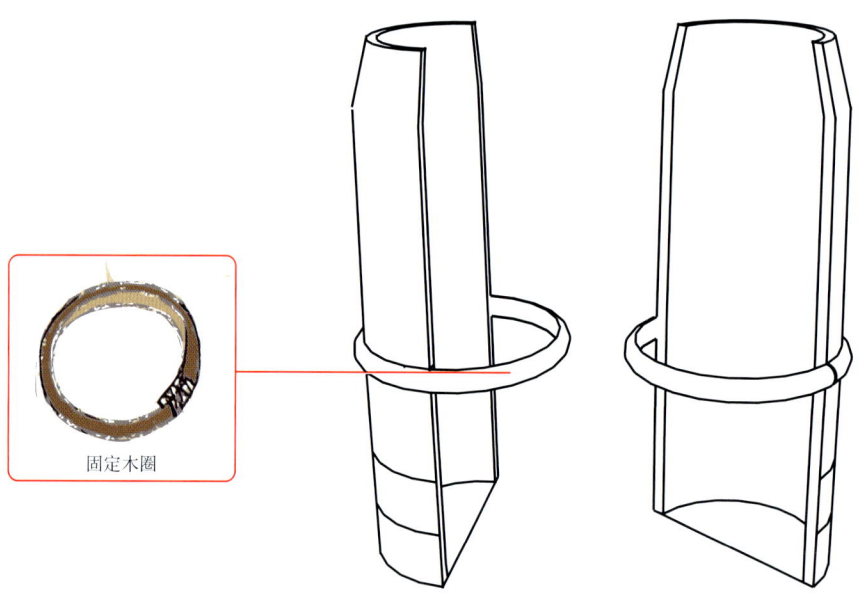

固定木圈

秀古制作采用实木掏挖的方式，工艺简便，易掌握，适于塔吉克族以大家庭生活结构模式下自我加工生产的实际需求。秀古主要用于加工奶制品，掏挖工艺有效解决了秀古底部渗漏问题，在外缠绕一圈木条用于加固桶体，使秀古在生活使用中的稳定性得到加强

图四　塔吉克族秀古结构分析图（二）

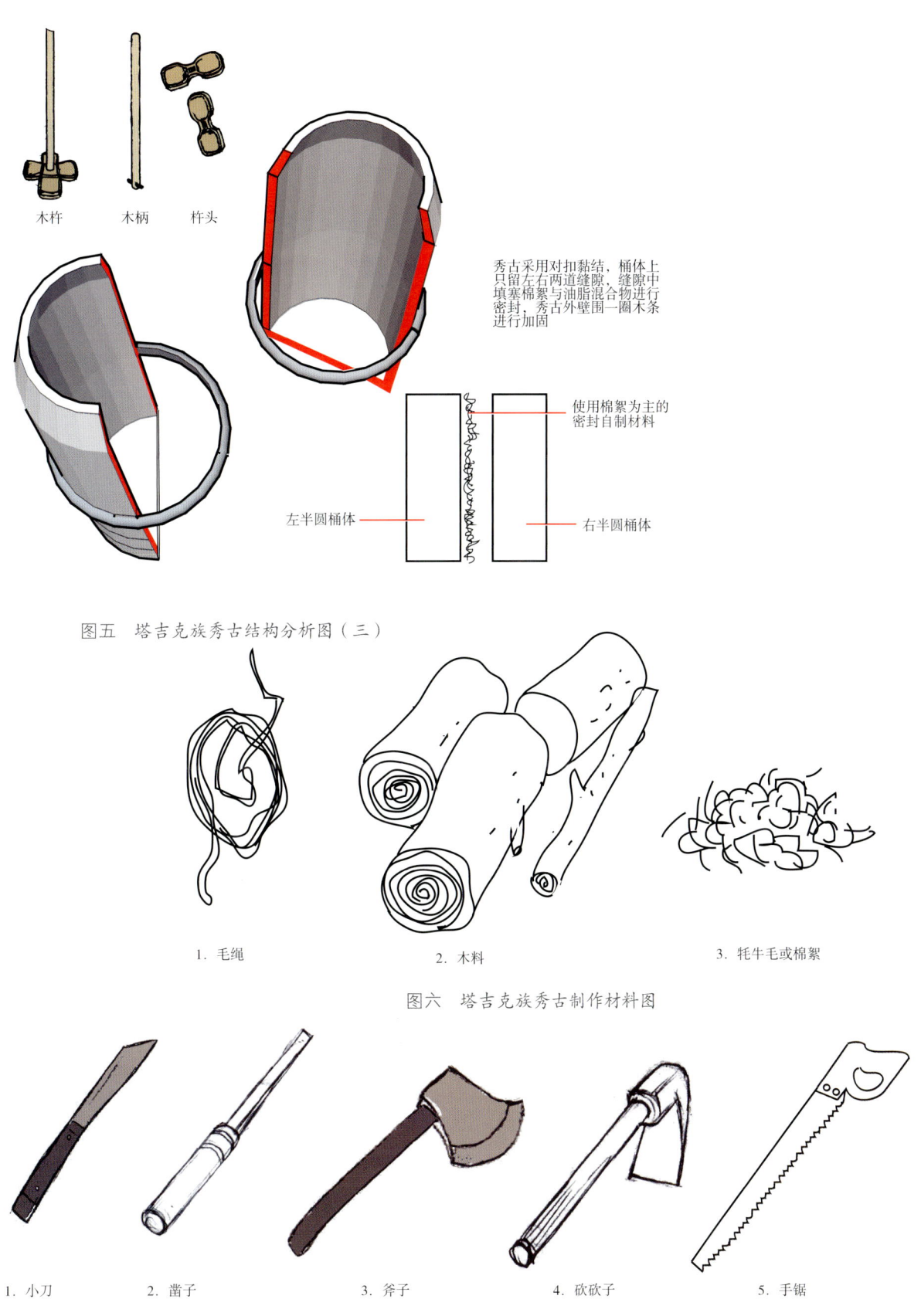

图五 塔吉克族秀古结构分析图（三）

1. 毛绳　　2. 木料　　3. 牦牛毛或棉絮

图六 塔吉克族秀古制作材料图

1. 小刀　　2. 凿子　　3. 斧子　　4. 砍砍子　　5. 手锯

图七 塔吉克族秀古制作工具图

图八 塔吉克族秀古制作工艺分析图

图九 塔吉克族秀古使用情景图

第五章 塔吉克族传统生产工具

塔吉克族坎土曼

图一　塔吉克族坎土曼主图

生活在帕米尔高原的塔吉克族是一个历史悠久的跨国民族。"帕米尔"在塔吉克族语中有最高的地方或肥沃的草原之意。地处高原地带，海拔高度多在200~4500米之间，山区气候干旱寒冷，四季不分明，历史上主要从事畜牧业兼营农业。由于条件所限，可用于农业种植的耕地面积较少，在长期不断的生产实践中形成了传统的农业耕作方式。出现了许多与这种农业耕作方式相适应的农业生产工具，坎土曼是农业生产中使用较为普遍的工具，一般为铁木结构，用于传统的修渠及引水。

坎土曼是由木把和铁板疙瘩两部分组成，用的时候（特别是新的坎土曼）首先需要先把木把和铁板疙瘩部分组装起来，组装方法是先把木把的一头往铁板疙瘩头部预设的圆孔捅进去，直到木棍塞满并挤住那个圆孔，用铁锤敲紧。木把的长短可根据个人要求随意截取。铁板疙瘩呈盾形，上厚下薄，有刃口，与木把连接，整体呈"7"字形状。

坎土曼与农具锄头比显得又重又大，但在高原地区使用却显出奇特的功效，使用时顺势提、勾、甩的动作就能将挖出的土甩在身后，作业面窄小易于控制，省时省力，如在操作中遇到较坚硬的盐碱地段时，可用铁板疙瘩重力敲击，使盐碱层震出裂痕后，再正面对着地挖下去，利用速度和坎土曼的头部重量使铁板面捅入裂缝，轻易就将板结的地面挖开了。

在塔吉克人外出时，坎土曼还能充当器皿。携带一把坎土曼，用餐时可把坎土曼的木把与铁疙瘩分开，临时将坎土曼的铁疙瘩改为一个餐盘，清理干净后，在上面盛放食物。

在塔吉克族传统农业中，因特殊的自然

条件对农业经济生产模式有相当大的影响。耕地多为较分散的若干小块冲击土层，修渠引水便成为农业生产的重要环节，而坎土曼则是挖渠开沟灌溉引水的重要工具。

坎土曼是塔吉克族从事农业生产活动中使用的重要工具，其结构简易，拆装便利，易于上手，特别适应于帕米尔高原环境条件下较为分散的小块耕地，用于引水、灌溉等开沟挖渠的工作。在实际的生产、生活中不断拓展其使用空间，使其在漫长的经济生产生活中被赋予新的文化内涵。

图片来源

图一　陈述　拍摄

图二、图三、图四、图六　赵笑天、郭婧　制图

图五　陈述、郭婧　制图

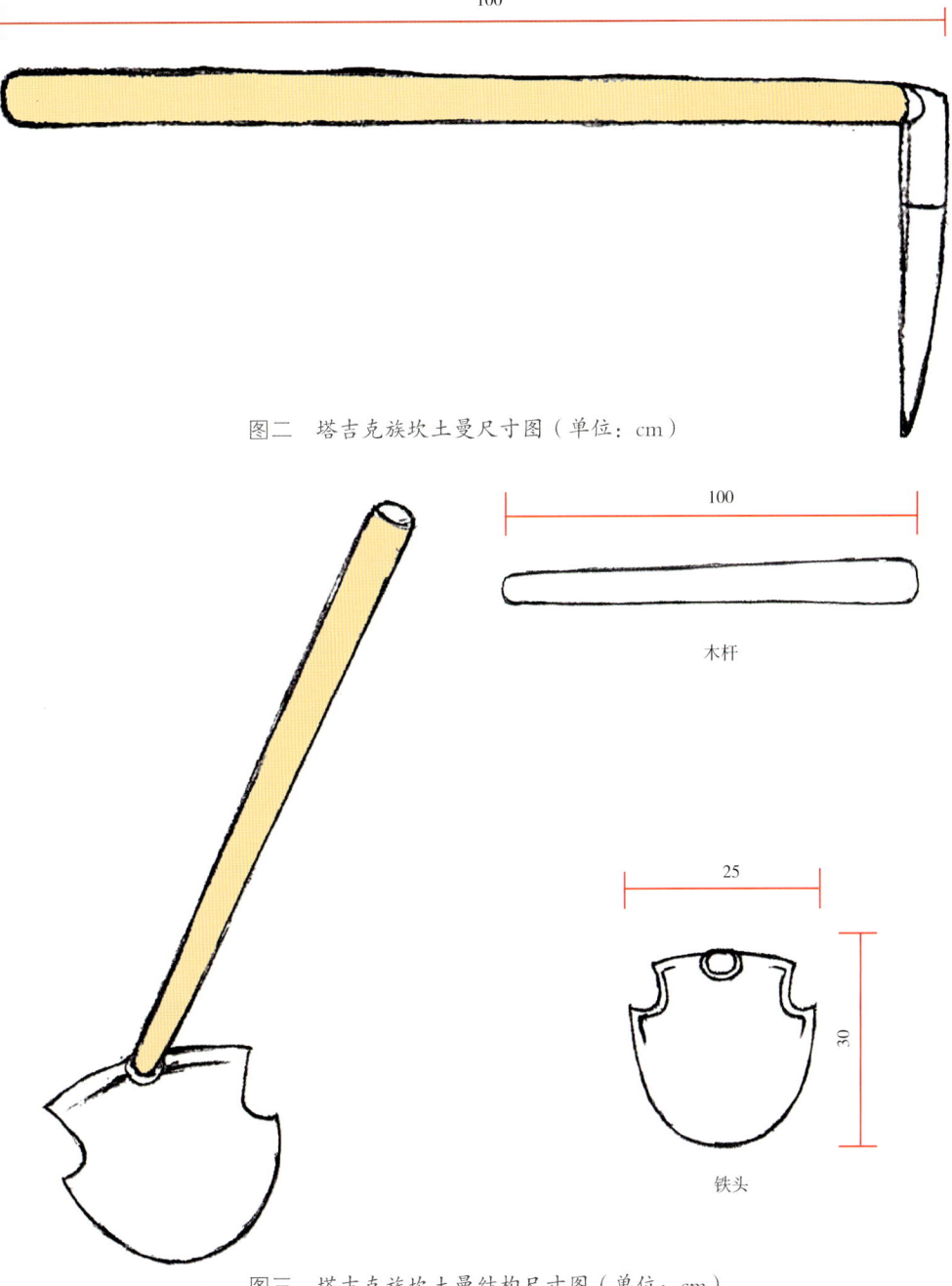

图二　塔吉克族坎土曼尺寸图（单位：cm）

图三　塔吉克族坎土曼结构尺寸图（单位：cm）

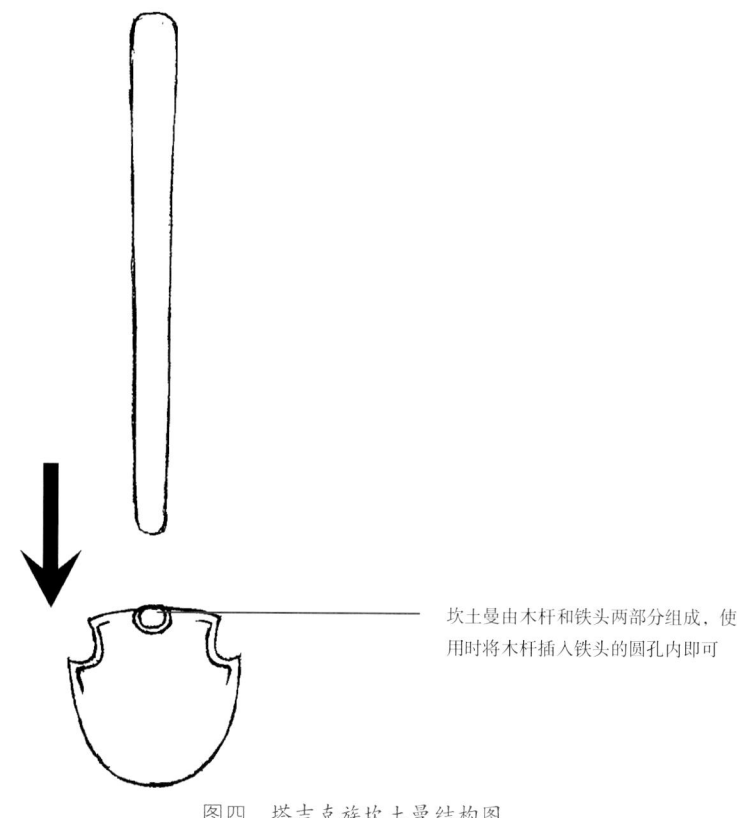

坎土曼由木杆和铁头两部分组成，使用时将木杆插入铁头的圆孔内即可

图四 塔吉克族坎土曼结构图

图五 塔吉克族坎土曼制作工艺分析图

图六 塔吉克族坎土曼使用情景图

塔吉克族大木

图一 塔吉克族大木主图

一种用于助燃的鼓风器具，塔吉克语称之为"大木"。

塔吉克族生活的帕米尔高原平均海拔4000米，帕米尔高原阻挡了冬春季节来自大西洋过来的湿润空气，喀喇昆仑山阻挡了夏季来自印度洋的季风，使帕米尔呈现高原山区温寒干旱气候，四季不分明，冬季漫长，气压低，缺氧，紫外线强，但热量不足，无霜期短。特殊的自然气候条件较适宜于畜牧业的发展，对于生活在这种环境中的塔吉克族人来说，对火的依赖程度更胜于海拔相对较低的其他民族，塔吉克族对火的敬畏及膜拜是主观意愿与客观现实相统一的，折射出塔吉克族在与自然关系中独到的哲学观念及意识。

生活在帕米尔高原山区的塔吉克族在室内修筑的灶膛深而大，主要是保证高原缺氧的环境下炊事时有较充足的氧气，位于上方的屋顶开设有天窗，除了采光的作用外，还利于加速空气的流通，有助于灶膛内炉火的燃烧。高原严寒的气候再加上缺乏燃料，含氧量也较平原地区低，利用鼓风器具进行助燃则能有效提高炉内温度，并使燃料得以充分燃烧。塔吉克族鼓风用具的设计制作过程是：先将整张的山羊皮剥下后用土碱法鞣熟，将四条腿部用皮条扎紧，在山羊皮颈部安装一根约15厘米长的凿孔木管，尾部用剪刀裁平，使用皮条将两块长约25厘米的木板固定在羊皮尾部，木板中间安装有木条和绳扣，操作时使用左手握住装于木板上的木条，将拇指和中指张开并向后拉，使羊皮后部张开的腔中充满空气，然后捏紧，使羊皮尾部张开的口子闭合，并向前推移，羊皮袋内充满的空气就会由颈部的木管中冲出，重复的操作产生连续性气流助燃，使炉灶的火势旺盛。

塔吉克族鼓风器具大木是一种助燃的工具，是特殊环境中使燃料能得到充分燃烧以提高热效能为目的的设计，由于高原环境条件下塔吉克族生活中所获取的便于燃烧的燃料相对缺乏，使用中也因缺氧使燃料燃烧不充分而造成浪费等，通过这一器具的使用，较好解决了这种问题，其材料的选择与制作的便捷及简易性非常适合于以畜牧业为主的塔吉克族，便于携带及易于掌握的操作方法，受到塔吉克族牧民的广泛认可，为塔吉克族经济生活中成功的设计案例之一。

图片来源

图一　陈述　拍摄

图二至图五　陈述、郭婧　制图

图六至图八　陈述　制图

图二　塔吉克族大木尺寸图（单位：cm）

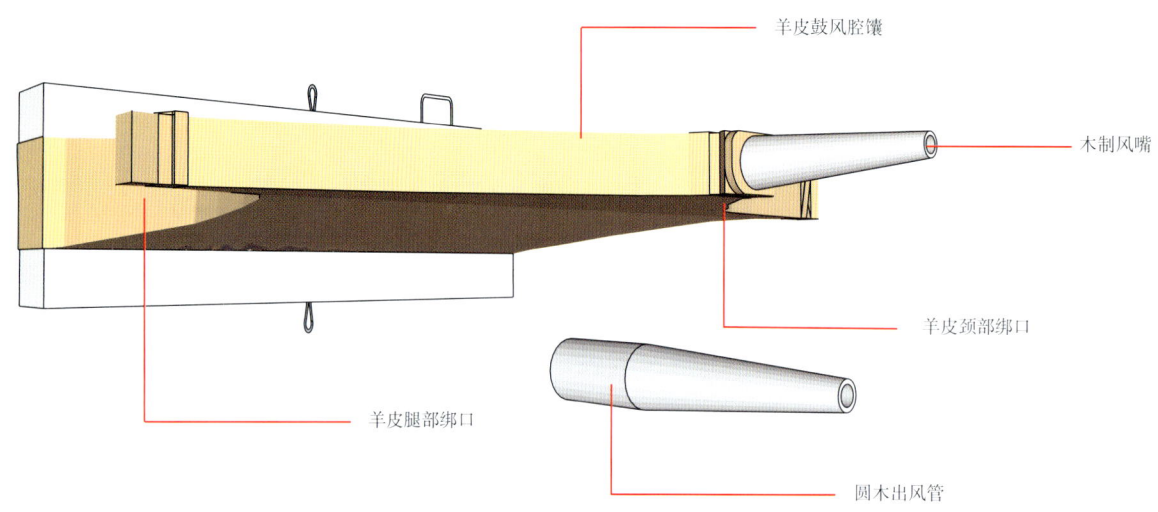

图三　塔吉克族大木结构名称图

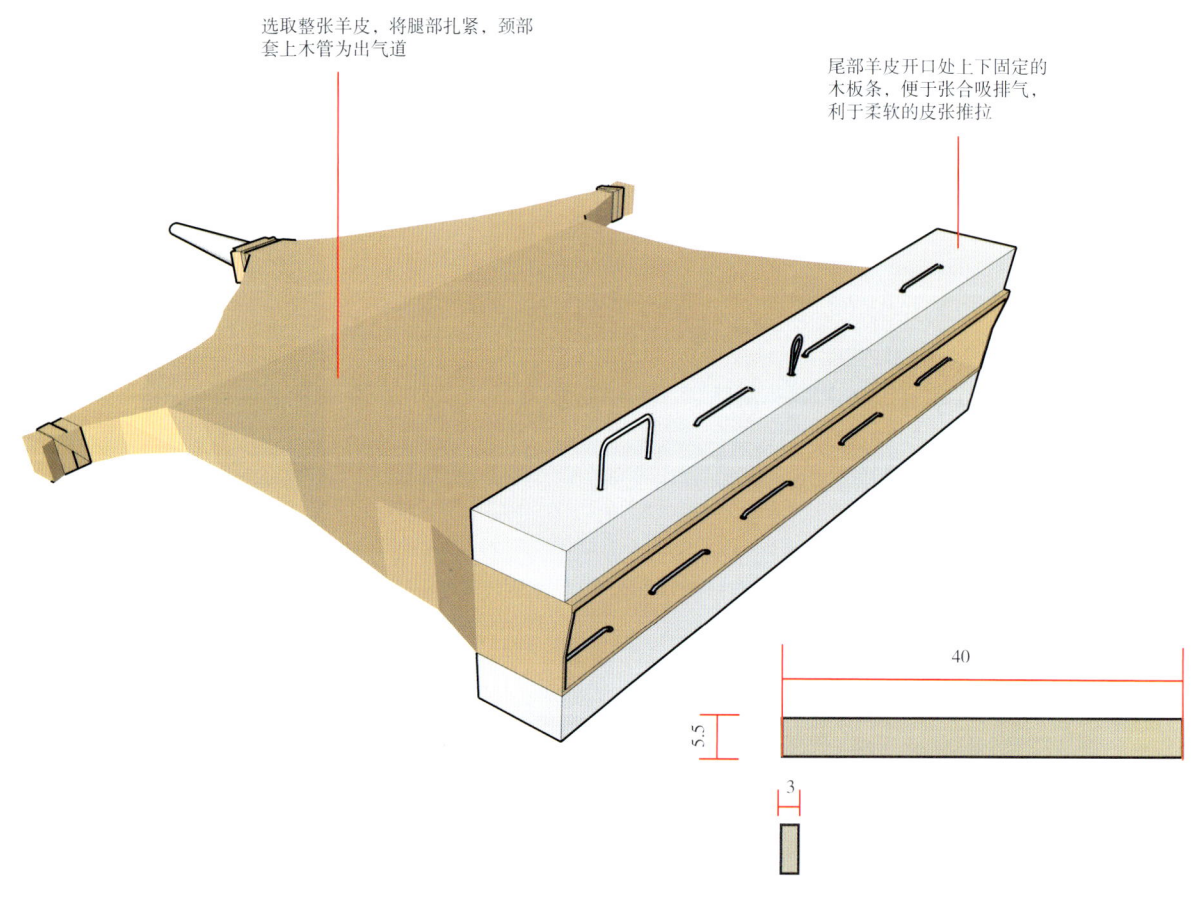

图四　塔吉克族大木羊皮腔馕尾部木条功能及尺寸图（单位：cm）

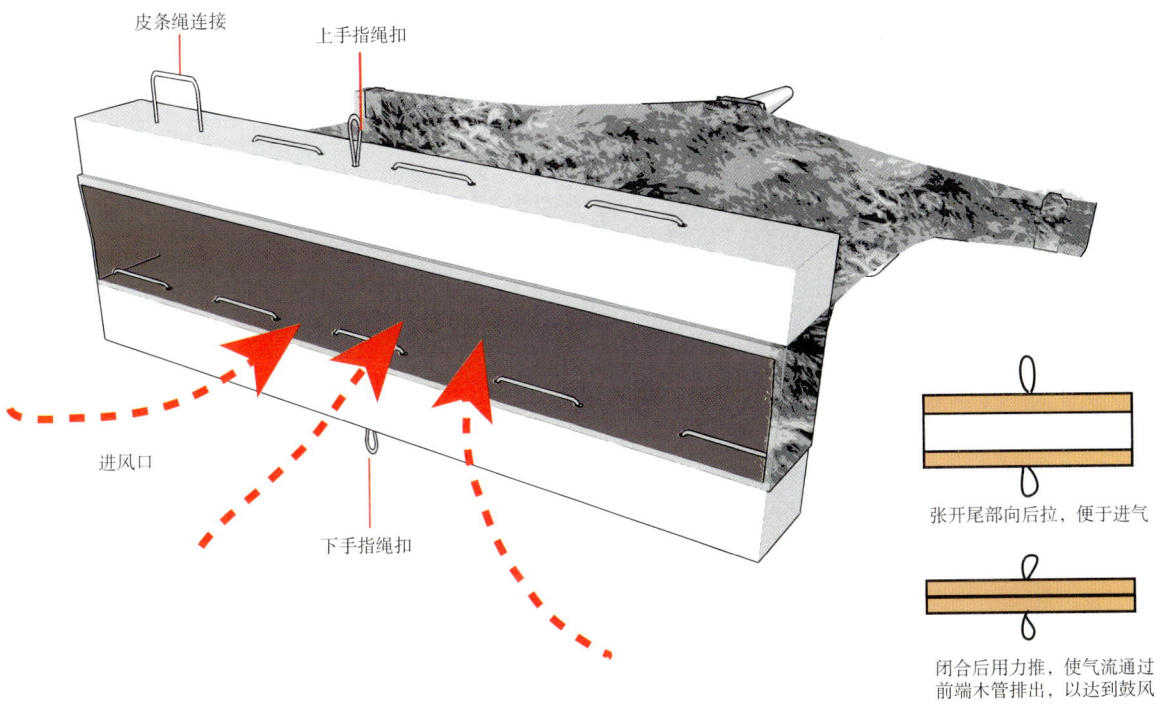

图五　塔吉克族大木鼓风原理图

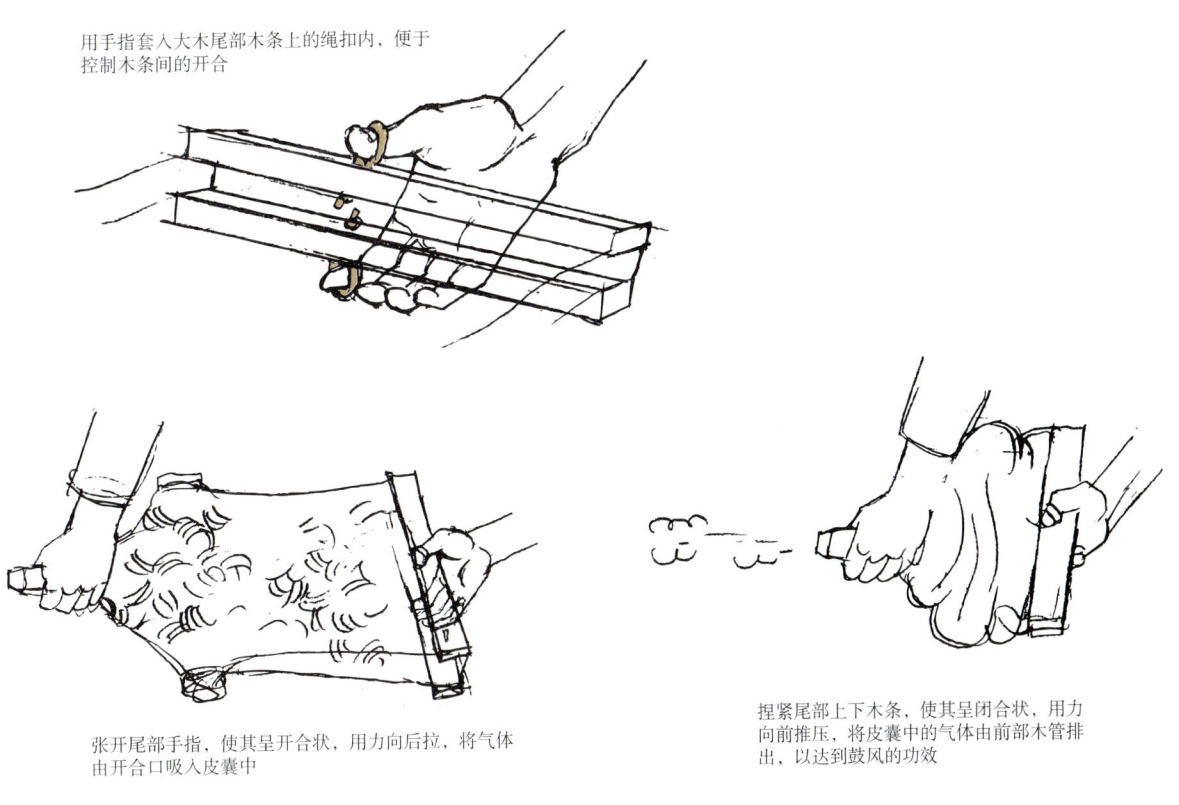

图六　塔吉克族大木操作示意图

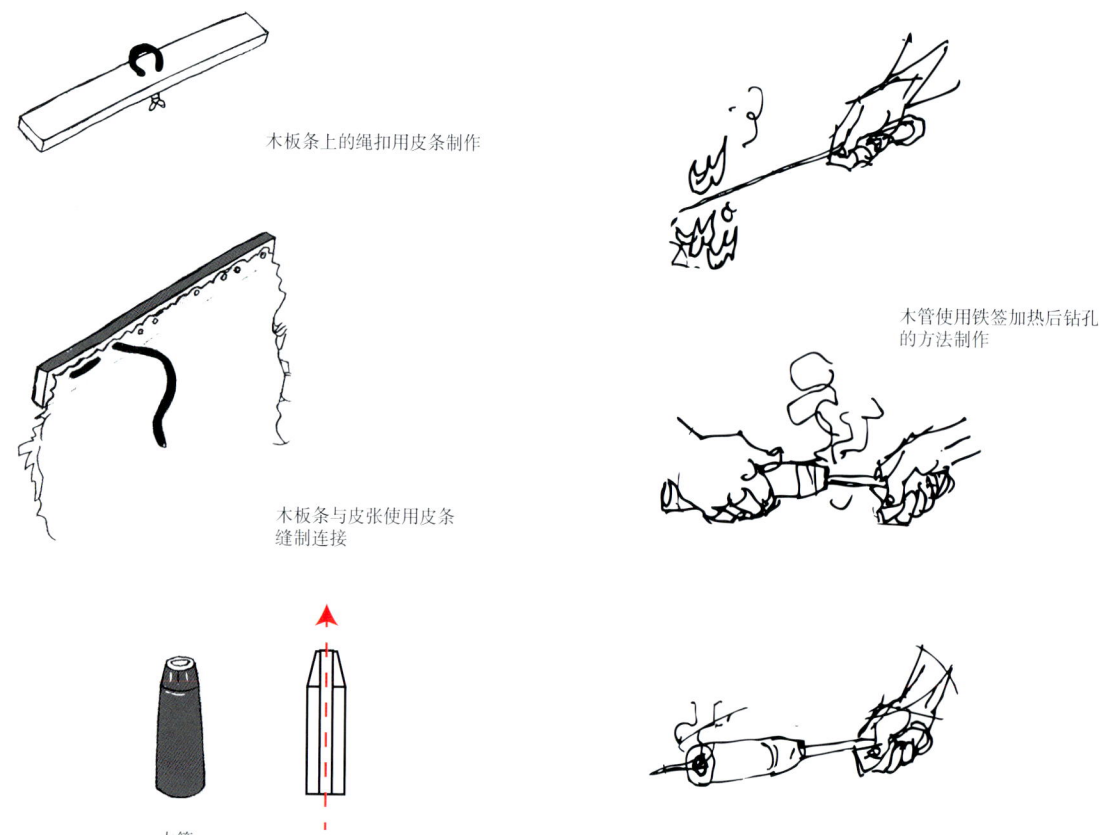

图七　塔吉克族大木制作工艺图

图八　塔吉克大木使用情景图

塔吉克族牦牛毛掸子

掸子是生活中清洁用具之一。

素有"世界屋脊"之称的帕米尔高原东部是我国塔吉克族居住地区。海拔多在3200~4500米之间，海拔最高处可达7700多米，享有"万山之祖"的美誉。由于这里地势高，温度偏低，冰山融化的雪水汇集的溪流形成的河谷地带分布有良好的草场，适宜于牧业生产。牦牛是帕米尔高原塔吉克族牲畜放牧中特有的牛种。牦牛一般生活在海拔3500米以上的高寒地带，是食草性动物。食草时只吃长出地面的草而不拔出草根，对植被的再生影响不明显，利于草场的循环使用。高海拔地区的自然环境条件也造就了牦牛独特的生理机能。牦牛大多为黑色、褐色、咖啡色，极少为白色，深色皮毛利于吸收光热，具有较好的保暖性、防水性及防潮性。

牦牛毛在日常生活中具有很多的用途，具有一定的经济价值。牦牛毛主要分为长毛、绒毛和尾毛，传统生活中常将牦牛尾毛用来做毛掸子使用。

牦牛尾巴是制作毛掸子的上佳材料，这与牦牛尾毛呈散状的生长结构有密切的关系。牦牛毛掸子恰好利用这个特点，使掸子在使用中不易变形、损伤，有效延长了毛掸子的使用寿命。牦牛毛掸子制作过程中首先要除去所选用的牦牛尾上的尾骨，抹盐进行防腐处理后晾干。将做好的木质手柄放置在除去尾骨的空间中，使用皮绳扎紧，再在手柄尾部的孔中穿绳用来挂放掸子，一把牦牛

图一　塔吉克族牦牛毛掸子主图

毛掸子的制作就算完成了。

　　牦牛毛掸子的木制手柄长约15厘米，牦牛尾部毛长约56厘米，全长71厘米左右。从色彩上来说，白色牦牛尾制作的毛掸子更显珍贵。首先是帕米尔高原白色牦牛数量稀少，而在塔吉克族传统观念中历来崇拜白色，认为白色是纯洁与永恒的象征。世俗生活中将仁慈的人称作为"白心肠"与诚实的人，也将漂亮的姑娘也比作白色。使用白色牦牛尾制作掸子更显其珍贵。

　　塔吉克族牦牛毛掸子设计是充分利用牦牛尾毛的生长规律及结构的结果，在使用中能达到除尘、驱蚊虫的目的。制作程序简练、合理，使用中因用力的大小使尾毛在空中呈不同的松散程度，达到很好的驱蚊虫的效果。牦牛密集的尾毛通过拍打，可去除衣物上的灰尘，是生活中极为实用的清洁用具。巧妙的创意，合理的结构，是利用牦牛尾毛设计制作的毛掸子所体现的功能，值得当下的设计师借鉴及参考。

图片来源

图一、图七　陈述　拍摄
图二　马丽　制图
图三　马丽、郭婧　制图
图四至图六　陈述、郭婧　制图

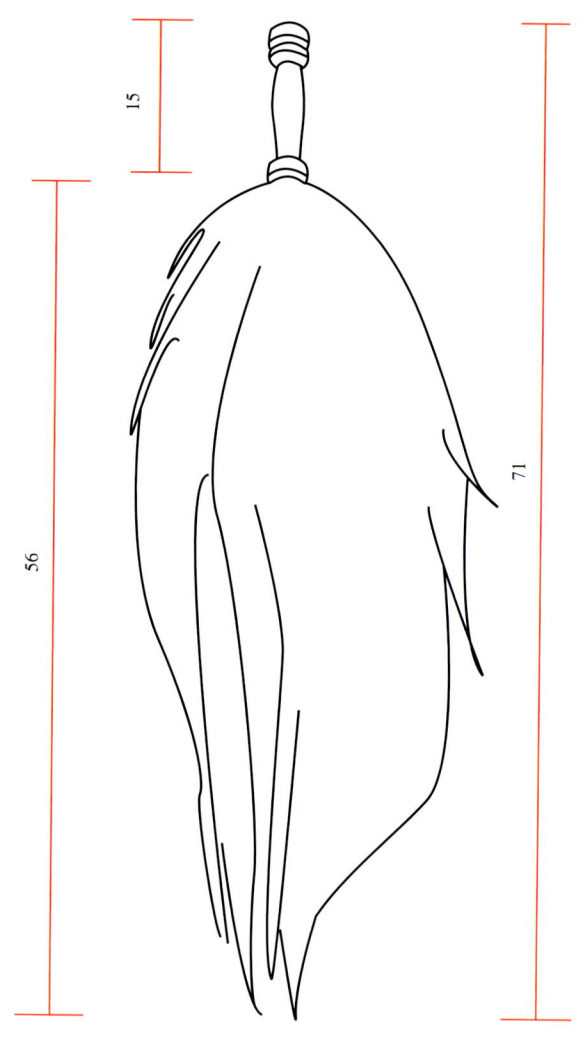

图二　塔吉克族牦牛毛掸子尺寸图（单位：cm）

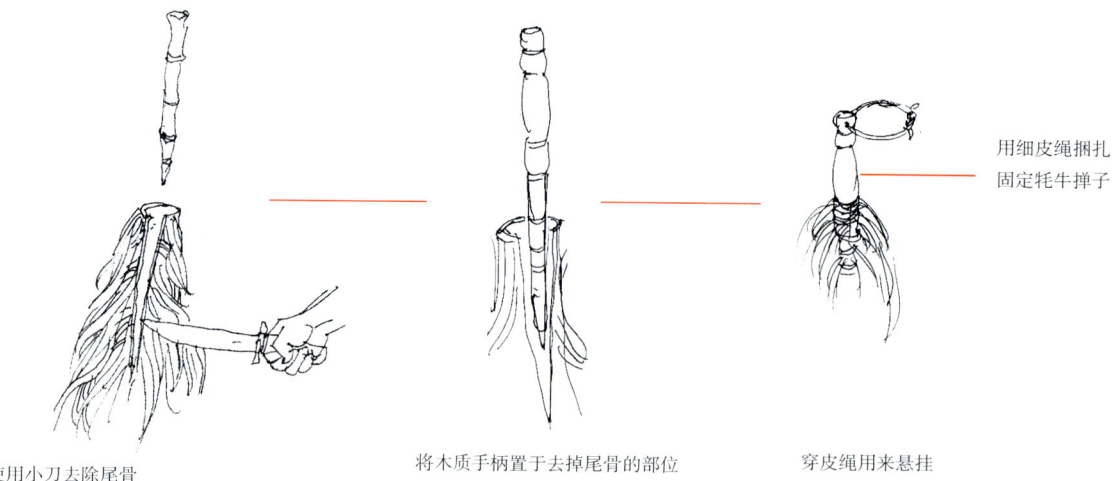

使用小刀去除尾骨　　　将木质手柄置于去掉尾骨的部位　　　穿皮绳用来悬挂

用细皮绳捆扎固定牦牛掸子

图三　塔吉克族牦牛毛掸子制作工艺图

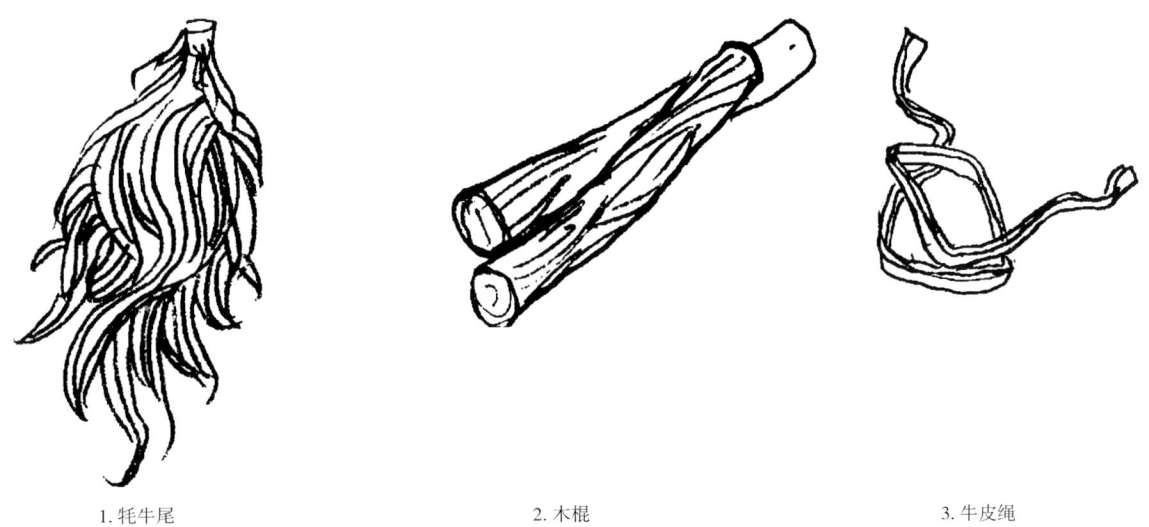

1. 牦牛尾　　　　　　2. 木棍　　　　　　3. 牛皮绳

图四　塔吉克族牦牛毛掸子使用材料图

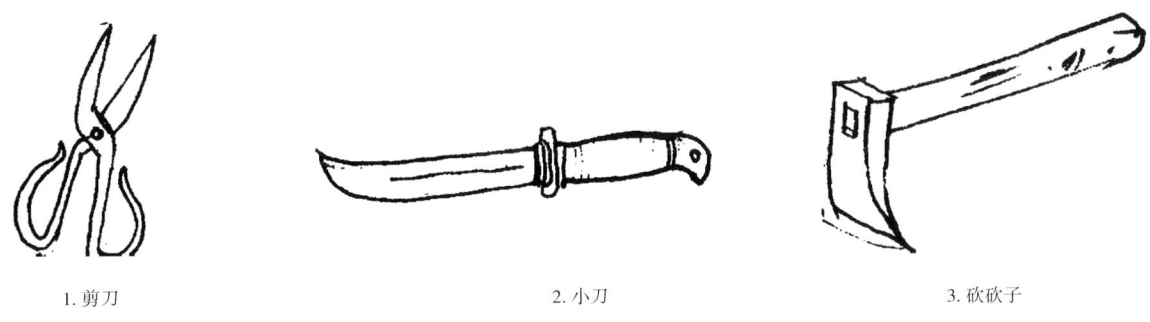

1. 剪刀　　　　　　2. 小刀　　　　　　3. 砍砍子

图五　塔吉克族牦牛毛掸子制作工具图

图六　塔吉克族牦牛毛掸子使用场景图（一）

图七　塔吉克族牦牛毛掸子使用场景图（二）

塔吉克族羊绒耙

塔吉克在历史上是一个以游牧业生产为主的民族。畜牧业是塔吉克族社会经济的重要的支柱，除提供日常生活所需的肉、奶等食品外，也是生活中毛纺织物原料的重要来源，社会经济价值比重已远远超过了农业。帕米尔高原特殊的自然环境条件，使塔吉克牧民惯于夏季在边远的高山草场放牧，冬季来临则转场到较低的冬季牧场。牲畜都需集中在村子里各家围起的草场畜养，并需准备大量的草料以备过冬。塔吉克族放养的牲畜主要以绵羊为主、牦牛次之，此外还有山羊、牛、马、骆驼等。羊毛主要用来纺线、织呢绒、做毡毯。羊绒则是从羊身上梳取下来的绒毛，其中以山羊的绒毛质量为最好，被认为是毛织物中的"纤维宝石"，也是目前所能利用的最佳纺织原料之一，也被称之为"软黄金"。

羊绒生长于山羊外皮表层，羊绒的直径比细羊毛还细，由鳞片层和皮质层组成。绒毛没有毛髓，入冬时长出，为山羊粗毛根部的一层薄薄的细绒，能有效抵御寒风。开春转暖后细绒会自行脱落，因此每年春季是获取羊绒的最佳时期。羊绒耙是塔吉克族专为收集羊绒所设计的一种工具，通过梳理的方式将山羊粗毛下的羊绒取出。为便于将羊绒取出又减少对羊皮肤的损伤，一般选择在脱绒的季节进行，即春季4~5月份当绒毛根部与皮肤脱离时（俗称"起浮"），梳绒最为合适。塔吉克族所使用的羊绒耙为一种铜丝梳子，通常分为两种：一种为稀梳，另一

图一　塔吉克族羊绒耙主图

种为密梳。稀梳一般由8~14根铜丝排列组合，密梳为14~16根铜丝排列组合，间距为0.3~0.5厘米，铜丝的头部直径为0.3厘米，铜丝的头部呈弯曲状，头部横截面边缘被打磨成秃圆形状，以免使用时伤及羊的皮肤。铜丝上排焊接一横向的铜条，用于固定排列的铜丝间距，在使用中不易造成变形。梳时用手握住铁质羊绒耙柄，从山羊头部梳起，另一只手在羊绒耙上稍下压来帮助梳绒。羊绒耙与羊皮肤呈30~45°的角，梳绒距离不宜过长，梳下50~100克的羊绒后取下再进行梳绒。梳绒时需选择天晴时进行，梳绒时需用力均匀，以避免对羊皮表面造成机械性损伤。刚梳下的羊绒被称为原绒，经清洗、分梳并去除其中的粗毛、死皮及皮屑后的羊绒被称之为毛绒，用其拧成毛线，就可用来制作毛衣、毛袜等生活用品。

羊绒耙是根据羊的生物性结构特点，通过梳理的方式来提取山羊原绒的一种工具，使用金属材质用铆焊的方式连接固定，不仅有效地提高了使用过程中工具的牢固程度及操作过程中的稳定性，其结构原理能很好地满足羊绒生产时的功能性需要，操作简易，携带方便，适宜于塔吉克人游牧的实际需要，为当时设计成功的案例之一。

图片来源
图一　陈述　拍摄
图二　马丽　制图
图三至图五　马丽、郭婧　制图

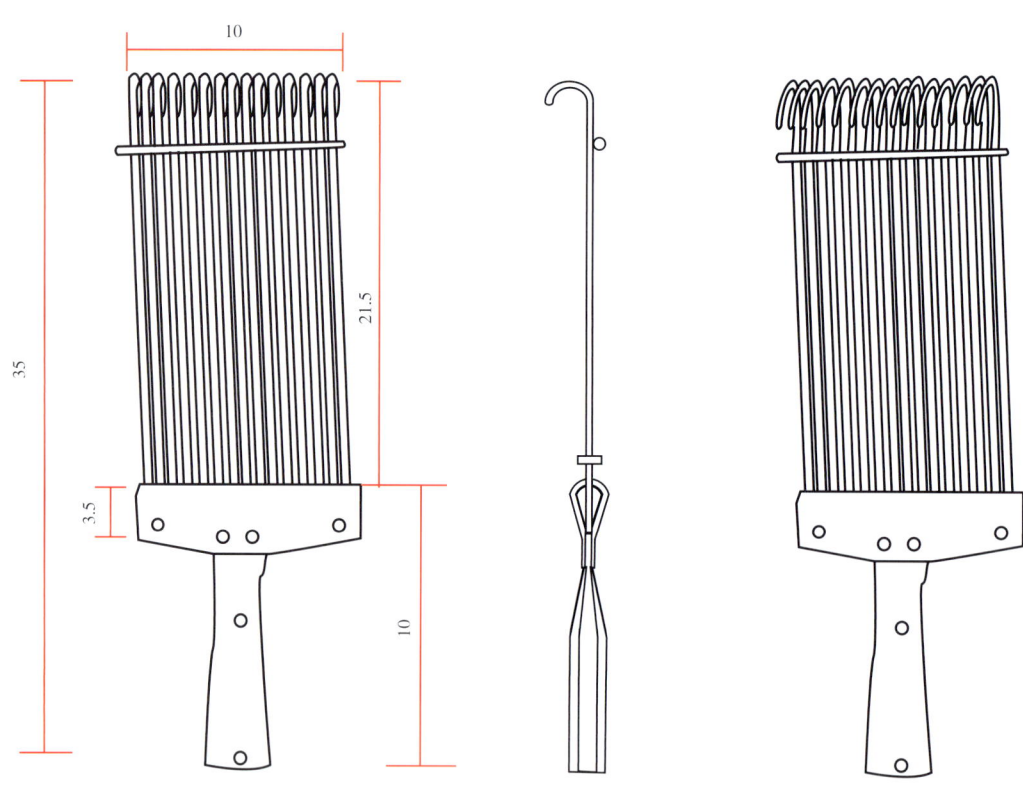

图二　塔吉克族羊绒耙尺寸图（单位：cm）

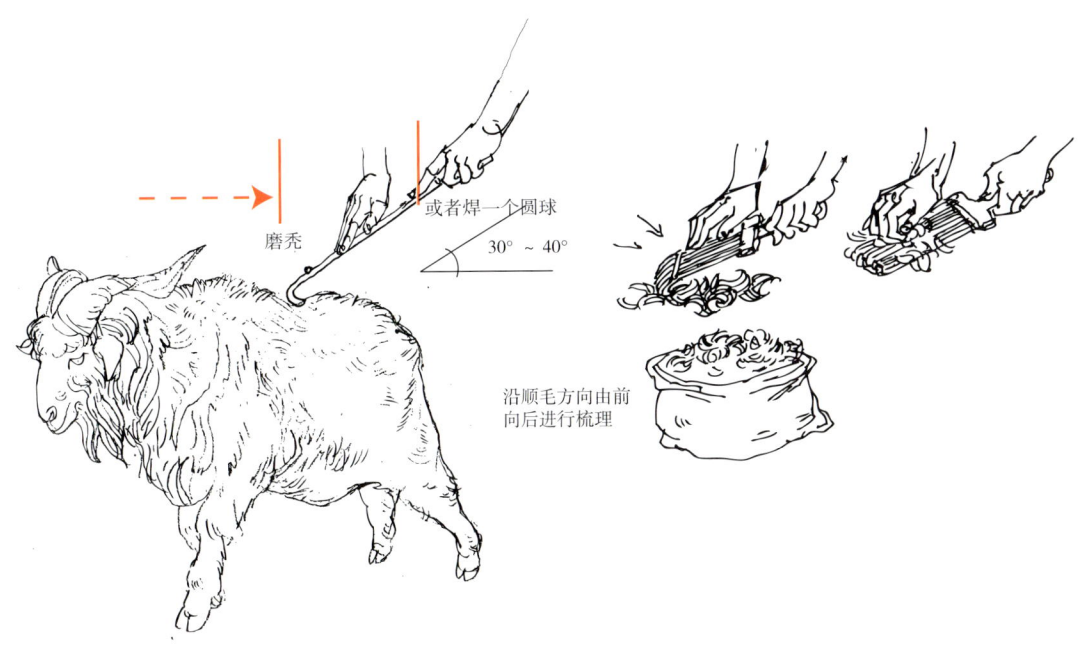

图三　塔吉克族羊绒耙操作示意图

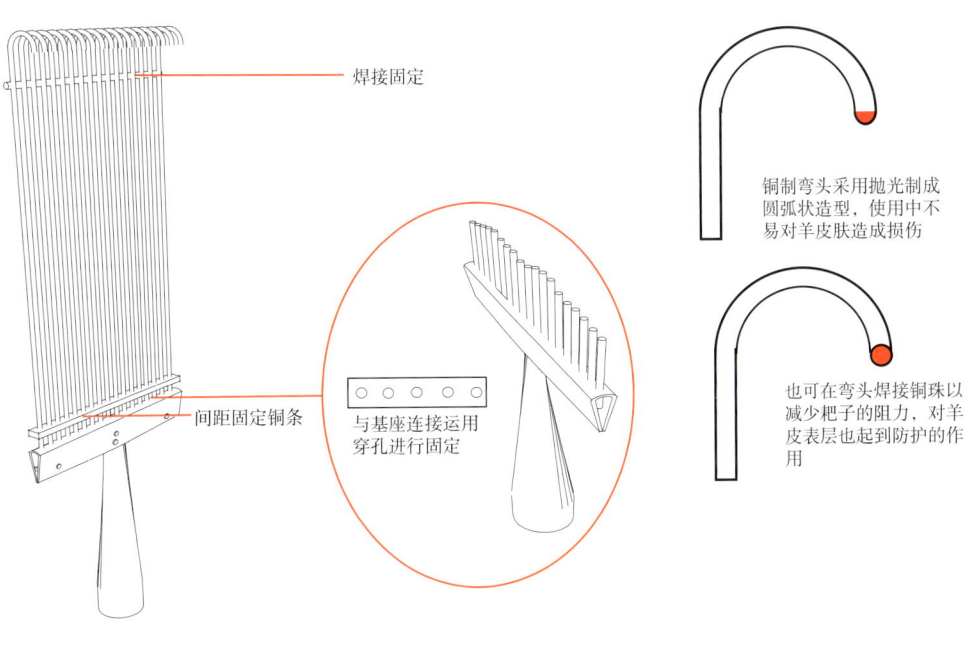

图四　塔吉克族羊绒耙组件工艺

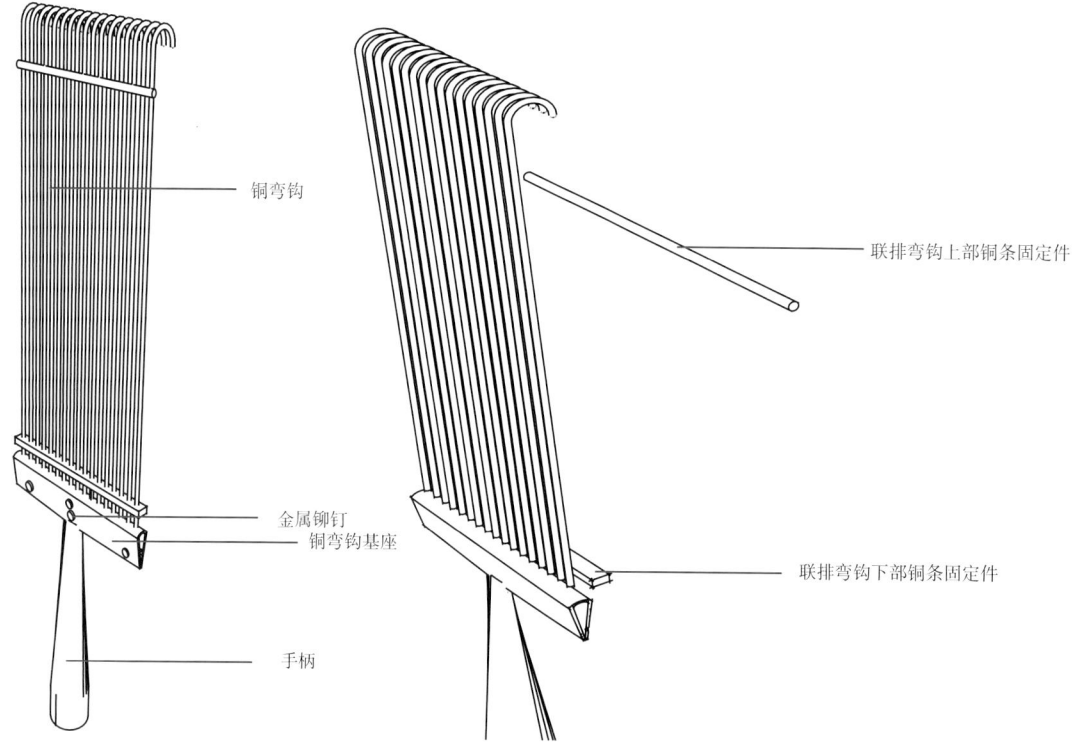

图五 塔吉克族羊绒耙结构名称图

塔吉克族达尔乌

图一 塔吉克族达尔乌主图

镰刀，塔吉克语称之为"达尔乌"，是一种收割工具。

塔吉克族以畜牧业为主农业为辅的生产、生活形态很大程度上是由所处的自然生态环境来决定的。生活在帕米尔高原的塔吉克族因冬季漫长寒冷，四季不分明，年平均气温在2℃~8℃左右，牧区最低气温可达零下42℃。在这样的环境中，农业耕种普遍采用"轮歇式"进行。对于一个塔吉克族大家庭来说，耕种的所有土地都由负责农业生产的家庭来统筹安排。一部分耕地休息，一部分耕地种植作物，通过"轮歇式"来保证土地的肥力。帕米尔高原的土地土层普遍比较薄，有的不足10厘米，土层下还有大量的石块，加上气候干燥，使用化肥易加速土地的碱性，使土地硬化结块无法续种。耕种的作物主要为青稞、小麦、土豆和豌豆。其中豌豆、青稞一般用作牲畜过冬的饲料。因此种植豌豆及青稞的田里生长有许多杂草，也可作为牲畜的饲料使用，基本不进行除草作业，秋季使用镰刀收割后晒干，运回并储存，以备牲畜过冬使用。

塔吉克族达尔乌为一种铁制的收割工具，装有木质长手柄。塔吉克族用于人工收割小麦等农作物。大镰刀刀刃呈锯齿状，多用于砍收饲草，通常也被称作"锤镰"或大镰刀，是塔吉克族较为普遍使用的工具之一。大镰刀主要由活动把手、铁质刀头及木质手柄三部分组成。大镰刀铁质头部长约一米左右，呈弯曲状，在靠近铁质镰刀的木柄上装有一个把手，主要用于在割草时作为另一只手的握柄。收割时，用于控制平衡及角度，需要在把手安装处的木杆上留下小豁口，便于固定把手，使之不易在使用时前后移动。闲暇时，可挂在房顶或树枝上。镰刀的一端设有两个螺丝孔，用螺钉螺帽将镰刀与镰把固定在一起。

达尔乌的木质手柄近220厘米长，收割时不用弯腰，操作上比较有力。因镰头长、且比较锋利，较小镰刀来说其工作效率高出2~3倍，故而受到牧民的普遍认可及欢迎。

达尔乌在设计上所体现的使用性能与塔吉克族以畜牧业为主的生产生活方式相吻合。大镰刀在收割的操作上相对于小镰刀来说具有省时省力的特点，并且提高了工作效率，一定程度上减轻了劳动的强度，满足了这种以畜牧业为主的生产、生活实际需要。合理的设计结构及适于操作的特点得到牧民普遍的认可与接受，并有机融入民族生产、生活当中，在不断地借鉴、交流、改造中成为民族生产工具设计表达的重要组成部分。

图片来源
图一、图八　陈述　拍摄
图二、图三　马丽　制图
图四至图六　陈述、马丽　制图
图七　陈述　制图
图九　罗小韵　拍摄

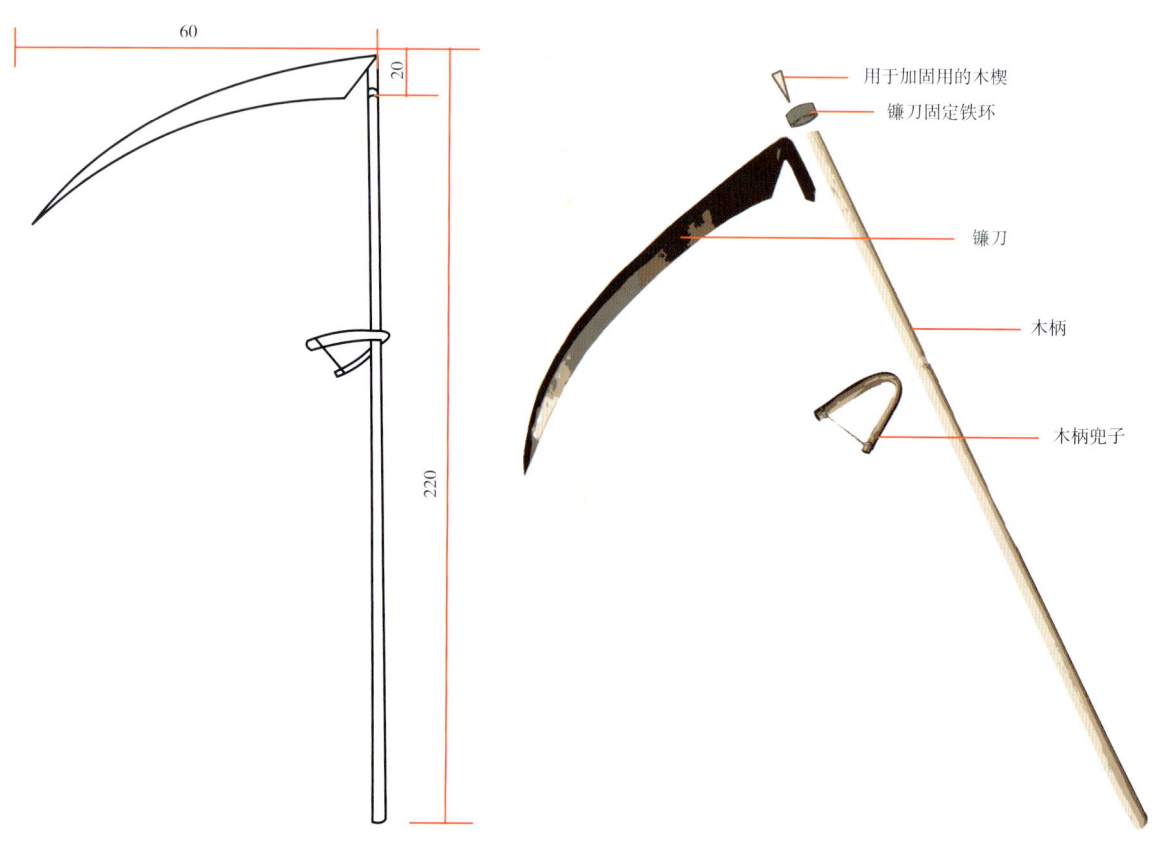

图二　塔吉克族达尔乌尺寸图（单位：cm）　　图三　塔吉克族达尔乌结构名称图

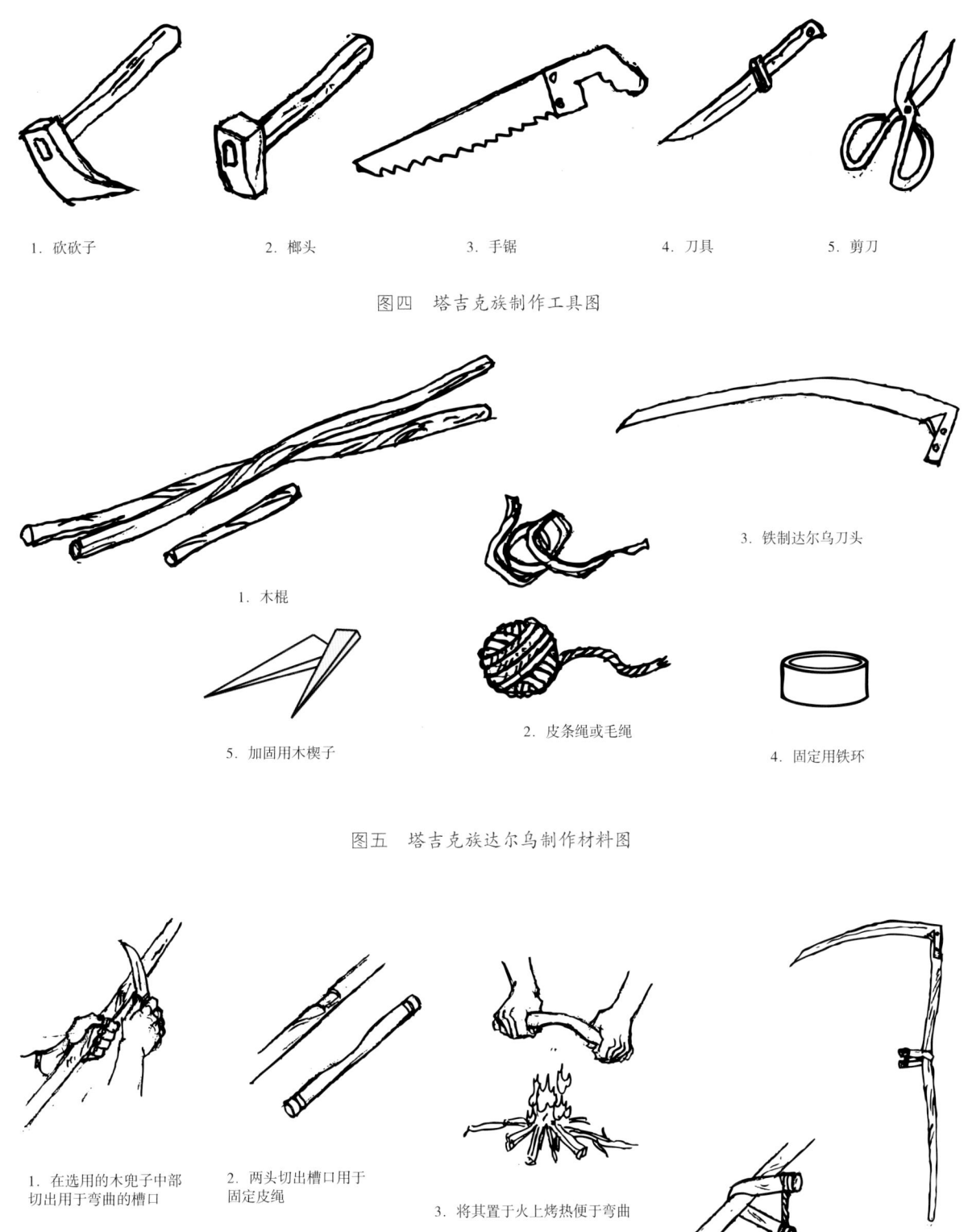

1. 砍砍子　2. 榔头　3. 手锯　4. 刀具　5. 剪刀

图四　塔吉克族制作工具图

1. 木棍　2. 皮条绳或毛绳　3. 铁制达尔乌刀头　4. 固定用铁环　5. 加固用木楔子

图五　塔吉克族达尔乌制作材料图

1. 在选用的木兜子中部切出用于弯曲的槽口
2. 两头切出槽口用于固定皮绳
3. 将其置于火上烤热便于弯曲
4. 用皮绳缠紧以将其固定在达尔乌长木柄杆上
5. 木兜子位置

图六　塔吉克族达尔乌木柄兜子制作程序图

第五章　塔吉克族传统生产工具

左手紧握镰刀木柄长杆

右手握木柄把手

对准草根部用力挥动达尔乌,由右向左重复运作将草丛割倒晾晒,晒干后收拢储藏以备作牲畜过冬的饲料

图七　塔吉克族达尔乌操作示意图

图八　塔吉克族达尔乌使用情景图(一)

图九　塔吉克族达尔乌使用情景图（二）

塔吉克族塔皮其

图一　塔吉克族塔皮其主图

引水杆，塔吉克语为"塔皮其"，即高原环境中所使用的一种农事工具。被誉为"世界屋脊"的帕米尔高原，是塔吉克族主要生活的区域，由于气候独特，地貌复杂，高原山区温寒干旱，四季不分明，冬长无夏，降水稀少，每年无霜期只有2个月左右，因此每当春季来临，塔吉克牧民都要及时在可耕种的谷地里引水灌溉，播下谷种后上山放牧，到秋季谷物成熟后回村收获。由于降水量有限，干旱持续时间长，农田灌溉成为塔吉克族农事中重要的环节，并形成了传统习俗节日——引水节，反映了塔吉克族与高原环境相适应的一种生产活动。

帕米尔高原由于气候寒冷，日温差大，春季来临时，仍要动员全村去开渠引水，所谓开渠主要是以破冰的方式疏通水道，使水能按设定的路径用于农田灌溉，塔皮其在农田灌溉时发挥了很大的作用。塔皮其为乔灌木制的长杆，其长度约220厘米，直径约3.5厘米，木杆的一头用刀斧削尖，由于农田地表土壤高低差异，易造成灌溉的水量不均，使用木制引水杆在不平的田地灌溉时，用力划出沟槽以利水向地势较低洼的方向流去，用以均衡农田灌溉，并有效降低农田灌溉中对水资源造成的浪费。

塔皮其具有制作简易、取材便利的特点，符合高原特殊自然环境中农田灌溉的实际需要，具有很强的操作便利性。塔皮其的使用，既实现了农田灌溉的相对均衡，又在一定程度上节约用水，其本身不需过多投入的设计创意，符合塔吉克族在特殊自然环境下的实际状况，其简洁、实用性的设计特点受到塔吉克族人的广泛认可。

图片来源
图一、图四、图五　陈述　制图
图二　马丽　制图
图三　陈述　马丽　制图

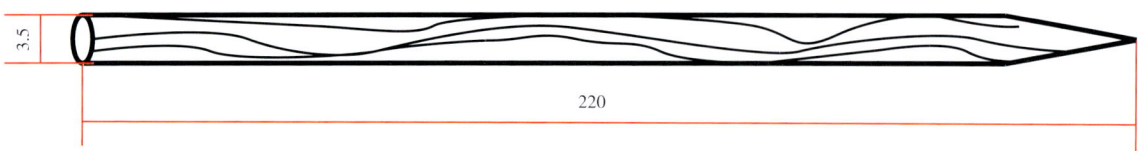

图二　塔吉克族塔皮其尺寸图（单位：cm）

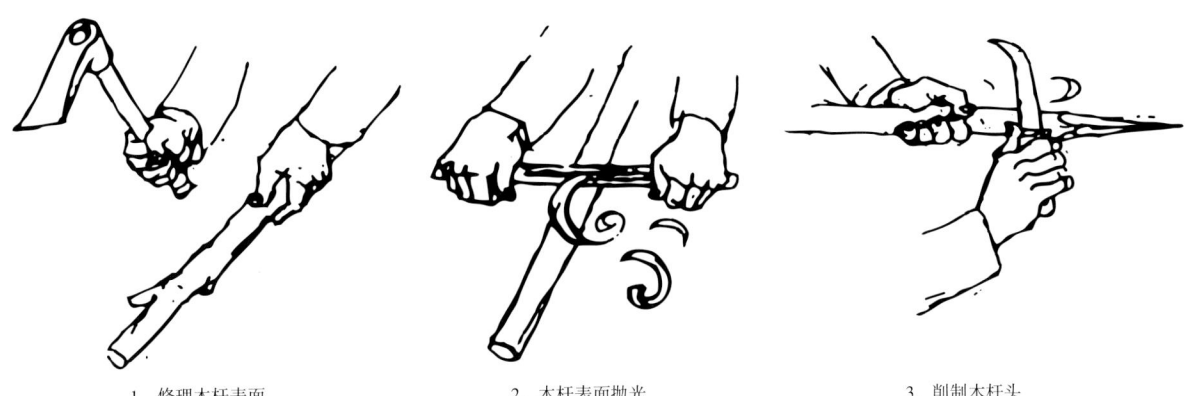

1. 修理木杆表面　　　　2. 木杆表面抛光　　　　3. 削制木杆头

图三　塔吉克族塔皮其制作程序图

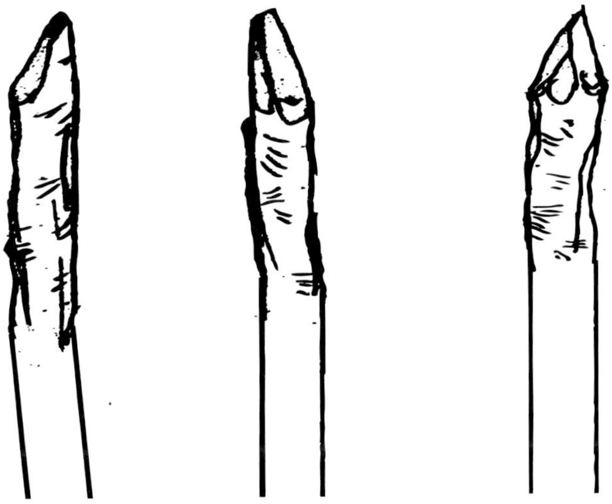

图四　塔吉克族塔皮其造型

图五　塔吉克族塔皮其操作示意图

第五章　塔吉克族传统生产工具

塔吉克族斯普尔

图一　塔吉克族斯普尔主图

用来耕地的犁，塔吉克称之为斯普尔，是一种传统农具。人类早在5500年前的美索不达米亚和埃及就已开始尝试使用犁耕地。塔吉克族使用犁耕地，一是能提高劳动效率，二是以畜拉犁的耕作方式也是以畜牧业为主的游牧民族的优势，即投入的成本不高。

塔吉克的犁主要由犁轴、犁体和把柄等部分组成。轴长约200厘米，轴一般为木制，也有的以毛绳替代，其一端固定在主体中间，另一端开有2~5个小孔，拉犁时连接在轭上。犁体长约100厘米，其下端向外弯曲，其下部厚15~18厘米，上部厚10~15厘米。犁上端装有长约30厘米的木柄，犁地时扶柄操作。犁铧用铁或钢制成，主要用来松土。犁总体来说是以翻土为主要功能，同时也有松土、碎土作用。耕作时，将犁轴套在牛的身上，驱赶牛向前行驶，人在后面握住犁把柄，并控制耕地的深浅及方向。

依靠畜力用犁耕作的方式有效节省了人力，并明显地提高了效率。塔吉克族使用这种小型畜犁来耕作，是基于塔吉克族的客观环境条件，干旱少雨，由雪水冲积的小块土地面积有限，且较为分散，难以进行大规模、高效率的机械种植，因此，直到今天传统犁在塔吉克族农业生产中仍然起着重要的作用。

犁是以农牧兼营的塔吉克族较普遍使用的以畜力驱动的耕作工具，由于客观的自然环境条件，这种犁在设计上呈现简易、实用的特点，其材料以木结构为主，使用毛绳及皮条连接，便于制作、维修，有效延长了其使用的寿命。

图片来源
图一　陈述　拍摄
图二　赵笑天　制图
图三至图六　陈述、赵笑天　制图

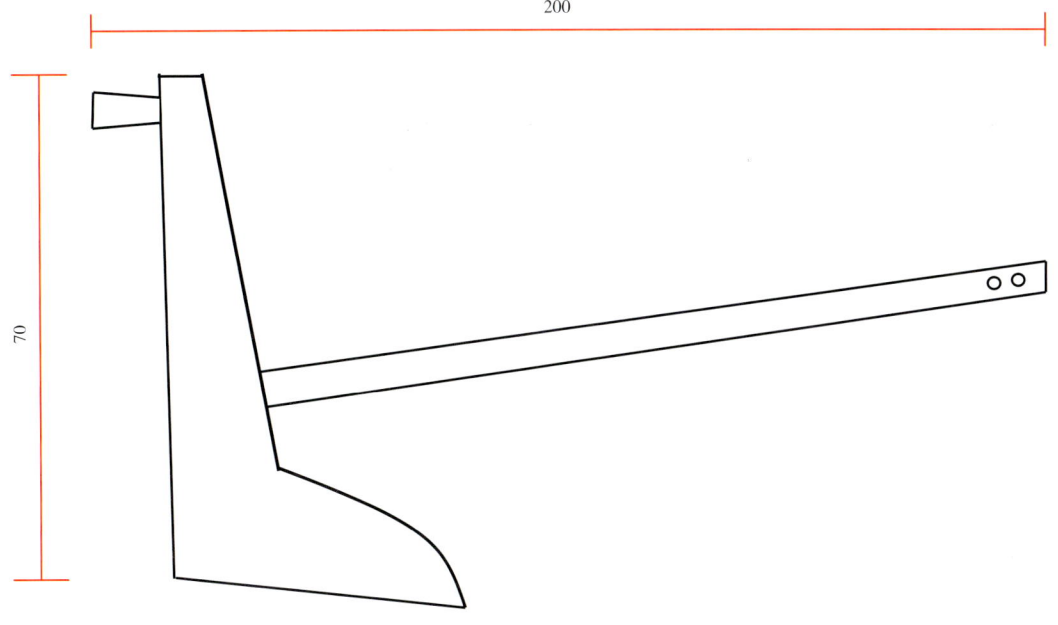

图二 塔吉克族斯普尔尺寸图（单位：cm）

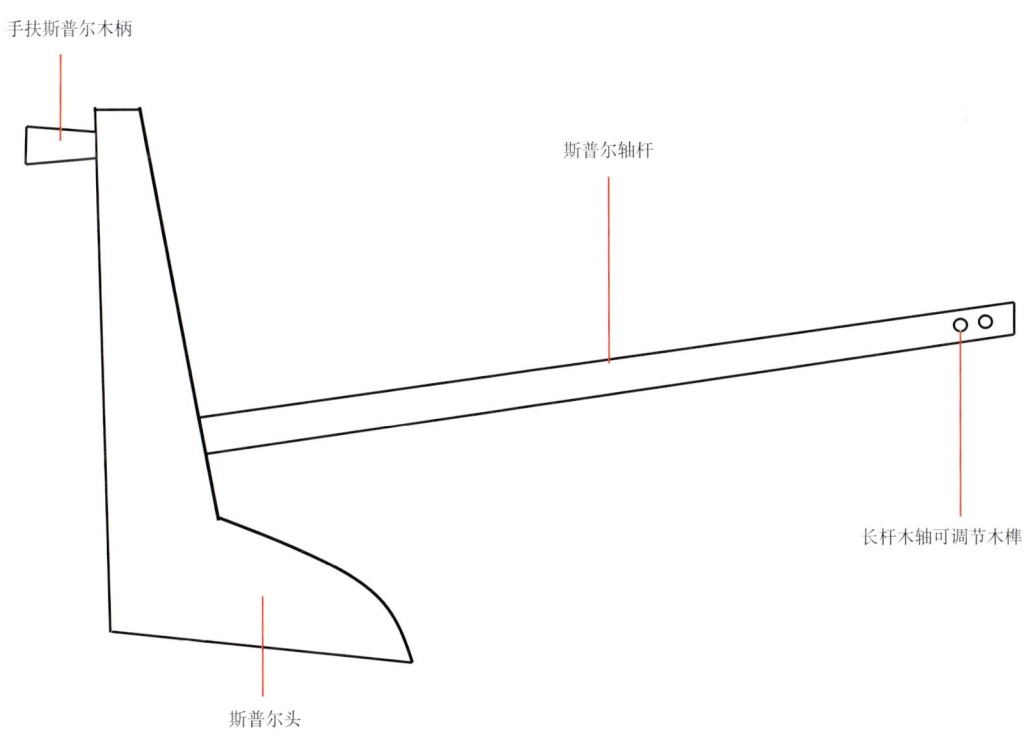

图三 塔吉克族斯普尔结构名称图

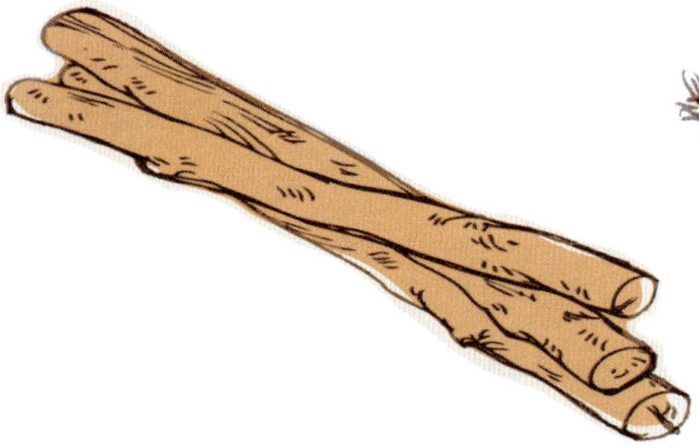

| 木料 |  绳索 | 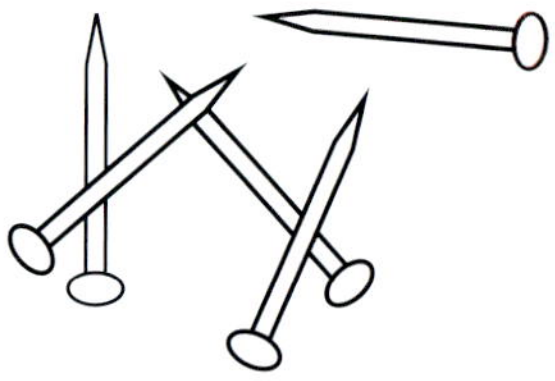 铁钉 |

图四　塔吉克族斯普尔材料图

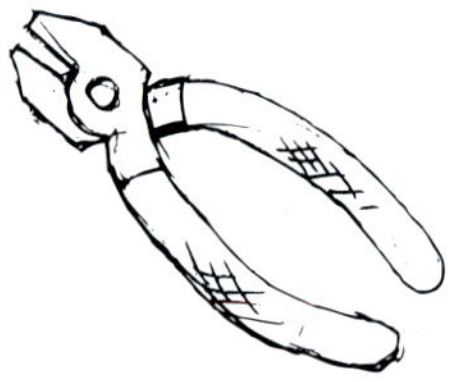

| 铁钳 | 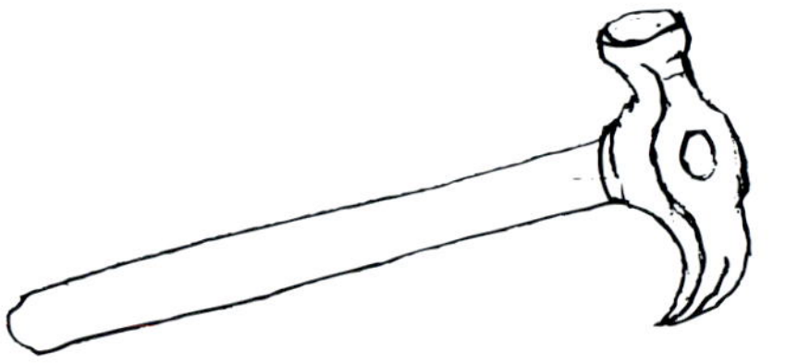 榔头 | 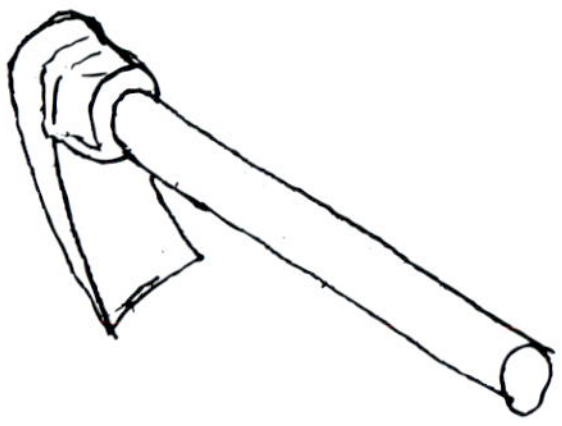 砍砍子 |

| 手锯 |  凿子 | 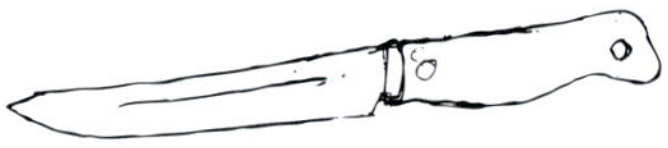 刀具 |

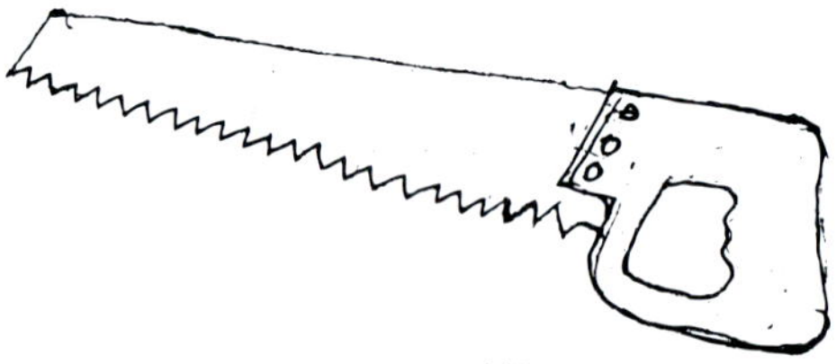

图五　塔吉克族斯普尔制作工具图

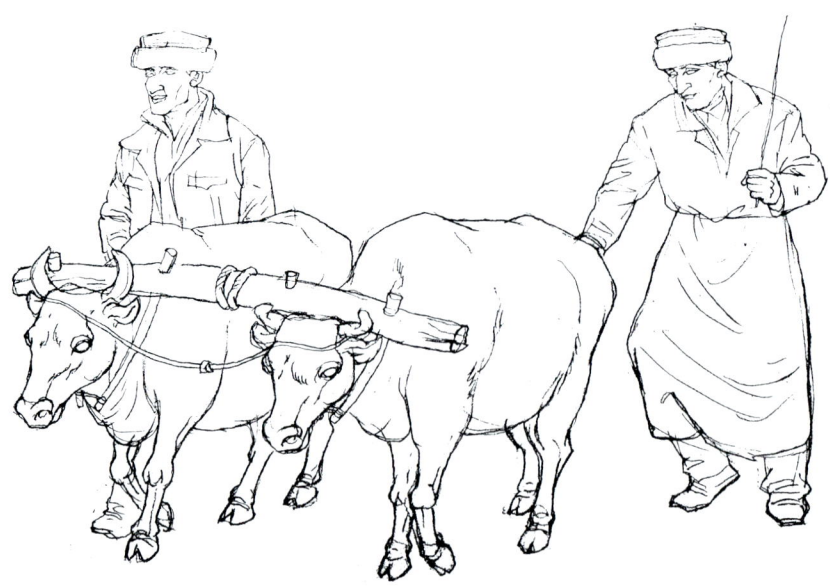

图六　塔吉克族斯普尔操作示意图

塔吉克族哈都尔基

图一 塔吉克族哈都尔基主图

塔吉克族大部生活在帕米尔高原山区，帕米尔高原终年积雪，在千山万壑之间，奔流着被融化的雪水，汇集成许多的河流，由于特殊的环境条件，水是当地最大的资源。水磨，塔吉克语称之为"哈都尔基"，是一种粮食加工设施。水磨修建常选在有较大落差的河道上，主要使用石头和木头进行建造。

水磨是塔吉克族一种古老的磨面粉工具。结构上，水磨主要是由水上和水下两部分组成。水下部分塔吉克语称之为"阿布哈纳"，由塔库尔斯、水轮和输水槽组成。其中，水轮是把20多个50厘米的扁板有序嵌入瓶状圆木的下部而成。瓶状圆木粗大的底部通过长约30厘米的铁轴连接在"塔库尔斯"上。上端用50厘米长的铁轴通过下磨盘中央，与上磨盘衔接固定。水槽部分制作巧妙，水槽的入水口宽大，然后逐渐变窄，从而汇聚并增加了水由落差产生的压力和速度，水槽的长度一般在500~600厘米，以增强水的势能。水上部分修建在有屋顶的室内，由上磨扇、下磨扇、达维尔和恰纳克等几个部分组成。上磨扇悬吊于支架上，下磨扇安装在转轴上。上下磨扇均为圆形，中间有圆孔，上磨扇是旋转活动的，下磨扇是固定的。达维尔是用木头制成的木箱，悬挂在磨扇正上方。

水磨主要的工作原理是借助水流的落差所产生的动能对粮食进行研磨。水从水磨的水槽入水口进入，通过落差产生的势能冲击在木制水轮叶片上，促使水轮开始转动，水轮的旋转会带动设置在室内的上磨扇的转动，由于上下磨扇刻有相反方向的螺旋纹，所以粮食就会在上下磨扇之间被磨成粉末。

采用水磨的粮食加工方式已有千年的历史，至今塔吉克人大多还是选择这种水磨，在节日里或者平时，塔吉克人都会用这种水磨磨出来的面粉做成各种特色食品送给亲朋好友，水磨主要运用水的落差而产生的势能作为主要的驱动力进行对粮食的加工，这缘于特殊环境中对自然资源的一种开发利用，取代了以畜力为主的生产加工方式，并具有清洁、节省的特点，其设计鲜明体现了塔吉克族在这种行为活动中的选择，对今天设计创意中所面临的人与自然关系的处理仍有一定的启迪意义。

图片来源

图一　陈述　拍摄
图二至图五、图九　陈述、赵笑天　制图
图六至图八　陈述、刘梦娇　制图
图十　陈述　制图

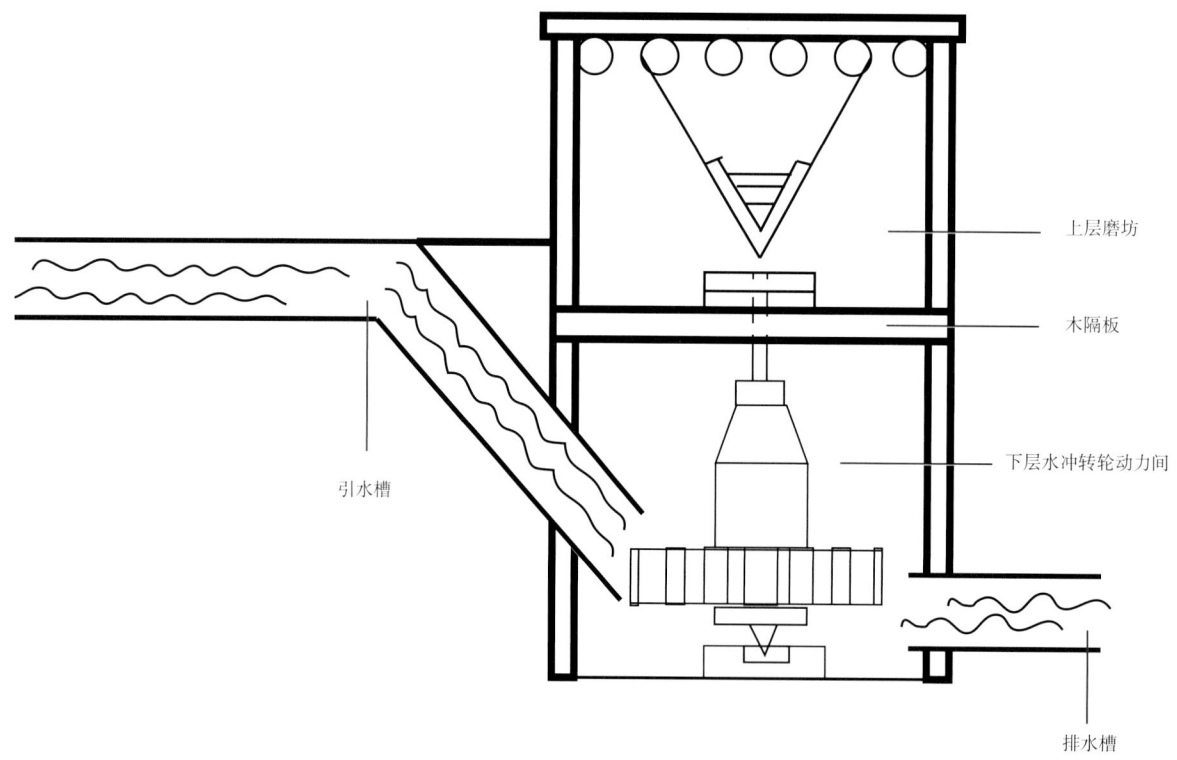

图二　塔吉克族哈都尔基立面图

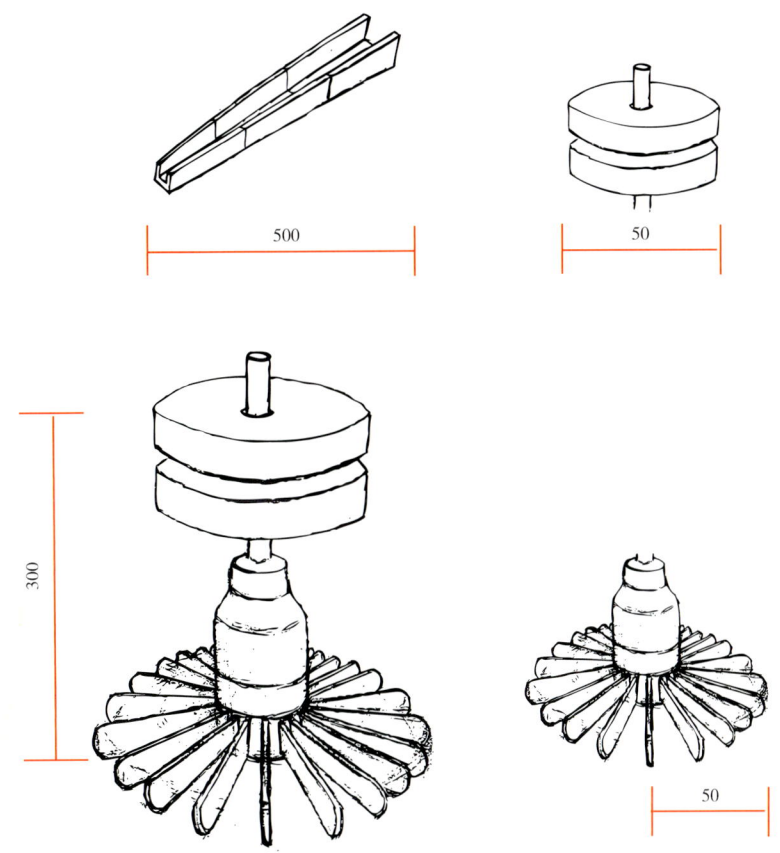

图三 塔吉克族哈都尔基尺寸图（单位：cm）

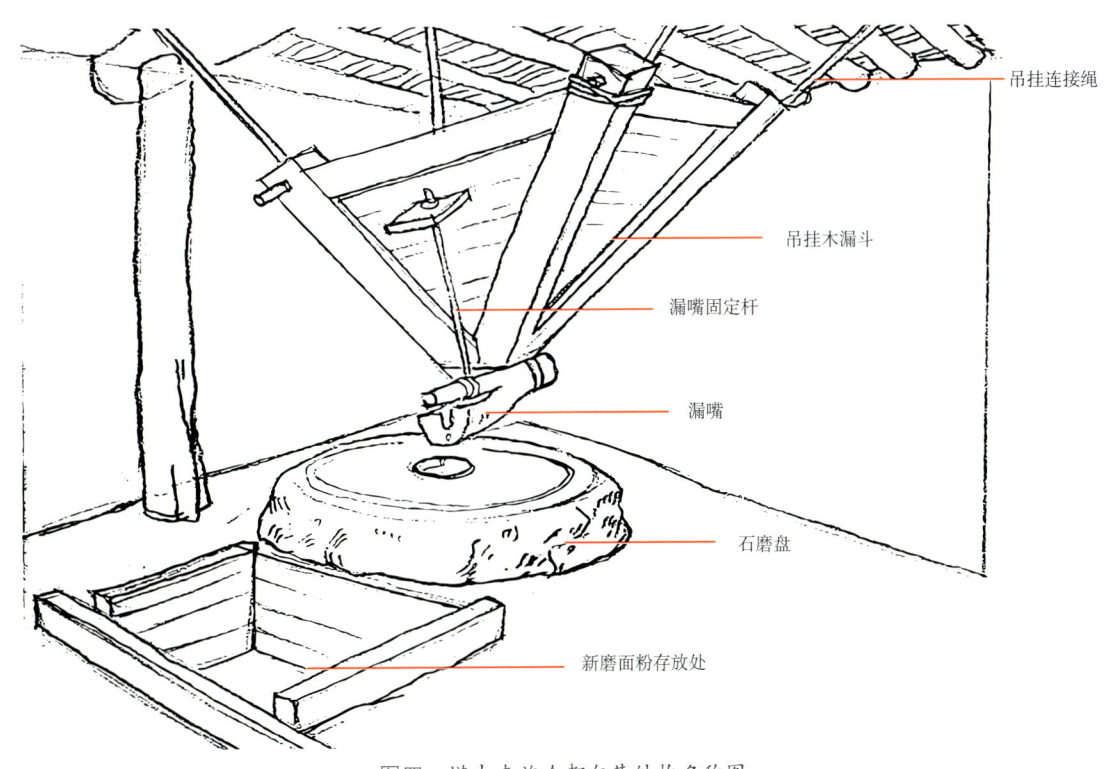

图四 塔吉克族哈都尔基结构名称图

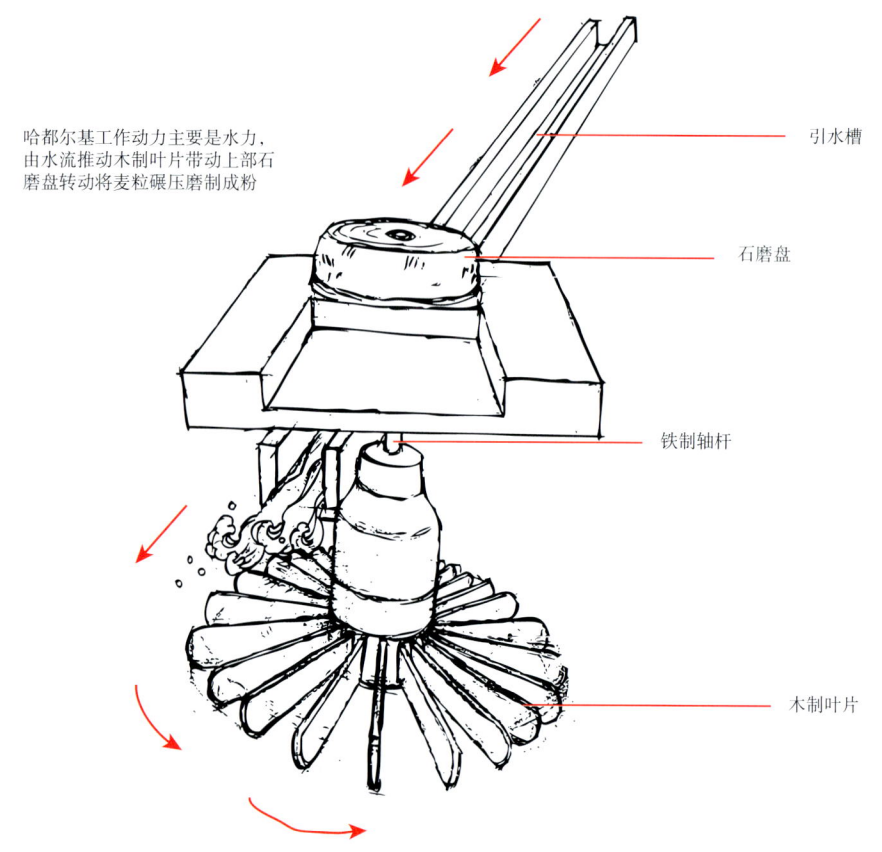

图五　塔吉克族哈都尔基工作原理图

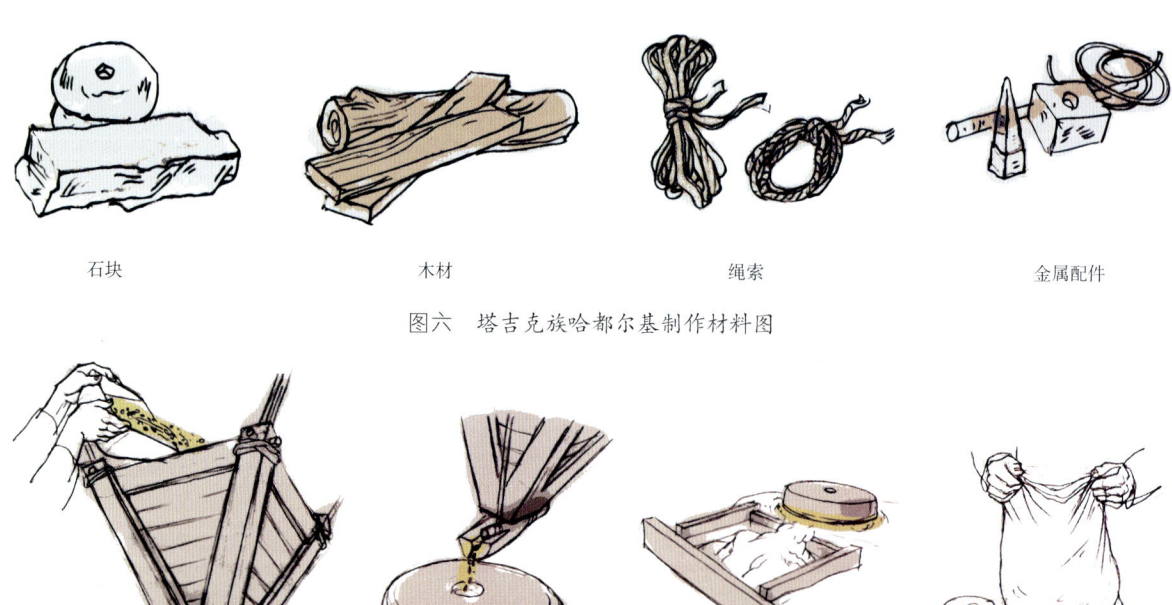

石块　　　　　木材　　　　　绳索　　　　　金属配件

图六　塔吉克族哈都尔基制作材料图

1. 向吊斗倒入小麦粒　　2. 麦粒由漏嘴流入石磨盘中　　3. 从石磨盘溢出的面粉汇集于旁边的木盒中　　4. 将木盒中的面粉装入布袋储存

图七　塔吉克族哈都尔基操作示意图

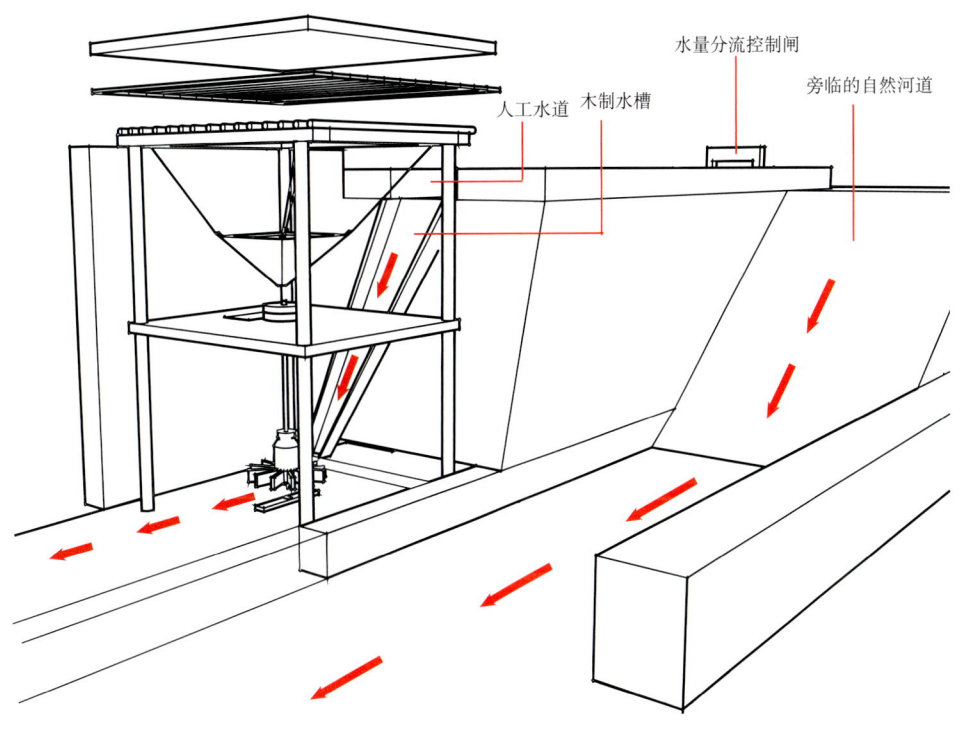

图八 塔吉克族哈都尔基水道设计图（一）

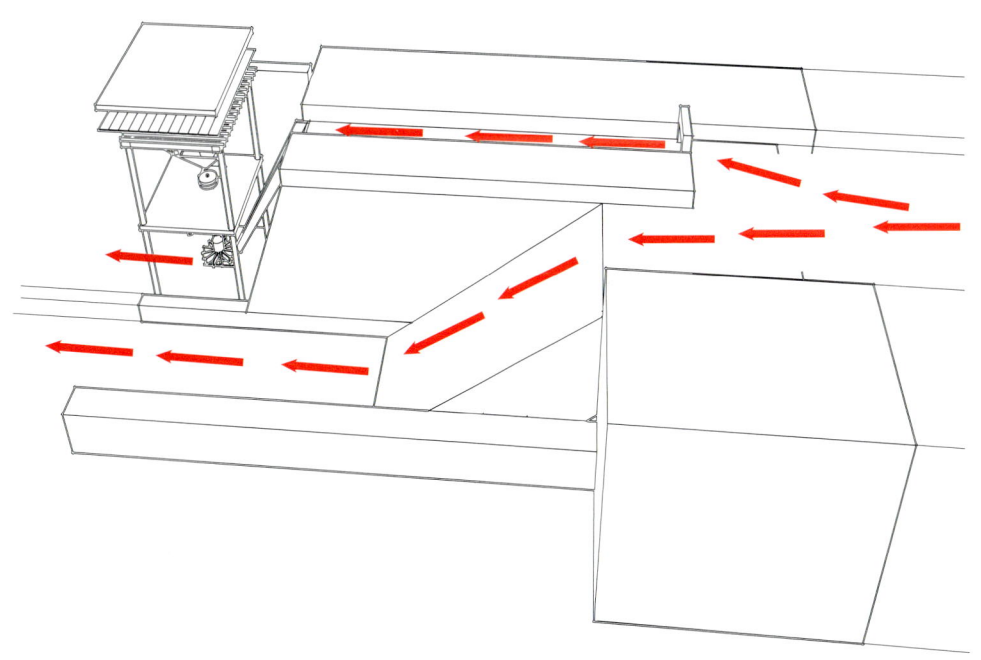

图九 塔吉克族哈都尔基水道设计图（二）

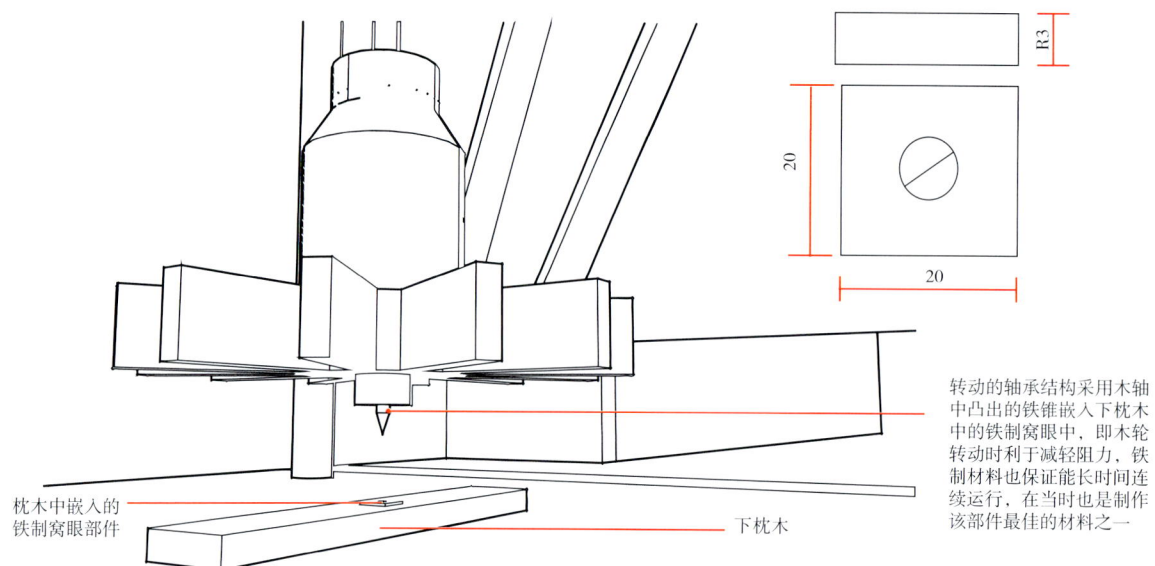

图十 塔吉克族哈都尔基轴承结构分析图

塔吉克族皮尔瓦力

图一　塔吉克族皮尔瓦力主图

纺锤，塔吉克族语称之为"皮尔瓦力"，是一种用于纺线的工具。

皮尔瓦力是塔吉克族用来纺织羊毛线所使用的一种专用工具，其造型类似"T"的形状。使用时用左手提起，右手拇指和食指捏住垂直的木杆轻搓后松开，使其旋转。再用位于木杆上方的两手撕扯成较为均匀的羊毛逐一放下，使其通过纺锤的旋转拧成粗细一致的毛线。毛线是塔吉克族用于织布、编织等最基本的用料。皮尔瓦力主要由两部分组成，木杆及底部圆形的木片或石片。石片中间凿有一小孔，用来穿木杆并固定用，木杆长度为20~30厘米，通常选用柳枝做纺锤的木杆。柳枝柔韧，不易折断，是制作纺锤的首选材料。木杆粗细变化突起的部位恰好是固定圆形石片或木片的位置。木杆头部刻有豁口，用于旋转时将毛线卡入豁口的槽内，由木杆旋转时带动上方撕散的羊毛拧成细线，将拧好的毛线缠绕在木杆上，便于制作下段毛线。套在木杆中的石块或木片有一定的重量，形成的惯性能使旋转更为持久，具有陀螺盘稳定的功能，致使木杆不再左右摇摆晃动。轻巧便利的纺锤设计利于随身携带，可使塔吉克族人利用不同场合的闲暇时间来纺织毛线。操作简单便利，设计制作老少皆宜，所用材料易于获得，结构组合合理、巧妙，制作易上手，具有较强的推广普及价值，适应塔吉克族生产、生活的实际需要，反映出塔吉克人在生产、生活实践过程中的设计理念及意识表达，对于当下设计师仍具有一定的参考借鉴价值及意义。

图片来源
图一　陈述　拍摄
图二、图三　陈述、马丽　制图
图四　陈述、郭婧　制图
图五　陈述　制图

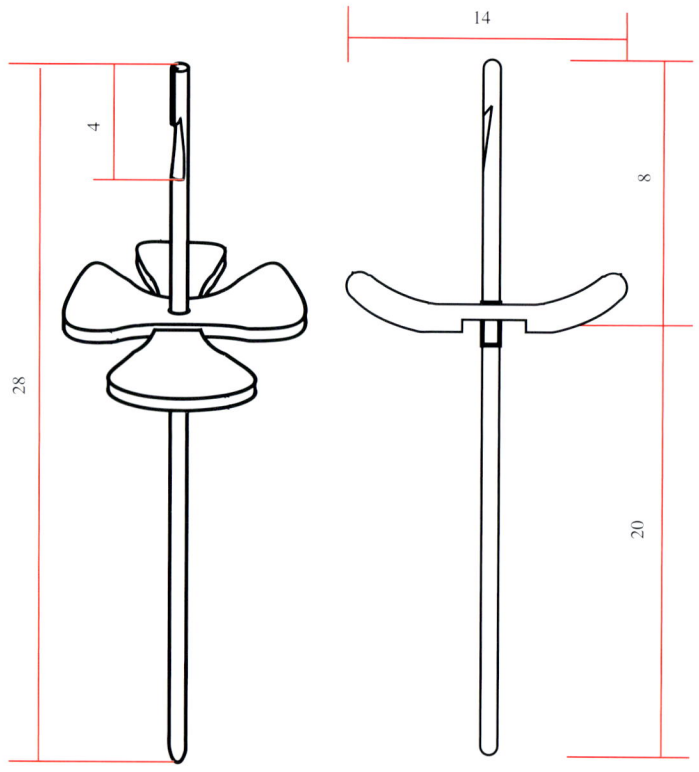

图二　塔吉克族皮尔瓦力尺寸图（单位：cm）

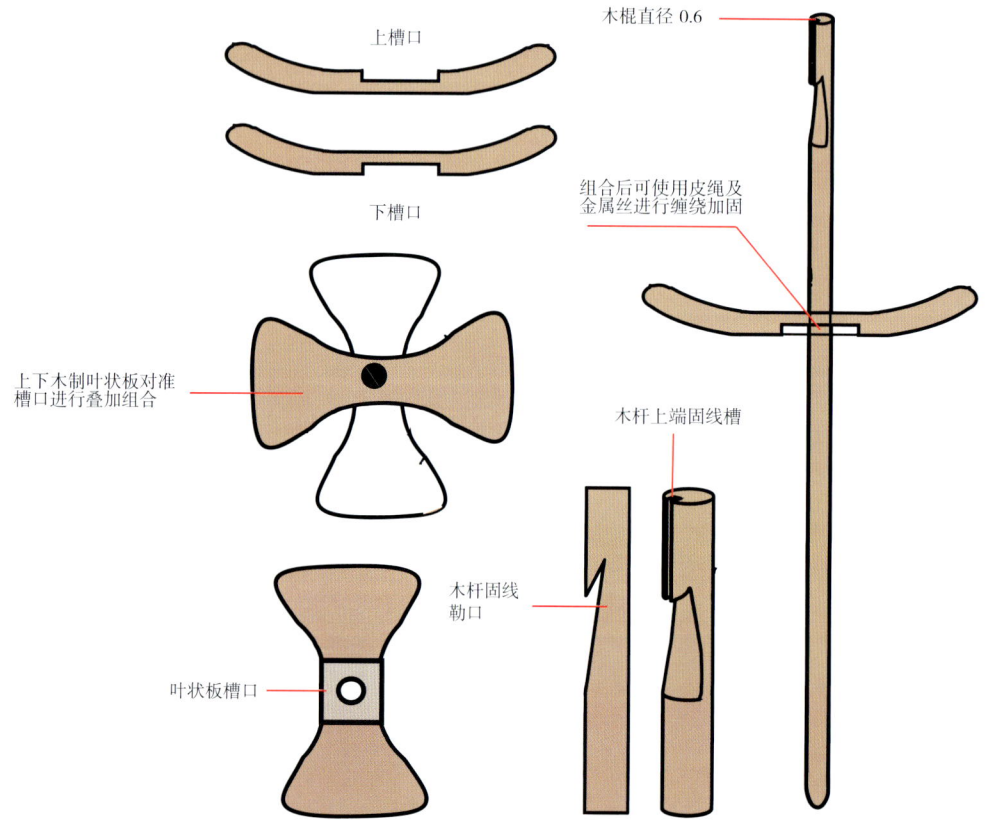

图三　塔吉克族皮尔瓦力结构图

1. 用枝条将羊毛打松散

4. 旋转纺锤"皮尔瓦力"将撕扯的毛条拧成细毛线

7. 绕成毛线球备用

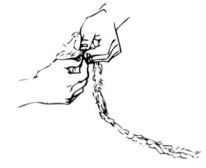
2. 将羊毛撕扯成条状

5. 将制成的毛线缠绕在毛线木杆后，端后即重复前面的动作

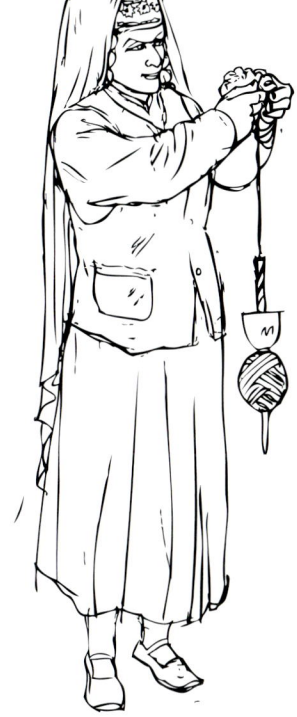

3. 缠绕在毛线器的木杆上，并用拇指和食指搓动木杆使其产生旋转

6. 将编好的毛线倒出

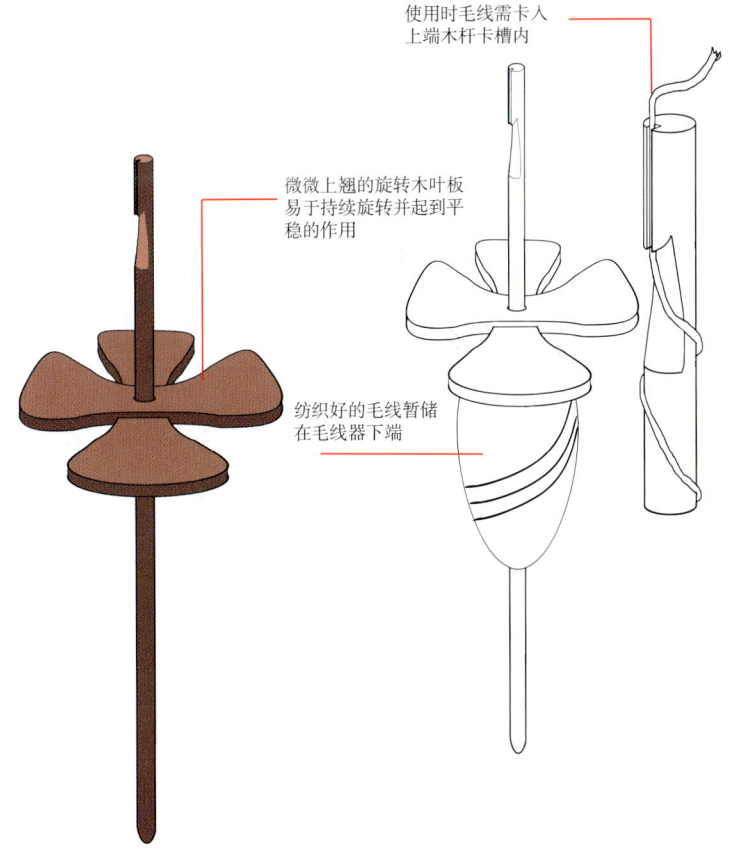

图四 塔吉克族皮尔瓦力操作分析图（1、2）

第五章 塔吉克族传统生产工具

221

图五　塔吉克族皮尔瓦力使用情景图

塔吉克族弩木基格

图一　塔吉克族弩木基格主图

塔吉克语称之为"弩木基格"的是类似于汉族的耙，是塔吉克族用于农田耕作中疏松平整土地时使用畜力拉动的一种农具。由于塔吉克族聚居的帕米尔高原气候寒冷，大部分地区最高气温不到3℃，且每年无霜期约60天左右，只能种植一些耐寒的春小麦、青稞和豌豆等作物，加之气候干燥，山高土薄，河流下游土层也只能深耕45厘米左右。春季，牧民翻地播种谷物，然后上山放牧。到了秋季庄稼成熟时，牧民才回村收获。

每年春季，塔吉克人使用畜力拉动弩木基格在新翻耕的地里将大的土块压碎整平，使土壤疏松，不易结成板块，利于作物生长。

弩木基格由主体和连接用绳索两部分组成。主体为一块长200~300厘米、宽50厘米的木板，或用荆条编制而成。在木板的两端各钻有一个圆形孔，孔中分别套有一个铁环，将绳索一头穿过铁环系牢，另一头系在牛轭上。通常使用两头牛牵引，操作时可根据由耕地翻起的土块被压碎的效果来增减被牵引主体木板所负的重量，一般在木板上放置石块或草皮来增加压力。根据土质也可使用荆条编制的弩木基格。

弩木基格为塔吉克人从事农业生产的一种必备的农具，在以游牧生活为主的社会环境中，弩木基格的设计中有效地回避了因资源的相对缺乏导致的加工生产能力的不足等不利因素，结合牧区生活特点，充分发挥并体现牧区生活环境的优势，使用木板、荆条编制弩木基格，以畜力牵引，来疏松、平整耕地，其经济、实用、易操作的设计观念广受牧民的认可，成为高原塔吉克人传统农业生产中普遍使用的农具之一。

图片来源

图一　陈述　制图

图二至图四　陈述、马丽　制图

图五、图六　陈述、刘梦娇　制图

参考文献

西仁·库尔班. 中国塔吉克族. 宁夏人民出版社，2012.

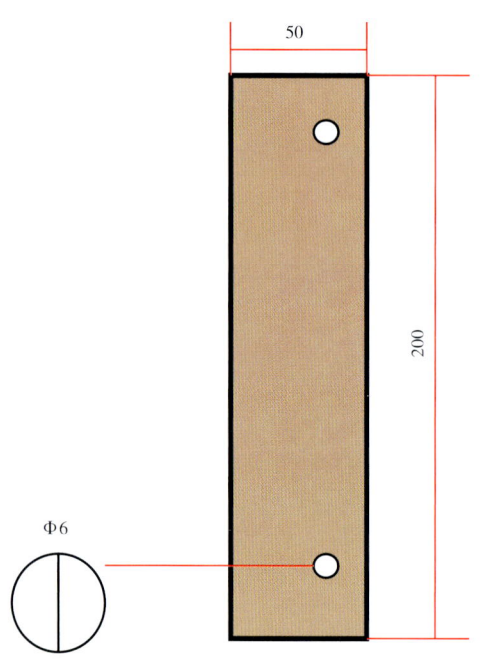

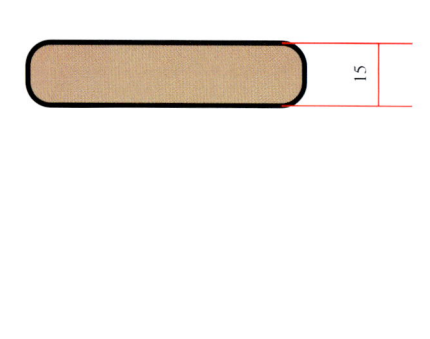

图二　塔吉克族弩木基格尺寸图（单位：cm）

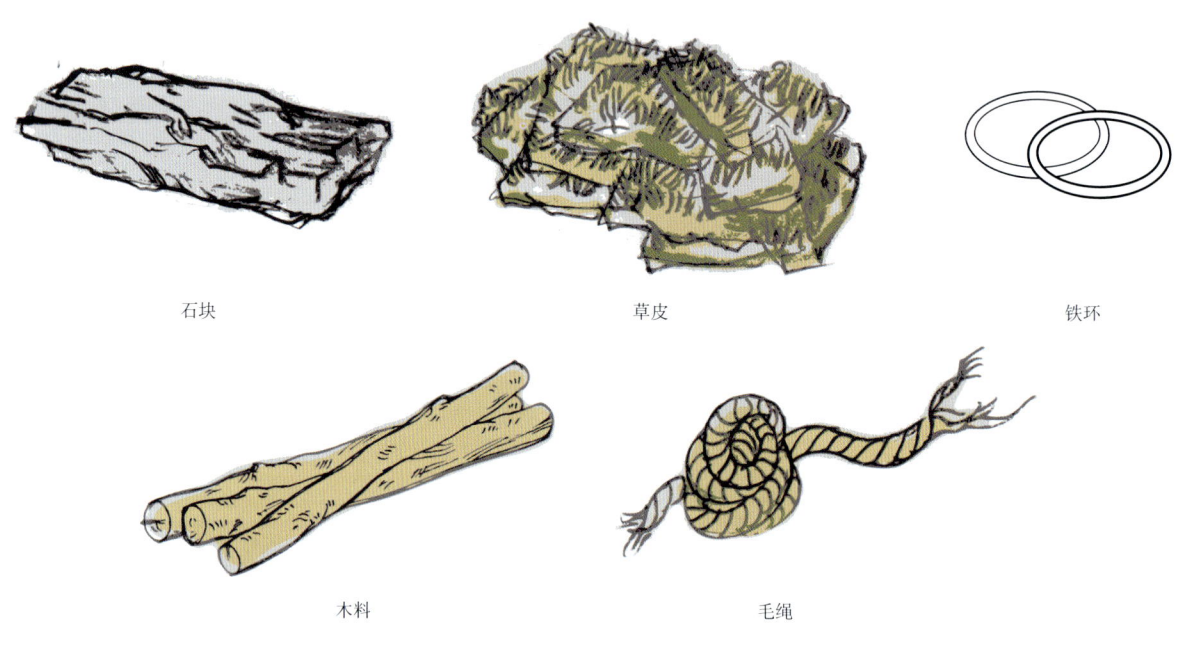

图三　塔吉克族弩木基格使用材料图

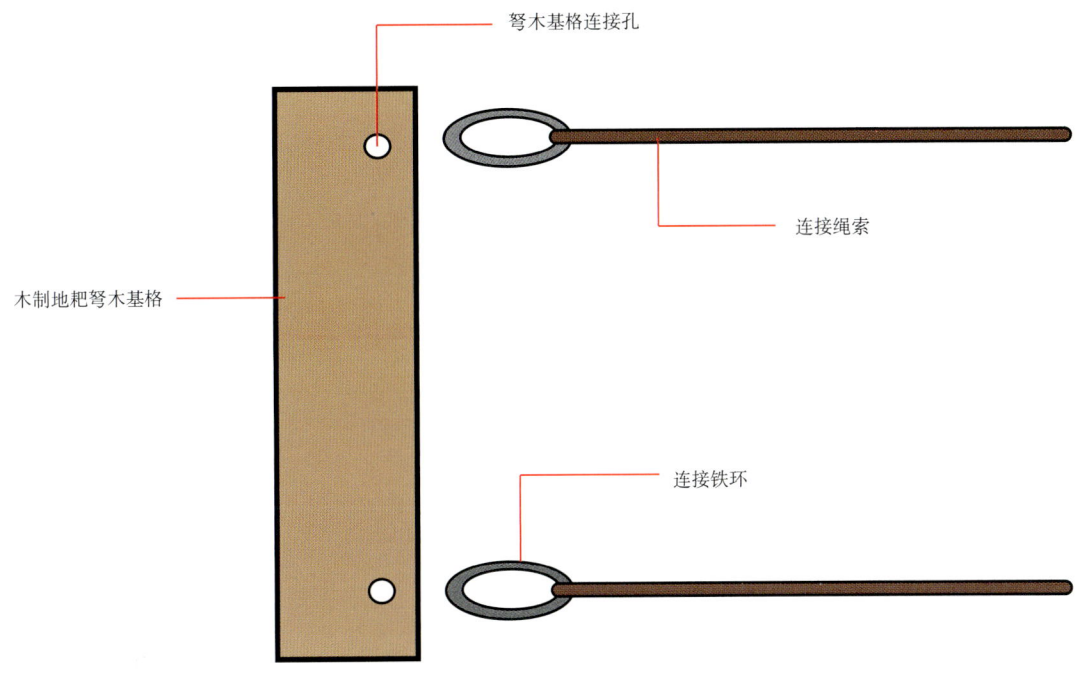

图四　塔吉克族弩木基格结构图

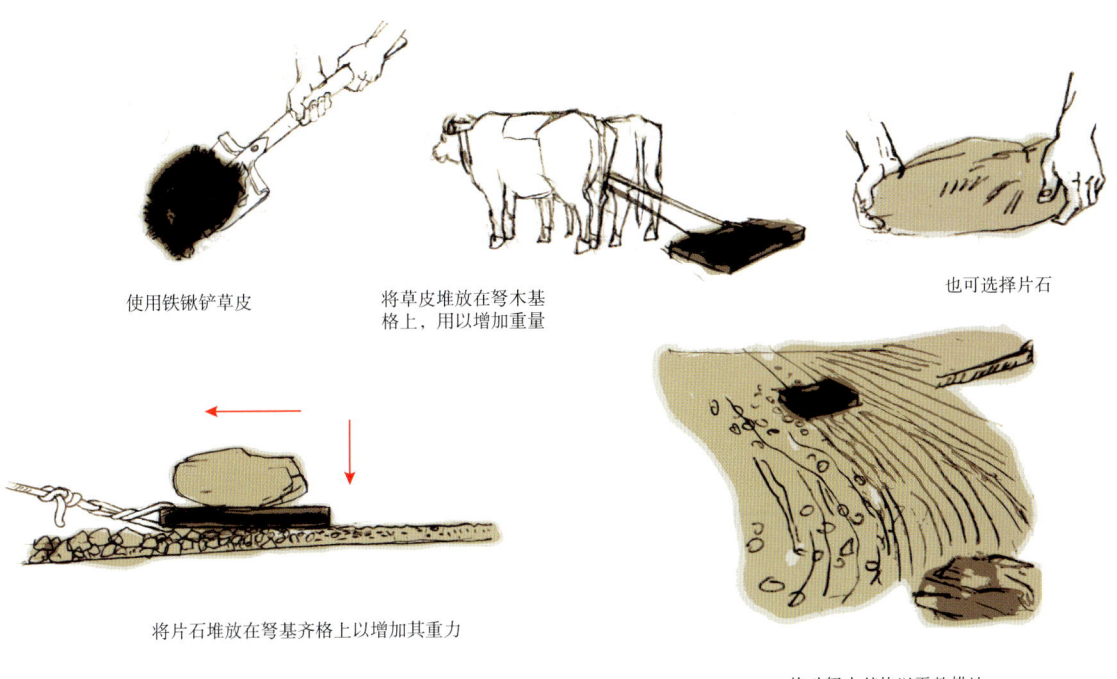

图五　塔吉克族弩木基格操作示意图

图六　塔吉克族弩木基格使用情景图

第六章 塔吉克族传统手工艺

塔吉克族高保孜

图一　塔吉克族高保孜主图

马球，塔吉克语为"高保孜"，有人也称之为"乔干"，是马背上的运动项目。生活在帕米尔高原的塔吉克族，主要从事畜牧业并兼营少量农业，由于放牧的需要，长年奔走于高山河谷中，马是主要的交通工具，骑马是塔吉克人生活中必须掌握的一项基本技能，因而骑行技术的高低直接关系到在险恶的自然环境中自我生存能力以及在狩猎、游牧生产中的实际功效。马球这项运动是展现骑行技术的最佳形式，在双方的对抗中来展现高原马背民族骑行的勇气与身姿。其次，帕米尔高原是亚洲多个主要山脉的汇集处，平均海拔高度在4000~7000米，由于地处高原缺氧的环境，塔吉克人在日常的生产、生活中也依靠骑行。马球，也正是以骑行为主的运动，虽激烈，由于骑在马背上，一定程度减轻了运动中对氧气的摄入，很适于高原环境下进行。

塔什库尔干塔吉克自治县就有"石头城马球场"的历史记载，说明很早以前塔吉克族人就有打马球的习惯。马球的赛场需设一块长180米、宽70米的平整草地，草的高低以适宜马球的滚动为宜。场地一分为二，场地中有一个直径8.2米的圆圈，圈内为发球点。球门宽为5米,高2米,深度为10米,也有进球的地方不设网,仅为一个直径约50厘米×50厘米的坑,以把球打入对方的坑里为胜。双方都设有一名持棍的守门员,比赛中也制定一些规则,如不能用球棍打对方或马等,犯规三次则要被罚下场,比赛中途可换人。使用的马球棒是木质的,手握端是圆形,打球端成扁形。马球分两种,一种是用当地的一种灌木树根制成的,另一种是用毡子缝制的,里面放碎毡片碎布,中间放一些干牛羊粪以增加球体的弹性,这种球直径约20厘米左右,比木制的球体略大一些。也有用粗羊毛绳缠成团,外面用黄羊皮缝制的球,直径12厘米左右。比赛分上、下两个半场,每场40分钟,计时器选用一木碗滴水,以水滴干为结束。双方参赛运动员以在头上系彩色头巾的颜色来区别,主要以黄色和红色来区别,因红、黄两色在塔吉克人的观念中都具有吉祥喜庆之意,双方上场的运动员没有严格的人数设定,一般每队可选派6~12人。每队都代表一个家庭或一个部落进行比赛,上场人数多时,可有4个裁判即两个主裁判,两个副裁判。参加马球比赛人少时,只用两个裁判,一个主裁判,一个副裁判,裁判身上挂有布条标记,可骑马在场上流动裁决。

马球是塔吉克族人的一项传统体育运动赛事,自2004年恢复以来,每年塔吉克族的"肖贡巴哈季节"各乡镇都要举行马球比赛。马球比赛不仅能体现马背民族的技能,通过这一形式还利于增进民族间的交流,在愉快的游戏中形成情感的共鸣。在马球运动程序上以及器械设计上,遵循高原塔吉克游牧民族生产、生活的特点,以"马"为主要的道具来展现人的顽强生命力,是易于被塔吉克族民间接受并普及的主要原因之一。从球体及球棒的制作中体现出哈萨克族朴实节俭的性格,是基于民众参与意识基础上的设计,并结合民族善骑的特点,而这正是其生命力持久不衰的缘由之一,对当下的设计来说具有重要的启示与参考价值。

图片来源
图一、图七、图八　陈述、刘梦娇　制图
图二、图五　马丽　制图
图三、图九、图十　陈述　制图
图四　陈述　马丽　制图
图六　刘梦娇　制图

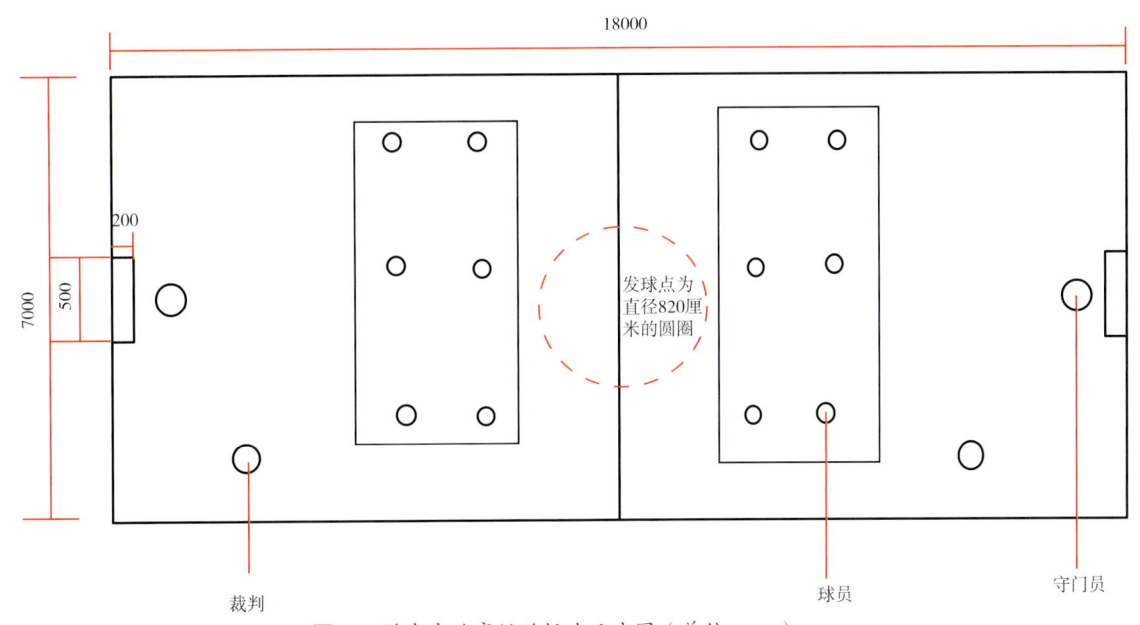

图二　塔吉克族高保孜场地尺寸图（单位：cm）

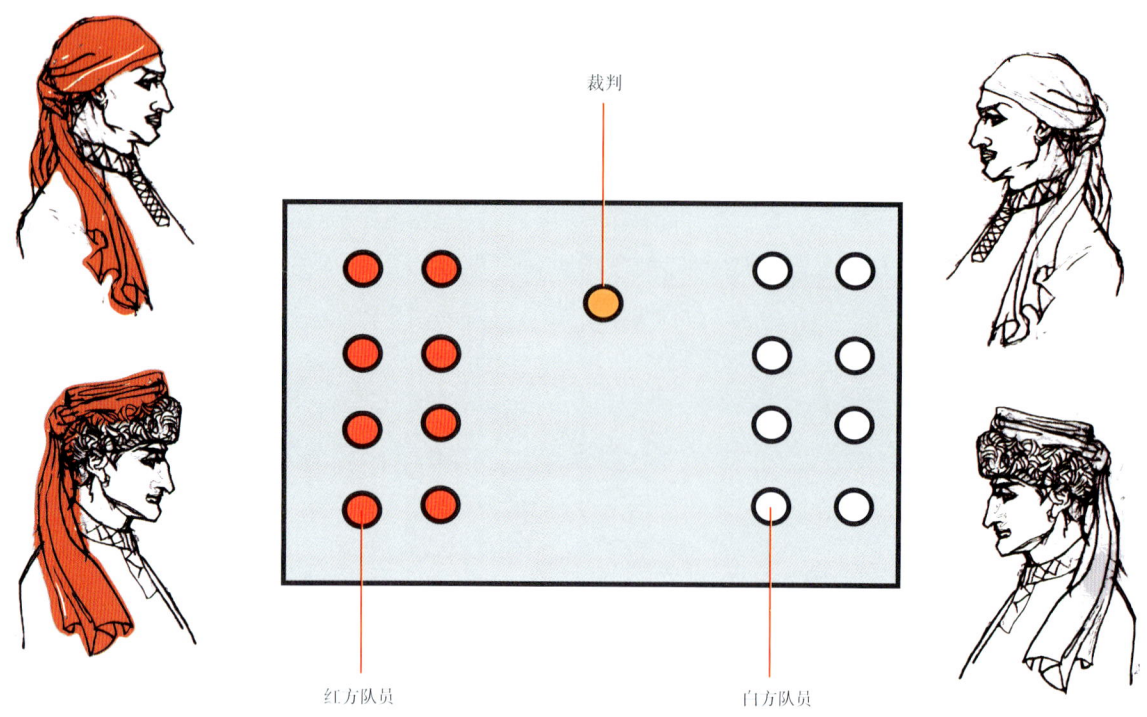

图三 塔吉克族高保孜排阵图

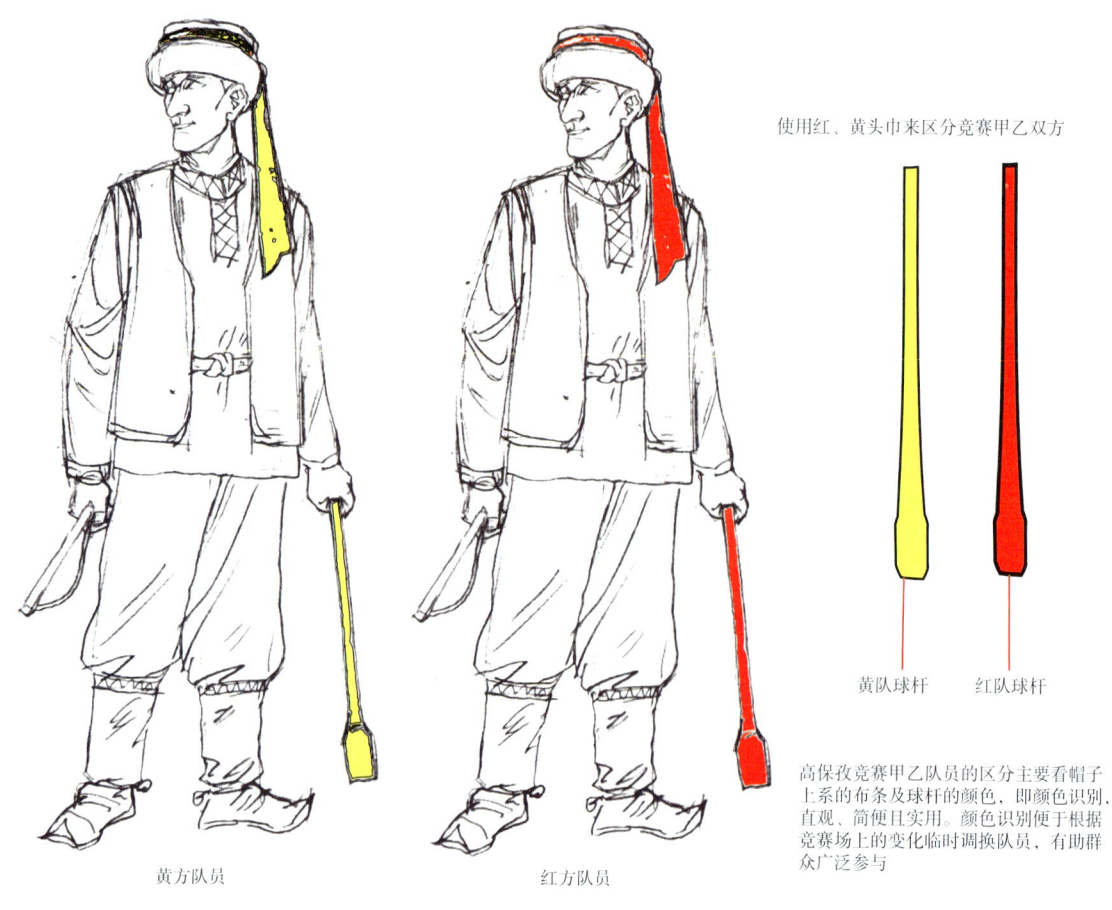

图四 塔吉克族高保孜队员服饰图

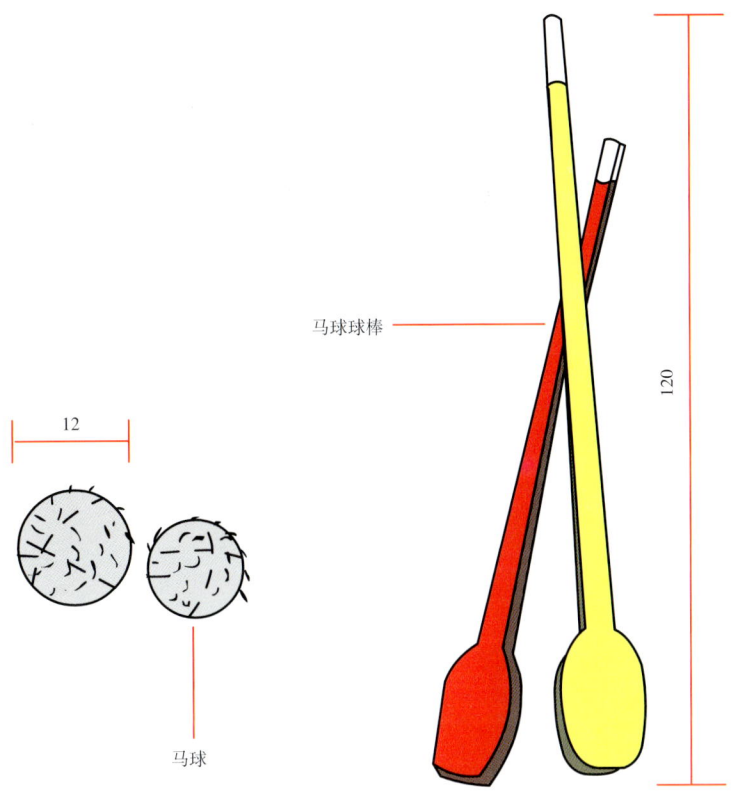

图五 塔吉克族高保孜用球、球杆尺寸图（单位：cm）

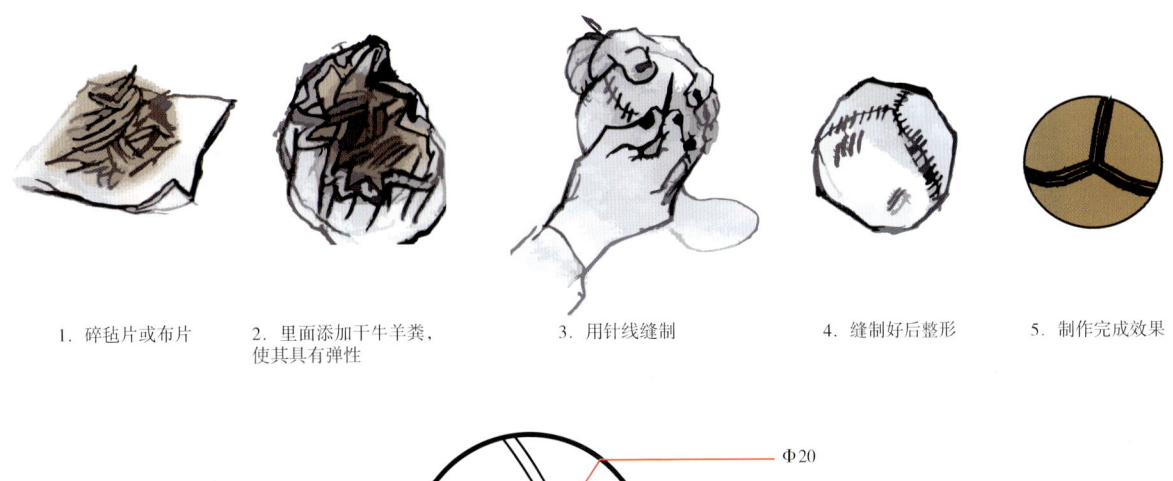

1. 碎毡片或布片　　2. 里面添加干牛羊粪，使其具有弹性　　3. 用针线缝制　　4. 缝制好后整形　　5. 制作完成效果

图六 塔吉克族高保孜用球制作步骤图（单位：cm）

第六章　塔吉克族传统手工艺

231

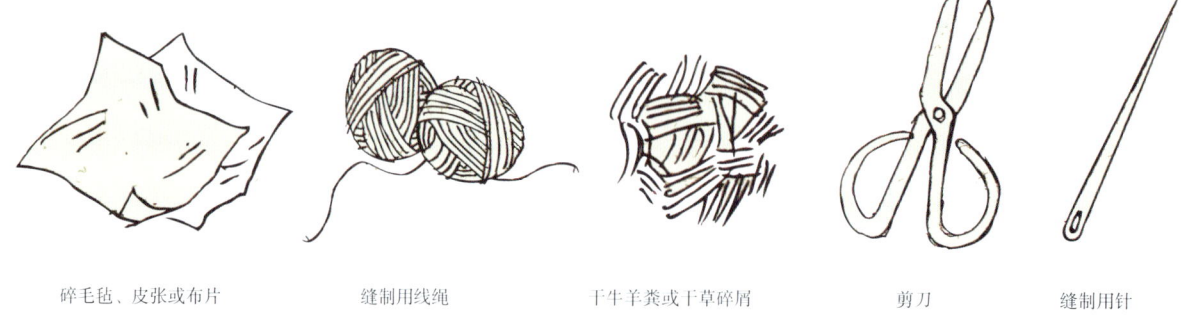

| 碎毛毡、皮张或布片 | 缝制用线绳 | 干牛羊粪或干草碎屑 | 剪刀 | 缝制用针 |

图七 塔吉克族高保孜用球制作材料图

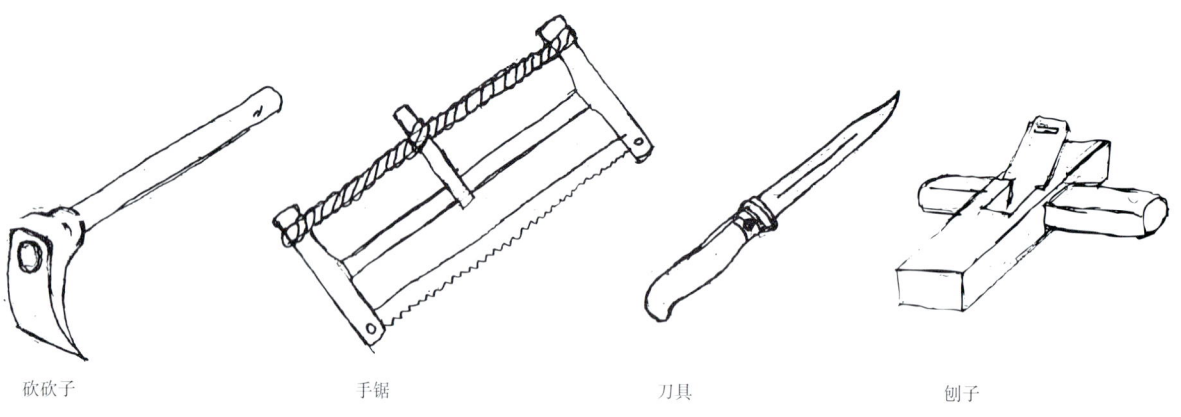

| 砍砍子 | 手锯 | 刀具 | 刨子 |

图八 塔吉克族高保孜球杆制作工具图

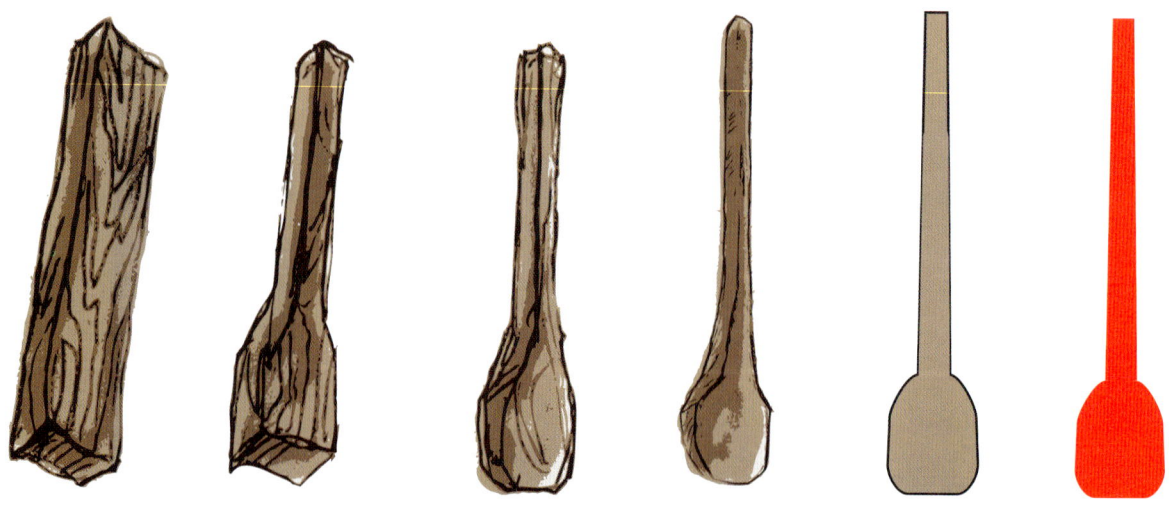

高保孜球杆制作首先要选好干透的整块木料，无明显的弯曲、裂缝及木疤，依据球杆尺寸大小比例及结构对选用木料进行处理，主要以削减去除的方式塑出高保孜球杆握柄及杆头的造型，削挖表面木料时可适度多留，便于后面进行修改。基本完成后可进行局部的修缮处理，并抛光上漆

图九 塔吉克族高保孜球杆制作步骤图

图十　塔吉克族高保孜竞赛场景图

第六章　塔吉克族传统手工艺

塔吉克族针线包

图一　塔吉克族针线包主图

针线包是塔吉克族妇女日常生活中常使用的物品，衣物、鞋、帽、毡毯等的缝补都离不开针线，针线包是存放针线的袋子，便于针线的集中储存与携带，可以随时取用，同时也利于寻找。由于针是采用有韧性的金属材料制作的，其形状细小，针头锐利，不便随意搁置，为避免造成安全隐患，需要将其妥善地存放和收纳，针线包则能很好地解决这方面的问题。

塔吉克族妇女基本每人都有一个针线包，里面收纳有各种缝制衣物时所用的工具，便于他们随时取出对衣物等进行缝补或者刺绣。

针线包为一个方形的口袋状的小包，一般主材多使用黑绒布，有的在开口上设有提带，过去多为敞口或开口中部设一纽扣，现多设拉链，拉链扣比纽扣密封性更好。针线包在家中的存放位置相对固定，一是用时便于取用，二是防止小孩玩耍。针线包除满足储存、收纳的功能外，塔吉克妇女更注重其外表的装饰设计，常在上面刺绣精美的有个性的装饰图案，一来展示自己的刺绣功底，二来借刺绣来表达对美好生活的祝愿与希望。在制作时，首先在整块布上依据针线包需要的尺寸进行精心的刺绣，这些刺绣的图案色彩鲜明、艳丽，她们习惯使用二方连续的图案构成方式进行布局，然后在绣好的布面上依据事先的设计进行缝制与修整，最后再加一些小装饰进行整体调整，一个漂亮的针线包便制作完成了。

塔吉克族的针线包不但美观实用，而且充满塔吉克族民族特色和异域风情。有的针线包里还依据针线的类别，进行了细致的区域划分，便于使用时根据所设区域空间准确找到需要的工具。现今，许多去塔吉克族地区的游客也经常会带几个针线包作为纪念。

图片来源
图一　陈述　拍摄
图二　刘陶　制图
图三至图六　赵笑天　制图

图二　塔吉克族针线包尺寸示意图（单位：cm）

图三　塔吉克族针线包效果图

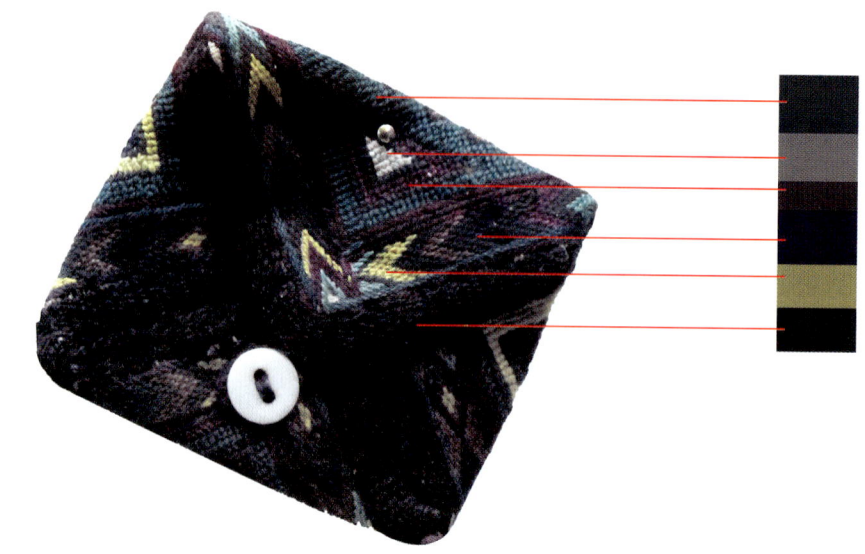

图四 塔吉克族针线包色彩分析图

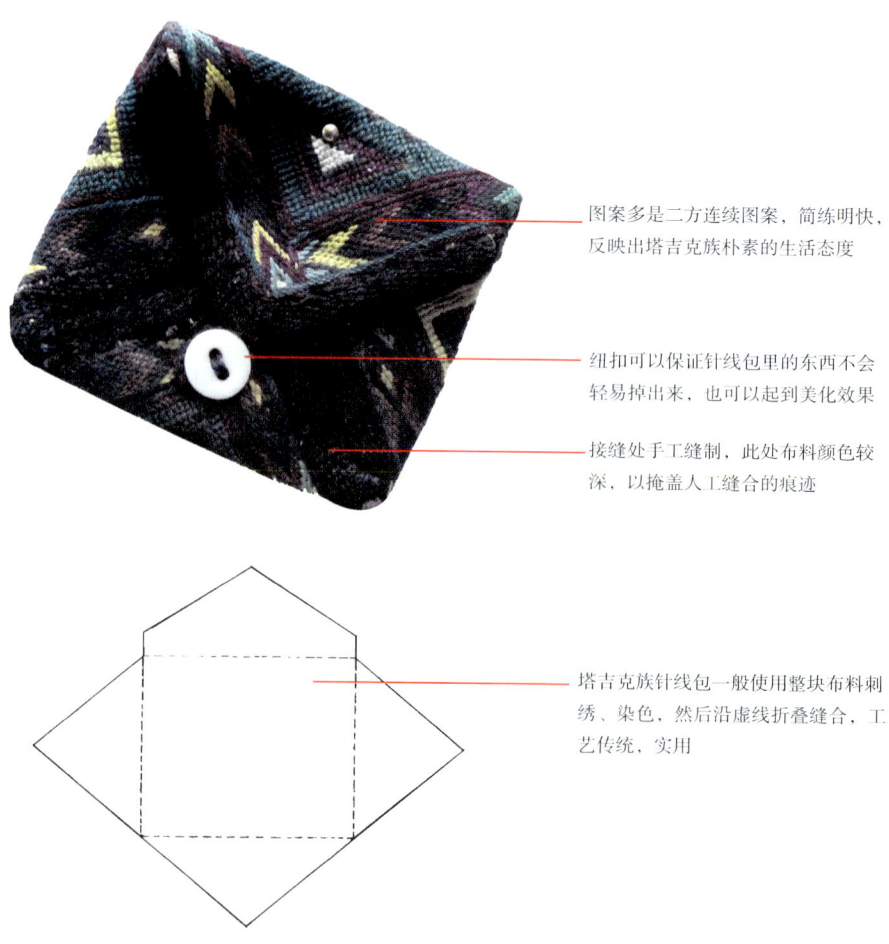

图案多是二方连续图案，简练明快，反映出塔吉克族朴素的生活态度

纽扣可以保证针线包里的东西不会轻易掉出来，也可以起到美化效果

接缝处手工缝制，此处布料颜色较深，以掩盖人工缝合的痕迹

塔吉克族针线包一般使用整块布料刺绣、染色，然后沿虚线折叠缝合，工艺传统，实用

图五 塔吉克族针线包局部分析图

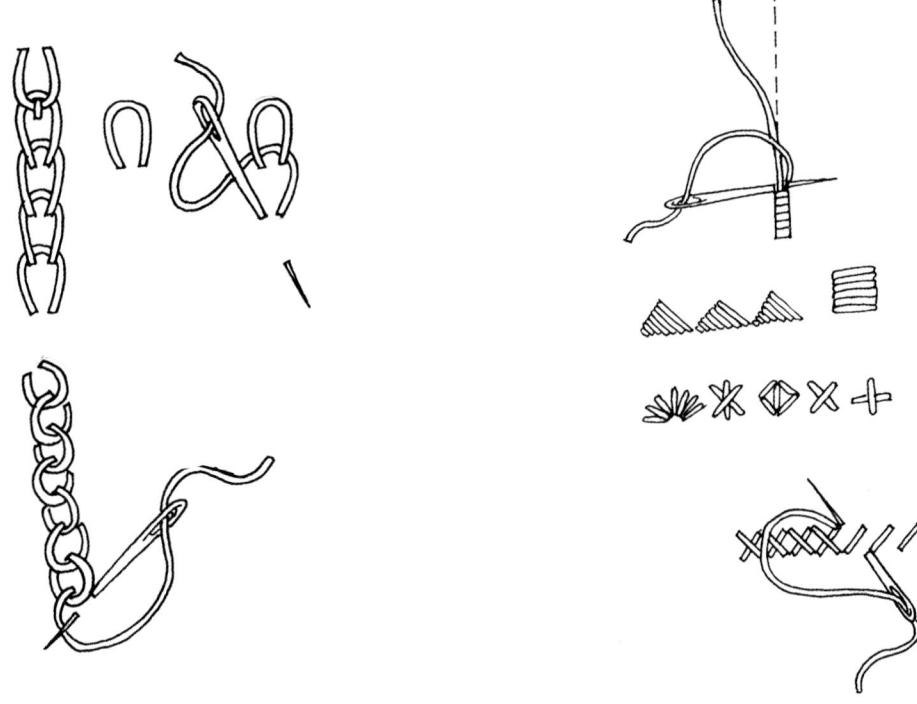

图六　塔吉克族针线包工艺分析图

塔吉克族方形靠枕

图一　塔吉克族方形靠枕主图

　　方形靠枕是塔吉克族常用物品之一。它是用裁剪成的方形布料缝制成枕套，在里面填充驼绒毛或棉絮等物，再封口，坐卧时可用来供身体依靠。塔吉克族历来就有席地而坐的习俗，因此室内的土炕上一般不设桌椅等，用餐或聊天时都盘腿坐在土炕上进行。家里接待客人时，要为客人铺设一条垫褥，待客人就座后在其身后放一个靠枕，以示对客人的敬重。

　　靠枕一般为方形或长方形，方形靠枕通常边长为40厘米左右，长方形靠枕多为40厘米×60厘米不等。在实际制作中有时也根据剩余布料的尺寸进行合理的设计和裁剪，目的在于因材设计，不会造成不必要的浪费，体现塔吉克人灵活、变通的设计方式及节俭的生活习性。靠枕布料多使用棉布，四边留有宽4厘米左右的边，有的还加饰麦穗或边饰布料，表面主要采用刺绣或补花进行装饰。刺绣图案主要以植物花卉为主，通常采用中心加边饰的构图，图案表现形式统一，多采用曲线圆弧及直线锐角的造型处理方式，形式统一。直线锐角多采用补花装饰的表现手法，将剪好的多种布块拼贴组合成连续性图案，以黄、红、白、黑相互交错穿插，形成丰富的视觉变化，具有很强的表现力。

　　靠枕是塔吉克族用于日常生活的物品设计，设计制作者主要为塔吉克妇女。靠枕主要用于人们盘腿坐时依靠，能缓解身体的疲劳，使身体通过对靠垫的依靠来得到相应舒适度的调整，同时也符合塔吉克人待客的传统礼节要求。平时摆设于炕上，具有很强的室内装饰陈设功能，不仅展现这家女主人的贤良与聪慧，其视觉化的室内装饰性应用体现出塔吉克人的文化传统与审美情趣，也为当下的设计者提供一例值得回味与借鉴的设计案例。

图片来源

图一、图五　陈述　拍摄

图二、图三、图四　马丽　制图

图二　塔吉克族方形靠枕尺寸图（单位：cm）

图三　塔吉克族方形靠枕色彩分析图

第六章　塔吉克族传统手工艺

239

—— 花卉图案拼成的几何图案

—— 几何图案配成的绿叶图案

图四　塔吉克族方形靠枕造型分析图

图五　塔吉克族方形靠枕使用情景图

塔吉克族垫褥

图一 塔吉克族垫褥主图

垫褥是塔吉克族休息或睡觉时垫在身体下面的物品,用棉花或羊绒、骆绒等制成。塔吉克族历史上是一个以畜牧业为主的民族,居住于帕米尔高原,由于地势高,气温偏低,生存环境相对恶劣,气候干燥,水草因季节的变化差异很大,夏季时,塔吉克牧民需到高山上的牧场放牧,冬季则回到定居点附近,这种生产生活方式也促使塔吉克人须在高山上和定居点各准备一套住房,定居点的住房相对要好些,住房的选址也因河流谷地草场的分布来确定。

依据建筑材料的不同,塔吉克住房大致可分为毡房、石块土房、土房等。为保证休息的舒适,塔吉克人在室内都准备有各种不同刺绣装饰的垫褥。

塔吉克族自古以来便有席地而坐的习俗,家里通常不设桌、椅、床等家具。客人来时,在土炕上铺上垫褥供客人盘腿而坐,用餐时铺一块大餐布,将食物摆在上面供客人食用。垫褥也可用作临时躺卧休息时的床褥。垫褥多选用黑绒布料做面料，布料上刺绣精美的花卉装饰图案，色彩以红、白为主。以体现塔吉克人传统的喜庆与吉祥。刺绣主要使用辫针绣和平绣等针法，表面平整较耐磨。垫褥边缘使用的花纹呈绳纹状，既牢固又美观，不易开口。垫褥内一般填骆驼绒毛及羊绒毛，柔软并具很好的保暖性。垫褥的长度多依据土炕的长度尺寸进行裁剪设计，通常宽为40~60厘米，平时垫褥不用时可卷起，也可折叠，与其他被褥重叠摞放在一起，形成花墙等装饰组合。

垫褥的色彩设计多用黑色绒面平布做底色，图案以植物三叶纹饰、花卉、藤蔓、羊角纹饰、鹰纹等为主要表现内容，依据垫褥的长条方形采用菱形、半圆等进行分割构图。构图中呈不同几何形状间的对比、变化组合，使其更显生动与活泼。装饰造型上采用具象与意象结合的方法，将不同的物象通过线的灵活运用使其自然集合，以重复对称的表现手法使其组织成一个新的视觉形象整体，线条运用自然流畅，具有很强的韵律与节奏感。设计中使用白、红、绿、黄等艳丽的色彩，利用布面黑色底纹，利于将高纯度色彩进行间隔与调和，使色彩呈现出庄重华丽感。依据对象的轮廓进行平面化造型，并使单元装饰造型的结构组织适合于构图中所限定的区域形状，以重复连续性的表现的方法使其具有动感，装饰图形具有最易察觉的秩序感，生成动、静两种不同的感受，使装饰图形更易引人注目。垫褥的边缘多采用大红、深紫红、黄、浅蓝、绿等染色的毛线进行卷边缝合，形成色彩斑斓的绳纹装饰，既结实耐用又不失美观性。

垫褥设计是以满足塔吉克族日常生活中坐卧的使用需要为基本出发点，采用塔吉克族传统的刺绣装饰纹样，更增添了其美观性。精美的刺绣装饰设计从侧面体现出待客时主人具有的"诚意"，与塔吉克人传统的真挚热情待客的习俗契合。垫褥的大小、尺寸上也充分考虑到环境空间及塔吉克待人时的坐姿习惯等因素，无论在实用性及文化功能上具有很强的设计意图与针对性，在具体的使用操作中可根据使用者需要进行多种变化，其设计的使用性能符合塔吉克族实际生活的需要，也给当下的这类设计以启示。

图片来源
图一、图四　陈述　拍摄
图二、图三、图五　马丽　制图

图二　塔吉克族垫褥尺寸图（单位：cm）

■ ——— 黑色底色　　　　■ ——— 花卉颜色

■ ——— 红色为塔吉克族人民　■ ——— 装饰纹颜色
　　　　特别喜爱的颜色

■ ——— 花卉颜色　　　　■ ——— 植物颜色

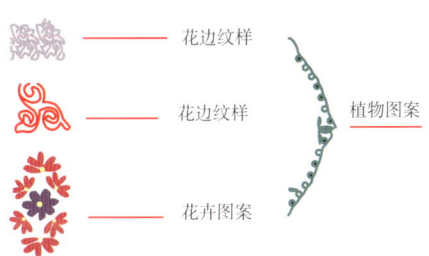

——— 花边纹样

——— 花边纹样　——— 植物图案

——— 花卉图案

图三　塔吉克族垫褥色彩分析图　　　　图五　塔吉克族垫褥造型分析图

图四　塔吉克族垫褥使用情景图

第六章　塔吉克族传统手工艺

243

塔吉克族刺绣

图一　塔吉克族刺绣主图

塔吉克族的刺绣是其整个文化重要的组成部分。刺绣中不仅表露出其真挚的情感，同时也体现出其独特的审美意识及观念，包括对色彩、纹样造型等方面的独到理解与认识，是塔吉克族在漫长的历史中形成的独具特色的精神财富。

塔吉克族刺绣纹样主要分为几何纹、植物纹、器物纹等。纹样中大多用三角形纹样拼贴并连续组合，象征高原民族对山的依恋和崇拜，这种崇拜源于原始的自然崇拜。刺绣常用于日常生活中的软细织物表面，如花帽、靴袜、服装、挂毯、靠枕等，甚至在墙上、土炕上、桌上、木架上及相片框中都装饰有刺绣，以营造一个美的现实世界。

刺绣图案多采用花卉及枝叶变形的图案，在二方连续边饰设计中，极少见到波浪式，几乎全部采用几何纹样和装饰花纹相互连接穿插，与色彩形成统一的几何纹样。早期，由于生活条件和装饰材料的限制，只是采用兽皮和不同颜色的羊皮剪成不同的图案缝合起来做装饰，基于审美的心理需要及装饰形式的独到认知及对所处自然环境形象的感知，以简化的方式对对象进行大胆的取舍，一方面是便于制作，另一方面是通过简洁明了的形象进行联想，以唤起观者对现实中某一形象的记忆。利用各种几何方形和三角形拼合，组成不同的花卉与枝叶，如由两个正方形组合便是长方形条状，在一端再绣两个三角形，在另一端中心绣一个三角形就是一个花瓣或麦穗的形状。在中心圆环绕一圈便形成雪菊花状。花瓣的形又可作为一个植物的茎叶，再进行二方连续组合，就形成了茎叶几何纹的装饰边，简洁大方、明快。花形多采用波斯菊、雪菊花和麦穗等，从局部的花瓣、花叶到整体的形式组合都是由大小不同的几何状的方形和三角形拼合而成的,这种纹样在塔吉克族刺绣中达到出神入化的地步,进而也成就了塔吉克民族纹样的独特魅力。色彩鲜明有序,对称协调,相互穿插,环环相连,互为一体。

刺绣一般选用黑底或白底的布料,这便于将各种色彩鲜艳的丝线完整地统一协调起来。刺绣中多使用红色、黄色及绿色,在塔吉克人的观念中常将色彩用来象征一年的四季,春季为绿,夏季为五彩缤纷,秋季为黄,冬季为蓝,不难看出塔吉克人对自然的那种质朴、真挚的感受及理解。刺绣是塔吉克族生活中重要的装饰表现形式之一,特别是服装及日常生活用具上使用刺绣,不仅满足了审美的需求,更为重要的是通过这一方式有利于加固刺绣装饰的基层材料以延续使用的寿命。另一方面使装饰的纹样、色彩不易脱落,并得以长久保存。对于高原民族来说是一种最为经济、实惠的设计创意方案,其主要通过大量的手工制作得以实现,使得将牧区的人力资源有效、合理的开发利用,以满足塔吉克族的物质及精神生活需要。

图片来源

图一、图四、图九　　陈述　　拍摄
图二、图三　　陈述　　马丽　　制图
图五　　马丽　　制图
图六至图八　　陈述　　刘梦娇　　制图

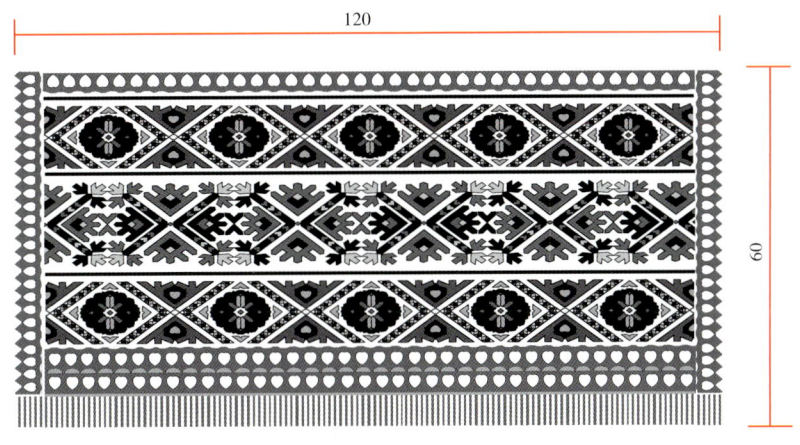

图二　塔吉克族刺绣尺寸图(单位:cm)

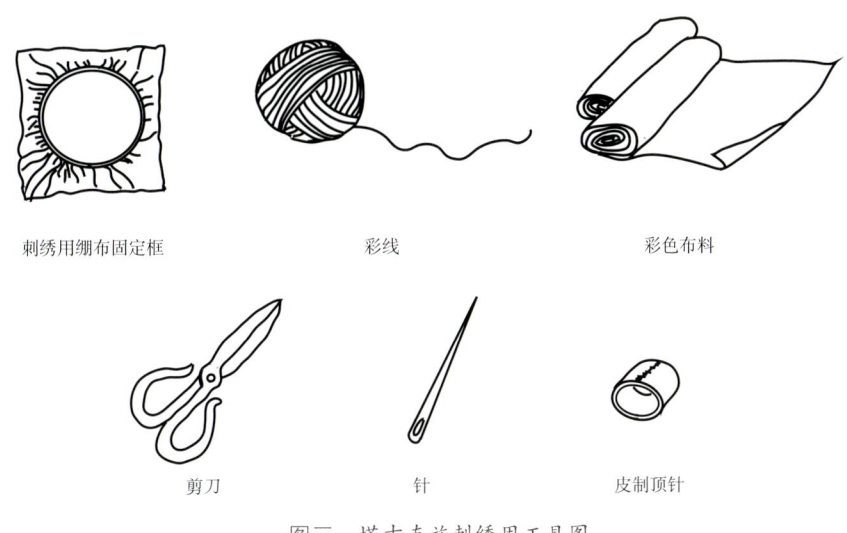

图三　塔吉克族刺绣用工具图

图四　塔吉克族刺绣操作场景图

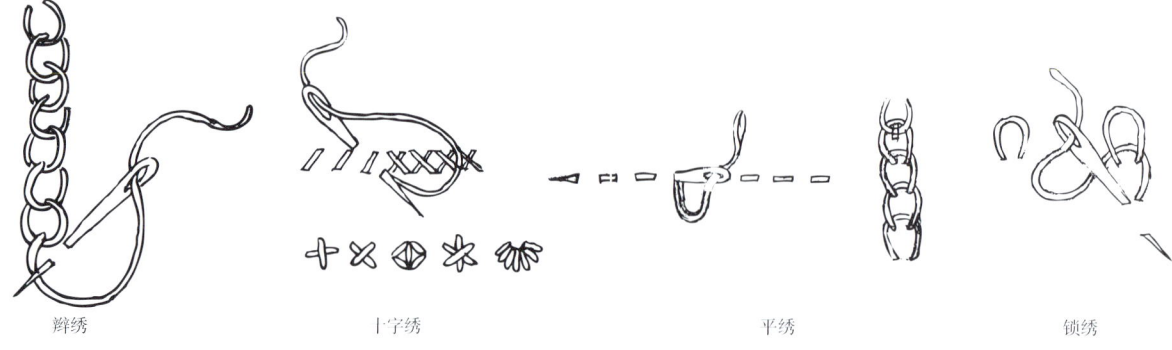

辫绣　　　　　　　十字绣　　　　　　　平绣　　　　　　　锁绣

图五　塔吉克族刺绣针法图

图六 塔吉克族刺绣装饰纹样图

图七 塔吉克族刺绣装饰纹样造型图

第六章 塔吉克族传统手工艺

刺绣装饰色彩整体呈暖色调,主色为红、白、黑、黄、赭石,为塔吉克族日常生活中常用色

35%　15%　30%
10%　10%

刺绣画面装饰色彩比例

图八　塔吉克族刺绣色彩分析图

帽子　　　相框　　　服饰

枕头与盖被　　　垫褥

图九　塔吉克族刺绣使用情景图

塔吉克族绣花手帕

图一 塔吉克族绣花手帕主图

绣花手帕是塔吉克姑娘随身携带用来擦脸、擦手的方形棉布。塔吉克大家庭的生活形态使家庭男、女成员都具有较明确的分工。家庭中很注重对子女的教育，一般女儿由母亲教，包括挤奶、做家务、刺绣等内容。绣花手帕则是塔吉克姑娘自行在方形手帕的上面加以刺绣。绣花手帕的主料通常为一块方形白色棉布。白色在塔吉克族传统观念中是纯洁、纯净的象征，手帕上的装饰图形设计可根据个人喜好添加或组合，在白棉布的四周饰以红色的网状穗边，并亲手刺绣植物花形及羊角形装饰图形，在较醒目的位置上绣上两个叶状的红心，代表两心相印，塔吉克族姑娘可借助手帕传递爱情信息。虽然绣花手帕面积不大，姑娘常在上以不同的技法来施展自己的刺绣技艺。通常为平针绣、辫针绣、综合绣等，手法细密精致，体现出姑娘的聪慧、贤良与耐心。在叼羊竞技中，小伙一旦得手就会将叼到的羊摔在心仪的姑娘面前示意，这是小伙向心仪的姑娘发出的求爱的信号，如果姑娘接受了小伙的爱情，则会委托身边年长的妇女将已准备好的绣花手帕蒙在小伙坐骑的头上，公开表示已接受了小伙子的情意。

"以物传情"是绣花手帕在特定场合传递的信息内容，手帕中的装饰图形及内容组合设计进一步强化了这一功能，使其具有了不同以往的信息与内容。通过设计表达来传递信息，表达某种爱意，从这个角度看塔吉克族绣花手帕承载的信息内容已超出了它基本的使用功能。

图片来源

图一　陈述　拍摄

图二至图四　马丽　制图

图五　郭婧　制图

图二　塔吉克族绣花手帕尺寸图（单位：cm）

图三　塔吉克族绣花手帕色彩分析图

— 几何图案拼成的花卉图案
— 几何图案
— 几何图案的拼接

图四 塔吉克族绣花手帕造型分析图

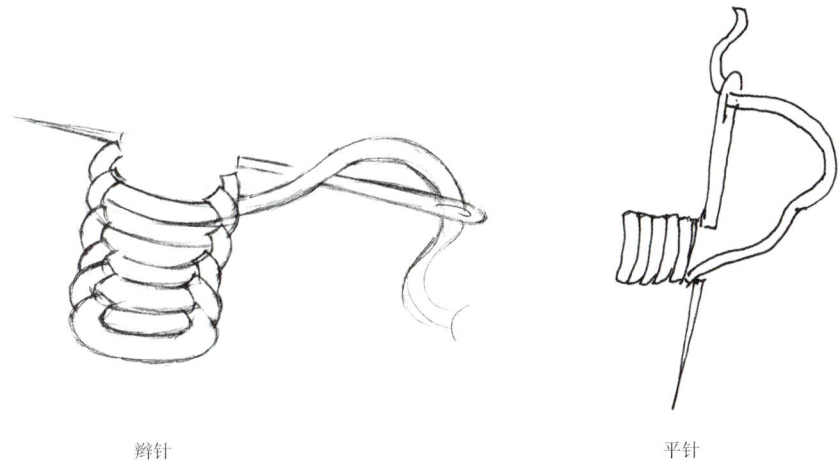

辫针 　　　　　　　　　　　　平针

图五 塔吉克族绣花手帕工艺分析图

塔吉克族皮制褡裢

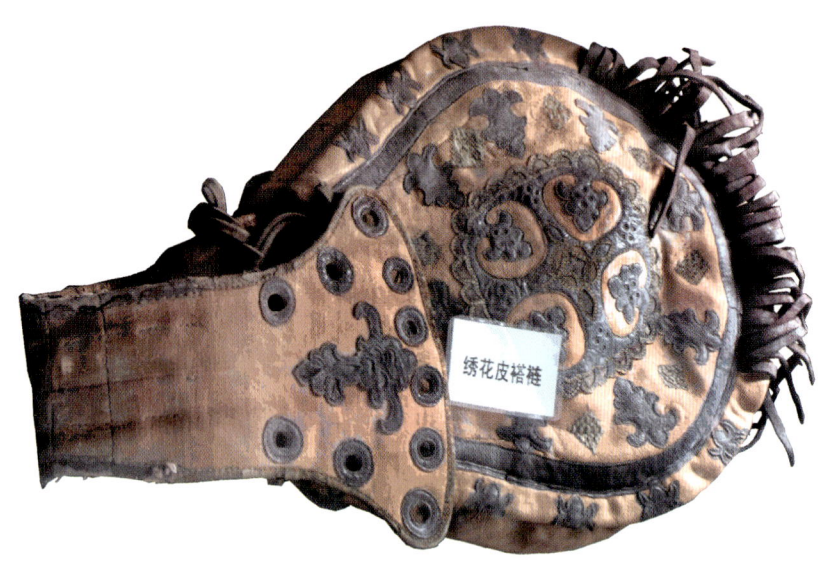

图一　塔吉克族皮质褡裢主图

马是塔吉克族重要的交通工具。以畜牧业为主的生产生活方式使牲畜的皮毛成为塔吉克族日常生活中经常使用的原材料。皮制褡裢就是使用牲畜皮缝制的一种便于在长途跋涉骑行中携带的包。塔吉克族皮质褡裢两头为圆形的口袋，中间是一个宽约15厘米的连接皮带，两头固定在圆形袋口的边沿上，呈弧状的宽皮褡裢带口处留有数个供系皮绳用的孔洞，用于扎紧圆形的袋口，在骑行的颠簸中不致使装入的物品遗失及进水。皮质褡裢两头大、中间窄的形状很适宜将其放置在马背上驮行，扁平的皮质宽带在长途驮行中分散重力并不易伤及马背，两边呈对称形状的褡裢口袋更趋于平衡，不易出现滑落。皮制的材料更为结实耐磨，一定程度满足了在骑行中对所装物品的安全要求。褡裢表面采用不同色彩的皮质图形拼接缝制，使皮制褡裢具有很强的装饰感。

塔吉克族皮制褡裢设计是基于放牧及长途跋涉中以骑行为主要方式来携带必需的生活用品及食物等的需要所进行的设计制作，所选用的材料是牲畜皮，因而在制作中对材料的性能、工艺更为熟悉。皮制褡裢的结构和形状也充分考虑骑行中便于牲畜驮行、搭载，连接两头圆形口袋的皮质宽带宜于长时间驮运并减轻因牲畜长时间的驮运所造成的背部磨损与伤害，褡裢表面的皮质补花装饰更显其装饰的韵味及美观，体现了塔吉克人独特的审美情趣与美感。

图片来源

图一　陈述　拍摄
图二　马丽　制图
图三、图四　陈述　马丽　制图
图五、图六　陈述　制图

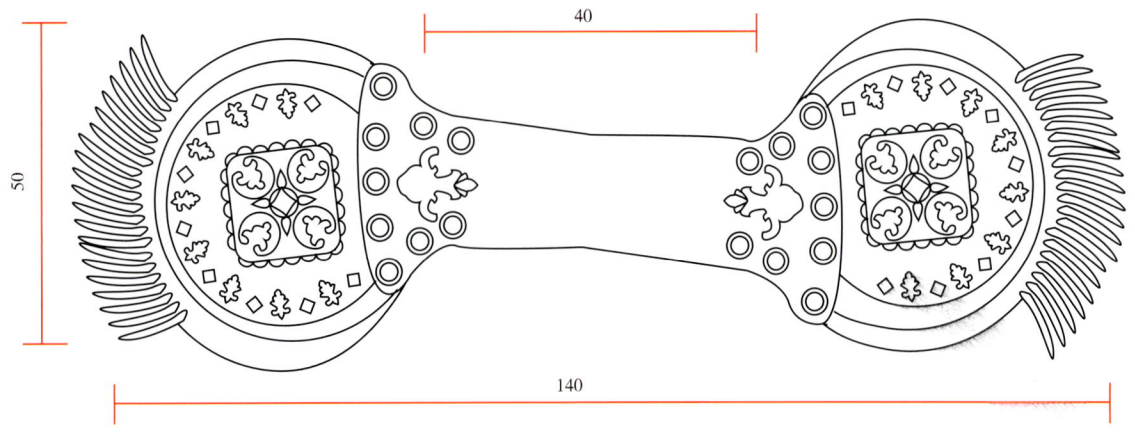

图二 塔吉克族皮质褡裢尺寸图（单位：cm）

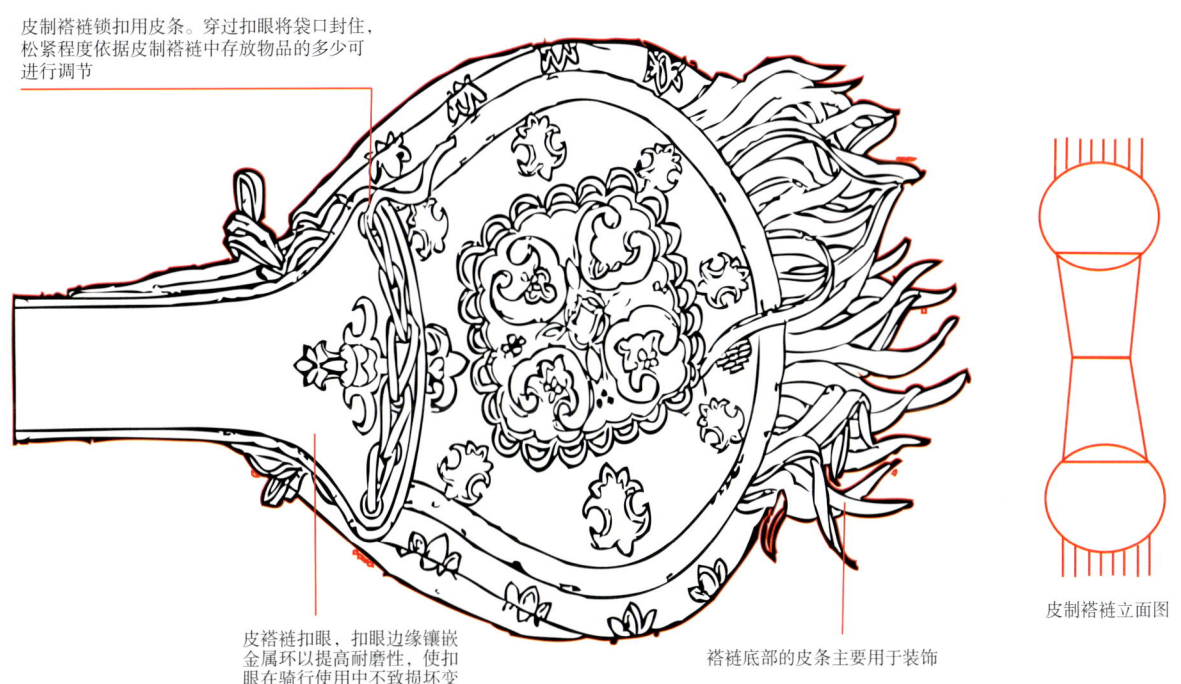

皮制褡裢锁扣用皮条。穿过扣眼将袋口封住，松紧程度依据皮制褡裢中存放物品的多少可进行调节

皮褡裢扣眼，扣眼边缘镶嵌金属环以提高耐磨性，使扣眼在骑行使用中不致损坏变形，也具一定的装饰效果

褡裢底部的皮条主要用于装饰

皮制褡裢立面图

图三 塔吉克族皮质褡裢结构图

第六章 塔吉克族传统手工艺

253

图四 塔吉克族皮质褡裢效果图

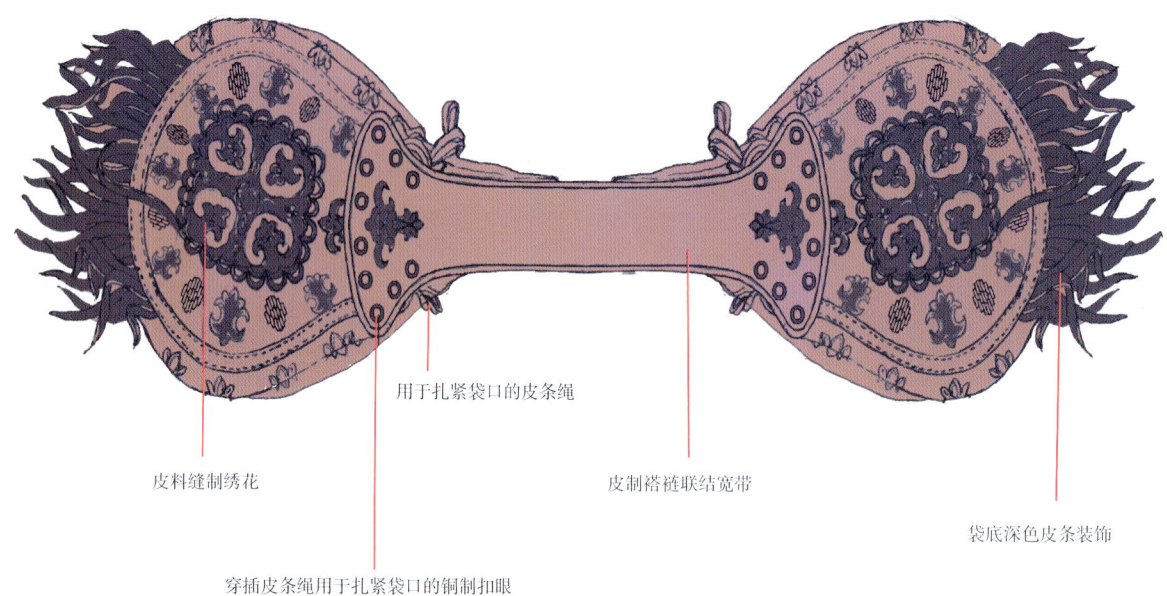

皮料缝制绣花

穿插皮条绳用于扎紧袋口的铜制扣眼

用于扎紧袋口的皮条绳

皮制褡裢联结宽带

袋底深色皮条装饰

图五 塔吉克族皮质褡裢工艺分析图

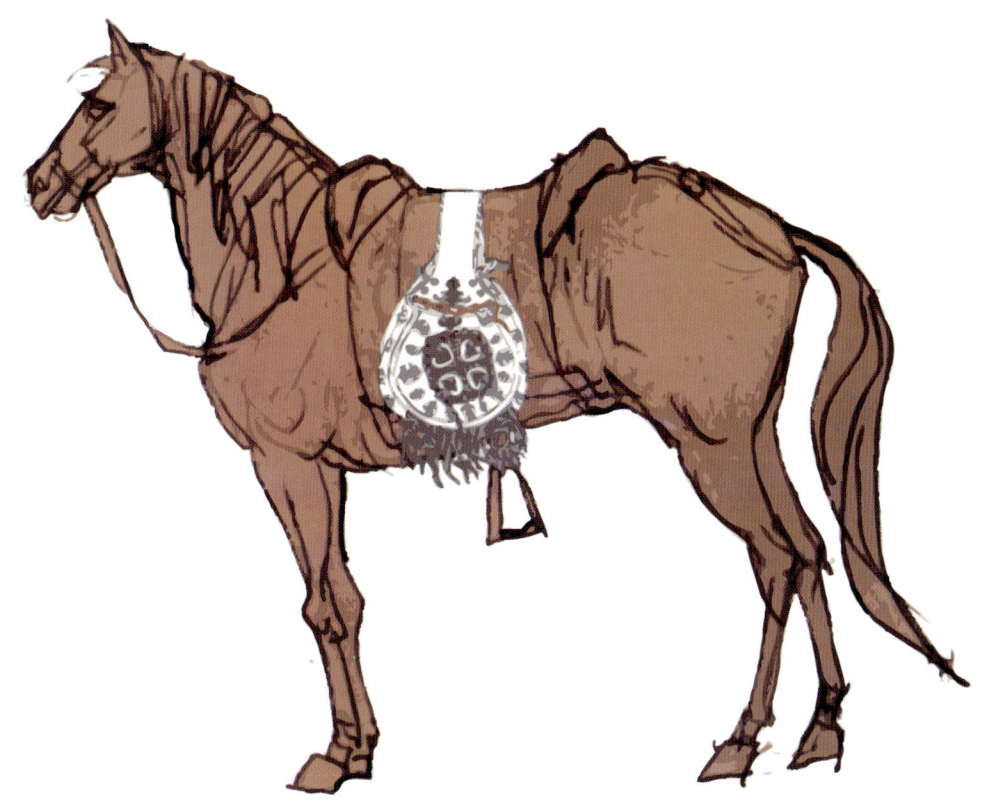

图六　塔吉克族皮质褡裢使用情景图

第六章　塔吉克族传统手工艺

塔吉克族芨芨草帘

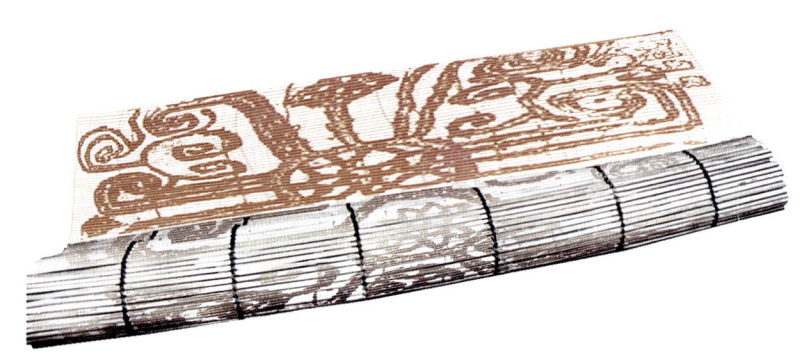

图一　塔吉克族芨芨草帘主图

位于新疆西南部的帕米尔高原是天山、昆仑山、喀喇昆仑山和新都库什山等交汇而形成的山结。特殊的地理环境直接影响着该地域的气候特征。北部高耸入云的慕士塔格峰阻滞了来自北部的气流与云雾。东部绵延不断的昆仑山脉使东部的温暖气流也无法到达，南部高耸的世界第二高山峰乔戈里峰8611米，阻挡了来自南部的绝大部分温暖气流，使帕米尔高原气候呈现气温低、降水稀少、雾气长、空气稀薄、光照时间长、紫外线强的特点。自然环境主要以山地荒漠和高寒荒漠为主，形成了相对独特的自然地理气候区域。这一区域环境中生长的芨芨草也是骆驼食用的一种草料。芨芨草为禾本科芨芨草属，约有20多种，主要分布于欧亚温寒地带，新疆产4种。

芨芨草是密丛禾草，茎直立、坚硬。喜生于地下水深1.5米左右的盐碱滩沙质土壤上，一般生长在干涸的河床、低洼河谷及河岸等地。芨芨草生长速度快，进入冬季其枯枝易于保存。在帕米尔高原5000米以下的荒漠区域均有芨芨草生长。芨芨草耐旱，耐盐碱及根系发达，适应于沙壤土生长。通常芨芨草根茎0.2~0.3厘米，根幅160~200厘米，秆叶坚韧，长而光滑，可用于编织草帘、草垫等。塔吉克族人每到秋季拔下芨芨草，摊开暴晒数日后，削根去皮，留下主茎作为芨芨草编织原料，根据需要编织草帘的宽度进行裁截。

芨芨草帘在以畜牧业为主的塔吉克族生活中发挥重要作用。夏季到高山放牧时搭建毡房时可用其来做圆壁的围合，既可挡风、防潮，对壁面也起到柔性支撑作用，同时也美化了环境。此外塔吉克族将芨芨草编结的席也用于擀毡、晾晒酸奶疙瘩、床垫等。芨芨草帘的编结是用自制的细毛绳用交叉的方式将芨芨草秆排列固定，一般芨芨草帘使用三道线进行固定，即芨芨草枯干的两头与中间，制作时先选一圆木，依据芨芨草帘的宽度在圆木上摆上三根等距离的毛线，线头捆木棍或石块以增加重量，使编织时将交叉后的线拉紧，芨芨草秆的捆扎更趋牢固紧实，不易抬动。如此往复循环，使交叉的线锁住芨芨草秆，直到完成所需要编织的面积为止。塔吉克族妇女也使用这种方式编织装饰性纹样，如羊角纹、太阳纹及花卉纹，用以表现生活的感受，构图饱满，造型拙朴、自然，极具浪漫色彩。

塔吉克族芨芨草帘的设计是充分利用自然环境中这种禾本植物的特性，通过合理的设计与制作处理，使其成为具有特定功能的生活用品。通过设计，使之成为可使用的材料，在生活中发挥多种使用功能，并充分体现其材料的属性特点。简易、实用、经济、携带方便的使用效果与塔吉克族的以牧业为主，兼营农业的生产、生活实际需要相契合。

图片来源

图一　陈述　拍摄
图二、图五　马丽、郭婧　制图
图三、图四　马丽　制图
图六　王琼　制图
图七　马丽、陈诗雅　制图
图八、图九　陈述　制图

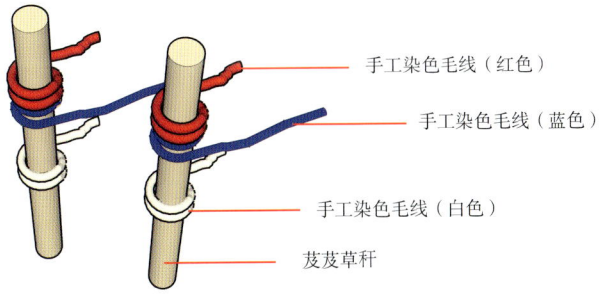

将处理好的芨芨草秆排列出，在上面用颜色勾画出大致的装饰纹样，然后使用毛线依据芨芨草秆上的标记紧实缠绕即可

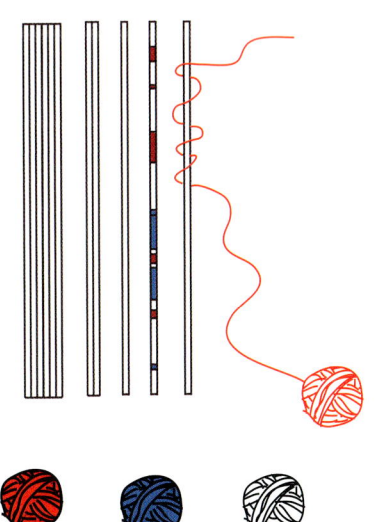

红色毛线团　蓝色毛线团　白色毛线团

图二　塔吉克族芨芨草帘工艺分析图（一）

用细毛绳交叉将芨芨草秆进行连接，细毛绳的一头拴上木棍或石块，利用重量使拉紧的绳扣不易松动，也使绳头在编结中不易卷曲出现凌乱的状况

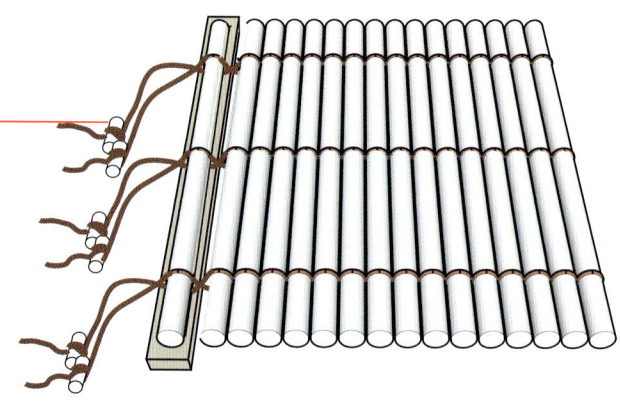

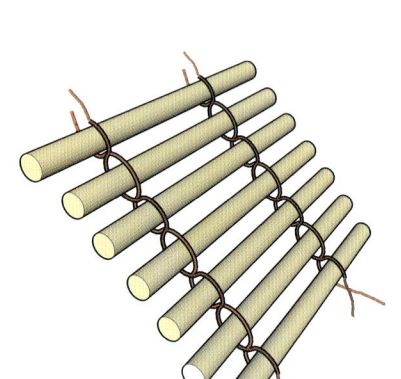

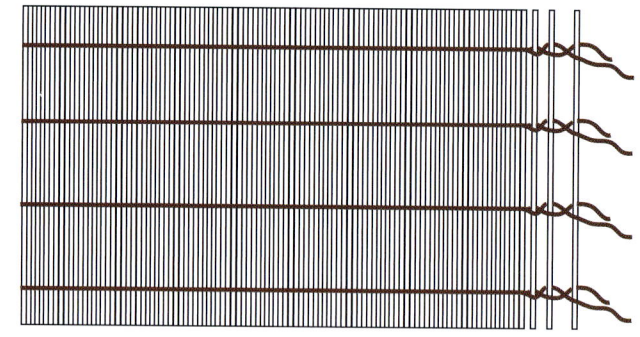

图三　塔吉克族芨芨草帘工艺分析图（二）

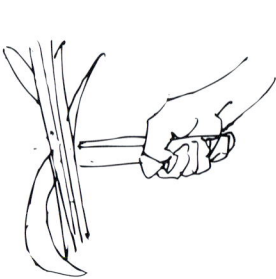

1. 秋季收割采集芨芨草

2. 晾晒

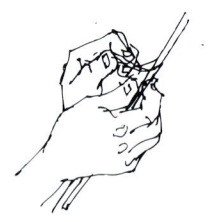

3. 剥去芨芨草秆的干叶枯皮

4. 修剪并依据长短归类

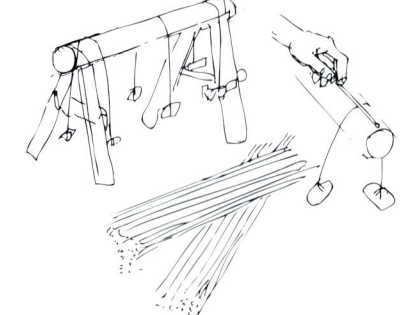

5. 手工编制

图四　塔吉克族芨芨草帘制作程序图

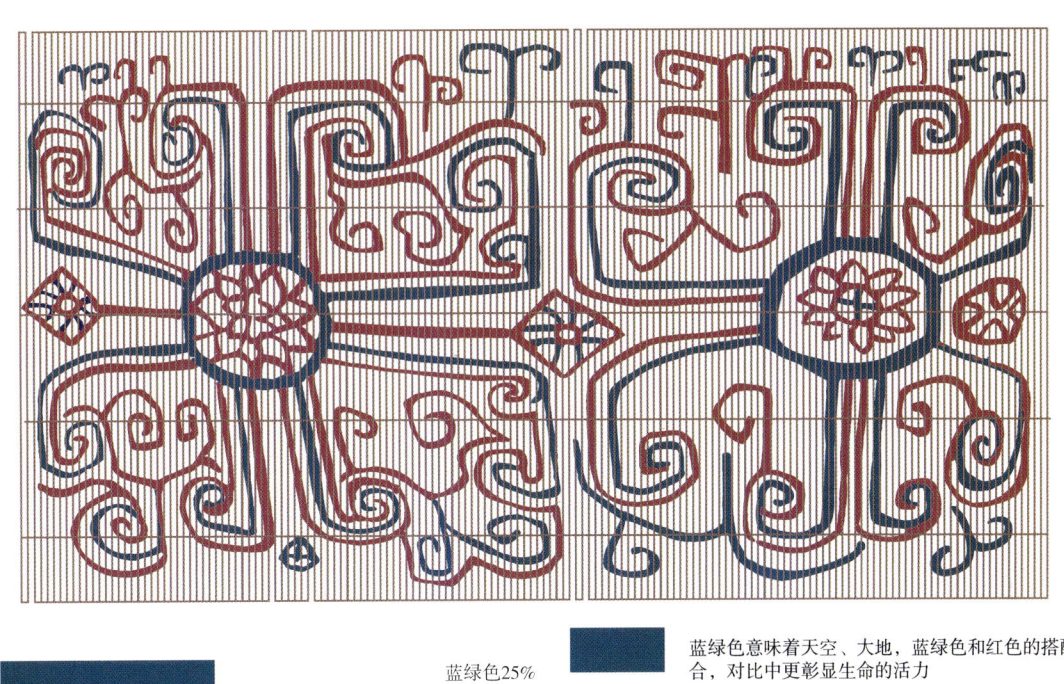

图五 塔吉克族芨芨草帘色彩分析图

图六 塔吉克族芨芨草帘装饰纹样分析

259

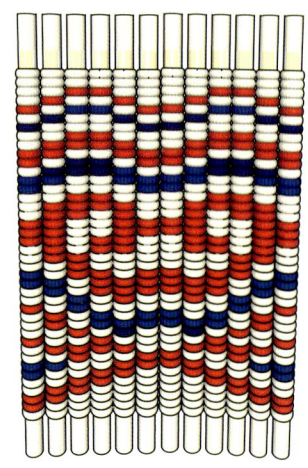

图七 塔吉克族芨芨草帘编织效果示意图

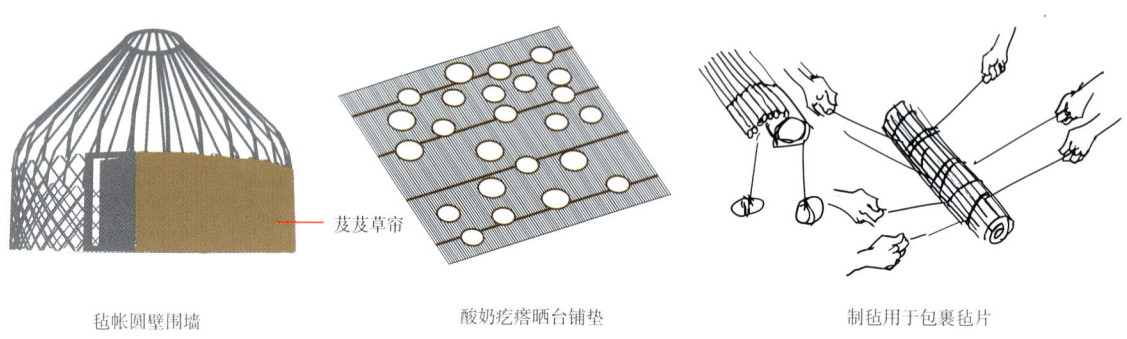

毡帐圆壁围墙　　　酸奶疙瘩晒台铺垫　　　制毡用于包裹毡片

图八 塔吉克族芨芨草帘使用分析图

图九 塔吉克族芨芨草帘使用情景图

塔吉克族乌克

图一　塔吉克族乌克主图

毛绳，塔吉克语称之为"乌克"。

生活在帕米尔高原的塔吉克族有"世界屋脊居民""云彩上的人家"之称。境内高山环绕，冰山融化所汇成的河流穿行于千山万壑之间。穿行于山谷的河流两岸形成了许多天然的草场，可供塔吉克人放牧、耕种。由于降水稀少，冬季寒冷且漫长，形成了以畜牧业生产为主的传统生活方式。依据季节的不同，每年的3~5月为春牧场放牧时间，6~8月转入夏牧场，9~10月在秋牧场放牧，12月至次年2月基本在家里饲养牲畜。频繁的游动迁徙需要将携带的毡帐及必需的生活用品等储存在牧地，以便于搭建临时居所。运输及毡房的搭建都需使用毛绳来进行固定及捆绑。

毛绳是塔吉克族日常生产、生活中经常使用的工具之一。以畜牧业为主的塔吉克族因游牧转场的途中需要使用毛绳来固定所要搬运的大小物件。搭建毡帐时，也需要用毛绳来捆绑固定，使其能抵御风寒。即使是用二牛抬扛这种传统方式进行的耕地作业，也需要用毛绳来对耕牛的牵引进行连接，以便能够更好地驾驭耕牛。

毛绳"乌克"的制作通常选用牦牛毛或山羊毛为基本材料，牦牛的毛髓少并且小，因而具有较好的弧度和伸长度。山羊毛属于一种优质的毛纤维，表面光滑而且具有弹性，具有较好的弧度及耐磨性。首先将选的牦牛毛和山羊毛分类用木棍敲打使其蓬松后再使用自制的木纺轮将其捻成细毛线，根据实际使用要求来决定毛线合股拧制的根数。合股的细毛绳越多其拉力强度也随之提高。将合股拧成的较粗毛绳，也可使用编辫的方法制成更粗的毛绳，外形结构更加美观。黑白相间的毛绳更具有色彩感和秩序感。毛绳制成后要放置在水中浸泡数天，以防止其松散。

毛绳"乌克"是塔吉克人日常生产、生活中经常使用的工具，是为了适应特殊自然环境所采用的设计制作方式。牦牛毛和羊毛是制作毛绳最为合理的原料。以畜牧业为主的生产方式为毛绳"乌克"的制作提供了充足的原料，充分满足了生产加工的需要。制作的方法简易实用，避免了在制绳的实际操作中难以达到的条件，使其更适于在高原的不同环境中进行加工与制作，并利用黑白原色进行组合。如耸立在高山上的深色岩块与皑皑白雪相互映衬，显得厚重、沉稳而富有活力。

图片来源

图一、图五　陈述　拍摄
图二　陈述、郭婧　制图
图三、图四　马丽　制图

毛绳长约400厘米
直径约为5厘米

图二　塔吉克族乌克尺寸图

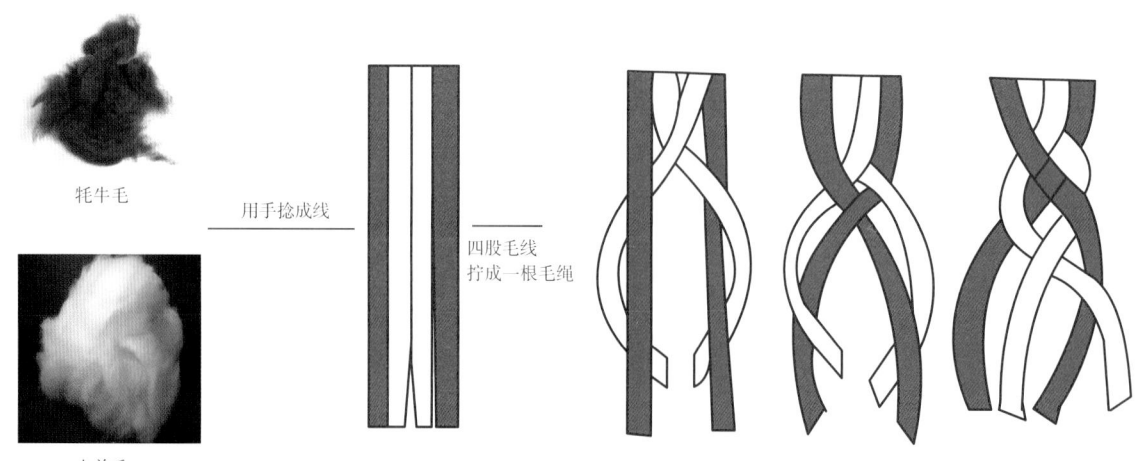

图三　塔吉克族乌克构成分析图

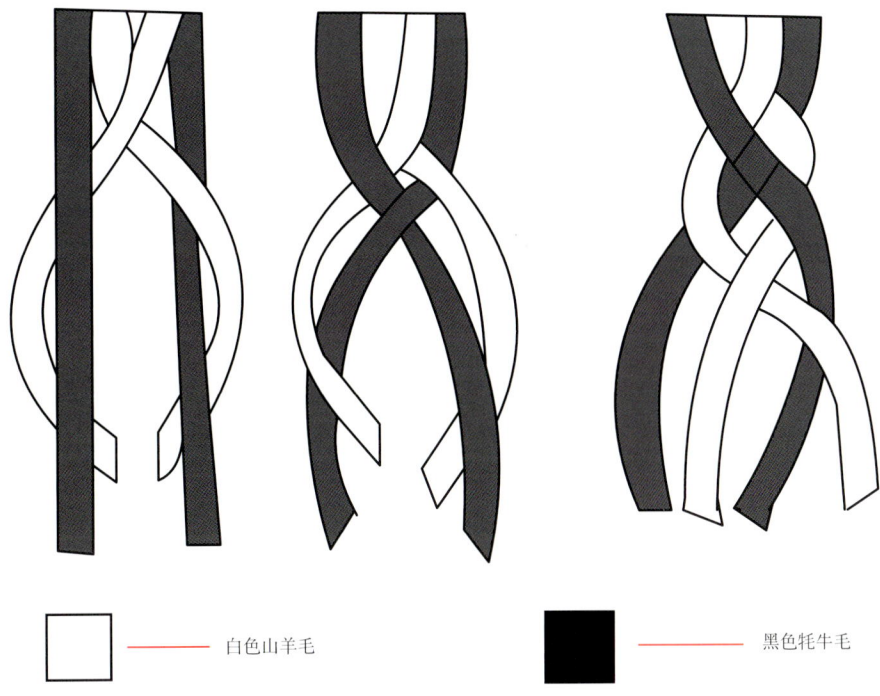

□ —— 白色山羊毛　　■ —— 黑色牦牛毛

图四　塔吉克族乌克色彩分析图

图五　塔吉克族乌克情景图

塔吉克族毛毡

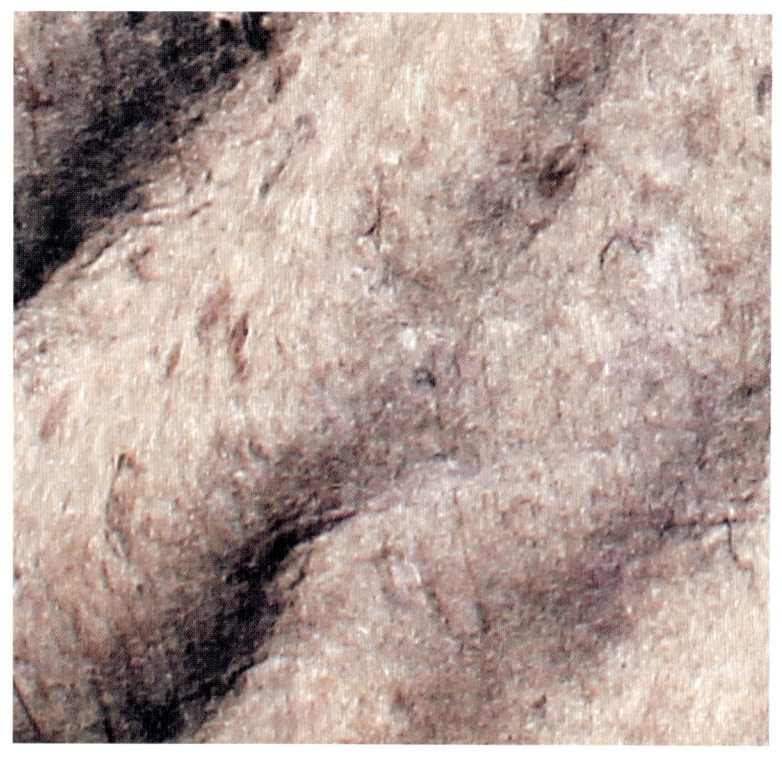

图一　塔吉克族毛毡主图

在畜牧业经济生产中，塔吉克放养的牲畜主要为绵羊，其次是牦牛。羊、牛的肉和奶是牧民的主要食物。羊毛用来擀毡、纺线、织呢绒等，羊皮又可用于缝制衣服和帽子。

羊毛是塔吉克族经济生活中重要的手工业加工原料。绵羊通常在7~9月份剪毛，山羊则在6月份剪毛。毛毡的制作原料主要为羊毛，通过一系列的工艺设计制作程序生产毛毡。首先将一块芨芨草帘平铺在室外的空地上，再将用来制作毛毡的羊毛堆放在平铺的芨芨草帘上，由塔吉克妇女蹲在草帘边挥动柳棍抽打堆放的羊毛并使之蓬松。然后将蓬松的羊毛厚薄均匀地平铺于草帘上，并在上面浇淋烧开的水，浇水时可借助扫帚将开水均匀洒开。将草帘卷起，并顺势将平铺的羊毛裹于其中，卷成桶状后，使用毛绳缠绕捆绑并留出绳头由两边的人协作来回拉扯，使卷桶在两边人的拉扯下来回滚动，并不时用脚踩踏用以压实。期间还需用开水浇洒，由4~6人沿卷桶并排跪下，使用前手臂下压并使之向前滚动。擀毡过程需要多人协调配合，对于塔吉克大家庭来说其过程更能体现这种协作配合的重要意义。

毛毡是塔吉克人日常生活中常用的物品。夏季在高山放牧时，搭建用于居住的毡房需要用毛毡进行围合。由于毛毡具有的隔潮柔韧及耐磨的特点，也作为毡毯铺垫于房屋中的土炕上，薄毛毡还可用来制作毡袜，具有很好的保暖性。

毛毡在塔吉克人的生活中使用广泛。其设计制作都体现出塔吉克族社会经济生活的特点。通过塔吉克人合理的设计制作使之成为生活中必需的物品，对于生活在帕米尔高原的塔吉克人来说，很大程度上解决了因特殊环境因素而造成的生活难题，所以毛毡设计运用在高原环境和塔吉克族的生活中发挥了重要的作用。

图片来源

图一、图五　陈述　拍摄
图二、图三　马丽、郭婧　制图
图四　马丽　制图
图六　王琼　拍摄

图二　塔吉克族毛毡工艺分析图

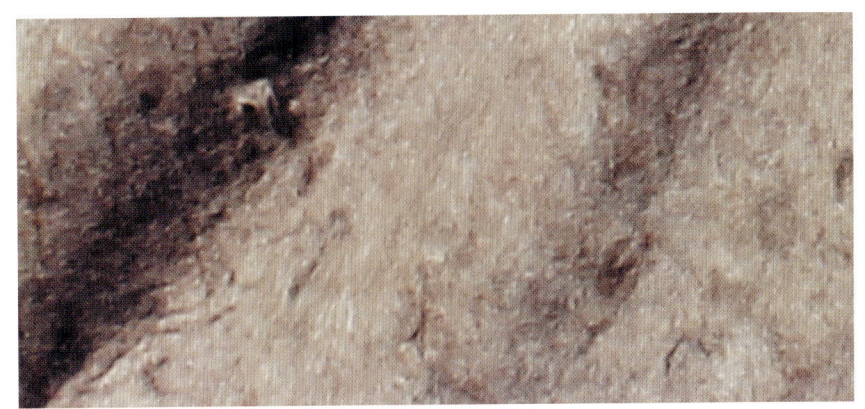

主要由羊毛制作而成

图三　塔吉克族毛毡构成分析图

图四　塔吉克族毛毡尺寸图（单位：cm）

图五　塔吉克族毛毡使用情景图（一）

图六　塔吉克族毛毡使用情景图（二）

第七章 塔吉克族传统民俗和宗教

塔吉克族婚礼

图一 塔吉克族婚礼主图

塔吉克族主要分布于位于平均海拔4000米的帕米尔高原东南部新疆喀什地区塔什库尔干塔吉克自治县，长期过着以畜牧业为主、农业为辅的生活。塔吉克族实行一夫一妻制。结婚是塔吉克族生活中一件大事而受到重视。塔吉克族非常重视婚礼，婚礼被视为生活的重要组成部分，塔吉克人的婚礼色彩浓郁，气氛热烈而浓重，婚礼的日程及安排极具民族特点，婚礼一般选择在秋高气爽、牛羊肥壮的金秋季节举行。

塔吉克族的婚礼通常要举行三天，第一天，男女双方各在自家准备菜肴，亲戚前来祝贺。母亲或长嫂在所送的礼品上撒面粉，以示吉祥。新郎和新娘要挑选伴郎和伴娘。衣饰上很讲究，新郎的吐马克帽上要缠上红、白两色的布，新郎新娘要戴上系有红、白两色的手绢的戒指，穿戴婚礼礼服象征着吉祥和幸福。新娘头戴绣花小帽，帽前垂挂"斯力斯拉"（一排小银链），再戴银质大耳环，在身后4根长辫上系大红穗。穿红色长裙，外套大红袷袢，佩戴头饰、项链、胸饰和主体饰，穿绣花长袜和红皮长靴。准备就绪，由宗教人士面对新郎进行祈祷，并宰杀绵羊为婚礼驱邪，新郎的父母亲友争向新郎礼服上撒面粉以示祝福。被新娘新郎一生敬为"拜德尔汗"（直译即为"婚姻之父")的人是由女方提出,经男方协商确定的证婚人。婚礼中宗教人士为新娘新郎祝福时,拜德尔汗须在场亲自让新娘新郎同时喝一碗盐水,吃一口馕,婚后三天到新郎家亲自揭去新娘的面纱,以示新婚,方可参加家务劳动,其他亲人则回避。

第二天的婚礼内容主要为迎亲,也是婚礼高潮,新郎骑着骏马,组成马队,弹起民族乐器,一面叼羊,一面唱婚礼歌曲,浩浩荡荡来到女方家迎亲。迎亲时,男方要准备一只肥羊送给女方家,由陪伴新郎来的小伙子们骑马进行叼抢。新娘家的人则设法阻拦,拍打男方的马,不使对方接近绵羊,若男方的人将这绵羊抢到手,就会受到奖赏。迎亲队伍来到女方家时,女方的父母及亲戚朋友要在门口迎接迎亲队伍的到来,当新郎骑马行到女方家门口时,新娘的女伴代表新娘向新郎敬上两碗放了奶油的牛奶,新郎当众喝光,表示接受了女方的盛情和甜蜜的爱情。新郎下马后,新娘奶奶要向孙女婿的肩上撒些面粉,以示祝福,愿两个年轻人互敬互爱,白头偕老。进屋后,新郎要向蒙着面纱的新娘赠送礼品,并和新娘交换系有红、白布条的戒指。新娘的父母拿出丰盛的食品招待新郎和迎亲的队伍,人们用餐之后,便开始举行赛马、叼羊等娱乐活动,能歌善舞的青年男女吹起鹰笛,打起手鼓。迎亲队伍返程时,新娘要向自己的父母及亲友辞行,感谢父母的养育之恩,与新郎同骑一匹马在《哭嫁歌》中离去。送亲的青年男女们弹起各种乐器,边歌边舞。马回到新郎家门前时,早已等候在那里的婆婆要亲自给儿媳妇端上两碗放了酥油的牛奶,骑在马背上的儿媳妇喝完后才能下马。从下马的地方到洞房早已铺好了红毯子,新娘踏着红毯子进新房,表示幸福新生活的开始。

图二 塔吉克族婚礼服饰图

婚礼第三天,拜德尔汗和女方亲戚及宗教人士来男方家做客。娘家人要带来食品礼物及一只宰好的羊。新娘到婆家要戴三日面纱,第三天时由拜德尔汗亲手将面纱揭下,并拿来面、油、奶冻让她和面打馕,寓意新的家庭生活开始。男方家宰羊招待娘家来客,并送衣料等礼物,一段时间后,新郎新娘须回娘家探望父母,至此三日婚礼程序完成并结束。

图片来源

图一、图三至图八　陈述、刘陶　制图
图二　马丽　制图
图九　陈述　拍摄

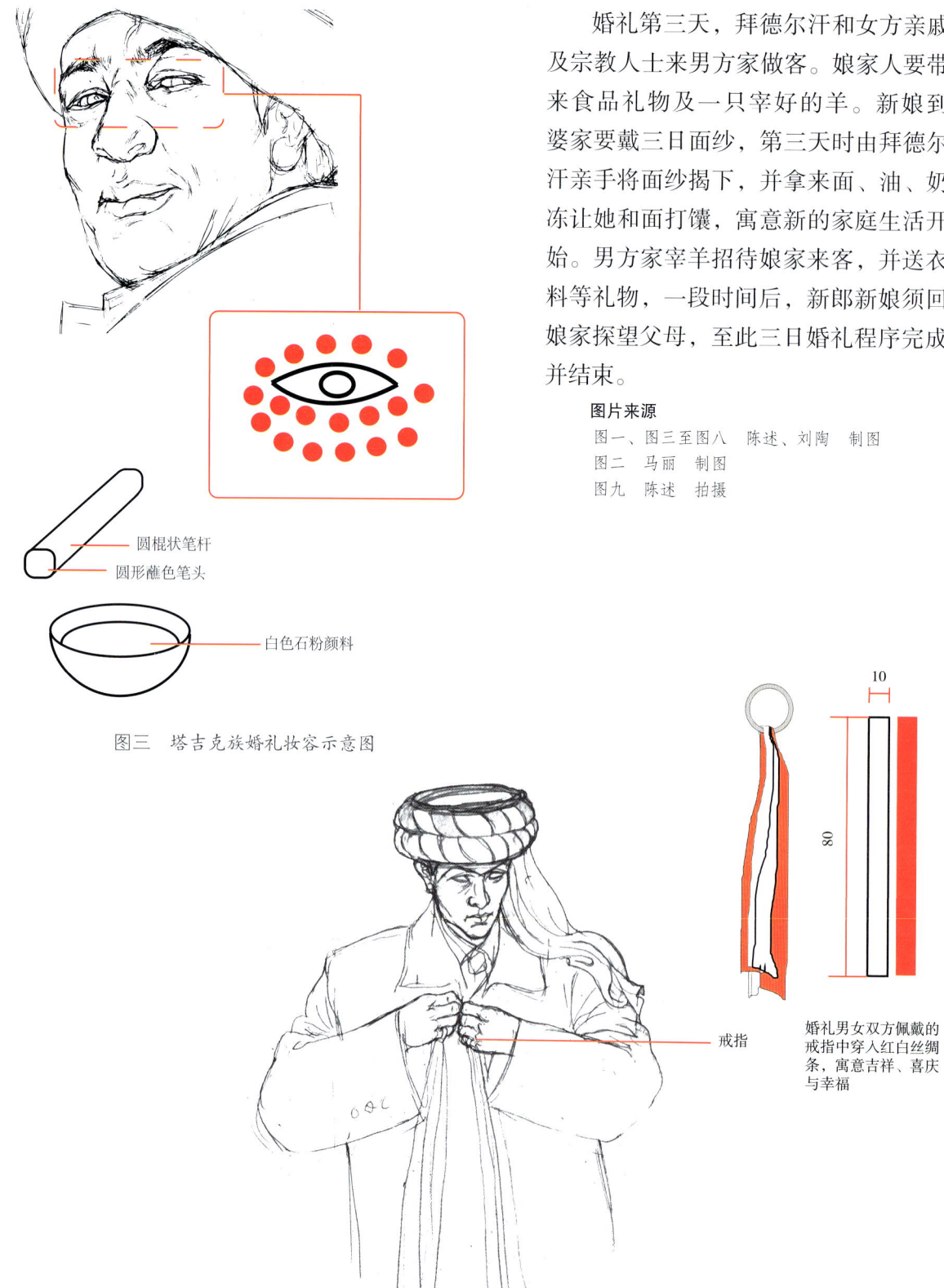

图三　塔吉克族婚礼妆容示意图

图四　塔吉克族婚礼戒指装饰

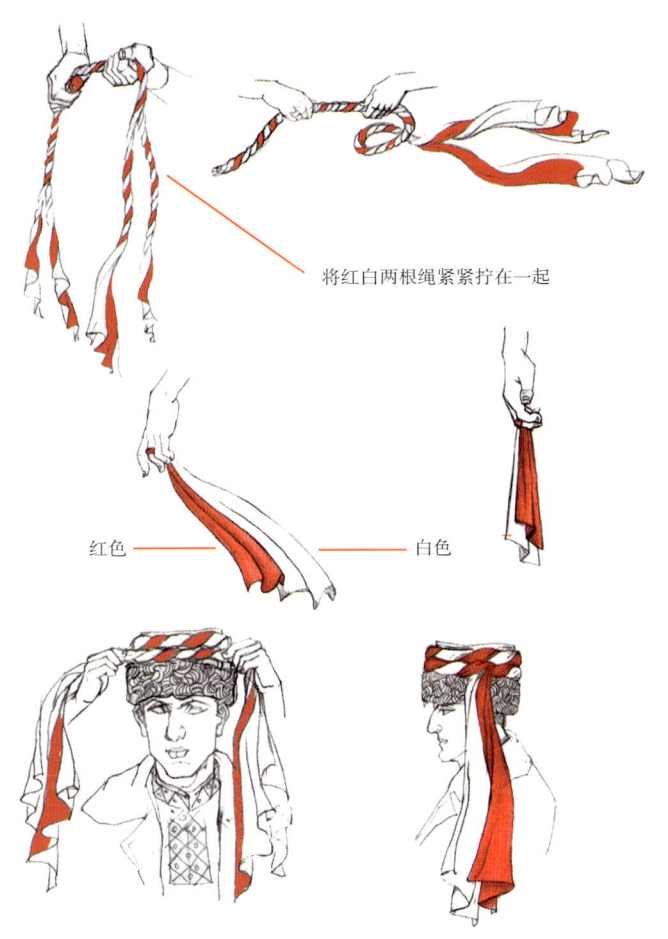

图五　塔吉克族婚礼男帽装饰分析图

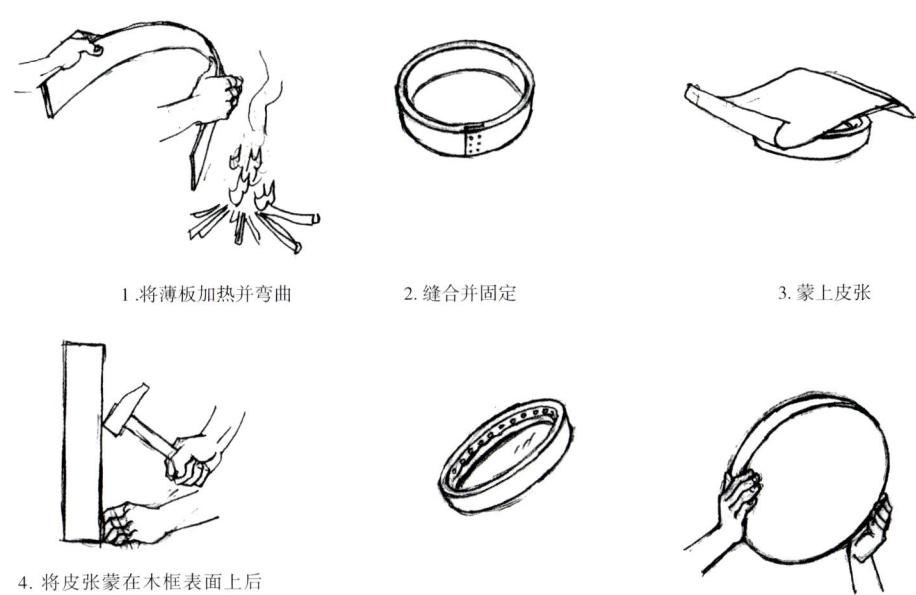

1.将薄板加热并弯曲　　2.缝合并固定　　3.蒙上皮张

4.将皮张蒙在木框表面上后反转并固定于框内侧

图六　塔吉克族婚礼道具手鼓工艺分析图

图七　塔吉克族婚礼场景图（一）

图八　塔吉克族婚礼场景图（二）

图九　塔吉克族婚礼筹备情景图

第七章　塔吉克族传统民俗和宗教

塔吉克族祖吾尔节

图一　塔吉克族祖吾尔节主图

引水节是塔吉克农事的节日，"引水"塔吉克语为"祖吾尔"。由于塔吉克族聚居的帕米尔高原气候寒冷，塔代库尔干的西部和南部的高山上终年积雪，冬春季节，帕米尔高原阻挡了由大西洋过来的湿润空气，夏季喀喇昆仑山又阻挡了印度洋的季风，使该地域呈现高原山区温寒干旱的气候，四季不分明，冬长无夏，春去秋来，气压低，缺氧，阳光充足，降水量少，日温差大，热量不足，漫长的冬季使初春时需要砸冰引水，开耕播种，因此引水不仅需要集体协力互助，同时也成为迎春的一项盛大活动。这便是塔吉克族的引水节。引水节一般在塔吉克族的春月（公历3月22日至4月22日间）进行，第一件事是要破冰引水，这需要动员全村的人参与，因此事先要做一些准备，首先是到要引水的主河道的冰面上撒些黑土，以加快冰面的融化；其次要准备好各种砸冰所要使用的工具，以便在引水时使用；再次是要准备引水劳动中所需的食物，一般为三个大馕，两个带至引水工地，一个留在家里。

引水节当天，大家骑上马，带上工具和馕，在水官——（塔吉克称之为"穆拉甫"）的带领下到引水点后，开始盛大的破冰引水和整修水渠的义务劳动。大家怀着节日的心情和丰收的希望劳动。当雪水被顺利引入渠道后，人们欢呼雀跃，聚集在渠边，开始共食带来的烤馕，以祝贺引水成功。之后，人们开始祈祷，在新的一年获得理想的收成。事后，在家还要举行赛马、叼羊等娱乐性活动，沉浸在欢乐的节日之中。

塔吉克族的祖吾尔节虽属农事节日，但由于当地特殊的自然环境，人们对春天充满了期望，并将其作为节日来加以庆贺，一方面表现出水对农事耕作的重要性，另一方面通过这一节日的活动，利于强化部族成员间团结协作的意识，以战胜恶劣环境中所遇到的困难，并体验成功的欢快。这种集体性的组织观念缘于其特殊恶劣的自然环境因素，表现为塔吉克人面对困难的不屈精神，其程序设计与赖以生存的自然环境有着密切的关联，也是塔吉克民族在社会自然环境实践过程中的真实愿望及情感的表达。

图片来源

图一、图五　陈述　制图
图二至图四　赵笑天　制图

图二　塔吉克族在祖吾尔节祈祷示意图

图三 塔吉克族破冰引水示意图

图四 塔吉克族制作祖吾尔节节日美食示意图

图五　塔吉克族祖吾尔节泼水祝福示意图

塔吉克族古尔邦节

图一 塔吉克族古尔邦节主图

古尔邦是我国信奉伊斯兰教的少数民族的盛大节日，也是宗教所规定的节日。

古尔邦节，为阿拉伯语音译，意为"牺牲""献身"，故亦称"宰牲节""献牲节""忠孝节"。塔吉克族信奉伊斯兰教，过古尔邦节的习俗与我国其他穆斯林民族有相同之处，亦有不同之处。按伊斯兰教历，每年12月10日为古尔邦节。节日以宰牛羊、聚会庆祝为主要内容。在节日的一年前就开始做古尔邦节的部分准备工作了，产羔时期，每个人家就先挑选全黑色眼睛、毛色纯白的羔羊做上标记以用作古尔邦节的牺牲之物，节日来临，在宰这只羊之前要将其眼睛涂抹得很漂亮，然后将其抬上屋顶去宰，宰后要将羊血涂于孩子的额头和面颊上，以示吉祥。

宰后的羊要整只煮，煮好原封不动地送往塔吉克族人的宗教活动场所加玛艾提哈纳（相当于清真寺）交给有关人员。古尔邦聚礼之后，众人围坐在餐布周围，宗教人士会把大家拿来的食物分给大家食用,在这个过程中,人们要回顾一年中所发生的事情并相互祝福,之前有成见的人也要言归于好。活动结束后,人们可以把吃不完的食物带回家,但也要分给穷人一部分。从加玛艾提哈纳出来后,塔吉克人便开始走动拜节,非穆斯林群众也可以去塔吉克人家里祝贺。

节日前,塔吉克家家户户要把房子院落打扫整修一新,并赶制节日的新装。节日期间,塔吉克妇女不做针线活儿,主要是展示自己的厨艺,制作许多平时不常做的美食,如馓子、烤馕等各种精美点心,为节日期间来家里贺节的亲朋好友和远方的来客准备充足的美食。古尔邦节头一天清晨的礼拜为一年中规模最大的一次,所有成年男人皆去当地礼拜寺参加聚礼。边远的山区一般没有加玛艾提哈纳、牧民们就在约定的地点聚集做古尔邦的聚礼,古尔邦节第二天,各家各户都要带上食品到墓地去祈祷、祈福。

塔吉克族很少有人去清真寺作古尔邦节礼拜,但都会宰一只符合伊斯兰教规定的羊,不许宰成年怀孕的牲畜,也不能宰瞎眼、瘸腿、缺耳、少尾的羊,寓意为把最美的羊献给安拉,宰羊要对着太阳,羊血顺着墙体渗透下会留下痕迹,大家把宰的羊皮捐给清真寺,售后用于寺庙维修和帮扶穷人,羊肉放置在大家指定的地点,一般由乡或村里的长者来平均分配给参加活动的人。古尔邦节是塔吉克族一年中隆重的节日,从其节日的程序中可以看到,塔吉克是在社会进程中形成的传统习俗以及物质生活、精神生活基础上来过这一节日的,具有明显环境特点和民族生产、生活特征,节日以"宰牲"这一行为来展开,以表达对安拉的崇拜、敬仰之意,宰牲之前对动物的"化妆"无非是这种意愿的具体行为。节日中的提供者及由族人老者的再次肉食分配体现了游牧民族在严酷自然环境条件下的意愿与客观要求,即集体观念的重要性,该古尔邦节的设计及过程也正是基于这样的客观现实,对今天的设计师来讲具有很好的借鉴与参考价值。

图片来源
图一　陈述　制图
图二至图五　陈述、赵笑天　制图

图二　塔吉克族古尔邦节祈祷示意图

图三　塔吉克族古尔邦节宰牲前对羊的祈祷示意图

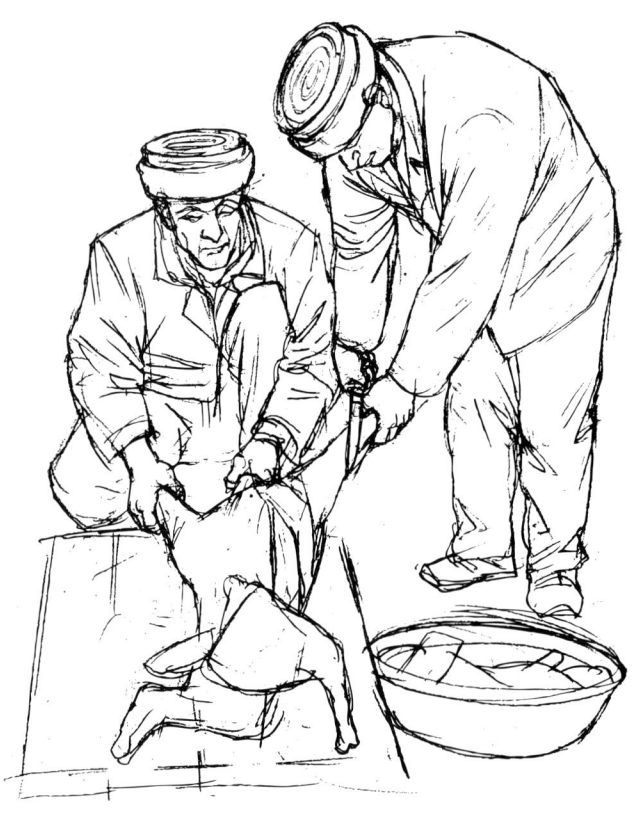

图四　塔吉克族古尔邦节宰羊示意图

图五 塔吉克族古尔邦节聚餐示意图

塔吉克族肖贡巴哈尔节

图一　塔吉克族肖贡巴哈尔节主图

肖贡巴哈尔节也称诺鲁孜节，意思是迎春，即塔吉克人的春节。塔吉克族由于长年生活在高原地区，一年四季并不明显，在草原上游牧时一般将一年只分为春、秋两季，春季代表着新生活的开始，所以每年春季到来之时都要举行隆重的庆典活动，并成为塔吉克人一种节日的习俗，一般为公历3月21日，二十四节气中的春分被确定为肖贡巴哈尔节，节期为3天。塔吉克人将这看作是祝愿实现新一年美好愿望的时刻。

肖贡巴哈尔节没有宗教的色彩，所以人们可无约束地过这个节日。在节日前夕，塔吉克人每个家庭都先要从里到外打扫卫生，清除院落内的积物。许多人还要在家里的墙壁上用花纹或图案进行装饰，以示吉祥，同时还要撒上面粉，表示祝福。妇女还相互帮助炸阿尔孜克（一种油炸面制品）、烤制库姆齐馕（一种较为厚大的馕）和艾依咔西馕（妇女给自己父母拜节用的小馕）。这些都是过节必备的食品。墙壁上撒面粉，构成不同的图案纹样，以求吉祥和好运。

节日的头一天，家里的男孩牵头毛驴或牛在屋里转一圈，主人给毛驴喂块馕。在它的头上撒些面粉，以示祝福，然后将毛驴牵到屋外，把屋外的东西搬回来，塔吉克成年男子和孩子去各家拜年，妇女留在家里招待到来的客人。节日的上午，人们要推举一位被称之为"肖贡"的德高望重的人带领聚集的人去各家拜节。拜节时，"肖贡"走在前面，到每家都由"肖贡"先开口讲祝贺节日的贺词。而后每到一家，便道"恭贺新年"主人回答"但愿如此"。而后由主人对客人的到来表示欢迎，接着女主人用左手端一碗面粉，右手将面粉依次撒在"肖贡"和其他客人的肩上，表示同喜同福。请客人入座后，由主人热情地倒茶端水，请客人品尝食物，在品尝食物时先由"肖贡"亲自将桌子上或者是餐单上的大馕掰成小块状，自己先吃一块后，大家才能开始吃面前的食物。由"肖贡"率领的拜节队，一天要给数十家人拜节，通过这个拜节活动，以增进族人之间的交流，强化民族群体意识，利于改善、互助的生活习俗伦理要求。第二天，媳妇带上之前做好的"艾依咔西"馕回娘家看望父母，祝贺节日。

节日期间，人们还要聚在一起举行活动，进行庆祝。如赛马、打马球、骑牦牛叼羊，还要打起手鼓，吹起鹰笛，跳起欢快的鹰舞……

肖贡巴哈尔节是塔吉克族最古老的传统节日。塔吉克人把新春看做是一年的开始，是生命的复苏的象征，以此表达他们对春天的歌颂和新年的祝福。节日期间的活动设计则生动地体现了塔吉克族热爱生命、祈盼幸福的强烈愿望，通过节日的活动，以增强人们在社会生活中的友善、互助的伦理观念，也符合塔吉克族人崇拜自然的心理特征，面食源于自然种植的作物，对于以畜牧为主的塔吉克族来说，祈求来年的风调雨顺，需要通过一定的行为方式来向自然对象表述传递，以便获得上苍的关心与呵护，也是面临恶劣环境中人与自然关系的一种具体表现。春季是大地万物复苏的开始，肖贡巴哈尔节节日活动预示着塔吉克族对来年幸福的憧憬与希望。

图片来源

图一　包迪　拍摄

图二至图六　赵笑天　制图

图七　陈述、刘梦娇　制图

图二　塔吉克族肖贡巴哈尔节之拜节示意图

图三　塔吉克族肖贡巴哈尔节之给"肖贡"撒面粉示意图

图四　塔吉克族肖贡巴哈尔节之庆祝图

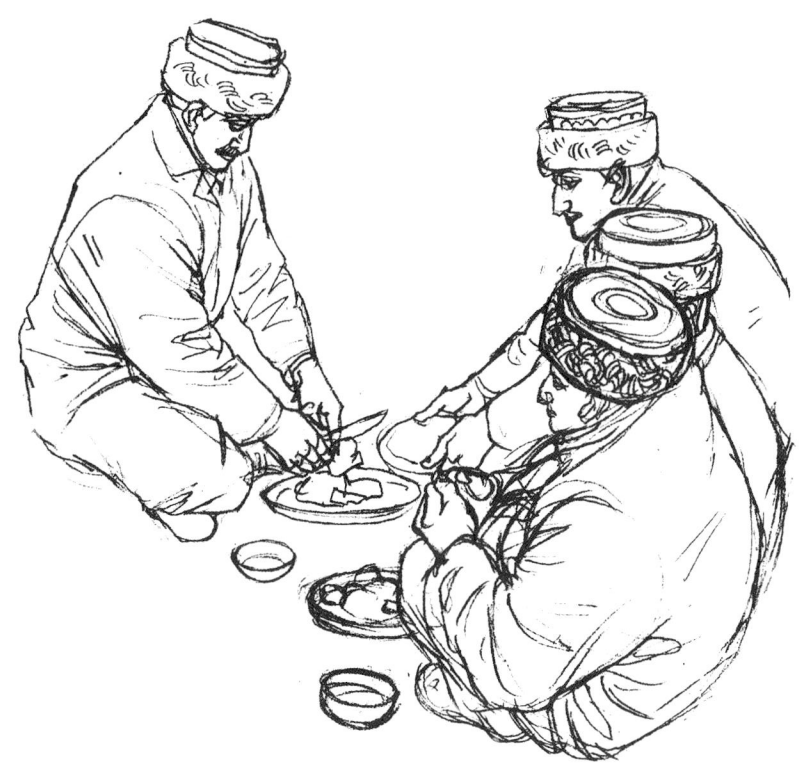

图五　塔吉克族肖贡巴哈尔节聚餐示意图

图六　塔吉克族肖贡巴哈尔节之牦牛叼羊比赛示意图

第七章　塔吉克族传统民俗和宗教

图七　塔吉克族肖贡巴哈尔节示意图

塔吉克族播种节

图一 塔吉克族播种节主图

播种节，塔吉克语称之为"铁合木祖瓦斯提"意为"播种"或"开始播种"，故称之为"播种节""耕种节"。由于塔吉克族生活的帕米尔高原气候寒冷，多数地区最高气温不到3℃，全年无霜期只有60天左右，因此塔吉克只能选种一些耐寒的青稞、春小麦及豌豆等作物。而在一些相对海拔较低、气温相对较高的山谷中选种一些玉米与胡麻（油料作物）及杏、桃、西瓜等作物，特殊的地理环境使得一些山谷河流上游地带土层不足10厘米，下游土厚处也只能深耕45厘米左右，牧民要在谷物地里引水灌溉，播种谷物后上山放牧，夏季只回村几次给庄稼锄草和浇水，到秋季再回村收获。这种农业生产形式面对自然灾害预防显得极其脆弱，基本依赖上天的风调雨顺所给予的恩赐，因此为祈求来年的丰收与幸福，便以某种仪式性的行为来表达。

播种节是塔吉克民族一年一次的重要的农事节日，节日时间一般在春分后的一周内，具体日期由村里的老人根据当时的气候变化来定，通常引水节和播种节是一起的，第一天过饮水节，第二天是播种节。

当引水灌溉耕地之后，便开始耕地播

种，还要举行"哈莫孜瓦斯特"仪式。即全村人聚集田野，都把耕畜、工具带到地头，祝贺春播开始，将各家各户都带的一点麦种聚集在一起，由村中德高望重的人作祈祷，然后推举最有耕作经验的老农率先撒种，寓意丰产与吉利。被推举者感到非常荣幸，口中念念有词，拎着种子，一把把地向田间早已等待在那里的人身上撒去，大家拽着衣襟，以保证种子落入怀内，并要将这种子带回去，然后请一位有福气的老婆婆坐于地中间，一个人象征性地围绕她转圈并翻挖土地，然后，人们互相分发剩在口袋里的种子。撒完种子，由一人牵着一头膘肥体壮的耕牛到地里，在牛头撒上一点面粉，给牛喂用豌豆粉捏成的耕牛及犁具状食物，同时也给播种的老人身上撒面粉，祈求丰收。

播种节期间，各家农户会准备许多大馕，还要做一种叫"代力亚"的饭（用大麦为原料，碾成粒状，然后加入适量干奶酪，加水煮成粥）。人们吃馕喝粥，相互拜节，当前来拜节的人到时，妇女跟随其后拿来酒水，以祈求丰收。整个村子充满了互助的气氛。

播种节"铁合木祖瓦斯提"是塔吉克一年中重要的农事活动节日，也是春天来临、万物复苏的起始。塔吉克族播种节的举动表明耕种的开始，在程序设计中不仅体现耕种的客观现实需要，同时也设有许多的环节用以表达人们对丰收、幸福的渴望与诉求，其播种节程序形式反映出高原塔吉克族文化中折射出因特殊的自然、环境条件下塔吉克人的一种对生活的认知与态度，面对严酷的自然环境，人们更需要以互助、团结的观念凝聚起生存的力量，利于点燃本民族对生活的希望。其功能性、精神性为今天的这类设计提供了一个重要的参考。

图片来源
图一　陈述　制图
图二、图三、图五　陈述、赵笑天　制图
图四　陈述、刘梦娇　制图

图二　塔吉克族播种节之分发种子祈福图

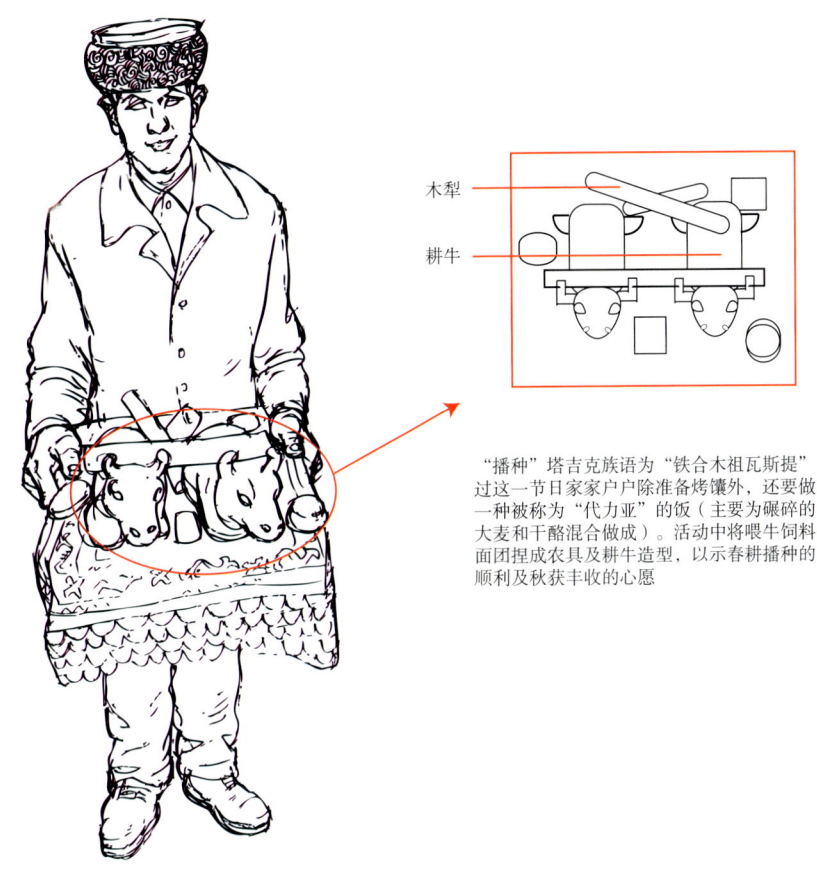

图三　塔吉克族播种节之给牛吃做成牛形状的粮食示意图

图四　塔吉克族播种节耕地祈福示意图

第七章　塔吉克族传统民俗和宗教

289

图五　塔吉克族播种节之制作节日美食示意图

塔吉克族葬礼

图一　塔吉克族葬礼主图

　　在塔吉克人长期的社会生活中形成的包括丧葬仪式活动在内的传统习俗是自古以来多种习俗传承发展的综合结果，体现了塔吉克族内在的精神及情感世界。丧葬是塔吉克族世俗生活中一项严肃而隆重的仪式活动。通过仪式来悼忆逝者，表达哀思，利于增强民族间的相互关爱及凝聚力。塔吉克族实行土葬，依据丧葬习俗中的净身、吊唁、出殡、灯祭行序依次进行。

　　1. 净身：即将死时，由宗教人士或年长者为其诵经祈祷，死后替其合上双眼，并用白布将其下颌托住，以免张嘴。这时要立即发丧，差人到处报丧，同时逝者家属把房屋收拾整洁，并把尸体移到一块大木板上为其净身。若为女性，要洗净头发，并编好辫子后置于胸前。若是男性，则要剃净须发，洗净全身。塔吉克族称为"合霍尔达特"，意为能干净纯洁地去永恒的世界。净身后，尸体放在正房的正上方，用"开先干"（盖尸用的特制绣花布）盖好。死者面西而卧，头、脚两头各燃起一盏灯盏，出殡前不能将其熄灭。

　　2. 吊唁：塔吉克人的吊唁仪式十分隆重。凡是同村的人都前来吊唁。吊唁的顺序是男的先进屋，顺着炕沿哀痛地逐个拍抚死者男亲友的肩膀；女的后进屋，并依次与死者的女亲友一一握手，对死者表示沉痛哀悼。哭丧时，男的坐在炕沿，女的坐在炕里边，由死者亲属中最亲近的女性领哭。边哭边叙说死者生前的为人和功绩。吊唁者不时随和、伴唱。接着在丧家门口举行吊唁仪式，把尸体从屋内抬到门口。而后由宗教人士主持仪式并做乃玛孜（祈祷仪式），女人则围坐在一起，并被要求在做乃玛孜时不许哭泣。

3. 出殡：当尸体从屋里抬出时，要关好屋里的天窗，并在灶炉里燃起烟火。若家中有孕妇，便手托裹尸布，从布上扯下一根线缠在指头上，寓意日后顺利分娩。如果死者是未婚女子，其尸身要精心修饰，让她与屋中的顶梁柱成亲，然后才抬出去。塔吉克族认为，姑娘来到人世不能不结婚，父母在女儿来世前不能不举行婚礼，以尽做父母的责任和义务。出殡前，亲人要吻死者的手，与死者告别。如距离不远，一般用毯子裹住尸体，盖上刺绣的开先干（盖尸布）置于木梯上，前后各4人轮换抬行，路上要停放3次。如距离较远，就用骆驼驮运。装运尸体的骆驼也装扮得十分醒目。塔吉克族丧葬习俗中净身、吊唁、出殡程序设计是通过这样的行为方式来表达对逝者的怀念与哀思。

4. 灯祭：塔吉克族俗称为"苏拉吾派迪得"意为"燃灯"。生活于帕米尔高原的塔吉克族对逝去的人都要举行隆重的丧葬活动，其中灯祭是丧葬活动过程中重要的一个环节。塔吉克族认为，人的死亡意味着现实生活的终结，在面临着来世时，只有通过举行灯祭，才能使故去的人顺利到达来世。

灯祭要在入葬的当天晚上举行，灯祭由海里凡主持。（"海里凡"阿拉伯语音译，意为"代理人"或"继承人"）丧家要将一只肥绵羊拴在炕前，以备海里凡祈祷后宰，绵羊被视为死者前往来世的坐骑。准备的只能是绵羊，山羊被认为是怪物。绵羊被宰后，点燃置于用碗做成灯座上，用浸入羊油的棉花做成灯捻，并搁置在"汗巴克"（意为室内储粮仓）一侧的矮墙上，通常要连续点燃上三天三夜。被称作"霍迪姆"的助手负责煮肉，羊肉要全部下锅，羊血、羊骨及内脏要埋于洁净之处。煮肉时，朝锅里加些麦子，被称作"布吉"，意为逝者来世途中的干粮。

灯祭仪式中，海里凡要诵念纳塞尔·霍斯鲁的《灯经》，待诵念完毕后，海里凡捞出锅内的羊肉分与众人食用，众人在食用过程中追忆逝者的生平事迹，但逝者的亲属被要求忌食此肉。灯祭结束后，逝者家属将被宰的绵羊皮及剩下的熟羊肉送与海里凡，并再给他披一件衣袍以示酬谢。

灯祭的内容只是体现为逝者的送行，是将现实的生活感受通过所设计的具体的行为过程以表达对逝者的追忆与哀思，并融入宗教的神秘色彩，使其成为民族丧葬文化的内容的一部分。

图片来源
图一　李红江、楼望皓　拍摄
图二　马丽　制图
图三　马丽、郭婧　制图
图四、图五、图七　陈述、郭婧　制图
图六　李红江　拍摄

出殡：抬尸体　　　　　　　　　　　　　　　　吊唁尸体

图二　塔吉克族葬礼行序分析图

—— 白色头巾

—— 蓝色上衣和裙子

图三　塔吉克族葬礼礼俗服饰效果图

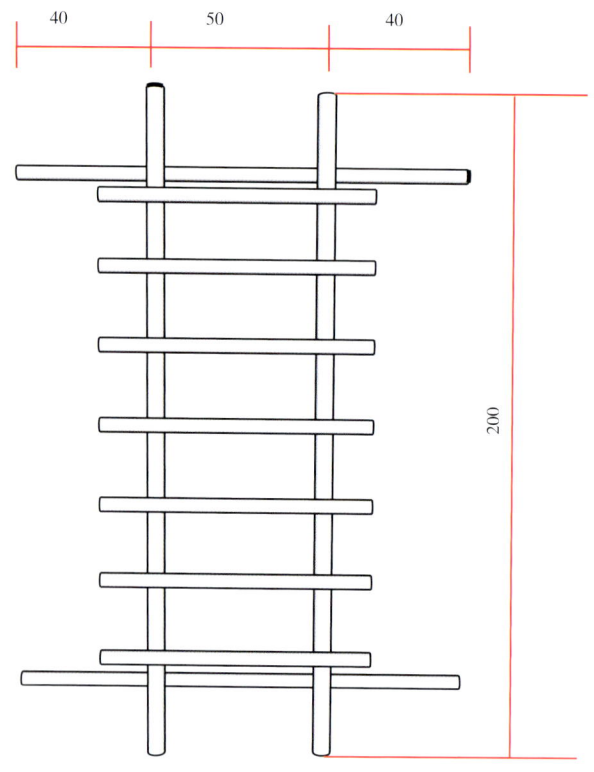

图四 塔吉克族葬礼礼俗道具尺寸图（单位：cm）

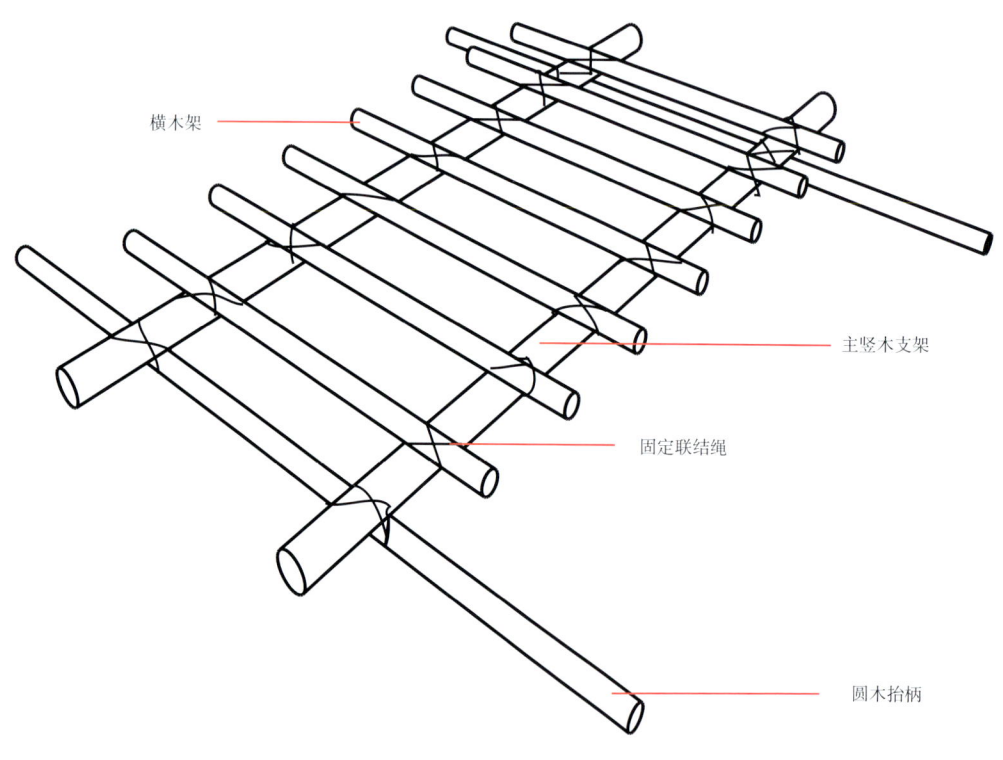

图五 塔吉克族葬礼礼俗道具结构图

图六 塔吉克族葬礼现场效果图

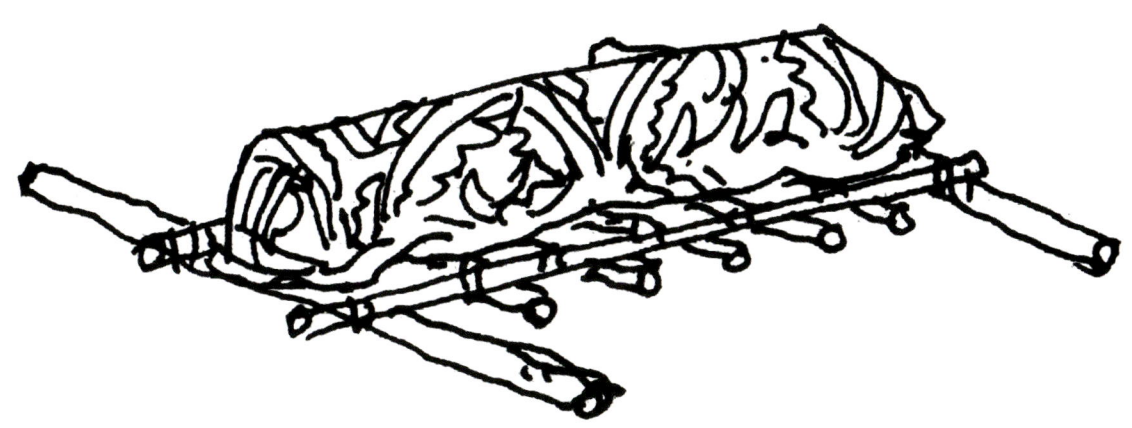

图七 塔吉克族葬礼礼俗道具分析图

塔吉克族日常麻扎朝拜

图一　塔吉克族麻扎朝拜主图

"麻扎"为阿拉伯语音译，意为"圣人之墓"、"圣徒墓"等。塔什库尔干留有多处的麻扎遗址，是塔吉克族为获得麻扎庇护而举行礼拜、祈祷、祭祀等仪式活动的地方，借此来表达自己的希望与祈求，并企盼获得实现。麻扎的朝拜活动因时空的不同而呈现差异，日常麻扎朝拜是由信教者个人或家庭亲属成员为祈求家庭生活和睦幸福、去病消灾、求子等生活中具体的需要而进行的仪式活动。参加的人数相对较少，且时间不固定，所朝拜的麻扎也无具体限制。日常麻扎朝拜中最为常见的是人们经过麻扎时都会下马进行朝拜，有时还会施舍一些食物，如乘车经过麻扎时也会下车朝拜祈祷、施舍财物后离开。如果没有随身携带的东西时，也可将衣服的纽扣拿下置放在麻扎上祈祷。如妇女因不孕而求子时，会拿一些祭祀食品和油去较近的麻扎祈祷并点灯，祈求麻扎神赐予一子。日常麻扎朝拜祈祷的内容大都与平时生活内容密切相关，根据个人或家庭日常生活中遇到的或预测可能出现的问题所需要进行的祈祷，最终是获得麻扎神的保护，以达到求福避祸的目的。如塔吉克人搬迁时都要首先去麻扎朝拜，为家人及牲畜祈求平安后才开始搬迁。谁家孩子生病，除了请大夫医治外，全家人都会一起去麻扎宰羊，并将麻扎的神树叶子泡水后给病人喝等，以获得麻扎神的保护。这种日常的麻扎朝拜活动没有固定的日期或地点的限制，基本是依据实际生活的需要来决定，一般由宗教人士或家里的老人来组织。

塔吉克族麻扎朝拜活动是借助于神灵的力量来解决现实生活中的问题，是人们面对严酷的自然环境条件通过麻扎朝拜活动所获得的心灵的慰藉，鼓起克服困难的勇气。其行序设计的便利性操作适应于高原塔吉克族的生活实际状况，因而得到了广泛的认可与接受，所涉及的内容包含了日常生活的方方面面，适用于不同状况的家庭。朝拜中财物施舍也基本因家庭及个人的经济差异而不同，重点在于行为过程方式本身，将生活中所面临的困境及压抑通过这一行为方式得到有效的减缓与释放，并重新燃起生活的信心。

图片来源

图一　陈述　拍摄

图二至图五　马丽、郭婧　制图

人们经过麻扎时都会下马进行朝拜

图二　塔吉克族麻扎朝拜平面分析图

图三　塔吉克族麻扎朝拜礼俗服饰分析图

图四 塔吉克族麻扎朝拜礼俗道具分析图

图五 塔吉克族麻扎朝拜现场效果图

塔吉克族牦牛叼羊

图一　塔吉克族牦牛叼羊主图

牦牛是生长于高寒地区的特有家畜，也是世界上生活在海拔最高处的哺乳动物，牦牛外形看上去如同水牛，躯体强健，颈短，头大，额长而平，四肢短粗；雌雄均有角，全身为棕黑色或黑色，通常栖息于海拔3000米以上的高原地区。

牦牛叼羊是帕米尔高原塔吉克族特色民俗活动。在海拔5000米以上的高原地带，马是跑不动的，能跑动的只有牦牛。在这样的环境中，看似笨拙的牦牛跑起来却异常地灵活。而相对于马来说，牦牛脾气更显暴躁，比马更难以驯服。

牦牛叼羊是帕米尔高原塔吉克族一项传统的竞技项目，对比赛的场地大小没有具体的规定，只要是能用于举行牦牛竞技比赛的平坦草地就可举行。一般在草场东西方向相距100米的位置上，分别挖掘直径为60厘米左右、深约50厘米的坑，比赛中选手把所叼的山羊扔进坑里就算获胜。比赛分两队进行，双方各有5、10、15个不等的选手参加。由于比赛场地与观众没有特设的围栏，只凭所选地势的沟谷水渠来区分。在比赛过程中观众与竞技者的"互动性"很强。选手在比赛中用吼声催动牦牛前进，并不停地鞭

第七章　塔吉克族传统民俗和宗教

策牦牛，而场边的观众也大声呼喊"塔克丽艾伦"（意为加油），整个活动一片沸腾。男女老少，观者如云，竞赛场外吹奏鹰笛，敲击手鼓，载歌载舞，为骑手助兴。牦牛叼羊比赛通常为个人自愿参加，入场人数也可以逐渐增多，比赛行进过程中还可以交换骑手，牦牛叼羊是围绕一只小山羊进行的抢夺，比赛前将小山羊宰杀并除去头和内脏，脖子口用绳扎紧，当一位长者宣布比赛开始时，场上的牦牛便在主人的驱赶下奔向山羊，展开激烈的争夺。获胜的关键在于抢到羊并扔进指定的区域中的即为骑手。获胜者把叼到的羊扔到哪家，意味给扔到羊的这家送去好运。

塔吉克族牦牛叼羊行序设计是在帕米尔高原特殊环境条件基础上的传统民间竞技活动，通过竞技的方式来体现塔吉克人对勇敢与力量的崇敬。叼羊这种形式本身是借助于高原特有的牲畜牦牛这一适于高原生活的物种，在塔吉克男子驾驭下所呈现的激烈场面给人以震撼。牦牛叼羊多选择在婚礼、割礼等喜庆节日举行，一是为增添节日的气氛，彰显生命的活力。其次是牦牛叼羊更注重民众的集体性参与，也是通过这种竞技活动将整个节日活动推向高潮，通过活动来强化个人与集体配合、协作的重要性。

图片来源

图一　张文成　拍摄
图二至图十一　陈述、郭婧　制图

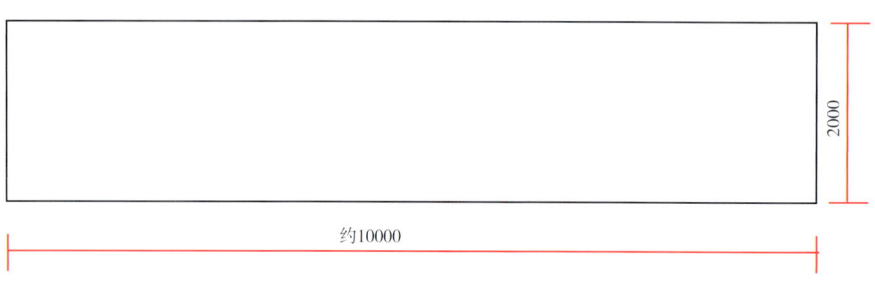

图二　塔吉克族牦牛叼羊场地尺寸图（单位：cm）

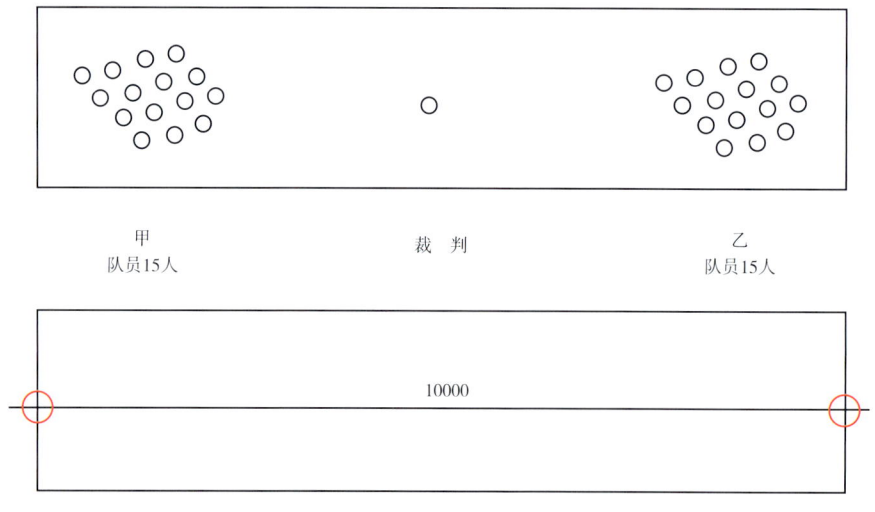

图三　塔吉克族牦牛叼羊赛场区域划分图（单位：cm）

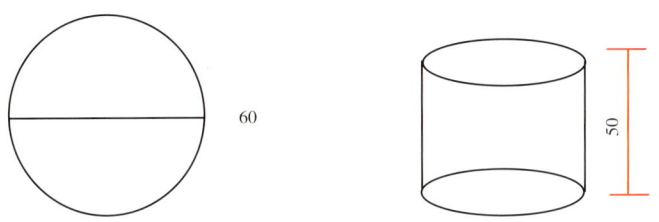

图四　塔吉克族牦牛叼羊赛坑尺寸图（单位：cm）

小山羊去掉头和内脏后用绳子捆住颈部，防止流血

图五　塔吉克族牦牛叼羊礼俗道具分析图（一）

图六　塔吉克族牦牛叼羊礼俗道具分析图（二）

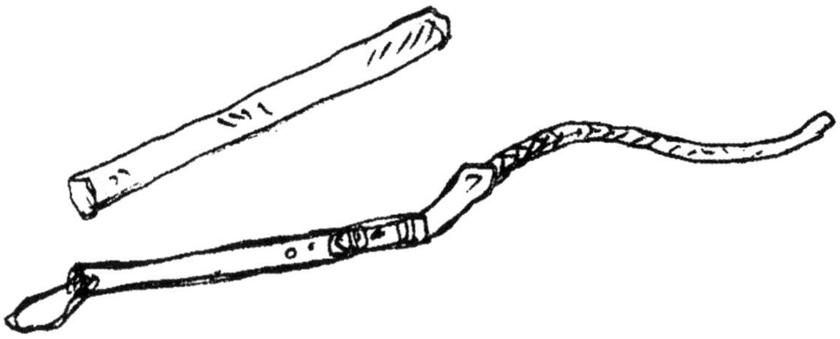

图七 塔吉克族牦牛叼羊礼俗道具分析图3

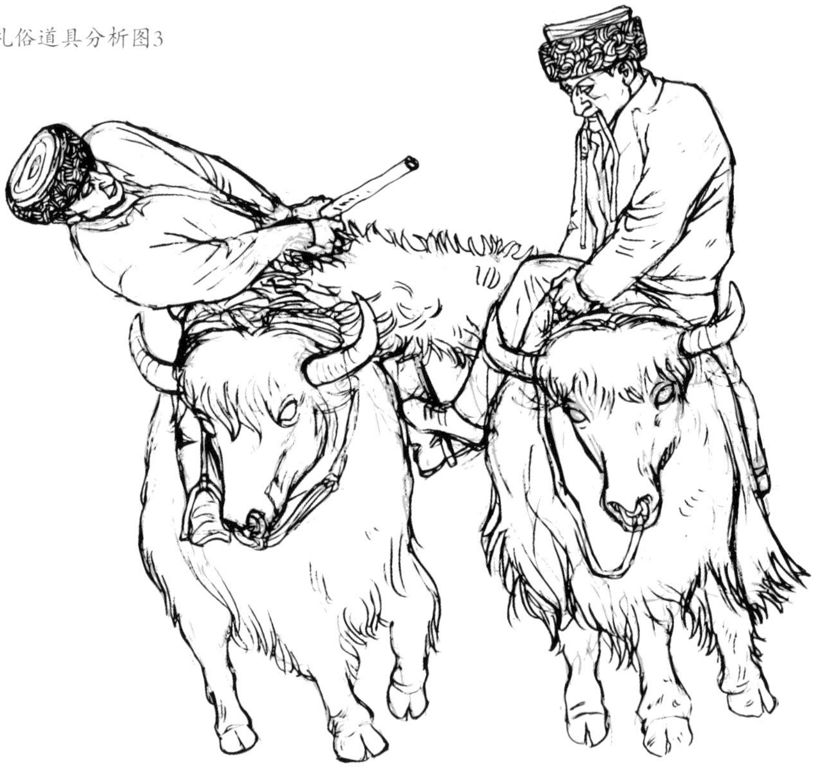

图八 塔吉克族牦牛叼羊现场效果图

海拔4000米以上

图九 塔吉克族牦牛叼羊比赛地点图

图十 塔吉克族牦牛叼羊比赛地形选择图

图十一 塔吉克族牦牛叼羊现场效果图

塔吉克族皮里克节

图一 塔吉克族皮里克节主图

塔吉克族的皮里克节是一个具有民族特色的节日。也称之为"巴拉提节"。"皮里克"意为"灯芯"或"灯",是节日当中的主要表现内容,因此也被称之为"灯节"。节日前夕,塔吉克每户人家都要用一种名叫"卡乌热"的草茎做芯,外面缠绕上棉花,并放在羊油中浸泡制成油烛,家庭每个成员都要做两支油烛。其用途主要用于避邪祈福,追祭亡灵。塔吉克族的皮里克节与早期的拜火教有关。拜火教是塔吉克民族一种十分古老的原始宗教,膜拜火,认为火是灵魂的化身,能与之沟通,通过举行仪式,就可为人驱除灾祸、带来幸福。自塔吉克人在接受了伊斯兰教以后,在所举行的仪式中保留了许多早期的信仰遗迹,并进行了适当的改造。对火的崇拜仪式中以使用伊斯兰教的祈祷和诵经取代了原来的咒语,祭祀的时间也改成了伊斯兰教历。节日共两天,第一天为"家里的皮里克",第二天是"墓地皮里克"。

节日的第一天晚上,全家人都穿上盛装,围坐在土炕中心放置有沙盘的四周,主持人按辈分年龄逐一叫家人的名字,接着燃起油烛,诵读经文,祈求真主赐福,一家人也相互祝福，仪式结束后开始享用节日食物。

第二天，人们互相串门拜节，主人家会以点心招待。

夜间要举行"墓地皮里克"仪式。每家都特意为亡故的亲人杀牲并准备各种食物，由家人将准备的食物及油烛送往墓地的坟头，大家聚在墓地上，墓地点上两支油烛，摆上祭祀用品，并念经祈祷用以怀念故去的亲人，接着大家在此进餐。

"墓地皮里克"仪式结束后，家家在屋顶上燃起油烛，以祈求真主的赐福，孩子们在户外燃起篝火，做各种游戏。

皮里克节是塔吉克族具有民族特色的节日。在塔吉克族的传统观念里，火被视为光明与善良的化身，是同黑暗、寒冷斗争的有力武器，这种传统的文化观念及情感表现，自动存留于民众的生活中，并延续至今，不因为历史中社会政治、宗教等因素的变化而消失。

图片来源

图一、图五　包迪　拍摄
图二　马丽　制图
图三、图四、图六　陈述、郭婧　制图
图七　陈述　拍摄

第二天，夜间要举行"墓地皮里克"仪式

节日的第一天晚上，全家人都穿上盛装，围坐在土炕中心放置有沙盘的四周，接着燃起油烛，诵读经文，祈求真主赐福

"墓地皮里克"仪式结束后，家家在屋顶上燃起油烛，以祈求真主的赐福，孩子们在户外燃起篝火，做各种游戏

图二　塔吉克族皮里克节平面行序分析图

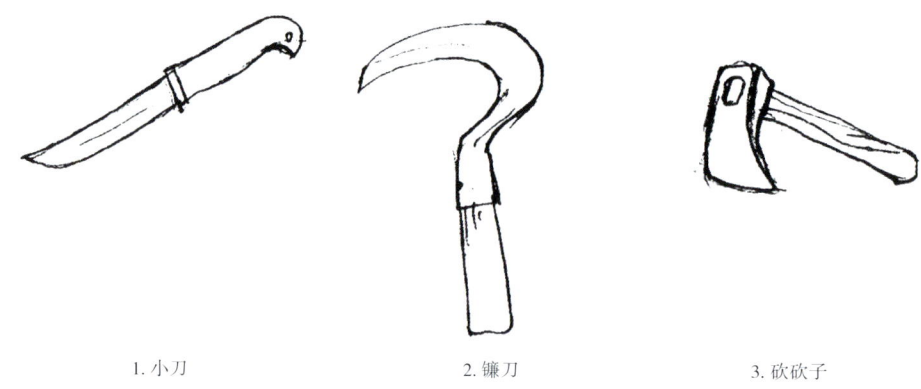

1. 小刀　　　　　　2. 镰刀　　　　　　3. 砍砍子

图三　塔吉克族皮里克节礼俗道具分析图

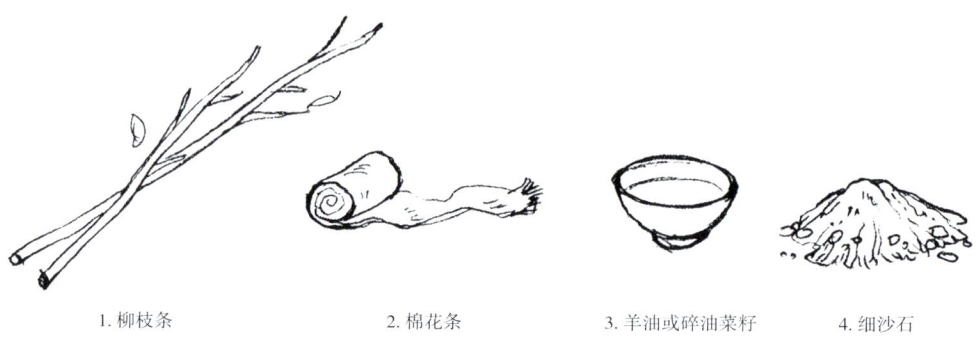

1. 柳枝条　　　2. 棉花条　　　3. 羊油或碎油菜籽　　　4. 细沙石

图四　塔吉克族皮里克节礼俗道具分析图

图五　塔吉克族皮里克节场景图

图六 塔吉克族皮里克节之油烛制作工艺分析图

图七 塔吉克族皮里克节礼俗道具实物图

塔吉克族待客礼仪

图一　塔吉克族待客礼仪主图

由于塔吉克族人生活于帕米尔高原地带，特殊的自然环境及生产、生活方式使塔吉克族在处理人与人之间的交往关系中有着自己的行为准则，食物是维持生存及保证正常体能的重要来源，也成为待客礼仪中不可缺少的重要内容之一。而农区与牧区由于生产食物类别的差异而呈现在食物结构上也略显不同，农区以面食为主，日常及待客的饮食制作及安排均由塔吉克主妇承担，男人一般不插手。塔吉克族好客多礼，在待人接客上比较注重传统的礼仪及习惯，在塔吉克人的谚语中就有"客人上门，福运来临"这种视客人为吉祥的善良淳朴的风尚。由于信仰伊斯兰教，忌食猪、马、狗、狼、熊、狐狸、旱獭、兔和猫等动物，忌食所有动物的血，凡可食之动物须经屠宰并祈祷，忌食自死的动物。由于塔吉克族信奉的是伊斯兰教伊斯玛仪派，也忌饮马奶，忌食乌鸦及猛禽。到塔吉克家里做客，如是骑马去，忌讳快马到门口下马，这意味着前来报丧或告急等不吉利的信号，一般为骑马快到家门口时应慢步绕到毡房后面下马，主人会前来扶客人下马，并拴好马。如客人将马鞭交给主人，则表示客人将在这一家歇息，主人与来客握手并互吻手背，孩子们也会过来吻来客手心，而后进屋在大炕上就座。如来宾客为女性，则一定要请之上席，如女客超过3人，则就中设一席就座。待客人坐好后，由女主人拿出块大餐布铺在就座的客人面前，并端来奶茶、糖果等食物供客人享用。如客人是远道而来，主人则会请客人先在炕上躺着休息，一会儿后再享用食品，对较尊贵的客人，主人则要宰羊进行款待。羊肉煮熟后，先给客人端一碗鲜美的羊肉汤暖身，过后则由主人端上大盘的"手抓羊肉"放置在客人面前，客人先从盘中取出一块肉献与女主人表示感谢，后共同享用食物。食毕，客人与主人一起将两掌张开伸出，并同声道"俄罗阿克巴"（意为"感谢真主"）以此作为聚餐的结束，主人将餐布餐具收起后，为客人备好马鞍，把马牵到门前，并互道"和西布尔"（再见）。如客人留宿，主人会为客人铺好被褥，待客人睡后，主人才睡。

塔吉克族认为餐前必须净手，餐前主人用壶装水让客人先洗手，体现了对客人的尊敬。宰羊时，要把欲宰的羊牵到客人面前，请客人过目并表示满意后再宰。主人要先给最尊贵的客人呈上羊头，客人要割下一块肉，再把羊头双手奉还给主人。随后，主人还要将一块夹羊尾巴油的羊肝送给客人，表示对客人的敬重。然后，主人要拿起一把割肉的刀子，刀柄向外送给客人，请一位客人分肉。然后再把冬巴吉格尔（即夹着羊尾油的羊肝）分别献给各位客人，以示敬重。之后，大家开始蘸盐水吃肉。

图二　塔吉克族待客礼仪之让客人洗手

餐饮期间，为增添席间的欢乐气氛，青年人要竞相比赛折羊骨，即用双手握住油滑的羊腿骨轮流用力折。这是技巧和力气的较量，一般人是无法将羊腿骨折断的，但塔吉克族中有许多力士，他们能轻而易举地将羊骨折断，折断者会受到大家热烈的称赞和喝彩。有时人们还会利用羊骨做一些游戏，使餐饮的气氛轻松、活跃。

进餐的客人中如有男有女，一般要分席就餐，进餐方式和食物相同。在塔吉克族待客饮食程序设计中具有明显的社会伦理意识，对客人、长辈、妇女的尊重是通过具体的行为礼节得以实现的，进屋时以女在先男在后、年长的在先、年轻的在后进行排序，在室内一般为右上左下，客人进屋上炕后，女宾安排在右边主位，为上席，男宾则安排于左边为下席，体现了塔吉克文化中对女性的尊重。

图片来源

图一　楼望皓　拍摄

图二　陈述　制图

图三、图五至图七　赵笑天　制图

图四　赵笑天、刘梦娇　制图

为了表示尊敬，主人会把要宰的羊让客人观看一下

征得客人同意后，将羊进行宰杀

图三　塔吉克族待客礼仪敬客宰羊示意图

图四　塔吉克族男主人招待客人示意图

图五　塔吉克族待客礼仪之女主人做饭示意图

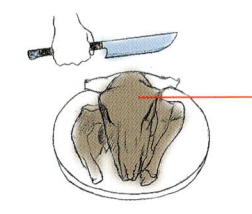

主人奉上羊头表示对客人的尊重

客人用刀切下一块主人奉上的羊头上的肉

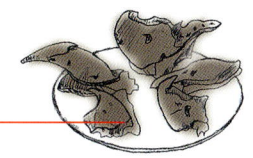

冬巴吉格尔是用两片羊肝夹一块羊尾油做成的，属于上等饭菜

主人奉上冬巴吉格尔

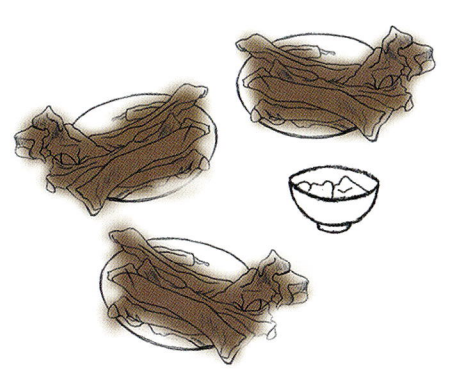

蘸盐吃肉

图六　塔吉克族家宴聚餐流程图

第七章　塔吉克族传统民俗和宗教

311

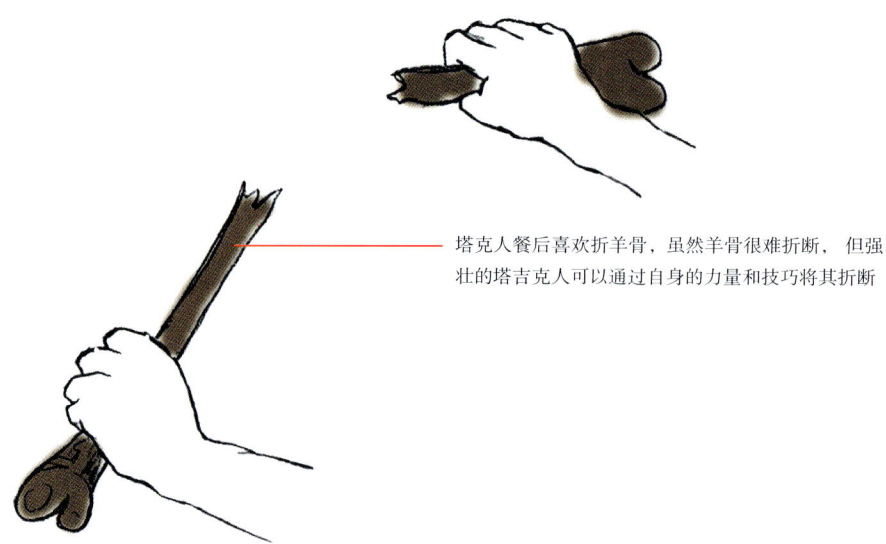

塔克人餐后喜欢折羊骨，虽然羊骨很难折断，但强壮的塔吉克人可以通过自身的力量和技巧将其折断

图七　塔吉克族折羊骨游戏示意图

声　明

　　本书编写时收入的个别图片，因条件所限，未能同相关著作权人取得联系，获得授权，敬请谅解。请相关著作权人及时与编者联系，以便奉上稿酬。谢谢！